Interdisziplinäre Rechtsforschung

Christian Boulanger · Julika Rosenstock
Tobias Singelnstein
(Hrsg.)

Interdisziplinäre Rechtsforschung

Eine Einführung in die geistes- und sozialwissenschaftliche Befassung mit dem Recht und seiner Praxis

Hrsg.
Christian Boulanger
Juristische Fakultät
Humboldt-Universität zu Berlin
Berlin, Deutschland

Tobias Singelnstein
Juristische Fakultät
Ruhr-Universität Bochum
Bochum, Deutschland

Julika Rosenstock
Zentrum für Antisemitismusforschung
Technische Universität Berlin
Berlin, Deutschland

ISBN 978-3-658-21989-5   ISBN 978-3-658-21990-1 (eBook)
https://doi.org/10.1007/978-3-658-21990-1

Die Deutsche Nationalbibliothek verzeichnet diese Publikation in der Deutschen Nationalbibliografie; detaillierte bibliografische Daten sind im Internet über http://dnb.d-nb.de abrufbar.

Springer VS
© Springer Fachmedien Wiesbaden GmbH, ein Teil von Springer Nature 2019
Das Werk einschließlich aller seiner Teile ist urheberrechtlich geschützt. Jede Verwertung, die nicht ausdrücklich vom Urheberrechtsgesetz zugelassen ist, bedarf der vorherigen Zustimmung des Verlags. Das gilt insbesondere für Vervielfältigungen, Bearbeitungen, Übersetzungen, Mikroverfilmungen und die Einspeicherung und Verarbeitung in elektronischen Systemen.
Die Wiedergabe von Gebrauchsnamen, Handelsnamen, Warenbezeichnungen usw. in diesem Werk berechtigt auch ohne besondere Kennzeichnung nicht zu der Annahme, dass solche Namen im Sinne der Warenzeichen- und Markenschutz-Gesetzgebung als frei zu betrachten wären und daher von jedermann benutzt werden dürften.
Der Verlag, die Autoren und die Herausgeber gehen davon aus, dass die Angaben und Informationen in diesem Werk zum Zeitpunkt der Veröffentlichung vollständig und korrekt sind. Weder der Verlag, noch die Autoren oder die Herausgeber übernehmen, ausdrücklich oder implizit, Gewähr für den Inhalt des Werkes, etwaige Fehler oder Äußerungen. Der Verlag bleibt im Hinblick auf geografische Zuordnungen und Gebietsbezeichnungen in veröffentlichten Karten und Institutionsadressen neutral.

Springer VS ist ein Imprint der eingetragenen Gesellschaft Springer Fachmedien Wiesbaden GmbH und ist ein Teil von Springer Nature
Die Anschrift der Gesellschaft ist: Abraham-Lincoln-Str. 46, 65189 Wiesbaden, Germany

Vorwort

Bereits das Recht ist höchst vielfältig. Umso mehr gilt dies für die wissenschaftliche Befassung mit dem Recht, die in praktisch allen geistes- und sozialwissenschaftlichen Disziplinen zu finden ist. Obgleich diese Ansätze den Forschungsgegenstand teilen und eine interdisziplinäre Bezugnahme höchst fruchtbar wäre, ist ein Kontakt zwischen ihnen bislang nicht die Regel. Während Socio-Legal Studies und die Law and Society-Forschung im angelsächsischen Raum bereits gut etabliert sind, beginnen diese interdisziplinären Perspektiven sich im deutschsprachigen Raum erst zu konstituieren.

Mit diesem Band wollen wir diese Entwicklung einer eigenständigen Forschungsperspektive zu Recht und Gesellschaft ebenso abbilden wie unterstützen. Das Buch soll eine grundlegende Einführung in die interdisziplinäre Rechtsforschung (iRF) bieten, indem es deren theoretische, methodische und inhaltliche Grundlinien erschließt. Während Lehrbücher zur Rechtsforschung sich bislang in der Regel nur an die eigene Disziplin richten, verfolgen wir wie die Rechtsforschung selbst einen interdisziplinären Ansatz. Wir wollen den Einschluss der Debatten in den jeweiligen Disziplinen aufbrechen und zu einer konstruktiven gemeinsamen Debatte zusammenführen. Zu diesem Zweck haben Wissenschaftlerinnen und Wissenschaftler aus ganz unterschiedlichen Disziplinen, mit divergierenden methodischen und theoretischen Herangehensweisen Beiträge zu diesem Band beigesteuert.

Das Buch richtet sich zum einen an Studierende der höheren Semester in allen Disziplinen, die sich mit dem Recht befassen, die einen Überblick über den Stand der interdisziplinären Rechtsforschung erhalten wollen. In dieser Funktion ist es auch als Anregung und Materialsammlung für die Lehre verwendbar. Zum anderen sind aber auch Forscherinnen und Forscher, die sich mit dem Recht befassen wollen, als Zielgruppe angesprochen. Für sie bietet der Band nicht nur einen Überblick über den Forschungsstand zu den verschiedenen Themen der Rechtsforschung, sondern kann mit der Aufarbeitung und Darstellung der wichtigsten Literatur auch als Ausgangspunkt für weitere Forschung dienen.

Das Buch ist in fünf Abschnitte gegliedert, von denen der erste das Forschungsfeld und seine theoretischen Grundlagen skizziert. Im zweiten Abschnitt werden dann verschiedene methodische Zugänge zum Thema präsentiert. Der dritte Teil des Bandes hat den Bereich „Funktion, Genese und Wirkung" von Recht zum Gegenstand. In drei Beiträgen werden die Entstehung und die Funktionen des Rechts behandelt und zu Strukturen, Institutionen und Akteuren in Verbindung gesetzt. Der vierte Teil des Buches bündelt Beiträge zu dem Themenkomplex „Anwendung und Durchsetzung" von Recht, bevor im abschließenden fünften Teil der Niederschlag übergreifender gesellschaftlicher Veränderungen im Recht thematisiert wird.

Die Beiträge fungieren als Einführungstexte in die jeweilige Thematik. Sie sind bemüht, einen möglichst umfassenden Überblick über das jeweilige Thema, Entwicklungslinien und aktuelle Trends zu geben. Neben einer allgemeinen Darstellung des Forschungsstandes wird das jeweilige Thema in der Regel anhand eines konkreten Beispiels illustriert. Dies soll zum einen ein besseres Verständnis ermöglichen. Zum anderen werden in den verschiedenen Beiträgen des Bandes so die unterschiedlichen theoretischen, methodischen und disziplinären Zugänge der interdisziplinären Rechtsforschung sichtbar. Was diese Vielfalt an Zugängen zusammenhält, wird im einleitenden Kapitel diskutiert.

Die Beiträge des Bandes sind in ihrer Mehrzahl im September 2017 auf einem AutorInnenworkshop am Wissenschaftskolleg zu Berlin im Rahmen des Projekts „Recht im Kontext" vorgestellt und diskutiert worden. Dem Wissenschaftskolleg danken wir sehr für die diesbezügliche Unterstützung. Ein besonderer Dank geht an Sylvi Paulick (Recht im Kontext), die die Beiträge des Bandes umsichtig lektoriert und kommentiert hat. Gedankt sei ebenso Matthias Michel für die Unterstützung beim Lektorat.

Christian Boulanger, Julika Rosenstock, Tobias Singelnstein

Inhalt

I Grundlagen

Versuch über das Sein und Sollen der Rechtsforschung.
Bestandsaufnahme eines interdisziplinären Forschungsfeldes 3
Julika Rosenstock, Tobias Singelnstein und Christian Boulanger

Erkundung der Theorielandschaft. Klassische rechtssoziologische Ansätze .. 31
Walter Fuchs

II Methodische Zugänge

Gegenstandsangemessenheit und Praxisnähe in der empirischen
Rechtsforschung. Die Trans-sequentielle Analyse 71
Martina Kolanoski

Das Recht der Anderen. Rechtsethnologie zwischen Pluralität,
Indigenität und Alterität 91
Judith Beyer

Interdisziplinäre Rechtsvergleichung. Elemente einer rechtssoziologisch
fundierten Rechtsvergleichung am Beispiel des Familien- und Erbrechts ... 109
Michelle Cottier

III Funktion, Genese und Wirkung

Rechtswirkungsforschung revisited. Stand und Perspektiven der
rechtssoziologischen Wirkungsforschung 127
Michael Wrase

(Dys-)Funktionen des Rechts: Governing through Crime 143
Christina Schlepper

Der Gesetzgebungsprozess 159
Stefanie Vedder und Sylvia Veit

IV Anwendung und Durchsetzung

Die Soziologie juristischer Wissensproduktion. Rechtsdogmatik
als soziale Praxis 173
Christian Boulanger

Juristische Sozialisation 193
Anja Böning und Ulrike Schultz

(Verfassungs-)Richterliches Entscheiden 207
Silvia von Steinsdorff

Rechtsdurchsetzung durch die Polizei 227
Michael Jasch

Rechtsmobilisierung. Rechte kennen, Rechte nutzen und
Recht bekommen 243
Gesine Fuchs

V Wandel

Informalisierung des Rechts 259
Boris Burghardt

Ökonomisierung des Rechts 275
Petra Wittig

Interdisziplinäre Forschung zur Globalisierung und Europäisierung
des Rechts. Das Beispiel der Meinungsfreiheit im Internet 291
Michael Riegner

Verzeichnis der Autorinnen und Autoren

Judith Beyer, Prof. Dr. phil., Leiterin der Arbeitsgruppe „Ethnologie mit dem Schwerpunkt Politische Anthropologie" an der Universität Konstanz.

Anja Böning, Dr. iur., Juristin, Erziehungswissenschaftlerin und Soziologin, Wissenschaftliche Mitarbeiterin an der Rechtswissenschaftlichen Fakultät der FernUniversität in Hagen.

Christian Boulanger, Dr. phil., Politikwissenschaftler, Wissenschaftlicher Koordinator „Recht im Kontext" an der Humboldt-Universität zu Berlin.

Boris Burghardt, Dr. iur., derzeit Gastprofessor für Strafrecht zur Vertretung des Lehrstuhls für Strafrecht, Strafprozessrecht, Rechtsvergleichung und Rechtsphilosophie an der Humboldt-Universität zu Berlin.

Michelle Cottier, Prof. Dr. iur., M.A. (Oñati), Professorin für Zivilrecht an der Universität Genf.

Gesine Fuchs, PD Dr., Politikwissenschaftlerin, Dozentin und Projektleiterin an der Hochschule Luzern Soziale Arbeit.

Walter Fuchs, Dr. iur., M.A. Internationale Kriminologie, Wissenschaftlicher Mitarbeiter am Institut für Rechts- und Kriminalsoziologie (IRKS) Wien und Lektor am Institut für Soziologie der Universität Wien.

Michael Jasch, Dr. iur., Professor für Strafrecht und Kriminologie an der Fachhochschule für öffentliche Verwaltung Nordrhein-Westfalen, Fachbereich Polizei.

Martina Kolanoski, M.A., Wissenschaftliche Mitarbeiterin am Institut für Soziologie der Goethe-Universität Frankfurt a.M. und Research Fellow an der School of Law and Social Justice der University of Liverpool.

Michael Riegner, Dr. iur., LL.M. (NYU), Wissenschaftlicher Mitarbeiter, Lehrstuhl für Öffentliches Recht und Rechtsvergleichung sowie Law and Society Institute, Humboldt-Universität zu Berlin.

Julika Rosenstock, Dr. iur., Religionswissenschaftlerin, Wissenschaftliche Angestellte der Hamburger Stiftung zur Förderung von Wissenschaft und Kultur.

Christina Schlepper, Dr. phil., Soziologin und Kriminologin, Wissenschaftliche Mitarbeiterin am Institut für Soziale Arbeit und Sozialpolitik an der Universität Duisburg-Essen.

Ulrike Schultz, Akad. Oberrätin a.D., FernUniversität in Hagen, Präsidentin des Research Committee for the Sociology of Law (RCSL).

Tobias Singelnstein, Prof. Dr. iur., Jurist und Kriminologe, Inhaber des Lehrstuhls für Kriminologie an der Juristischen Fakultät der Ruhr-Universität Bochum.

Silvia v. Steinsdorff, Prof. Dr. phil., Professorin für vergleichende Demokratieforschung und die politischen Systeme Osteuropas, Institut für Sozialwissenschaften, Humboldt-Universität zu Berlin.

Sylvia Veit, Prof. Dr., Politikwissenschaftlerin, Professorin für Public Management, Universität Kassel.

Stefanie Vedder, M.A., Politikwissenschaftlerin, Wissenschaftliche Mitarbeiterin am Lehrstuhl für Public Management, Universität Kassel.

Michael Wrase, Dr., Professor für Öffentliches Recht mit den Schwerpunkten Sozial- und Bildungsrecht, Stiftung Universität Hildesheim / Wissenschaftszentrum Berlin für Sozialforschung (WZB).

Petra Wittig, Prof. Dr. iur., Rechtswissenschaftlerin, Professorin an der Ludwig-Maximilians-Universität-München und Rechtsanwältin.

I
Grundlagen

Versuch über das Sein und Sollen der Rechtsforschung
Bestandsaufnahme eines interdisziplinären Forschungsfeldes

Julika Rosenstock, Tobias Singelnstein und Christian Boulanger

1 Zum Stand der interdisziplinären Rechtsforschung

Das Recht – als Bestand an Normen mit Anspruch auf kollektive Verbindlichkeit und Institutionen zu deren Umsetzung – ist in allen Gesellschaften gegenwärtig. Nur wenn man den Rechtsbegriff definitorisch eng fasst – z. B. nur verschriftlichte Normen als Recht anerkennt – kann Gesellschaft überhaupt ohne Recht gedacht werden. Aus diesem Grund ist es nicht überraschend, dass das Recht Forschungsgegenstand in zahlreichen wissenschaftlichen Disziplinen ist. Neben den verschiedenen Teilgebieten der Rechtswissenschaft gilt dies etwa für die Soziologie, Politikwissenschaft, Anthropologie, Ökonomie, Kriminologie und Philosophie.

Überraschend ist hingegen, dass die Erforschung des Rechts in den Sozialwissenschaften jüngeren Datums nur eine untergeordnete Rolle spielt.[1] Allein die Rechtswissenschaft ist es, die sich, nun ganz und gar nicht überraschend, zentral dem Recht widmet. Als überwiegend auf die Praxis hin orientierte Disziplin befasst sie sich jedoch vor allem mit der Erkundung der Systematik und den Prinzipien des korrekten Gebrauchs der für sie geltenden Normordnung, kurz gesagt mit

---

1 Ähnlich schon die Einschätzung in Luhmanns Rechtssoziologie (1987, S. 1). Anders als im englischsprachigen Raum haben sich in der deutschsprachigen Politikwissenschaft bisher keine fest etablierten Professuren oder einflussreiche Zeitschriften für „Law and Politics" / „Law and Courts" herausbilden können. Diese Situation spiegelt sich auch in der Einführungs- und Überblicksliteratur (siehe etwa Gallus 2016; Gerlach et al. 2010, aber etwa auch Becker und Zimmerling 2006; Frick et al. 2017). In der Soziologie ist die mit dem Recht befasste „Bindestrich-Soziologie" mit nur wenigen Lehrstuhldenominationen vertreten. Ein aktuelles Lehrbuch der Rechtssoziologie aus soziologischer Feder muss noch verfasst werden. Im Gegensatz dazu sind in den letzten Jahren mehrere rechtsethnologische Professuren eingerichtet worden. Zur Rechtsethnologie siehe auch den Beitrag von Beyer in diesem Band.

Rechtsdogmatik. Ihre weniger anwendungsorientiert ausgerichteten Teilgebiete wie die Rechtsphilosophie, die Rechtsgeschichte, die Rechtssoziologie und auch die Kriminologie sind zwar als Grundlagenfächer und in Schwerpunktbereichen in die universitäre Rechtswissenschaft integriert, haben jedoch meist eher nur am Rande Bedeutung.[2] Hinzu kommt, dass die sozialwissenschaftliche Forschung zum Recht im deutschsprachigen anders als im angloamerikanischen Raum relativ stark in den jeweiligen disziplinären Grenzen verharrt. Der sozialwissenschaftlichen Erforschung von Recht fehlt es damit ebenso an einer institutionell abgesicherten Bündelung wie an einem Ort fester Verankerung.

Diese Leerstelle zu füllen, schickt sich seit einiger Zeit die interdisziplinäre Rechtsforschung an (im Folgenden: iRF). Dabei handelt es sich um einen Forschungs*kontext* unter dessen Schirm Forscherinnen, die sich aus unterschiedlichen disziplinären Perspektiven mit dem Recht befassen, institutionell und begrifflich zusammenfinden. Disziplinärer Ausgangspunkt der iRF ist zwar insbesondere die Soziologie, doch in Anlehnung an die *Law & Society*-Forschung im angelsächsischen Raum – in Großbritannien stärker unter dem Label *Socio-Legal Studies* verortet – wird die Konzentration auf im engeren Sinn soziologische Fragestellungen als zu eng verstanden und für ein umfassenderes Verständnis einer interdisziplinären Rechtsforschung plädiert (z. B. Wrase 2006; Baer 2010, 2017). Dazu gehört die Einbeziehung der Rechtsanthropologie genauso wie der Kriminologie, von Verwaltungswissenschaft und Politikwissenschaft, aber auch von Aspekten aus Rechtsphilosophie und Rechtsgeschichte.

Mit der Interdisziplinarität, wie auch immer sie konkret verstanden wird, hat die Rechtsforschung sich ein großes, manche würden sagen heißluftgetriebenes Konzept, ins Selbstverständnis geschrieben.[3] Ihr Nutzen muss sich jedenfalls angesichts des durch sie verursachten Mehraufwands rechtfertigen, zumal Forscherinnen und Forscher schon innerhalb der eigenen Disziplinen vor einem kaum mehr zu bewältigenden Berg an Forschung stehen. Zu ihren Gunsten lässt sich immerhin anführen, dass heute viel Wissen ungenutzt in den Einzeldisziplinen verbleibt, das potentiell auch fächerübergreifend relevant ist. Dies ist gerade im Verhältnis zwischen Rechtwissenschaft und Sozialwissenschaften evident. Da Interdisziplinarität

---

2   Zur Lage der Rechtssoziologie siehe zuletzt die Beiträge in der Zeitschrift für Rechtssoziologie, Bd. 36 (2016) und Kocher 2017.

3   Zur Frage der Interdisziplinarität siehe Gutmann 2015, aber auch Bung 2011; Balkin (1996). Die neuere Forschungsdiskussion fasst Froese 2018 zusammen, die auch auf Studien hinweist, nach denen die Produktivität interdisziplinär arbeitender Wissenschaftler geringer ist als diejenige monodisziplinärer Prägung. Zur Interdisziplinarität der Rechtssoziologie Bora 2016 und zur Produktivität „kontradisziplinärer" Theorierezeption Riegner in diesem Band.

letztlich darauf hinausläuft, in konkreten Forschungsarbeiten die unterschiedlichen, zum Teil unvereinbaren Erkenntnisinteressen und Begriffsapparate mehrerer Disziplinen in mühevoller Arbeit zusammenzubringen, liegt ihr potentieller Wert in jedem Fall darin, der immer stärkeren strukturell bedingten Ausdifferenzierung und Abschottung von Begrifflichkeit und Wissen etwas entgegenzusetzen. Wenn heute niemand mehr universalgelehrt sein kann, dann kann nur das an einer Forschungsfrage orientierte „Gespräch der Gelehrten" punktuell den Zugang zu Wissen über den Horizont des eigenen Faches hinaus ermöglichen.

Vor diesem Hintergrund erweist sich die Verfestigung von Strukturen der iRF wie auch das Praktizieren von iRF als langsames und mühevolles Unterfangen.[4] Dennoch hat sich in der jüngeren Vergangenheit einiges getan: Es herrscht kein Mangel an einschlägigen wissenschaftlichen Vereinigungen[5], eine sehr gut besuchte Konferenzreihe ist entstanden[6], etliche Institute und Forschungsprojekte widmen sich den Themen der iRF[7]. Mit der „Zeitschrift für Rechtssoziologie" existiert überdies seit langem ein zentraler Publikationsort für Forschungsergebnisse der iRF.

---

4   Da die Institutionalisierung innerhalb der disziplinären Curricula und Forschungsagenden bisher schwach entwickelt ist, lebt die iRF derzeit vor allem an den Rändern der Forschungslandschaft und zwischen den jeweiligen Disziplinen. Die Situation ähnelt derjenigen, die Lawrence Friedman 1986 für die *Law & Society*-Forschung diagnostizierte (zitiert in Tamanaha 1997, S. 12): „people who study the legal system seem to be marginal, wherever they are". Siehe auch Baer 2016, S. 219 und Machura 2012a.

5   Im Bereich der empirischen Forschung sind etwa der Arbeitskreis Politik und Recht der Deutschen Vereinigung für Politikwissenschaft, der Berliner Arbeitskreis Rechtswirklichkeit, die Gesellschaft für interdisziplinäre wissenschaftliche Kriminologie, das Forschungskomitee Rechtssoziologie und Rechtswirklichkeitsforschung der Schweizer Gesellschaft für Soziologie, die Sektion Recht & Gesellschaft der Österreichischen Gesellschaft für Soziologie, die Sektion Rechtssoziologie der Deutschen Gesellschaft für Soziologie und die Vereinigung für Recht und Gesellschaft zu nennen. Dazu kommen weitere Vereinigungen, die sich mit den vergleichenden, philosophischen, historischen, sprachwissenschaftlichen, ökonomischen u. a. Grundlagen der Rechtsforschung befassen.

6   Zur Tagungsreihe und den sie ausrichtenden wissenschaftlichen Organisationen siehe http://www.recht-und-gesellschaft.info.

7   Unter anderem die Abteilung „Recht & Ethnologie" des Max-Planck-Instituts für ethnologische Forschung in Halle, das Exzellenzcluster „Die Herausbildung normativer Ordnungen" an der Goethe-Universität Frankfurt am Main, der Fachinformationsdienst für internationale und interdisziplinäre Rechtsforschung, das Institut für interdisziplinäre Rechtsforschung / Law and Society Institute Berlin an der Humboldt-Universität, das Institut für Rechts- und Kriminalsoziologie in Wien, der interdisziplinäre Forschungsverbund Recht im Kontext am Wissenschaftskolleg zu Berlin (seit 2018 an der Humboldt-Universität), das Käthe-Hamburger-Kolleg „Recht als Kultur" der Universität Bonn, das Zentrum für Europäische Rechtspolitik in Bremen. Weiterhin findet interdisziplinäre Forschung zu Recht auch am Wissenschaftszentrum Berlin

Die Themen, mit denen sich die iRF dabei befasst, reichen von großen gesellschaftstheoretischen Fragen – etwa dem Zusammenhang zwischen Rechtsentwicklung und Wohlfahrtsstaat oder den gesellschaftliche Funktionen des Rechts[8] – über die Forschung zu rechtlichen Institutionen – Gerichte, Polizei, Verwaltungen – bis hin zur detaillierten Beobachtung von Phänomenen, die in den Kontext des Rechts gestellt werden bzw. aus denen der rechtliche Kontext rekonstruiert wird[9]. Methodisch und theoretisch besteht bei der Bearbeitung dieser Fragen große Vielfalt, wie auch die Beiträge in diesem Band unterstreichen.

2   Rechtsforschung und Dogmatik

Was nun aber die iRF genau ausmacht, ist nicht ganz leicht zu beschreiben, insbesondere wenn man sie in ihrer ganzen Vielfalt erfassen und nicht einzelne Richtungen zur „eigentlichen" Rechtsforschung erheben will. Die mitunter verwendeten Beschreibungen von nicht-normativer Perspektive der Rechtsforschung auf der einen und normativer Perspektive der Dogmatik auf der anderen Seite weisen zwar die Richtung[10], bleiben aber unzureichend. Ähnliches gilt für eine Differenzierung anhand der Methode – rechtswissenschaftliche Auslegung auf der einen, der Kanon sozialwissenschaftlicher Methodik auf der anderen Seite. Der Charakter der iRF und ihr Verhältnis zur rechtswissenschaftlichen Dogmatik sind komplexer und widersprüchlicher als derartige Gegenüberstellungen vermitteln. Das gilt insbesondere mit Blick auf das oft von Animositäten und gegenseitigen Vorhaltungen über

---

    für Sozialforschung sowie an Max-Planck-Instituten statt, insbesondere in Heidelberg (internationales und vergleichendes öffentliches Recht), Frankfurt (Rechtsgeschichte), Bonn (Gemeinschaftsgüter) und Göttingen (multireligiöse und multiethnische Gesellschaften).

8   Siehe dazu den Beitrag von Schlepper in diesem Band.

9   Zum Phänomen der Informalisierung im Recht siehe den Beitrag von Burghardt in diesem Band; zur Ökonomisierung den Beitrag von Wittig und zur Globalisierung und Europäisierung des Rechts am Beispiel der Meinungsfreiheit im Internet den Beitrag von Riegner.

10 Zur Sollens- vs. Seinsgeltung siehe Raiser 1999, S. 243; 2011. Klassisch schon Weber, der von „juristischer und soziologischer Betrachtungsweise" spricht (siehe Boulanger in diesem Band, Abschnitt 2). Vgl. auch Schulz-Schaeffer 2004 und zur internationalen Diskussion Banakar und Travers 2005, S. 6 und Thomas 1996, S. 3.

mangelnde Wissenschaftlichkeit bzw. Relevanz geprägte Verhältnis zwischen der dogmatischen Rechtswissenschaft und ihren „Nachbarwissenschaften"[11].

2.1 Rechtsforschung als hinzufügende Wissenschaft vom Recht

Betrachtet man die in Methode, Fragestellung und Ziel äußerst diversen Beiträge, die sich unter dem Dach der iRF versammeln, so gewinnt man den Eindruck, ihr gemeinsamer Nenner sei letztlich ein Selbstverständnis als Wissenschaft, die bestehende Wissensbestände nicht entfaltet und fortschreibt, sondern neue hinzufügt. Zwar schafft das Fortschreiben ebenso Wissen wie das Hinzufügen. Für die iRF aber ist charakteristisch, dass sie ihre Forschung als Suche nach Unbekannten oder Infragestellung bekannten Wissens praktiziert und nicht als Arbeit am System der Rechtsordnung versteht. Nicht der Respekt vor dem Bestehenden, vor der Ordnung der Verhältnisse und gesetzten Grenzen – welche sie als Eigenschaften der dogmatischen Arbeit am Recht wahrnimmt[12] – sondern Originalität, Innovation, Neugier und sogar Widerspruchsgeist sind ihre „epistemischen Tugenden"[13].

Die iRF erkundet Recht dabei mittels der Beobachtung von sozialem Verhalten, weshalb man auch oft davon spricht, dass es sich bei der Rechtsforschung um die Beschäftigungen mit Recht mittels empirischer Methoden handelt.[14] Zwar gibt

---

11 So der Begriff im Titel der Bände von Grimm (1976), die aber für eine frühe und damals nicht weiter verfolgte Aufgeschlossenheit der Rechtswissenschaft gegenüber ihren Nachbarn stehen.

12 Einen Gegensatz zwischen Rechtsforschung und „dogmatisch-affirmative[r]" Rechtswissenschaft zeichnet Baer (2016, S. 219).

13 Wie der Tugendbegriff markiert, ist damit nicht gesagt, dass Beiträge der iRF deshalb grundsätzlich besonders originell sind (sie sind es oftmals keineswegs) oder Beiträge der Dogmatik nicht äußerst innovativ sind (was viele durchaus sind). Es handelt sich bei Tugenden nicht um notwendigerweise auffindbare Eigenschaften, sondern um Ideale, an denen sich Tätigkeiten messen und Selbstverständnisse darstellen lassen. Zum Konzept der epistemischen Tugend siehe Daston und Galison 2007, S. 34f.

14 Dies entspricht den diversen Definitionen der iRF und ihrer Teilgebiete als „Wirklichkeitswissenschaft vom Recht" (Rehbinder 2014, S. 1), als Wissenschaft, die Recht als „gesellschaftliche Erscheinung" (Ehrlich 1913/1967, S. 19), „gesellschaftliche[s] Phänomen" (Baer 2011b, S. 11) oder auch als „soziale Tatsache" (Röhl 1987, S. 51 unter Rückgriff auf Durkheim) interessiere, die der Erkundung der „gesellschaftlichen Realität des Rechts, seiner Bedingtheit und Wirkung in gesellschaftlichen Zusammenhängen" (Stegmaier 2013, S. 74) diene. Anzumerken ist jedoch, dass Bezeichnungen wie „Wirklichkeit" keine unschuldigen Begriffe sind. Die Wirklichkeit ruft als ihre Gegensätze Begriffe wie

es spezifische Methoden sozialwissenschaftlicher Forschung,[15] doch greift diese Charakterisierung zu kurz, wenn man die empirische Methode als Gegensatz zur hermeutischen Erforschung von Texten versteht und *daraus* einen Gegensatz zwischen iRF und Dogmatik konstruiert. Empirisch erkundetes bzw. zu erkundendes Sozialverhalten begegnet nämlich auch der iRF in ganz erheblichem Maße in Gestalt von Texten – sei es als fremdproduzierte Quellen (Gesetzestexte, Urteilstexte, Kommentare, Protokolle) oder als von ihr selbst verfasste Aufzeichnungen (Interviewmaterial, Umfragedaten, Forschungstagebücher und andere schriftliche Aufzeichnungen eigener Beobachtungen). Texte sind schließlich auch nur eine – temporär erstarrte – Äußerungsform von menschlichem Verhalten; sie sind in der iRF ebenso Gegenstand wie in der Dogmatik.

Zugleich gilt, dass nicht nur das Lesen von Texten, sondern jede Erkundung von sozialem Verhalten letztlich ein hermeneutischer Akt ist, also eine Interpretationsleistung darstellt. Der Unterschied zwischen textbasierter und nicht-textbasierter „empirischer" Wissenschaft beruht daher vor allem auf der konventionell-sprachlichen Unterscheidung der jeweiligen Deutungsakte als auslegendem Lesen versus empirischem Beobachten, bezeichnet aber nicht zwei grundlegend verschiedene Wege der Erkenntnisgewinnung.[16]

Es ist deshalb nicht primär das Medium, in welchem wissenschaftlichen Untersuchungen des Rechts das Untersuchungsmaterial begegnet, das die Rechtsforschung charakterisiert und von anderen Formen der Erforschung des Rechts unterscheidet. Ebenso wenig ist es, wie wir im Folgenden ausführen werden, der

---

Phantasie, Metaphysik und Träumerei auf und lädt damit zu der Vorstellung ein, dass es derjenige ist, der sich mit ihr (der Wirklichkeit) befasst, der sich mit dem eigentlich Wichtigen beschäftigt. Zu ähnlichen Missverständnissen laden Formulierungen ein, dass sich die Rechtsforschung damit beschäftige, „was Recht tatsächlich sei", was das „wirkliche Recht" sei. Grundsätzlich warnend vor einer naiven Stützung von Wissensbeständen auf „Empirie" Augsberg 2012.

15 Siehe den Beitrag von Kolanoski in diesem Band.
16 Was jüngere sozialwissenschaftliche Forschungsrichtungen von der Systemtheorie bis zur Diskurstheorie und postmodernen Ansätzen übrigens hervorheben, indem sie Gesellschaft bzw. soziales Verhalten als Text bzw. Kommunikation verstehen. Umgekehrt macht es nicht das Wesen der Dogmatik aus, eine Textwissenschaft zu sein, gleichgültig ob man sie als Hermeneutik (Hassemer 1986) oder als Entscheidungs- und Argumentationswissenschaft versteht (Schmidt-Aßmann und Hoffmann-Riem 2004). Die empirisch korrekte Feststellung, dass die Dogmatik sich vor allem mit Gesetzbüchern, Kommentaren, wissenschaftlichen Aufsätzen und Urteilen, kurz gesagt geschriebenen Texten befasst, ist schlicht Folge der Gepflogenheit zeitgenössischer Rechtsordnungen, ihr Wissen vorzugsweise in Schriftform festzuhalten. Gerichtsurteile könnte man aber auch auf Tonbändern festhalten, Gesetzestexte mündlich tradieren, Dogmatiken tanzen.

normative bzw. nicht-normative Status der Forschungsergebnisse, denn die Rechtsforschung produziert beide Arten von Ergebnissen. Kennzeichnend ist vielmehr das Selbstverständnis der als iRF betriebenen Wissenssuche bzw. die Einschätzung des Charakters ihrer Forschungsbeiträge mit Blick auf eine bestehende Rechtsordnung als Untersuchungsgegenstand.

2.2 Rechtswissenschaftliche Dogmatik als Gegenüber

Indem die iRF ihre Beiträge als Hinzufügungen von Wissen begreift, wo bisher kein Wissen bestand, oder als Ersetzungen von falschem Wissen durch richtiges, d. h. als Aufklärung über Irrtümer,[17] ist sie von Tätigkeiten abgrenzbar, die sich als Arbeit am und mit dem System des Rechts verstehen. Für diese Tätigkeiten steht vor allem der Name „Dogmatik", die somit einen zentralen Bezugspunkt und ein Gegenüber der iRF bildet.

Dies gilt ungeachtet des Umstandes, dass kein klar definierter und konsentierter Dogmatikbegriff existiert.[18] So kann Dogmatik – weit verstanden – jede normative Entscheidung innerhalb eines Rechtssystems bezeichnen, d. h. sowohl generelle Entscheidungen des Gesetzgebers wie auch die Anwendung von Normen durch Laien oder Rechtsexperten. Letzteres umfasst sowohl die rechtsprechende Beurteilung des Verhaltens anderer und das im Rahmen der wissenschaftlich institutionalisierten Rechtswissenschaft stattfindende Nachdenken über das geltende Recht, als auch die Normanwendungsprozesse von Laien wie Rechtsexperten bezüglich eigenen Verhaltens.[19] Ein engerer Dogmatikbegriff fasst hingegen nur die wissenschaftliche Beschäftigung mit dem Recht sowie die Rechtsprechung vor allem der obersten Gerichte und unterscheidet Dogmatik damit strenger – den Unterschied von Recht und Politik betonend – von der Rechtsetzung.[20]

---

17 Zum Hang der Soziologie, Irrtümer aufzudecken, klassisch Berger und Luckmann 1969.
18 Siehe den Beitrag von Boulanger in diesem Band.
19 Bei Rechtsanwendung und Rechtsprechung wird häufig übersehen, dass sie soziologisch betrachtet nicht nur Tätigkeiten von Rechtsexperten sind, sondern von jedem Menschen praktiziert werden, der sein eigenes Verhalten an Normen orientiert oder fremdes Verhalten wertet. Die Privilegierung der juristischen Tätigkeit entspricht schlicht ihrer besser informierten und durchsetzungsmächtigeren sozialen Rolle. Der Sache nach legen aber auch Rechtslaien ständig Recht aus. Es fehlt ihnen nur an normativer Autorität, um für die Rechtswissenschaft von größerem Interesse zu sein.
20 Enger noch beispielsweise die Abgrenzung der Dogmatik zur Kasuistik, siehe Schlink 2007.

Mit Blick auf die iRF genügt es hier festzuhalten, dass Dogmatik Tätigkeiten meint, die Wissen über das Recht, das gelten *soll*, produzieren, und zwar nur aus dem Recht selbst.[21] Dogmatik ist die Erkundung des Rechts, die in den Grenzen einer geltenden Rechtsordnung anhand von realen oder gedanklich konstruierten Fällen nach dem richtigen Recht fragt. Sie stellt auf der Basis der Normen das diesbezügliche Wissen in Form von Urteilen, Grundsätzen, Regeln bereit, ordnet es und entwickelt es fort.[22]

Auch Dogmatik arbeitet somit nicht weniger als die iRF auf einen Wissenszuwachs hin, jedoch präsentiert sie dieses Wissens vorrangig als Entfaltung oder Fortschreibung eines bestehenden Wissenskorpus – und nicht als Hinzufügung von Neuigkeiten. Ihr *Gestus* ist der des Aufdeckens und Ausbauens, nicht des Schaffens vollständig neuen Wissens oder gänzlich neuartiger Einsichten. Dazu gehört auch, dass die an sich unstrittige Einsicht[23], dass Dogmatik in ihrer Arbeit über das Bestehende hinausgeht, also Inhalte schafft und nicht nur offenlegt, von ihr selbst tendenziell marginalisiert oder als Methodenproblem behandelt wird.[24] Da die Dogmatik – jedenfalls soweit man nicht auch die positivrechtliche Rechtsetzung darunter fasst – keine zur selbstherrlichen Setzung von Inhalten befugte Tätigkeit ist, ist ihr vorgegeben, das von ihr produzierte Wissen stets als Ausdruck des geltenden Rechts zu präsentieren. Die dogmatische Untersuchung will keine „neugierige" Erkundung sein, sie will aufdecken mit der Behutsamkeit archäologischer Grabungen, nicht entlarven. Sie ist Arbeit an einem und im Rahmen eines Systems – und zwar dem System der jeweiligen Rechtsordnung. Sie rechtfertigt ihre Ergebnisse als Teil dieses Systems und versucht dessen innere Ordnung zu erhöhen bzw. besser sichtbar zu machen. Dementsprechend greift sie auf eine deduktive Struktur der Entscheidungs*begründungen* zurück, denn diese ist stets geeignet, etwas

---

21 Zur Produktion von „Recht aus Recht" Luhmann 2000, S. 20. Feststellungen über das „geltende Recht" sind somit immer nur Behauptungen, dass dieses Recht bereits gilt (und nur noch anerkannt werden muss), und gleichzeitig die Forderung, dass andere diese Behauptung anerkennen.

22 Für einen Überblick der Dogmatikfunktionen s. Rüthers und Fischer 2010, Rn. 321 ff.

23 Schon 1885 konstatierte Oskar von Bülow in „Gesetz und Richteramt", dass jedes richterliche Urteil eine schöpferische Leistung beinhaltet (zit. bei Röhl 1987, § 8). Ältere Dogmatiktheorien, welche ihre Arbeit als wertneutral und frei von historischen, individuellen und sonstigen Einflüssen verstanden, sozusagen für eine „reine Denktätigkeit" hielten, „können als überwunden gelten" (so Volkmann 2005, S. 262).

24 Dazu gehört auch ihre Strategie, einstmals für rechtmäßig erachtete Wissensbestände durch deren Bedeckung mit dem Mantel des selektiven Verschweigens aufzuheben. Man denke nur an die Einlassungen des BVerfG im Jahr 1957 zur Verfassungsmäßigkeit der Strafvorschriften gegen „gleichgeschlechtliche Unzucht" (§§ 175f. StGB a. F.) (1 BvR 550/52).

als „systemisch" darzustellen. Weil ihr das System dabei in Form verschriftlichter Normen (und seiner obergerichtlichen Anwendungen) begegnet, rechtfertigt sie ihre Ergebnisse, indem sie als korrekte Lesart der jeweiligen Rechtsquelle (zumeist in Form von Rechtstexten) präsentiert werden.[25]

3 Perspektiven und Erkenntnisziele der Rechtsforschung

Es liegt nahe, aus diesem Unterschied im Selbstverständnis von iRF und Dogmatik einen Unterschied im Hinblick auf die Frage der Normativität zu konstruieren – verstehende Rechtsforschung hier, normative Dogmatik dort. Doch die Erforschung des Rechts durch die iRF einerseits und die rechtswissenschaftliche Dogmatik andererseits verfolgen nur auf den ersten Blick grundlegend verschiedene Ziele hinsichtlich der normativen Haltung zum jeweiligen Forschungsgegenstand. Erstens gibt es erhebliche Überschneidungen und Bezugnahmen aufeinander. Zweitens existieren durchaus konträre Auffassungen bezüglich der Frage, inwieweit die Rechtsforschung einen Beitrag zur Verbesserung des Wissens vom Recht oder aber auch einen Beitrag zur Verbesserung des Rechts leisten soll.

3.1 Rechtsforschung aus der Beobachterperspektive 2. Ordnung

Eine Richtung der iRF setzt das Hinzufügen von Wissen über Recht um, indem sie sich unter *Verzicht auf normative Stellungnahmen* als außenstehende Beobachterin des Rechtssystems positioniert. Sie nimmt eine Beobachtungsperspektive 2. Ordnung ein, eine „Perspektive des Beobachtens von Beobachtungen" (Luhmann 1997, S. 600)[26], welche eben dadurch charakterisiert ist, dass sie ein Geschehen beobachtet, *ohne* zu den Geltungsansprüchen des Beobachteten Stellung zu beziehen. Ihr Ziel liegt allein im normativ abstinenten Verstehen ihres Untersuchungsgegenstan-

---

25 Andere systemfremde Einflüsse, nämlich solche, die direkt einem Individuum zugeschrieben werden und von deren Einfluss jede einigermaßen erkenntnistheoretisch informierte Dogmatik weiß, werden als subjektive Fehlbarkeit ihrer Akteure marginalisiert und im Objektivitätsgebot aufgefangen.

26 Zur Gegenüberstellung von Perspektive 1. und 2. Ordnung siehe auch Luhmann 1997, S. 1120ff.

des.[27] Anders als eine Beobachtung aus der Beobachterperspektive 1. Ordnung, welche stets Beobachtungen mit normativem Geltungsanspruch macht, nimmt diese „verstehende Rechtsforschung" am Recht nur Tatsachen des Seins, nicht des Sollens wahr.[28] Sie verzichtet darauf, ein – wie auch immer geartetes – normatives Kriterium für ihre Beobachtungen zu verwenden[29] und kann daher nur Aussagen darüber treffen, ob etwas (groß, blau, existent) *ist* oder nicht ist, nicht jedoch, ob es rechtmäßig oder unrechtmäßig ist.[30] Auch was aus der Perspektive 1. Ordnung eine Sollenstatsache sein mag, kann sie zwar als *deren* Sollensauffassung wahrnehmen, selbst aber nur als Seinstatsache handhaben.[31] Sie kann, anders ausgedrückt, Wissen über deskriptive oder präskriptive – also beschreibende wie normierende – Tatsachen sammeln, jedoch diese nicht als präskriptive Tatsachen verwenden.[32]

---

27 Vgl. Dreier, der davon spricht, die Rechtssoziologie würde in „wertabstinenter Weise die Entstehungs- und Wirkungsbedingungen des Rechts (…) erkunden" (2000, S. 2).

28 Wobei Verstehen hier in einem weiteren Sinne sowohl individuelles Sinnverstehen wie auch das eher in der Tradition der quantitativen Forschung stehende Begreifen von Geschehen meint.

29 Damit ist nicht gesagt, dass Beobachtungen aus der Perspektive 2. Ordnung „wertfrei" in einem Sinne wären, dass sie nicht selbst in einer normierten Form stattfänden (z. B. in der Gestalt ihrer Methodenvorschriften) und dass ihre Protagonisten nicht von werthaften Vorurteilen beeinflusst wären. Keine Beobachtung ist frei von Vorverständnissen und kein Vorverständnis ist frei von Wertungen (zum Einschleichen des Normativen in die Empirie Kocher 2017, S. 177 mit Verweis auf Raiser; so schon Weber 1904; siehe auch Wrase 2016, S. 485 mit Verweis auf Röhl 1974, S. 25ff.), Folglich findet auch keine Forschung in einem wert- und wertungsfreien Raum statt, weder was die Köpfe der Forscherinnen noch ihr Umfeld betrifft. Wahrnehmungsmuster (bias), Forschungspräferenzen und Erkenntnisziele formen sich immer im Gefolge von Mittelflüssen, Themenkonjunkturen, disziplinären Prägungen und eben auch den Wertauffassungen der Akteure. Die normative Abstinenz der Beobachtungen aus der Perspektive 2. Ordnung bedeutet letztlich allein, dass aus einer solchen Perspektive keine Aussagen getroffen werden können, *deren Wahrheitsanspruch normativ gerechtfertigt werden kann*.

30 „Das System sieht Normen als Normen (…). Der Beobachter sieht Normen als Fakten." (Luhmann 2000, S. 25).

31 Dieser Verzicht, etwas als ein Sollen zu handhaben, darf dabei allerdings nicht verwechselt werden mit der Frage, ob jemand einen Wert anstelle eines anderen Wertes verwendet, beispielsweise Gerechtigkeit statt Verfassungskonformität für seine Beobachtung heranzieht. Denn zur Frage, ob etwas rechtmäßig ist, z. B. Gesetz sein oder als Gesetzesverstoß geahndet werden sollte, kann ein Beobachter aus der Perspektive 2. Ordnung *grundsätzlich* nicht Position beziehen.

32 Damit ist zugleich gesagt, dass die Zustände des Seins und Sollens nicht feststehende Eigenschaften bestimmter Tatsachen sind, sondern von dem Unterschied handeln, wie man mit ihnen umgeht, d. h. sie beobachtet. Zur damit verwandten Beschreibung des

Diese Richtung der iRF kann also einen freilaufenden Hund und das Gebot des Leinenzwangs als § 12 der Parkordnung beobachten, ggf. auch die Auffassung der Richterin zum Verhältnis dieser beiden. Sie vermag jedoch weder festzustellen, ob der Leinenzwang für Hunde als solcher gerecht ist oder verfassungskonform, ob Herr Schulz Fido in einem bestimmten Fall rechtmäßig von der Leine gelassen hat, noch ob eine beobachtete Verurteilung von Herrn Schulz vertretbar war. Ebenso kann sie zwar zu dem Schluss kommen, dass eine Rechtsanwendung von den jeweiligen sozialen Umständen geprägt ist[33], oder das Strafmaß davon abhängt, ob der Richter etwas gegessen hat[34]. Sie kann diese Befunde jedoch nicht z. B. als Verstoß gegen richterliche Objektivitätspflichten werten. Eine derartige Stellungnahme würde schließlich die Anwendung eines normativen Kriteriums verlangen, dessen Verwendung dieser Perspektive gerade versagt ist.

Weil man zu dem, worüber man keine Aussage treffen kann, nun einmal schweigen muss, kann eine solche Form der Rechtsforschung folglich keine Ergebnisse produzieren, die eine Fortschreibung des Rechts wären. Wer keine normativen Stellungsnahmen abgibt, kann ein normatives System, z. B. das System des Rechts, nicht fortschreiben. Das Wissen, das solche Forschung schafft, ist ein andersartiges, systemfremdes Wissen.

Darüber hinaus findet die Sammlung von Seinstatsachen, wie sie die „verstehende Rechtsforschung" vornimmt, grundsätzlich stets nur in Gestalt einer additiven Vermehrung von Wissen statt. Dies ist dem grundlegenden Unterschied zwischen Seins- oder Sollenstatsache im Hinblick auf den Umgang mit diskrepanten Beobachtungen, d. h. Diskrepanzen zwischen zwei aufeinander bezogenen Aussagen geschuldet.[35] Nur Seinstatsachen wahrzunehmen, heißt nämlich nicht nur, auf normative Aussagen zu verzichten, sondern schreibt zugleich eine bestimmte Form

---

Verhältnisses von Sein und Sollen als Umgang mit kognitiven und normativen Erwartungen siehe Luhmann 1987, S. 42ff.

33 Siehe den Vorwurf der „Klassenjustiz" aus den 1970er Jahren (Rottleuthner 1969), der sich allerdings empirisch nicht erhärten ließ (Rottleuthner 1982).

34 Ein empirischer Test der „common caricature of realism that justice is ‚what the judge ate for breakfast'" ergibt erstaunliche Resultate: „We find that the percentage of favorable rulings drops gradually from ≈65 % to nearly zero within each decision session and returns abruptly to ≈65 % after a break." (Danziger et al. 2011).

35 Worin diese Diskrepanz besteht, z. B. zwischen einem Gesetz und einem Sachverhalt oder zwischen einer Erwartung und einem Erleben, ist unerheblich, entscheidend ist allein, dass es sich um aufeinander bezogene Erscheinungen handelt. Etwas anderes ist die Wahrnehmung zweier nicht aufeinander bezogener Tatsachen: Die Feststellung, dass dies eine Hose und dies ein Hemd ist, bildet ebenso wenig eine Diskrepanz wie die, dass in der Schublade die Hose sein sollte und auf dem Bügel das Hemd hängt.

des Umgangs mit Diskrepanzen des Beobachteten vor: Diskrepanzen zwischen Seinstatsachen – also die einzigen Diskrepanzen, die aus einer Beobachterperspektive 2. Ordnung wahrnehmbar sind – können immer nur konstatiert werden.[36] Dies ist dem Umstand geschuldet, dass Seinstatsachen qua Definition keine Macht übereinander haben.[37] Eine „verstehende Rechtsforschung" kann solche Diskrepanzen daher nur als gleichrangige Bestandteile des Wissens über das Beobachtete mit sich führen.[38] Sie kann sie jedoch nicht auflösen, d. h. die Diskrepanz aufheben, indem sie einer Beobachtung die Geltung abspricht und ggf. entsprechende Maßnahmen zu deren Nichtgeltung veranlasst. Aus der Perspektive 2. Ordnung erweitern somit alle Beobachtungen schlicht additiv die Menge des Wissens. Die Beobachtung von Fido ohne Leine erweitert schlicht die Menge des gleichzeitig bestehenden Wissens, dass gemäß § 12 Parkordnung eigentlich Leinenzwang besteht (und umgekehrt).

Im Gegensatz dazu ermöglicht und verlangt die Beobachtung einer Diskrepanz zwischen einer Seins- und einer Sollenstatsache (also aus der Beobachterperspektive 1. Ordnung) nach Aufhebung dieser Diskrepanz, indem der von seinem Sollen abweichenden Seinstatsache der Geltungsanspruch abgesprochen wird. Eine solchermaßen betrachtete Diskrepanz erfasst stets „Abweichung", die nach „Begradigung" verlangt, und keine Verschiedenheit, die man konstatierend nebeneinander bestehen lassen kann. Weil aus einer Perspektive 1. Ordnung tatsächlich in gewisser Weise nicht sein kann, was nicht sein darf, findet die Beobachtung einer von einer Sollenstatsache abweichenden Seinstatsache in einem Modus statt, der in der Aufhebung der Diskrepanz resultiert. Aufhebung meint dabei: Zukünftiges hat sich entsprechend anzupassen, bspw. wenn Herr Schulz sich entscheidet, Fido anzuleinen (Gebotscharakter). Geschehenes, dessen Änderung im Sinne einer

---

36 Man könnte nämlich auch sagen, dass der Unterschied zwischen Sein und Sollen überhaupt erst im Fall der Verarbeitung solcher Diskrepanzen spürbar bzw. erkennbar wird. Erst Diskrepanzen „realisieren" schließlich die Frage, wer welche Art von Aussage über wen macht und stellen damit die Machtfrage. Und erst wo es Diskrepanzen gibt oder geben kann, ist Macht überhaupt von Bedeutung.

37 Dieser Umgang mit Diskrepanzen darf dabei nicht verwechselt werden mit der Art wie zwei Seinstatsachen aufeinander wirken. Denn natürlich können Seinstatsachen auf andere Seinstatsachen wirken – bis hin zu deren Vernichtung. Tritt der Elefant auf die Maus, ist die Maus, die gerade noch war, nicht mehr. Dies handelt aber nur von der Seinstatsache der Maus *zu leben*, nicht von der Seinstatsache, Maus *zu sein* bzw. gewesen zu sein.

38 Sie kann jedoch Beobachtungen aufgrund von Beobachtungs-, d. h. Messfehlern, für nichtig erklären. Dies handelt aber nicht vom Umgang mit divergenten Seinstatsachen.

Anpassung nicht mehr möglich ist, hat sich im Sinne einer „Wiedergutmachung" anzugleichen (Sanktionscharakter).[39]

Dies entspricht schlicht dem Machtanspruch, den Sollensaussagen gegen die auf sie bezogenen Seinstatsachen erheben. Ausgedrückt wird dies vor allem in der Rede vom Imperativcharakter des Sollens.[40] Es ist zugleich die Kehrseite der Widerlegungsimmunität des Sollens gegen ihm widersprechendes Sein, welche es ermöglicht, trotz des normativ enttäuschenden Zustands der Welt weiter an das Recht zu glauben. Die Immunität von Sollenstatsachen gegen ihre Enttäuschung durch die Seinstatsachen bedeutet also nicht nur die Immunisierung der normativen Erwartung gegen Enttäuschungen durch einzelnes Verhalten.[41] Es bedeutet zugleich, dass Verhalten widerlegt werden kann: Die weißen Schwäne – als Norm betrachtet – machen eine Aussage über den schwarzen Schwan: nämlich, dass er deviant ist.

Wer – wie die „verstehende Rechtsforschung" – jedoch Diskrepanzen nur konstatieren kann, der steht, wie schon angemerkt, nicht im Dienste der Fortschreibung eines Systems, denn gerade die Aufhebung der Diskrepanz, der Devianz ist es, die das System fortschreibt. Dazu sind Beobachtungen des Rechts aus Perspektive der „verstehenden Rechtsforschung" jedoch nicht ausgerüstet.

Unbeschadet dessen lassen sich aus der Perspektive 2. Ordnung aber selbstverständlich allgemeine Aussagen über die beobachteten Tatsachen bilden und ggf. revidieren, falls sie auf ihnen widersprechende Tatsachen treffen.[42] Dass Wissen, dass Schwäne weiß sind, kann ergänzt und zusammengefasst werden um das Wissen, dass Schwäne weiß sind und beißen oder dass Schwäne weiß oder schwarz sind, ebenso wie das Wissen, dass Hunde an der Leine zu führen sind, um das Wissen, dass es Fälle gibt, in denen sie ohne Leine laufen. Doch auch diese Aussagen sind Seinsaussagen, die an den sie stützenden Beobachtungen nichts ändern, sondern

---

39 Damit ist nicht gesagt, dass die normative Erwartung das Verhalten tatsächlich steuert, geschweige denn determiniert. Gesagt ist nur, dass es mit Hilfe der normativen Erwartung möglich wird, bestimmte Verhaltensoptionen „zu falsifizieren" und entsprechend zu behandeln.

40 Sozial umgesetzt wird dieser Aufhebungsanspruch des Sollens gegen das Sein prospektiv dann durch „Normanwendung" und „Normerziehung", also durch die Entscheidung und die Habitualisierung der Entscheidung, Verhalten an einer Norm auszurichten. Retrospektiv geschieht es, indem unrechtmäßiges Verhalten sanktioniert wird, wobei diese Sanktionen um eine Aufhebung von Geschehen im Sinne einer Wiedergutmachung kreisen: sei es Schadensersatz, Vergeltung oder Resozialisierung, d. h. Erziehung hin zu zukünftiger Anpassung an das Sollen.

41 Oder wie Luhmann es nennt, dass normative Erwartungen kontrafaktische Erwartungen sind, weil sie nicht durch abweichendes Verhalten zu enttäuschen sind (1997, S. 638) und genau genommen durch konformes Verhalten auch nicht bestätigt werden können.

42 Die bekannten Stichworte sind hier Induktion und Falsifikation.

sie nur in unterschiedlicher Weise konstatieren. Dem Beobachteten selbst kann die Geltung nicht abgesprochen werden, denn es bleiben *Seins*aussagen, die keine Macht übereinander ausüben. Allgemeine Seinsaussagen mögen ihr eigenes System bilden, sie sind aber kein Beitrag zur Fortschreibung der beobachteten rechtlichen Ordnung. Auch aus diesem Grund kann man sagen, dass die Rechtsforschung aus der Perspektive 2. Ordnung Wissen sucht, um es zu akkumulieren. Das Hinzufügen bedeutet nicht nur, dass Hinzufügen von Neuheit statt Freilegen des schon Bestehenden, d. h. Fortschreiben, praktiziert wird, sondern auch, dass man das Beobachtete in seiner Widersprüchlichkeit bestehen lässt und lassen muss.

Dies bedeutet allerdings nicht, dass diese Beobachtungen nicht Spuren im Normierungsprozess hinterlassen würden.[43] Das kann als Folge der Beobachtung selbst geschehen oder weil sich Ergebnisse der Forschung aus der Perspektive 2. Ordnung als Material für normative Schlüsse verwenden lassen.[44] Deshalb ergibt sich aus der Haltung der „verstehenden Rechtsforschung" auch nicht zwangsläufig, dass ihre Vertreterinnen das Recht nicht für verbesserungsbedürftig halten würden. Allerdings folgen viele von ihnen gleichwohl der von Luhmann (1993, S. 31) der Rechtssoziologie ins Stammbuch geschriebenen Beschränkung des Adressatenkreises ihrer Forschung auf die (Sozial-)Wissenschaft. Andere hingegen sind durchaus der Ansicht, dass auch eine auf normative Schlüsse verzichtende Rechtsforschung Beiträge zu Rechtspolitik, Rechtsanwendung und Dogmatik leisten kann und sollte. Sie meinen, dass die Ergebnisse einer Rechtsforschung, die auf normative Stellungnahmen verzichtet, durchaus direkt oder mehr oder minder gut aufbereitet Eingang in die Praxis finden und dort angewendet werden können. So legt etwa der Befund, dass der Richtervorbehalt bei eingriffsintensiven Ermittlungsmaßnahmen wie der Telekommunikationsüberwachung als Schutzmechanismus in der Praxis nur unzureichend Wirkung entfaltet, nahe, dessen Ausgestaltung zu verändern (z. B. Backes und Gusy 2003). Ob diese Wirkung jedoch tatsächlich unzureichend ist, lässt sich im Rahmen der Beobachterperspektive 2. Ordnung nicht bestimmen, sondern erfordert den Sprung in die Beobachterperspektive 1. Ordnung.

---

43 Zu dem Aspekt, dass „Außenbeobachtung stört, weil sie zur Selbstdarstellung zwingt" Roellecke 1999, S. 214.

44 Aus der Beobachtung, dass a) Richter objektiv urteilen sollen und b) nach der Mittagspause stets milder urteilen, lässt sich schließlich durchaus der normative Schluss ziehen, dass dies falsch und damit änderungswürdig ist. Allerdings eben nur, wenn man dabei die Beschränkungen der Beobachterperspektive 2. Ordnung verlässt, denn ein solcher Schluss ist gleichbedeutend mit der Beendigung der Fortführung der Divergenz und ihrer Aufhebung, also die Übernahme einer Perspektive 1. Ordnung.

3.2 Rechtsforschung aus der Beobachterperspektive 1. Ordnung

Eine andere Variante, Recht in der Weise des Hinzufügens zu erforschen, bietet die iRF, die grundsätzlich selbst aus der Beobachterperspektive 1. Ordnung und folglich mit einem normativen Maßstab operiert. Diese Richtung der Rechtsforschung bleibt also nicht bei der Beobachtung von außen und dem Verstehen stehen, sondern fällt selbst unmittelbar normative Urteile – über Gesetze, Urteile und Praktiken.[45]

Dass diese Perspektive mit ihren Ergebnissen das Rechtssystem adressiert und sich ihre Beiträge dennoch eher als Hinzufügung und nicht als Fortschreibung verstehen lassen, liegt bei dieser Form der iRF nicht am nicht-normativen Status ihrer Beobachtungen, sondern an ihrem Bestreben, ihre Ergebnisse der geltenden Rechtsordnung bzw. deren Praxis entgegenzuhalten. Grundsätzlich können die von ihr gemachten Wertungen über das Beobachtete natürlich sowohl positiv wie auch negativ ausfallen. In der Praxis dieser Forschung steht allerdings die Kritik des Rechts und Ansätze für dessen Verbesserung im Vordergrund.[46] Für die einen geht es dabei eher um Nachjustierungen, für die anderen darum, die geltende Normordnung vom Kopf auf die Füße zu stellen (Fischer-Lescano 2013, S. 15). Man könnte deshalb zwischen einer „reformorientierten Rechtsforschung", die sich im Dienste der bestehenden Ordnung und ihrer Dogmatik versteht, und einer „radikalen Rechtsforschung" unterscheiden, die für eine radikal bessere, neue Ordnung und eine dementsprechende Dogmatik steht.

Eine Variante der iRF aus der Beobachterperspektive 1. Ordnung gelangt zu ihren normativen Aussagen, indem sie diese dem von ihr beobachteten sozialen Verhalten selbst entnimmt, seien es allgemeine Normen oder normative Lösungen für konkrete Fallkonstellationen. Beispielhaft hierfür steht die sogenannte soziologische Jurisprudenz, die das von ihr beobachtete soziale Verhalten zur Quelle normativ gültiger Aussagen erhebt.[47] Ihren Anwendungsbereich hat diese – letztlich

---

45 Der Unterschied dieser beiden Varianten von Rechtsforschung deckt sich nicht mit ihren unterschiedlichen Standbeinen in den Sozialwissenschaften und der Rechtswissenschaft. Denn auch, wenn man bei rechtswissenschaftlich sozialisierten Rechtsforschern eine größere Scheu vor dem Verzicht auf normative Aussagen konstatieren mag, geht dieser Unterschied quer durch die Disziplinen selbst. Für die Soziologie denke man nur an Webers Konflikt mit den „Kathedersozialisten" (Weber 1904) oder den „Positivismusstreit in der deutschen Soziologie" (Adorno et al. 1969).
46 Zur iRF als einer engagierten Wissenschaft in kritischer Tradition siehe Baer 2011b; 2016.
47 Die sogenannte „Rechtstatsachenforschung" oder „soziologische Jurisprudenz" wird deshalb von einigen auch nicht als Rechtssoziologie angesehen. Röhl (1987, § 8) nennt

rechtssetzende – Methode, vor allem wenn es darum geht, Lücken im positiven Recht zu schließen – gemäß Eugen Ehrlichs Maxime „[b]ei Lücken im Recht greift zum lebenden Recht".[48] Dies kann etwa bei vom Gesetzgeber bewusst nicht detailliert geregelten Lebensbereichen der Fall sein oder bei jenen unvermeidlichen Leerstellen normativer Regelungen, welche der Nicht- oder zumindest Unterdeterminiertheit von Sprache – und damit auch des Rechts – geschuldet sind.[49] Man ginge also fehl, würde man meinen, diese Art von Rechtsforschung würde in ihrer Arbeit an der Lücke nicht auch am Rechtssystem arbeiten – doch anders als rechtsschöpferische Arbeit der Dogmatik an Lücken betont sie mehr zu sein, als nur Teil der Entfaltung des schon vorhandenen Rechts. Diese Hochstufung der sozialen Wirklichkeit zu einer normgebenden Instanz hat indes an Bedeutung verloren[50], vermutlich vor allem, weil die „soziale Wirklichkeit" heute – anders als noch bei Vertretern der soziologischen Jurisprudenz – kaum mehr als Ort verstanden wird, aus dem sich die allgemeingültigen „gesellschaftlichen Entwicklungsgesetze" herauslesen lassen, auf deren Gutartigkeit vertraut werden könnte[51].

---

sie beispielsweise stattdessen eine juristische Methode (siehe auch Röhl 1974).

48 So bringt Röhl Ehrlichs Methode auf den Punkt (1987, § 8). Wobei natürlich schon die Entscheidung darüber, dass eine Lücke vorliegt, eine normative Einstufung des Falles bedeutet, die somit einen Akt aus der Beobachterperspektive 1. Ordnung darstellt.

49 Die explizite Beschränkung der Methode auf die „Lücke" vermeidet dabei die direkte Konfrontation mit dem Herrschaftsanspruch des Gesetzgebers. Sie signalisiert, dass sich die Judikative in Form der Rechtsbindung an die Gewaltenteilung hält. Hierzu etwa Hassemer 2007 oder allgemeiner zur Un- bzw. Unterdeterminiertheit des Rechts Zuck 2017. Die sich darauf stützende rechtskritische Perspektive (siehe unten 4.) betonen Baer 2011a, S. 143 und Mattutat 2016, ein Beispiel für die These der fast vollständigen Unbestimmtheit des Rechts ist Yablon 1984.

50 So auch Baer 2011, S. 38, für die die „Vorstellung, soziale Wirklichkeit sei der legitime Ausgangspunkt des Rechts und könne Regelungslücken füllen (...) wenig überzeugend" ist. Relevant ist sie jedoch weiterhin in der Debatte zum Rechtspluralismus, in der nicht nur Positionen vertreten werden, die die Existenz unterschiedlicher Rechtsauffassungen als Seinstatsachen wertungsfrei beschreiben, sondern auch welche, die anderen Rechtsauffassungen ihren normativen Geltungsanspruch zugestehen wollen, vgl. Röhl 2015.

51 Die Zentralfigur der soziologischen Jurisprudenz, Eugen Ehrlich, glaubt so nicht nur an die Wirkung geschichtlicher Gesetzmäßigkeiten, die Aufzudecken der empirischen Wissenschaft auferlegt sei. Ehrlich vertraute – Anfang des 20. Jahrhunderts – auf die moralische Qualität der für das soziale Leben leitenden Grundsätze und deren Entwicklungsrichtung. „[D]ie Achtung für Leben, Freiheit und Besitz jedes Menschen" sei, so meinte er, trotz einiger „zeitliche[r] und örtliche[r] Beschränkungen" zum „Grundsatz des lebenden Rechts geworden. (...) In diesem bescheidenen Umfange ist die ganze Menschheit bereits ein großer Rechtsverband. (...) Heutzutage noch nicht mehr als ein Traum der Edelsten und der Besten, der eine bessere Zukunft verheißt, hat sie sich doch so weit im lebenden

Von größerer Bedeutung ist heute jene Rechtsforschung aus der Beobachterperspektive 1. Ordnung, welche nicht rechtsschöpferisch Lücken füllt, sondern die Anwendung bestehender Rechtsnormen normativ beurteilt. Sie beobachtet – anders als ein Beobachter aus der Perspektive 2. Ordnung – nicht nur, dass die Halter großer Hunde häufiger kontrolliert werden als die Halter von Schoßhunden, und fasst dies als Ausdruck gesellschaftlicher Auffassungen über die Eigenarten von Hunden oder/und deren typischen Haltermilieus. Sie nimmt dazu auch normativ Stellung. Sie begnügt sich nicht damit, den Einfluss bestimmter Ansichten oder Zustände, z. B. der Heteronormativität[52] oder eines vollen Magens auf juristische Entscheidungen oder die Wirkung bestimmter Normen zu konstatieren, sondern wertet diese Beobachtungen.

Diese Perspektive der Rechtsforschung betrachtet somit vor allem die – aus ihrer Sicht – unsachgemäße Handhabung von Normen. Dabei liegt ihr Fokus zumeist auf Fehlern der Zuordnung von Gleich und Ungleich und der damit verbundenen Kritik sozialer Ungerechtigkeit oder von kognitiven Vorurteilen (vgl. zu diesem Fokus schon Röhl 2015). Aus ihrem kritischen Antrieb heraus kommt sie oft zu dem Schluss, dass die geltende Rechtsordnung bzw. die daraus folgende Praxis ihre Versprechungen nicht einhält, die sowohl in Wertentscheidungen des Grundgesetzes als auch in allgemeinen Werten wie Humanität, Gerechtigkeit oder Emanzipation gesehen werden.[53] Recht wird weniger als Instrument zur Sicherung von Freiheit und zur Beilegung von Konflikten gesehen, sondern in seiner Funktion als Mittel der Ausbeutung und Unterdrückung analysiert.[54] Das Panier dieser Perspektive – insbesondere ihrer radikalen Richtung – ist Emanzipation, nicht Ordnung.

Die Übergänge zwischen dieser Form der Rechtsforschung und einer rein dogmatisch vorgehenden Kritik an der herrschenden Dogmatik sind dabei ebenso fließend, wie in der Praxis auch die Rechtsforschung aus der Perspektive 2. Ordnung und aus der Perspektive 1. Ordnung ineinander übergehen.

Recht verwirklicht, daß in den Sitzen der höchsten Gesittung jedem Menschen Leben, Freiheit und Besitz gewährleistet ist" (Ehrlich 1913/1967, S. 66). Zu Ehrlich und weiteren Theoretikern der Rechtssoziologie siehe den Beitrag von Fuchs in diesem Band.
52 Also der Auffassung, dass allein Heterosexualität normativ korrekt („normal") ist.
53 Zur Figur der gebrochenen Versprechen mit Rückgriff auf die Critical Legal Studies siehe Baer 2011b, S. 142f.
54 So heißt es beispielsweise, „Recht [sei] aus der kritischen Perspektive nicht nur mit Gerechtigkeit, Konfliktlösung oder Urteilen verbunden, sondern Recht [hänge] untrennbar mit Macht und Herrschaft zusammen" (Baer 2011b, S. 144).

4 Gewissheiten und Freiheiten in Dogmatik und Rechtsforschung

Dass nun jede Untersuchung, gleichgültig aus welcher Perspektive sie vorgenommen wird, einen Zuwachs an Wissen bringt, indem sie Tatsachen in der einen oder anderen Art feststellt, ist das eine. Das andere ist, dass jede Untersuchung, um überhaupt etwas untersuchen zu können, anderes der Untersuchbarkeit entziehen und als Gewissheit behandeln muss.[55] Gewissheiten sind somit Wissensbestände, die unabhängig davon, worauf sie beruhen, im Rahmen der jeweiligen Untersuchung nicht bezweifelbar sind. Es handelt sich daher nicht um „wahres" Wissen im ontologischen, sondern im soziologischen Sinn. Das Wissen ist wahr, da es als „wahr" behandelt wird; dies kann sich auf normative Wissensbestände ebenso beziehen wie auf faktische.[56] Ob diese Gewissheiten dabei nur temporäre, potentiell durchaus bezweifelbare Gewissheiten sind oder aber als eherne Wahrheiten gelten, ist ohne Belang.

Auch Untersuchungen von Phänomenen des Rechts ruhen demzufolge auf diversen Gewissheiten über das Sein und Sollen von Mensch und Welt. Es handelt sich dabei teilweise um allgemeine Wissensbestände, wie die Dinge sind und wie sie sein sollten: Wissen darüber, dass Akten stets nach unten fallen, der Mensch frei ist, die Todesstrafe (k)eine abschreckende Wirkung hat, der Jugendarrest schwarze Pädagogik ist. Hinzu kommt Wissen über die Normen und das Funktionieren der für eine Person jeweils „einschlägigen" Rechtsordnung: Wissen darüber, dass zu viele Akten verloren gehen, dass Richterinnen „ohne Ansehen der Person zu urteilen und nur der Wahrheit und Gerechtigkeit zu dienen" haben, dass Ordnungsamtsmitarbeiter sonntags nie kontrollieren.[57] Es sind Gewissheiten über die vom Recht zu regelnde soziale Wirklichkeit und die soziale Wirklichkeit des Rechts.

---

55 Oder praxeologisch ausgedrückt: ohne Stand- kein Spielbein. Dies betont insbesondere Luhmann (2000, S. 4): „Jede Operation eines Systems muß sich auf Voraussetzungen stützen, die mit der Operation selbst nicht in Frage gestellt werden können." Klassisch dazu Wittgenstein 1951/2017.

56 Dies sind klassische Themen der Wissenssoziologie: Berger und Luckmann 1969; einen Überblick vermitteln Maasen et al. 2012.

57 Und auch die Entscheidung des Hundebesitzers, zur Leine zu greifen, basiert dementsprechend nicht nur auf der Kenntnis der Norm des § 12 Parkordnung, sondern auch auf dem Wissen über Normen, welche davon handeln, dass er als Hundeführer gilt, dass Mitarbeiter des Ordnungsamtes den Hund nicht auf der Stelle erschießen dürfen sowie dem Wissen darüber, dass sein Fido doch brav ist, dass Mitarbeiter des Ordnungsamtes sonntags sowieso nie kontrollieren usw.

In dogmatischen Untersuchungen sind nun die Zustände der Rechtsordnung sowohl Untersuchungsgegenstand wie auch Instrument ihrer Durchführung. Da man jedoch das, was man anwendet, nicht zugleich infrage stellen kann, unterliegt die Dogmatik damit nicht nur dem Zwang, ihre Ergebnisse als Bestandteil, d. h. Fortschreibung der Rechtsordnung zu rechtfertigen. Sie ist zugleich gezwungen, bei der Durchführung ihrer Untersuchung davon auszugehen, dass das Rechtssystem so funktioniert, wie es soll.[58] Dogmatik arbeitet somit nicht nur mit einem großen Bestand von Wissen über sich selbst und die Welt, sondern auch in der Gewissheit, dass es im Recht „mit rechten Dingen zugeht". Die Dogmatik operiert also auf der Basis der Annahmen, dass erstens die von ihr jeweils verwendeten Normen gültig sind und zweitens die ihr eigenes Verhalten regulierenden Normen eingehalten werden. Denn würde gewusst, dass die Mitarbeiterin des Ordnungsamtes bestochen ist und die Richterin aus Hundehass handelt, das Gesetz verfassungswidrig, die Verfassung Unrecht ist, müssten diese Gegebenheiten ihrerseits Gegenstand von Untersuchungen werden.[59] Auf diese Weise kann die Dogmatik die Abweichung von den Normen durch Rechtsexperten zwar genauso erfassen und verarbeiten wie andere Normabweichungen. Sie bleibt aber darauf angewiesen, davon auszugehen, dass es sich um Ausnahmen handelt.[60] Dies ist für ihre Arbeit funktionsnotwendige Prämisse und nicht Ausdruck der moralischen Selbstgefälligkeit oder epistemischen Naivität von Dogmatikern.

Setzt die Dogmatik voraus, dass das Recht rechtmäßig ist und funktioniert, so setzt die Rechtsforschung diesbezüglich nur voraus, dass es Recht gibt, das irgendjemand für normativ gültig hält. Anderenfalls wäre sie keine *Rechts*forschung, sondern Forschung über etwas anderes. Auch Untersuchungen der Rechtsforschung stützen sich natürlich auf Gewissheiten, beispielsweise die Funktionstüchtigkeit ihrer Methoden und die Wahrheitsorientierung der Forscherinnen. Doch anders als die Dogmatik ist die Rechtsforschung nicht darauf angewiesen, davon auszugehen, dass es im Recht „mit rechten Dingen zugeht". Da die Rechtsforschung nicht mit dem Recht arbeitet, sondern diese Arbeit beobachtet, ist sie gewissermaßen immun gegen Störungen des Rechtsapparats, denn dies ist nicht ihr Apparat. Im Gegenteil

---

58 Dies gilt, wenn man einen weiten Dogmatikbegriff verwendet (s. o.). Verwendet man einen engeren Begriff, gilt dies für sie und für die nicht-dogmatischen Operationen des Rechtssystems wie die Rechtsanwendung.

59 Diese Untersuchungen sind in dogmatischer Hinsicht als Teil des Verfahrens institutionalisiert, wie etwa Verfahren über Befangenheit und diverse andere Verfahrensfehler bis hin zur Prüfung der Norm selbst im Wege der Verfassungsbeschwerde.

60 Man könnte auch sagen, jede Messung muss zumindest darauf vertrauen, dass die Instrumente funktionieren.

lässt sich argumentieren, dass es für die Rechtsforschung geradezu kennzeichnend sei, davon auszugehen, dass es nicht „mit rechten Dingen zugeht".[61] Die iRF kann somit frei sein von den Gewissheiten der Rechtsordnung, die sie gerade betrachtet. Soweit sie eine Beobachterperspektive 2. Ordnung einnimmt, gilt dies schon, weil sie frei ist von deren normativen Vorgaben, die sie eben nur als Seinsaussagen wahrnimmt und verarbeitet. Aber auch die iRF aus der Beobachterperspektive 1. Ordnung verfügt über diese Freiheit, weil sie im Rückgriff auf Beobachtungen sozialen Verhaltens dem Recht eine eigene normative Positionierung entgegenhalten kann. Dies schließt nicht aus, dass die iRF viele der Gewissheiten der Dogmatik über die Welt im Allgemeinen und über die Welt des Rechts teilt[62]. Aber – und das ist entscheidend – für die Tätigkeit der Rechtsforschung sind diese Wissensbestände eben keine funktionsnotwendigen Gewissheiten. Was die Dogmatik zumindest fallweise verdrängen muss, kann die Rechtsforschung daher zum Thema machen und ans Licht zerren. Rechtsforschung zu betreiben bedeutet daher auch die Freiheit, sich „insgesamt" und nicht nur in Ausnahmen von den Gewissheiten des Rechts über die Welt und sich selbst zu lösen und diese zum Gegenstand einer Untersuchung machen zu können. Das ist eine Frage der Arbeitsteilung, nicht der intellektuellen Schärfe oder kritischen Fähigkeiten der Beteiligten.

5 Aufgaben und Orte der interdisziplinären Rechtsforschung

Vertreterinnen der iRF rufen regelmäßig zur Stärkung ihres Fach bzw. von dessen Teildisziplinen in Lehre und Forschung auf.[63] Das überrascht nicht. Es hat noch jeder Frosch verlangt, dass sein Teich größer sein müsste. Allerdings lässt sich argumentieren, dass die iRF angesichts ihrer hier beschriebenen Eigenart tatsächlich über bisher nicht ausgeschöpfte Potentiale der Erkundung von Recht von wissenschaftlicher und gesellschaftlicher Relevanz verfügt. Zunächst stellt jede

---

61 Das zeigt sich auch darin, wie sie mit einzelnen Störfällen umgeht. Sie muss deren Bedeutung für das System als Ganzes nämlich gerade nicht als Ausnahmen von der Regel „entschärfen", sondern kann ihnen als Indiz einer allgemeinen Wahrheit nachgehen. Hier kommt ihre induktive Methode ins Spiel oder eben ihr Verdacht, dass es etwas zu entlarven, einen Irrtum aufzudecken gibt.

62 Zum rechtswissenschaftlichen Studium als Mechanismus der fachspezifischen Sozialisation, und das heißt auch der Lehre der Gewissheiten, siehe den Beitrag von Schultz und Böning in diesem Band.

63 Für die Rechtssoziologie siehe etwa Machura 2012b oder Raiser 2007.

Anwendung von Recht ihre Sollenstatsachen unter Hinzuziehung von Wissen über Seinstatsachen fest und erkundet zu diesem Zwecke die Welt. Jede rechtsförmige Regelung von Gesellschaft greift deshalb auf „soziologisches" Wissen zurück und sei es im Gewand des „gesunden Menschenverstandes". Insbesondere die prozessuale Rechtsanwendung hat die Erforschung solchen Wissens dementsprechend institutionalisiert und teilweise an Experten ausgelagert.[64] Dies beginnt bei der Polizei, die Seinstatsachen des Sachverhaltes feststellt, umfasst laienhafte Beobachtungen des Sachverhaltes (Zeugen) sowie die Heranziehung von Gutachtern. Schon hier haben auch Ergebnisse der Rechtsforschung ihren Platz.

In noch größerem Maße als bisher könnte die iRF zudem zur Aufklärung über das Recht bei Rechtslaien beitragen, die diesem Recht einerseits unterworfen sind und deren Wahlentscheidungen andererseits die Gesetze legitimieren.[65] Hier kommt den Vertreterinnen der Rechtsforschung zupass, dass sie durch die Interdisziplinarität ihrer Arbeit oft schon geschult sind, Wissen in andere Kontexte und Verstehenshorizonte zu transferieren. Schließlich kann man Interdisziplinarität als eine Form der Kommunikation verstehen, bei dem Forschende lernen müssen, sich auf Adressaten mit unterschiedlichen Erwartungen einzustellen und deren Formen von Wissensproduktion in Grundzügen nachzuvollziehen.

Darüber hinaus kann die Rechtsforschung dem Recht , d. h. seinen professionellen Akteuren, zur Aufklärung über sich selbst verhelfen. Wenn sie erforscht, wie Rechtsnormen wirken (Wrase in diesem Band)[66], wie Recht angewandt wird, wie Richter urteilen (Steinsdorff in diesem Band), wen Recht mobilisiert, wer Recht für sich mobilisieren kann (Fuchs in diesem Band), wie die Norm auf das Verhalten ihrer Adressaten wirkt[67], wie Gesetze zustande kommen (Veit und Vedder in diesem Band), dann erkundet sie jene Bereiche, die im normalen Rechtsvollzug als Gewissheiten gehandhabt werden, und kann diesbezügliche Fehlvorstellungen korrigieren.[68]

---

64 Allerdings bleibt die Letztentscheidung (als Würdigung) immer beim Sollens- und nicht beim Seinsexperten.
65 In diesem Gebiet hat sich bisher vor allem Uwe Wesel (1984, 2014) betätigt.
66 Weiterhin ausführlich Cottier et al. 2010.
67 Siehe zum Beispiel polizeilicher Rechtsdurchsetzung den Beitrag von Jasch in diesem Band.
68 Unabhängig von dem Problem, dass das Wissen des gesunden (aber auch des „kranken") Menschenverstandes von heute oftmals die neue wissenschaftliche Erkenntnis von gestern war und neue wissenschaftliche Erkenntnisse unter Umständen auf dem Weg ist, im Guten wie im Schlechten zu „Menschenverstand" zu werden. Beispielhaft für die Rolle von Alltagsvorstellungen von Richtern über Ehe, Familie und Scheidung

Wichtiger noch als die Rolle als Lieferant von Wissensbeständen ist jedoch die Funktion der Rechtsforschung, Zweifel zu säen und zu pflegen. So sehr es zu den Bedingungen der Lösung von Rechtsfällen gehört[69], nicht zu zweifeln, so sehr braucht die Fähigkeit zu Reflexion und Kritik des Rechts das Bewusstsein, dass alles auch anders sein könnte (Baer 2010, S. 928; Möllers 2015). Für die Vermittlung dessen bedarf es gegenseitiger Anerkennung und Respekt. Wenig hilfreich ist in diesem Zusammenhang die Pflege von Spannungen und gegenseitigen Vorwürfen nicht nur im Verhältnis Dogmatik und Rechtsforschung (hierzu etwa Bora 2016), sondern auch zwischen den verschiedenen Richtungen der iRF. Bisher geraten diejenigen, die in der iRF normativ arbeiten, zuweilen in den Verdacht, Politik unter dem Deckmantel der Wissenschaft zu betreiben. Der Vorwurf trifft insbesondere diejenigen, die sich für die Rechte von Minderheiten einsetzen oder das Recht zur Veränderung sozialer Verhältnisse mobilisieren.[70] Umgekehrt sind jene, die sich normativer Forschung entziehen, dem Vorwurf ausgesetzt, in jedem Sinne des Wortes „wertlose" Forschung zu betreiben. Die verstehende Rechtsforschung sieht sich so Quietismusvorwürfen ausgesetzt.[71]

Um diesen Aufgaben in hoher Qualität nachkommen zu können, braucht die Rechtsforschung institutionell verstetigte Orte.[72] Interdisziplinäre Zentren sind noch rar, die Universitäten bleiben weiterhin der Logik von Disziplinen und Lehrstühlen unterworfen. Somit wird die Rechtsforschung sich zunächst interdisziplinäre Inseln schaffen müssen – vor allen Dingen innerhalb der Rechtswissenschaft, aber nicht nur dort. Dabei wird es nicht nur darum gehen, die Anzahl einschlägiger Forschungsprojekte oder Forschernetzwerke zu erhöhen. Von besonderer Bedeutung sind vielmehr eine stärkere Verankerung des Forschungsfeldes in der Lehre und die Entwicklung entsprechender Curricula.

---

als „Parteinahme für das frühere, aber bereits fragwürdige soziale und sozialwissenschaftliche Denken" Limbach 1988.

69 Dazu, dass es zu den Bedingungen der juristischen Berufspraxis gehört, auch begründete Zweifel und Unsicherheit auszuschließen, und Handlungsfähigkeit auch auf Kosten von Reflexivität zu sichern ist, schon Morlok 1988, S. 41; optimistischer im Hinblick darauf, dass es der Rechtsforschung gelingen kann, Richterinnen und Richter die richtigen Zweifel hegen zu lassen, Baer 2016, S. 226.

70 Siehe zur Rechtsmobilisierung den Beitrag von Gesine Fuchs in diesem Band.

71 Dieser Vorwurf, sich den bestehenden Verhältnissen zu fügen oder ihnen gar zuzuarbeiten ist gewissermaßen das logische Gegenstück zur Entscheidung, untersuchte Verhältnisse nicht normativ zu bewerten. Hier kommen die unterschiedlichen Auffassungen über das, was Wissenschaft zu tun vermag und tun sollte zum Tragen.

72 Vgl. dazu und zu weiteren Gesichtspunkten der Positionierung der Rechtsforschung Baer 2010, S. 933.

Dies könnte einerseits im Bereich der Grundlagenfächer geschehen, deren Ausweitung, mindestens aber Erhaltung in Umfang und Vielfalt seit jeher eine wesentliche Forderung aus dem Feld der Rechtsforschung darstellt. Angehenden Juristen soll bei ihrer Befassung mit dem Recht im Rahmen des Studiums schließlich auch der Blick über den Tellerrand der Dogmatik hinaus vermittelt werden. Angesichts der schon jetzt vorhandenen Überfrachtung des rechtswissenschaftlichen Studiums könnte man andererseits aber auch der Ansicht sein, dass eine Ausweitung der Grundlagenfächer in toto unrealistisch und der Ruf danach müßig ist.[73] Vielleicht ist es an der Zeit, sich von dem Bestreben nach der Ausweitung der Vermittlung von Ein- und Überblicken in Theorien und Klassiker der Grundlagenfächer zu lösen. Sie vermögen erfahrungsgemäß doch immer nur einige mit dem Interesse an diesen Themen zu infizieren, an den meisten gehen sie aber mit dem Erwerb des Grundlagenscheins spurlos vorbei.

Anstelle dessen könnte die interdisziplinäre Vermittlung von Wissensbeständen treten, die für Dogmatik und Rechtsanwendung nützlich sind (auch in einem kritischen Sinne) bzw. die diesbezügliche Praxis reflektieren (vgl. Hoffmann-Riem 2010). Hier könnte die iRF den Kontext bilden, in dem sich eine solche Wissensvermittlung, z. B. in Gestalt von Modulen oder Workshops, zusammenfindet. Neben das Wissen, wie Entscheidungen gefunden und begründet werden, könnte so etwa die Vermittlung von Wissen treten, was die Folgen und vor allem die Bedingungen des Entscheidens sind. Dazu gehören Wissensbestände der Rechtswirkungsforschung, zu Mechanismen von Rationalität, zu Entscheidungsverhalten (Engel und Gigerenzer 2006; Hilgers et al. 2015; Glöckner et al. 2017; Eisenberg und Kölbel 2017, § 31 Rn. 7ff.; Singelnstein 2016, S. 830), Einblicke in das Funktionieren anderer Rechtsordnungen (Cottier in diesem Band) und anderes mehr. Es ginge, wenn man so will, ein Stück weit um die Selbstaufklärung von Entscheidern. Ebenso in diese Kategorie fassen ließe sich die jüngst vehement eingeforderte Aufklärung über „deutsche(s) Justiz-Unrecht im 20. Jahrhundert"[74] im Rahmen des Jurastudiums. Auch hier müsste nicht die Vermittlung der Faktenkenntnisse im Vordergrund stehen, wie es gewesen ist, warum es Unrecht war und wie damit in der BRD umgegangen wurde. Es könnte vielmehr als Anlass der Auseinandersetzung damit dienen, dass Auslegung und *Verantwortung* unentrinnbares Schicksal des Juristen ist.[75]

---

73 An diesem Punkt sind auch wir, die Autorinnen dieses Beitrages, uns nicht einig. Wir denken, es ist eine der strategischen Debatten, die in nächster Zeit zu führen sein wird.

74 Dies zum Pflichtstoff des Jurastudiums zu machen plant das BMJV seit 2017. Siehe zur Debatte die Beiträge von Duve und Lege in der Frankfurter Allgemeine Zeitung am 07.06.2018 sowie Podszun 2018.

75 Zur Auslegung als Schicksal der Juristen siehe Hillgruber 2008, S. 124.

Im Verhältnis zur (dogmatischen) Rechtswissenschaft schwankt die iRF gemäß ihrem Selbstverständnis wie auch von außen betrachtet bis heute zwischen Grundlagenwissenschaft und Hilfswissenschaft, Kritikinstanz und Partner.[76] Als Hilfswissenschaft ist sie zu Diensten. Als Grundlagenwissenschaft teilt sie das ehrwürdige Schattendasein anderer Grundlagenfächer. Als Rechtskritik pflegt sie den Gestus der außerdogmatischen Opposition. Als Partner sucht sie die Augenhöhe. Daran wird sich so schnell nichts ändern.

Noch steht die iRF am Anfang. Sie ist weder in der Forschung noch in der Lehre fest etabliert, obwohl sie in beiden Bereichen enorme Potentiale birgt. Dies gilt gerade, wenn man sie als Wissenschaft des Hinzufügens der Wissenschaft des Fortschreibens auf Augenhöhe sowohl gegenüber wie auch an die Seite stellt. Diese Potentiale gilt es zu nutzen.

Literatur

Adorno, T. W., Albert, H., Dahrendorf, R., Habermas, J., Pilot, H., & Popper, K. R. (1969). *Der Positivismusstreit in der deutschen Soziologie*. Neuwied: Luchterhand.

Augsberg, I. (2012). Von einem neuerdings erhobenen empiristischen Ton in der Rechtswissenschaft. *Der Staat*, 51(1), S. 117–125. doi: 10.3790/staa.51.1.117.

Backes, O., & Gusy, C. (2003). *Wer kontrolliert die Telefonüberwachung? Eine empirische Untersuchung zum Richtervorbehalt bei der Telefonüberwachung*. Frankfurt am Main : Lang.

Baer, S. (2010). Interdisziplinäre Rechtsforschung. Was uns bewegt. In S. Grundmann, M. Kloepfer, C. G. Paulus, R. Schröder & G. Werle (Hrsg.), *Festschrift 200 Jahre Juristische Fakultät der Humboldt-Universität zu Berlin* (S. 920–936). Berlin/New York: De Gruyter. doi: 10.1515/9783899496307.917.

Baer, S. (2011a). Komplizierte Effekte. Zur Wirkung von Recht. In M. Mahlmann (Hrsg.), *Gesellschaft und Gerechtigkeit: Festschrift für Hubert Rottleuthner* (S. 245–261). Baden-Baden: Nomos.

Baer, S. (2011b). *Rechtssoziologie: eine Einführung in die interdisziplinäre Rechtsforschung*. Baden-Baden: Nomos.

Baer, S. (2016). Recht als Praxis. Herausforderungen der Rechtsforschung heute. *Zeitschrift für Rechtssoziologie*, 36(2), S. 213–232. doi: 10.1515/zfrs-2016–0016.

Baer, S. (2017). *Rechtssoziologie: eine Einführung in die interdisziplinäre Rechtsforschung*. 3. Aufl., Baden-Baden: Nomos.

Balkin, J. M. (1996). Interdisciplinarity as Colonization Symposium: Writing Across the Margins. *Washington and Lee Law Review*, 53, S. 949–970.

Banakar, R., & Travers, M. (Hrsg.). (2005). *Theory and method in socio-legal research*. Oxford/Portland, Or: Hart Pub.

---

76 Als Überblick zur Doppelnatur der Rechtswissenschaft als rechtsstützender und rechtskritischer Wissenschaft siehe auch Zabel 2017.

Becker, M., & Zimmerling, R. (Hrsg.). (2006). *Politik und Recht*. Wiesbaden: VS Verlag für Sozialwissenschaften.
Berger, P. L., & Luckmann, T. (1969). *Die gesellschaftliche Konstruktion der Wirklichkeit: eine Theorie der Wissenssoziologie*. Frankfurt a. M.: Fischer.
Bora, A. (2016). Responsive Rechtssoziologie. *Zeitschrift für Rechtssoziologie, 36*(2), S. 261–272. doi: 10.1515/zfrs-2016-0021.
Bung, J. (2011). Formen produktiver und sinnloser Interdisziplinarität – Zur Frage des strafrechtlichen Vorsatzes. In K. Kühl (Hrsg.), *Zur Kompetenz der Rechtsphilosophie in Rechtsfragen* (S. 127–140). Stuttgart/Baden-Baden: Franz Steiner/Nomos.
Cottier, M., Estermann, J., & Wrase, M. (2010). *Wie wirkt Recht?* Baden-Baden: Nomos.
Danziger, S., Levav, J., & Avnaim-Pesso, L. (2011). Extraneous factors in judicial decisions. *Proceedings of the National Academy of Sciences, 108*(17), S. 6889–6892. doi: 10.1073/pnas.1018033108.
Daston, L., & Galison, P. (2007). *Objektivität* (C. Krüger, Übers.). Frankfurt a. M.: Suhrkamp.
Dreier, H. (2000). Einleitung. In H. Dreier (Hrsg.), *Rechtssoziologie am Ende des 20. Jahrhunderts* (S. 1–7). Tübingen: Mohr Siebeck.
Ehrlich, E. (1913/1967). *Grundlegung der Soziologie des Rechts*. 3. Aufl., Berlin: Duncker & Humblot.
Engel, C., & Gigerenzer, G. (2006). Law and heuristics: An interdisciplinary venture. In G. Gigerenzer & C. Engel (Hrsg.), *Heuristics and the law* (S. 1–16). Cambridge, MA: MIT Press.
Eisenberg, U., & Kölbel, R. (2017). *Kriminologie*. 7. Aufl., Tübingen: Mohr Siebeck.
Fischer-Lescano, A. (2013). Systemtheorie als kritische Gesellschaftstheorie. In M. Amstutz & A. Fischer-Lescano (Hrsg.), *Kritische Systemtheorie. Zur Evolution einer normativen Theorie* (S. 13–38). Berlin: transcript Verlag. doi: 10.14361/transcript.9783839424124.13.
Frick, V., Lembcke, O. W., & Lhotta, R. (Hrsg.). (2017). Politik und Recht: Umrisse eines politikwissenschaftlichen Forschungsfeldes. Baden-Baden: Nomos.
Froese, A. (2018). Zwei Seelen in einer Brust: Wissenschaft zwischen disziplinärer Ordnung und Interdisziplinarität. *WZB-Mitteilungen* 159, S. 17–19.
Gallus, A. (Hrsg.). (2016). *Politikwissenschaftliche Passagen: deutsche Streifzüge zur Erkundung eines Faches*. Baden-Baden: Nomos.
Gerlach, I., Kneuer, M., Jesse, E., & Werz, N. (Hrsg.). (2010). *Politikwissenschaft in Deutschland*. Baden-Baden: Nomos.
Glöckner, A., Towfigh, E., & Traxler, C. (2017). *Empirische Untersuchung zur Benotung in der staatlichen Pflichtfachprüfung und in der zweiten juristischen Staatsprüfung in Nordrhein-Westfalen von 2006 bis 2014*. https://www.justiz.nrw/JM/schwerpunkte/juristenausbildung/180331-v_fin-Abschlussbericht-korr1.pdf. Zugegriffen: 15. Juli 2018.
Grimm, D. (Hrsg.). (1976). *Rechtswissenschaft und Nachbarwissenschaften*. 2. Aufl., München: Beck.
Gutmann, T. (2015). Intra- und Interdisziplinarität: Chance oder Störfaktor? In E. Hilgendorf & H. Schulze-Fielitz (Hrsg.), *Selbstreflexion der Rechtswissenschaft* (S. 93–116). Tübingen: Mohr Siebeck.
Hassemer, W. (1986). Juristische Hermeneutik. *Archiv für Rechts- und Sozialphilosophie / Archives for Philosophy of Law and Social Philosophy, 72*(2), S. 195–212.
Hassemer, W. (2007). Gesetzesbindung und Methodenlehre. *Zeitschrift für Rechtspolitik, 40*(7), S. 213–219. doi: 10.2307/23428774.

Hoffmann-Riem, W. (2010). Zur Verwendungstauglichkeit der Sozialwissenschaften für die Juristenausbildung. In W. Hoffmann-Riem, *Offene Rechtswissenschaft* (S. 3–34). Tübingen: Mohr Siebeck.

Hilgers, T., Koch, G., Möllers, C., & Müller-Mall, S. (Hrsg.). (2015). *Affekt und Urteil*. Paderborn: Wilhelm Fink.

Hillgruber, C. (2008). Gibt es Unbestimmbares in der Demokratie? *Zeitschrift für das Juristische Studium*, (2), S. 123–131.

Kocher, E. (2017). Rechtssoziologie: Das Recht der Gesellschaft und die Gesellschaft des Rechts. *Rechtswissenschaft*, 8(2), S. 153–180. doi: 10.5771/1868-8098-2017-2-153.

Limbach, J. (1988). Die Suche nach dem Kindeswohl – Ein Lehrstück der soziologischen Jurisprudenz. *Zeitschrift für Rechtssoziologie*, 9(2), S. 155–160. doi: 10.1515/zfrs-1988-0203.

Luhmann, N. (1987). *Rechtssoziologie*. 3. Aufl., Opladen: Westdt. Verl.

Luhmann, N. (1993). *Das Recht der Gesellschaft*. Frankfurt a. M.: Suhrkamp.

Luhmann, N. (1997). *Die Gesellschaft der Gesellschaft (Bde. 1–2)*. Frankfurt a. M.: Suhrkamp.

Luhmann, N. (2000). Die Rückgabe des zwölften Kamels. Zum Sinn einer soziologischen Analyse des Rechts. *Zeitschrift für Rechtssoziologie*, 21(1), S. 3–60. doi: 10.1515/zfrs-2000-0103.

Maasen, S., Kaiser, M., Reinhart, M., & Sutter, B. (Hrsg.). (2012). *Handbuch Wissenschaftssoziologie*. Wiesbaden: Springer VS.

Machura, S. (2012a). German sociology of law: a case of path dependency. *International Journal of Law in Context*, 8(4), S. 506–523. doi: 10.1017/S1744552312000353.

Machura, S. (2012b). Zum kritischen Potential der Rechtssoziologie. In H. Hof & P. G. von Olenhusen (Hrsg.), *Rechtsgestaltung – Rechtskritik – Konkurrenz von Rechtsordnungen: neue Akzente für die Juristenausbildung* (S. 220–231). Baden-Baden: Nomos.

Mattutat, L. (2016). Das Problem der Unbestimmtheit des Rechts – Konsequenzen für die theoretische und die praktische Rechtskritik. *Kritische Justiz*, 49(4), S. 496–508. doi: 10.5771/0023-4834-2016-4-496.

Möllers, C. (2015). *Die Möglichkeit der Normen: über eine Praxis jenseits von Moralität und Kausalität*. Berlin: Suhrkamp.

Morlok, M. (1988). *Was heisst und zu welchem Ende studiert man Verfassungstheorie?* Berlin: Duncker & Humblot.

Podszun, R. (2018). NS-Unrecht im Jurastudium: das Examen ohne Werte. *Legal Tribune Online*. https://www.lto.de/recht/studium-referendariat/s/ns-unrecht-ausbildung-jura-studium-politik-verstaendnis-rechtsstaat. Zugegriffen: 20. Juli 2018.

Raiser, T. (1999). *Das lebende Recht: Rechtssoziologie in Deutschland*. Baden-Baden: Nomos.

Raiser, T. (2007). Krise der Rechtssoziologie in Deutschland. *Neue Juristische Wochenschrift*, Heft 29, Editorial.

Raiser, T. (2011). Über die Beziehungen zwischen Rechtssoziologie und Rechtsdogmatik. In T. Raiser (Hrsg.), *Beiträge zur Rechtssoziologie* (S. 144–159). Baden-Baden: Nomos.

Rehbinder, M. (2014). *Rechtssoziologie*. 8. Aufl., München: Beck.

Roellecke, G. (1999). Das Recht von außen und von innen betrachtet: Niklas Luhmann zum Gedächtnis. *JuristenZeitung*, 54(5), S. 213–219.

Röhl, K. F. (1974). *Das Dilemma der Rechtstatsachenforschung*. Tübingen: Mohr.

Röhl, K. F. (1987). *Rechtssoziologie: ein Lehrbuch*. Köln: Heymanns.

Röhl, K. F. (2015). Rechtssoziologie als Grundlagenwissenschaft für das öffentliche Recht. Konjunkturen und Flauten. In A. Funke, J. Krüper & J. Lüdemann (Hrsg.), *Konjunkturen in der öffentlich-rechtlichen Grundlagenforschung* (S. 65–102). Tübingen: Mohr Siebeck.

Rottleuthner, H. (1969). Klassenjustiz? *Kritische Justiz*, 2(1), S. 1–26.

Rottleuthner, H. (1982). Abschied von der Justizforschung? Für eine Rechtssoziologie „mit mehr Recht". *Zeitschrift für Rechtssoziologie*, 3(1), S. 82–119. doi: 10.1515/zfrs-1982-0108.
Rüthers, B., & Fischer, C. (2010). *Rechtstheorie: Begriff, Geltung und Anwendung des Rechts.* 5. Aufl., München: Beck.
Schlink, B. (2007). Abschied von der Dogmatik. Verfassungsrechtsprechung und Verfassungswissenschaft im Wandel. *JuristenZeitung*, 62(4), S. 157–208.
Schmidt-Aßmann, E., & Hoffmann-Riem, W. (Hrsg.). (2004). *Methoden der Verwaltungsrechtswissenschaft*. Baden-Baden: Nomos.
Schulz-Schaeffer, I. (2004). Rechtsdogmatik als Gegenstand der Rechtssoziologie : für eine Rechtssoziologie „mit noch mehr Recht". *Zeitschrift für Rechtssoziologie*, 25(2), S. 141–174.
Singelnstein, T. (2016). Confirmation Bias – Die Bestätigungsneigung als kognitive Verzerrung bei polizeilichen Ermittlungen im Strafverfahren. *Strafverteidiger*, 36(12), S. 830–836. doi: 10.1515/stv-2016–1206.
Stegmaier, P. (2013). Recht und Normativität aus soziologischer Perspektive. In J. Krüper (Hrsg.), *Grundlagen des Rechts* (S. 65–88). Baden-Baden: Nomos. doi: 10.5771/9783845259796.
Tamanaha, B. Z. (1997). *Realistic socio-legal theory: pragmatism and a social theory of law.* Oxford/New York: Clarendon Press/Oxford University Press.
Thomas, P. A. (Hrsg.). (1996). *Legal frontiers*. Aldershot, Hants, England/Brookfield, Vt: Dartmouth.
Volkmann, U. (2005). Veränderungen der Grundrechtsdogmatik. *JuristenZeitung*, 60(6), S. 261–271.
Weber, M. (1904). Die „Objektivität" sozialwissenschaftlicher und sozialpolitischer Erkenntnis. *Archiv für Sozialwissenschaft und Sozialpolitik*, 19(1), S. 22–87.
Wesel, U. (1984). *Juristische Weltkunde: eine Einführung in das Recht*. Frankfurt a. M.: Suhrkamp.
Wesel, U. (2014). *Fast alles, was Recht ist: Jura für Nichtjuristen*. 9. Aufl., München: Beck.
Wittgenstein, L. (1951/2017). Über Gewissheit. In G. E. M. Anscombe & G. H. von Wright (Hrsg.), Über Gewissheit (Werkausgabe, Bd. 8). 15. Aufl., Frankfurt a. M.: Suhrkamp.
Wrase, M. (2006). Rechtssoziologie und Law and Society – Die deutsche Rechtssoziologie zwischen Krise und Neuaufbruch. *Zeitschrift für Rechtssoziologie*, 27(2), S. 289–312. doi: 10.1515/zfrs-2006–0211.
Wrase, M. (2016). *Zwischen Norm und sozialer Wirklichkeit: zur Methode und Dogmatik der Konkretisierung materialer Grundrechtsgehalte*. Berlin: Duncker & Humblot.
Yablon, C. M. (1984). The Indeterminacy of the Law: Critical Legal Studies and the Problem of Legal Explanation. *Cardozo Law Review*, 6, S. 917–918.
Zabel, B. (2017). Philosophie der Rechtswissenschaft. In S. Lohse & T. Reydon (Hrsg.), *Grundriss Wissenschaftsphilosophie – Die Philosophien der Einzelwissenschaften* (S. 167–200). Hamburg: Meiner.
Zuck, R. (2017). Die Bundesflagge ist schwarz-rot-gold. *Rechtswissenschaft*, 8(4), S. 402–435. doi: 10.5771/1868-8098-2017-4-402.

Erkundung der Theorielandschaft
Klassische rechtssoziologische Ansätze

Walter Fuchs

1   Einleitung

„Es gibt nichts Praktischeres als eine gute Theorie!" Dieser vielzitierte Spruch, der dem Sozialpsychologen Kurt Lewin zugeschrieben wird, deutet den Nutzen (sozial-)wissenschaftlicher Theoriearbeit an. Theorien lassen uns die Welt im doppelten Wortsinne *be*-greifen: Sie strukturieren Wahrnehmung und lenken die Aufmerksamkeit aus der überbordenden Fülle an Einzelheiten des gesellschaftlichen Lebens auf ganz bestimmte Erscheinungen. Ihr mehr oder weniger stark ausgeprägter Abstraktionsgrad ermöglicht es, stets neue Phänomene zu betrachten und deutend einzuordnen. Auf den ersten Blick Rätselhaftes oder Paradoxes kann auf diese Weise in einen bereits vertrauten Zusammenhang gestellt und somit verstanden oder gar gesetzmäßig erklärt werden.

Theorien sind aber auch unverzichtbar, um überhaupt erst interessante und relevante Forschungsfragen zu stellen. Dabei ist es gar nicht entscheidend, ob sie immer schon „richtige" Lösungen hervorbringen – im Gegenteil: Seit Karl Popper (1935) geht die Wissenschaftslehre davon aus, dass der Wahrheitsgehalt von Hypothesen, die sich aus Theorien ableiten, durch wissenschaftliche Methoden niemals bestätigt, sondern bestenfalls widerlegt („falsifiziert") werden kann. Theorien sollten in sich widerspruchsfrei und für ihren Gegenstand möglichst erklärungsstark sein. Es ist jedoch nicht ihre Aufgabe, endgültige Gewissheiten anzubieten. So gesehen vermögen gerade auch theoretische Aussagen, die sich in der empirischen oder analytischen Überprüfung als unzutreffend herausstellen, durchaus fruchtbare Einsichten zu produzieren. Indessen stehen Theorien, die sich mit den Voraussetzungen, Wirkweisen und Folgen von Recht als einer normativen Sphäre der Gesellschaft beschäftigen, dieser selten völlig anspruchslos gegenüber. Mit neuen theoretischen Perspektiven geht oft ein Weltverständnis einher, das bestehenden sozialen Praktiken kritisch gegenübersteht. Theorien kann man sich ein wenig wie Lichtstimmungen im Theater vorstellen, deren Scheinwerfer bestimmte Ausschnitte des Bühnenraums plastisch hervortreten lassen, während andere im Dunkel verbleiben. Farbfilter können für beabsichtigte Verfremdungseffekte sorgen, und manchmal blendet grelles Gegenlicht das Publikum, um es aus der Ruhe eines allzu bequemen Zuschauens aufzurütteln. So wie jede Lichtstimmung in eine Abfolge an Szenen eingebettet ist, so tauchen auch Theorien schließlich stets in einem bestimmten historischen Kontext auf. Sie reagieren auf vorherrschende theoretische Diskurse und Problemdiagnosen, fordern diese heraus und gestalten sie mit. Das Wissen um solche Kontexte hilft, Theorien besser zu verstehen und für die eigene Forschungsarbeit gezielt einzusetzen.

Die interdisziplinäre Rechtsforschung hat den Vorteil, auf einen sehr reichhaltigen Fundus an sozial-, kultur- und geisteswissenschaftlichen Theorien zurückgreifen zu können. Das bringt einerseits eine gewisse Gefahr des allzu beliebigen Eklektizismus mit sich. Andererseits erzeugt es eine intellektuell meist spannende und produktive Reibung, sich für unterschiedliche Theorieströmungen offen zu halten. Die wenigsten professionell Forschenden können es sich heute leisten, eine – und nur eine – „reine" Theorie zu vertreten. Dieses Kapitel soll eine Einladung dazu sein, einige ausgewählte theoretische Zugänge zum Recht als einem sozialen Phänomen kennenzulernen.[1] Sein primärer Bezugsrahmen ist dabei die Rechtssoziologie – breit verstanden als Forschungsfeld, das die Wechselwirkungen von Recht und Gesellschaft untersucht. Rein dogmatische Ansätze sind damit genauso ausgeschlossen wie im engeren Sinne rechtstheoretische Beiträge, die in der Binnenperspektive der angewandten Jurisprudenz verbleiben. Aus Gründen des verfügbaren Raums seien ausschließlich deutschsprachige Theoriebeiträge des 20. Jahrhunderts berücksichtigt. Auch wenn dazu international rezipierte moderne Klassiker wie Eugen Ehrlich, Max Weber, Niklas Luhmann oder Jürgen Habermas zählen, so folgt diese – zugegebenermaßen willkürliche – Einschränkung selbstverständlich keinem „nationalistischen", sondern einem ausschließlich pragmatischen Kriterium.

Das Kapitel erhebt somit nicht den ohnehin größenwahnsinnigen Anspruch, den Theoriediskurs der interdisziplinären Rechtsforschung auf wenigen Seiten vollständig abzubilden. Es soll auch nicht bestehenden Lehr- und Handbuchbeiträgen Konkurrenz machen, die zum Teil sehr brauchbare Übersichten über theoretische Paradigmen der Rechtssoziologie enthalten.[2] Es wird vielmehr angestrebt, eine Art

---

1 Für wertvolle Anregungen danke ich Christian Boulanger.
2 Siehe etwa Baer 2017; Raiser 2013; Machura 2010; Deflem 2008; das Lehrbuch von Röhl (1987) ist online verfügbar unter http://www.ruhr-uni-bochum.de/rsozinfo/ (Zugegriffen: 15. April 2018). Für eine aufschlussreiche disziplinhistorische Analyse von Einführungstexten in die Rechtssoziologie vgl. Blankenburg 2011.

exemplarische „historische Sozialgeographie" rechtssoziologischer Theorieansätze zu skizzieren. Dabei werden wissenschaftsgeschichtliche und biographische Schlaglichter als Einstieg dienen. Ausgewählte Begriffe, Denkfiguren und Argumente sollen in weiterer Folge das Spezifische der jeweiligen Zugänge zeigen. Zudem wird die Frage behandelt, warum es lohnend ist, sich noch heute mit den besprochenen Theorien zu beschäftigen. Schließlich wird versucht, die „kanonisierten" Theorietexte mit aktuellen empirischen Forschungen zu verbinden:[3]

Anhand von grundlegenden Problemen, die sich dem Verfasser in einem Forschungsschwerpunkt der letzten Jahre gestellt haben, sollen Stärken, aber auch blinde Flecken der unterschiedlichen Theorieansätze veranschaulicht werden. Konkret geht es um die Rechtswirklichkeit von Instituten der Unterstützung und Vertretung mental beeinträchtigter Menschen (vgl. Fuchs 2017; Estermann und Fuchs 2016). Die Bedeutung dieser Materie – die in Deutschland „Betreuungsrecht" heißt und in der Schweiz sowie in Österreich neuerdings mit dem Terminus „Erwachsenenschutz" umschrieben wird – ist in vielen Staaten des „globalen Nordens" seit Abschaffung der alten Erwachsenenvormundschaft enorm angestiegen (in Deutschland stehen ca. zwei Prozent aller erwachsenen Menschen unter rechtlicher Betreuung). Dennoch variieren die Anwendungsraten zwischen Ländern und Regionen beträchtlich. Es galt somit, die zeitliche und örtliche Variabilität der Mobilisierung eines Rechtsinstituts zu erklären. Des Weiteren sind Effekte rechtlicher Reformen angesprochen: Waren Versuche, kognitiv behinderte oder psychisch erkrankte Menschen nicht mehr einfach nur zu entmündigen, tatsächlich erfolgreich?

2 „Anfänge"

Es ist eine übliche wissenschaftshistorische Vorgehensweise, „Anfänge" oder auch „Väter" (selten: „Mütter") einer Disziplin ausfindig zu machen. Solchen „Ursprungserzählungen" haftet oft etwas Willkürliches an. Für die Rechtssoziologie ließen sich etwa mit (dem weiter unten besprochenen) Max Weber und dem französischen Klassiker Émile Durkheim zwei Gelehrte nennen, die sich nicht nur der Rechtsforschung widmeten, sondern als Begründer der Soziologie schlechthin gelten. Auf dem Feld der deutschsprachigen Rechtswissenschaft hatten Friedrich

---

3 In einer Sammelrezension rechtssoziologischer Lehrbücher hatte Blankenburg (1988, S. 83) das Fehlen eines Zusammenhangs „zwischen den zur Tradition erklärten Theoretikern und den im weiteren diskutierten soziologischen Forschungen zum Recht" beklagt.

Carl von Savigny (historische Rechtsschule) und Rudolf von Jhering (Interessensjurisprudenz) bereits zuvor jeweils Sichtweisen vorbereitet, die das Recht nicht mehr aus sich selbst heraus oder als Ergebnis „natürlicher" Prinzipien, sondern als umkämpftes Produkt der Anforderungen des menschlichen Zusammenlebens in den Blick nahmen. Auch die hier näher vorgestellten rechtssoziologischen Pioniere waren Juristen. Das ist einerseits insofern nicht verwunderlich, als sich zur Zeit ihres Wirkens eine Soziologie als institutionalisierter Wissenschaftszweig (mit Lehrstühlen und Studiengängen) noch nicht herausgebildet hatte. Andererseits ist es aber auch bemerkenswert, dass gerade die Beschäftigung mit rechtlichen Fragen am Anfang einer eigenen Wissenschaft vom Sozialen stand – in dieser Hinsicht weist die Soziologie eine Parallele mit der Ethnologie auf, die in ihren Anfängen ebenfalls stark von historisch und kulturvergleichend interessierten Rechtsgelehrten geprägt wurde (vgl. Beitrag Beyer in diesem Band).

2.1 Die Geburt der Rechtssoziologie aus der Erfahrung von Multiethnizität: Eugen Ehrlich

Eugen Ehrlich (1862–1922) wurde als Sohn eines jüdischen Advokaten in Czernowitz geboren, dem Ort seiner späteren Wirkstätte als Professor für römisches Recht. Czernowitz war die Hauptstadt der Bukowina, eines Kronlandes der Habsburgermonarchie, dessen Gebiet sich heute zwischen der Ukraine und Rumänien verteilt. Diese wirtschaftlich wenig entwickelte Region an der Peripherie des Vielvölkerstaates zeichnete sich durch einen enormen ethnischen, sprachlichen und konfessionellen Reichtum aus.[4] Ehrlich (1967, S. 43) hat die Konsequenz dieser multikulturellen Situation für die Praxis des Rechts wie folgt beschrieben:

> „Es leben im Herzogtum Bukowina gegenwärtig, zum Teile sogar noch immer ganz friedlich nebeneinander, neun Volksstämme: Armenier, Deutsche, Juden, Rumänen, Russen (Lipowaner), Rutenen, Slowaken (die oft zu den Polen gezählt werden), Un-

---

4 In Czernowitz, das am Vorabend des Ersten Weltkrieges um die 90.000 Einwohnerinnen und Einwohner zählte, erschienen Zeitungen in sechs Sprachen (deutsch, ukrainisch, polnisch, rumänisch, jiddisch und hebräisch) und drei Alphabeten (lateinisch, kyrillisch und hebräisch). Das kulturelle Vereinsleben war ungewöhnlich dicht. Es gab Kirchen zahlreicher christlicher Konfessionen (orthodox, katholisch und protestantisch in jeweils unterschiedlichen Spielarten) sowie Dutzende von Synagogen. Ehrlich selbst konvertierte vom mosaischen Glauben zum Katholizismus. Während manche Gelehrte den Ruf an die – überwiegend deutschsprachige – Czernowitzer Universität als akademische „Strafkolonie" in der Provinz empfanden, war er in seiner Heimatstadt fest verankert; vgl. Rehbinder 2001; Porsche-Ludwig 2011.

garn, Zigeuner. Ein Jurist der hergebrachten Richtung würde zweifellos behaupten, alle diese Völker hätten nur ein einziges, und zwar genau dasselbe, das in ganz Österreich geltende österreichische Recht. Und doch könnte ihn schon ein flüchtiger Blick davon überzeugen, dass jeder dieser Stämme in allen Rechtsverhältnissen des täglichen Lebens ganz andere Rechtsregeln beobachtet."

Für diese „ganz anderen", im Alltag tatsächlich handlungsrelevanten Normen hat Ehrlich den Ausdruck *lebendes Recht* geprägt.[5] Dieses Recht sei nichts anderes als die „innere Ordnung der menschlichen Verbände" (Ehrlich 1989, S. 43). *Verbände* sind Ehrlich zufolge freilich nicht nur ethnische Gemeinschaften, sondern alle Gruppen von Menschen, „die im Verhältnisse zueinander gewisse Regeln als für ihr Handeln bestimmend anerkennen und wenigstens im allgemeinen tatsächlich danach handeln" (Ehrlich 1989, S. 45) – seien es Familien, religiöse Organisationen, Vereine, Unternehmen, Berufsstände, soziale Klassen oder aber auch Staaten. Das Konzept des lebenden Rechts geht in seinem Bezug auf beobachtbare soziale Phänomene über den verwandten Begriff des *law in action*[6], mit dem es manchmal verwechselt wird, noch deutlich hinaus: Lebendes Recht ist nicht nur – möglicherweise uneinheitlich – angewandtes Gesetzes- oder Fallrecht, sondern kann sich auf Regeln beziehen, die mit dem staatlich gesetzten, legitimierten und durchgesetzten Normenbestand überhaupt nichts zu tun haben müssen. Der Staat ist nur einer unter vielen gesellschaftlichen Verbänden, dem im Hinblick auf das Entstehen von wirksamen Rechtsregeln keinerlei Priorität zukommt. Der Schwerpunkt der Rechtsentwicklung liege daher, so Ehrlich in der Vorrede zu seinem Hauptwerk *Grundlegung der Soziologie des Rechts*, „auch in unserer Zeit wie zu allen Zeiten, weder in der Gesetzgebung noch in der Jurisprudenz oder in der Rechtsprechung, sondern in der Gesellschaft selbst" (Ehrlich 1989, S. 12).

Allerdings sind nicht alle Regeln, die in der Organisation des Verhaltens in Verbänden faktisch beachtet werden, bereits Rechtsnormen. Um einer Regel rechtlichen Charakter zuzusprechen, kommt es für Ehrlich auf die Art des „Gefühlstons" an, den eine Übertretung auslöst: Im Gegensatz zu bloßen Reaktionen des Ärgers, der Missbilligung oder der Lächerlichkeit, die Verstößen der Sitte, des Takts oder der Mode folgten, ziehe ein Rechtsbruch typischerweise Gefühle der Empörung nach

---

5   Rehbinder (2001, S. 339) weist darauf hin, dass „Leben" ein intellektueller Modebegriff des ausgehenden 19. Jahrhunderts war, der sich beispielsweise in der „Lebensphilosophie" von Denkern wie Herbert Spencer, Henri Bergson, Friedrich Nietzsche oder Georg Simmel äußerte.

6   Die Unterscheidung zwischen *law in action* und *law in the books* geht auf den US-amerikanischen Rechtsgelehrten Roscoe Pound zurück, der sich um die internationale Rezeption Ehrlichs verdient gemacht und ein Vorwort zur englischen Übersetzung der Grundlegung der Soziologie des Rechts verfasst hat.

sich (Ehrlich 1989, S. 146f.). Die Rechtsqualität wird also nicht von der „Quelle" der Norm her, sondern über die psychischen und sozialen Konsequenzen abweichenden Verhaltens bestimmt. Die Bedeutung des staatlichen Straf- und Vollstreckungszwanges, in dem bis heute die meisten rechtstheoretischen Ansätze eine wesentliche Grundlage der Rechtsordnung erblicken, sieht Ehrlich indessen als gering an. Die Ordnung der Gesellschaft beruht nach ihm nicht auf der Erzwingbarkeit von Rechtspflichten, sondern darauf, dass diese zumeist erfüllt werden – im Wirtschaftsleben etwa allein schon deshalb, um die eigene Kreditwürdigkeit aufrechtzuerhalten.

Ehrlich zufolge ist es Aufgabe der Rechtswissenschaft, das faktisch geübte gesellschaftliche Recht empirisch zu untersuchen. Er selbst hielt an der Universität Czernowitz von 1909 bis zum Ausbruch des Ersten Weltkrieges ein „Seminar für lebendes Recht" ab, in dem er mit seinen Studierenden – unter anderem durch Exkursionen in Bauerndörfer und Gewerbebetriebe sowie durch die Analyse von Urkunden – jene Regeln erforschte, die im rechtlichen Verkehr tatsächlich bedeutsam waren. Sein Programm hat eine wissenschaftsstrategische, aber auch eine juristisch-normative Dimension: Ehrlich ging es einerseits darum, die – nicht nur damals ganz überwiegend textauslegende – Rechtslehre mitsamt ihrer „Begriffsmathematik" auf eine verbesserte methodische Grundlage zu stellen und sie damit als eine Gesellschaftswissenschaft zu betreiben, die ihre Erkenntnisse nicht nur aus kodifizierten Rechtssätzen, sondern auch aus konkreter Anschauung der juristisch relevanten Alltagspraxis bezieht. Andererseits sollte eine so verstandene Sozialwissenschaft des Rechts dann auch dazu beitragen, dieses besser und den tatsächlichen Lebensverhältnissen angemessener anzuwenden. Als Rechtstheoretiker stand Ehrlich dabei der „Freirechtsschule" nahe, die – ausgehend von der Einsicht, dass generelle Normen niemals die Komplexität aller möglichen Einzelfälle zu erfassen in der Lage sind – die Bindung der Richter an das Gesetz zugunsten eines freien Ermessens zurückdrängen wollte.

Das Nebeneinander von beschreibend-analytischen und normativen Anliegen, das Ehrlich selbst gar nicht als Gegensatz angesehen hat, macht sein Werk anfällig für Missverständnisse. Schon zu seinen Lebzeiten hat es ihm Hans Kelsen (2003, S. 7) – Vertreter der positivistischen „Reinen Rechtslehre", die das wissenschaftliche Beschreiben des Rechts von sämtlichen außerjuristischen Aspekten zu trennen beabsichtigte – im Rahmen einer von beiden Seiten polemisch ausgetragenen Kontroverse als schweren Mangel angekreidet, dass „seine Grundlegung der Rechtssoziologie von allem Anfang an die klare und deutliche Scheidung von Wert- und Wirklichkeitsbetrachtung" vermissen lasse. Genau in dieser Verweigerung eines strikten Gegensatzes von Sollen und Sein liegt freilich auch die Pointe und Radikalität des Ehrlichschen Ansatzes, der unabhängig von seiner juristisch-methodischen Reformagenda einer soziologisch-empirischen Analyse rechtlicher Phänomene erst den Weg geebnet hat. Die Lektüre Ehrlichs kann auch heute noch dabei helfen, die hermetischen Gebäude eines allzu selbstbezüglichen rechtsdogmatischen Diskurses aufzusprengen.

Ehrlich gilt nicht nur als Begründer der Rechtssoziologie, sondern auch als ein früher Theoretiker des *Rechtspluralismus*, hatte er mit seinen Untersuchungen doch ein Nebeneinander unterschiedlicher normativer Ordnungen beschrieben, die er begrifflich eben nicht nur als bloße Bräuche verstand (vgl. Fuchs 2013), auch wenn sie den staatlichen Gesetzen widersprachen:

> „Das Familienrecht des österreichischen bürgerlichen Gesetzbuches ist bekanntlich streng individualistisch [...] Nur solange das Kind minderjährig ist, steht es unter väterlicher Gewalt [...] Aber in der Bukowina, die doch zu Österreich gehört und wo das Bürgerliche Gesetzbuch ganz so wie in anderen Teilen Österreichs gilt, ist es mit der väterlichen Gewalt bitterer Ernst. Der rumänische Bauer, vielleicht der einzige echte Römer, der sich bis in unsere Zeit erhalten hat, übt eine *patria potestas*, die den Kenner des alten römischen Rechtes ganz eigentümlich anheimelt. Da gehören die Kinder wirklich noch dem Vater. [...] Man hat mir [...] immer erwidert, dass das, was hier dem bürgerlichen Gesetzbuch widerspreche, Sitte, nicht Recht sei. Das ist immer der alte Gedanke, dass es hier auf die terminologische Frage ankomme, was man gerade Recht nennen will. Es handelt sich jedoch an dieser Stelle um etwas anderes: nämlich um die Tatsache, dass das österreichische bürgerliche Gesetzbuch nicht imstande war, diese ihm so sehr widersprechende Übung, mag sie im übrigen Recht oder Sitte sein, aus dem Leben zu beseitigen."

Das von Ehrlich (1989, S. 314) hier gewählte familienrechtliche Beispiel wirft ein Schlaglicht auf gesellschaftliche Verhältnisse, die wir heute als patriarchal und rückständig bezeichnen würden. Auch seine sonstigen Studienobjekte – etwa unterschiedliche Pachtverträge über Schafweiden, Heuwiesen und Ackergrundstücke – (vgl. Ehrlich 1967, S. 55ff.) verweisen auf eine altertümliche, damals bereits „sterbende" Sozialordnung. Mag die Idee des lebenden Rechts in ihrem Entstehungszusammenhang somit eine gewisse romantische Konnotation aufweisen,[7] so taugt sie dennoch nicht nur für die Untersuchung vormoderner oder (post-)kolonialer multiethnischer Zustände.

---

7 Tatsächlich waren die Zivilprozessraten in der Bukowina der 1900er Jahre *höher* als in allen anderen Kronländern der österreichischen Reichshälfte der Donaumonarchie (k. k. Statistische Zentralkommission 1915), was auf eine krisenhafte ökonomische Modernisierung hindeutet. Es ist sozialhistorisch jedenfalls unzutreffend, die damaligen staatlichen Gesetzbücher als schlechthin „totes Recht", das sich in der Peripherie nicht durchgesetzt habe (vgl. Machura 2012, S. 507), dem lebenden ethnisch-bäuerlichen Gewohnheitsrecht gegenüberzustellen.

Gegenwärtige interdisziplinäre Rechtsforschung kann von Ehrlich lernen, wie begrenzt staatliche Gesetze im Alltag funktionieren, wie lückenhaft sie (entgegen rechtspositivistischer Fiktionen) oft sind und wie wenig vereinheitlichend sie das soziale Leben tatsächlich zu steuern vermögen. Seien es Organisationskulturen globaler Unternehmen, Sportvereine oder migrantische Communities: Recht wirkt stets in konkreten Kontexten, die zumeist bereits durch eine Vielzahl an sozialen Normen und eingespielten Praktiken strukturiert sind. Auch wenn diese gesellschaftlichen Zusammenhänge heute oft keine geschlossenen „Verbände" mehr sein mögen, so stellen sie dennoch eigensinnige Realitäten dar, die nicht einfach nur ignoriert werden können. Der immer häufiger transnationale Charakter sozialer, wirtschaftlicher und kultureller Beziehungen macht effektive Regulierung durch nationalstaatliche Normen zudem tendenziell unwahrscheinlicher, sodass länderübergreifende rechtspluralistische Situationen für manche Bereiche der Gesellschaft zum Normalzustand werden. Der Systemtheoretiker Gunther Teubner hat dies in origineller Anknüpfung an Ehrlich als „globale Bukowina" bezeichnet (siehe unten Abschnitt 4.2). Ehrlichs Forderung, der Vertragspraxis als Quelle lebenden Rechts mehr Aufmerksamkeit zu schenken, hat nicht nur soziologisch, sondern auch angesichts der bis heute einseitig auf richterliches Entscheiden hin ausgestalteten juristischen Lehre kaum an Aktualität eingebüßt.

In meiner eigenen Forschung zum angewandten Betreuungsrecht hat mich fasziniert, wie verschiedenartig idente Rechtsinstitute faktisch genutzt werden. Mit statistischen Methoden ließ sich zeigen, dass die Nachfrage nach rechtlicher Betreuung auch dann regional stark variiert, wenn demographische, epidemiologische und sozioökonomische Kontextfaktoren in Rechnung gestellt werden. In Kombination mit qualitativen Befunden sind „lokale Rechtskulturen" beschreibbar, die Ansprüche einheitlicher Steuerung (die sich, abgesehen von rechtsstaatlichen Gründen, auch aus budgetären Gesichtspunkten ergeben) konterkarieren. Informelle Arrangements des „lebenden Rechts" in vertrauensgeprägten sozialen Netzwerken, etwa zwischen Angehörigen dementer Personen und der örtlichen Sparkasse vereinbarte Kontovollmachten, machen gerichtliche Interventionen überflüssig, während umgekehrt die übervorsichtige Praxis einer großen Krankenanstalt die Betreuungsraten einer ganzen Region nach oben treiben kann. Ehrlichs Theorie- und Begriffsapparat war hilfreich, um eine solche Buntheit des sozialen Lebens in rechtlichen Dingen zu begreifen.

2.2 Eine universalhistorische Soziologie der Rechtsrationalität: Max Weber

Lässt sich das Werk Eugen Ehrlichs nicht ohne dessen geographische Position im kulturell diversen kakanischen Kosmos des Fin de Siècle denken, so ist das Wirken *Max Webers* (1864–1920), dessen Lebensdaten sich nahezu exakt mit denen Ehrlichs decken, charakteristisch für die Lage des aufstrebenden (preußisch-protestantischen) Bürgertums im wilhelminischen Kaiserreich.[8] Weber wird als erstes von acht Kindern eines Juristen und späteren Abgeordneten der Nationalliberalen Partei in Erfurt geboren. Unter seinen Großvätern und Onkeln finden sich bildungsbürgerliche Beamte, aber auch kapitalistische Unternehmer. Bereits als Kind in Berlin-Charlottenburg, wohin die Familie bald übersiedelt, beginnt sich der lesewütige Max Weber ein außergewöhnlich umfangreiches kulturhistorisches Wissen anzueignen, das ihm später als Material für seine theoretischen Entwürfe dienen wird. Nach seinem Studium in Heidelberg, wo er einer schlagenden Burschenschaft beitritt, erhält er bereits mit 30 Jahren einen Ruf als Professor für Nationalökonomie. 1903 beendet er jedoch seine akademische Laufbahn, nachdem er, an der damaligen „Modekrankheit" Neurasthenie leidend,[9] seine Lehrtätigkeit schon bald einschränken und ab der Jahrhundertwende gänzlich aufgeben musste. Sein posthum als „Wirtschaft und Gesellschaft" veröffentlichtes Hauptwerk, das als ein Kapitel Webers „Rechtssoziologie" enthält, bleibt Fragment.

So wenig sich das vielschichtige Werk Webers auf einen einfachen Nenner bringen lässt, so sehr hat seine Rechtssoziologie ein klares Leitmotiv: Es ist die *Rationalisierung* des Rechts, die Weber anhand einer enormen Fülle an historischen und ethnologischen Befunden kulturvergleichend und idealtypisch nachzeichnet (Weber 1972, S. 503f.):

> „Die allgemeine Entwicklung des Rechts und des Rechtsgangs führt, in theoretische ‚Entwicklungsstufen' gegliedert, von der charismatischen Rechtsoffenbarung durch ‚Rechts*propheten*' zur empirischen Rechtsschöpfung und Rechtsfindung durch Rechts*honoratioren* [...] weiter zur Rechtsoktroyierung durch weltliches Imperium und theokratische Gewalten und endlich zur systematischen Rechtssatzung und zur fachmäßigen, auf Grund literarischer und formallogischer Schulung sich vollziehenden ‚Rechtspflege' durch Rechts*gebildete* (Fachjuristen). Die formalen Qualitäten des Rechts entwickeln sich dabei aus einer Kombination von magisch bedingtem Formalismus und offenbarungsmäßig bedingter Irrationalität im primitiven Rechtsgang,

---

8 Zu Biographie und zeitgeschichtlichen Kontexten des Werks vgl. Kaesler 2014; Steinert 2010.

9 Heute würde man wahrscheinlich einen *Burnout* bzw. eine Erschöpfungsdepression diagnostizieren.

eventuell über den Umweg theokratischer oder patrimonial bedingter materialer und unformaler Zweckrationalität zu zunehmender fachmäßig juristischer, also logischer Rationalität und Systematik und damit […] zu einer zunehmend logischen Sublimierung und deduktiven Strenge des Rechts."

Weber behauptet keine universal-gleichförmige, weltweit gültige Abfolge dieser Stadien. Die konkreten Entwicklungspfade werden vielmehr durch politische Machtverhältnisse sowie durch die Beziehungen zwischen weltlichen und geistlichen Herrschaftsträgern bestimmt. Die Trennung sakraler und profaner Normen stellt eine – im antiken Rom und in Europa ab dem Mittelalter eingetretene – Voraussetzung für das Herausbilden autonomer juristischer Institutionen mit formallogischen Denktraditionen dar. Mit den Begriffspaaren „formal/material" und „rational/irrational" werden unterschiedliche Dimensionen des Findens von Recht und des Begründens von Entscheidungen benannt. Sie lassen sich vereinfacht in folgender Tabelle darstellen:

		Gibt es eine Bindung an eindeutige Tatbestandsmerkmale?	
		ja: ***formal***	nein: ***material***
Gibt es generelle Normen, die nach Mitteln des Verstandes wirksam werden?	nein: ***irrational***	„primitives" Recht, magische Rituale, Orakel, Gottesurteile, Zweikämpfe, gebundene Beweise	bloße Einzelfallentscheidungen, Fürsten- oder Häuptlingswillkür, „Kadijustiz", Geschworenengerichtsbarkeit
	ja: ***rational***	logische Sinndeutung, feste Rechtsbegriffe, Deduktion aus systematisiertem Normenbestand	Entscheidungen nach ethischen Normen oder politischen Programmen, „Naturrecht", unbestimmte Gesetzesbegriffe

Züge *formaler Irrationalität* weisen demnach typischerweise frühe Rechtsordnungen wenig differenzierter Stammesgesellschaften auf, die stark durch religiöse Vorstellungen beeinflusst sind. Kläger müssen etwa bestimmte Formeln exakt sprechen, um nicht den Zorn der Götter heraufzubeschwören. Auch die inhaltliche Entscheidung kann, wenn Schlichtungsversuche erfolglos bleiben, auf der Grundlage von Erkenntnismitteln getroffen werden, die dem Verstand nicht zugänglich sind, beispielsweise durch Orakel. Mit der Entstehung politischer Zentralgewalten werden magische Rechtsbräuche zugunsten von Einzelfallentscheidungen nach utilitaristischen oder sittlichen Kriterien zurückgedrängt. Aus der Sicht potenzieller Konfliktparteien, die auf eine gewisse Kalkulierbarkeit von Urteilen angewiesen sind (z. B. Träger von Wirtschaftsbetrieben), ist dies allerdings nicht unbedingt ein

Vorteil: Die *materiale* – von Weber so genannte – „Kadijustiz" eines charismatischen Priesters oder Fürsten ist auch dann autoritär und vor allem unberechenbar, wenn sie mit besten Absichten „salomonische" Gerechtigkeit zu schaffen versucht. Das Aufstellen genereller Normen und das Systematisieren der Kasuistik führen zu einer *Rationalisierung* des Rechts, die jedoch erst dann so richtig zur Geltung kommt, wenn der Stil des Argumentierens und Entscheidens *formal* wird, d. h. ausschließlich an eindeutigen generellen Tatbestandsmerkmalen orientiert und frei von außerjuristischen, etwa ethischen oder politischen Erwägungen. Abgesehen von den gelehrten Juristen selbst sind es vor allem bürgerliche Schichten, die aus ökonomischen Gründen an einem solchen Recht interessiert sind und es in wechselnden Koalitionen durchsetzen – zunächst mit den Territorialherren gegen ständische Privilegien, später jedoch, mitunter revolutionär, auch gegen die fürstliche Macht.

Webers Gespür für politische Herrschaftsverhältnisse ließ ihn danach fragen, warum Recht überhaupt gilt. Anders als Ehrlich stellt er auf den Zwangscharakter rechtlicher Normen ab: Von einer Rechtsordnung könne man dann sprechen, wenn ihre Legitimität „äußerlich garantiert ist durch die Chance eines (physischen oder psychischen) *Zwanges* durch ein auf Erzwingung der Innehaltung oder Ahndung der Verletzung gerichtetes Handeln eines *eigens* darauf eingestellten *Stabes* von Menschen" (Weber 1972, S. 17). Bei diesem „Rechtsstab" muss es sich nicht unbedingt schon um eine staatliche Verwaltung handeln. Dem Recht des politischen Verbandes *Staat* kommt allerdings insofern die größte Wirkung zu, als dieser „erfolgreich das *Monopol legitimen* physischen Zwanges" (Weber 1972, S. 29) in Anspruch nimmt. *Legitimität* wiederum, d. h. der Glaube an die Gültigkeit einer Ordnung, kann nach Weber durch Tradition, durch Bindung über Gefühle und Werte oder aber durch *Legalität* hergestellt werden – letzteres dann, wenn gesatzte Normen und auf deren Grundlage getroffene Entscheidungen in den Augen der Adressaten korrekt zustande gekommen sind, was vor allem bei *formaler Rationalität* einer Rechtsordnung der Fall ist.

In Webers rechtssoziologischen Schriften ist unschwer eine Vorliebe für formal-rationales Recht zu erkennen, das er am ehesten in der gemeinrechtlichen Jurisprudenz verwirklicht sah.[10] Diese Neigung lässt sich als Ausdruck seiner Identifikation mit dem Bürgertum begreifen, für das die Vorhersehbarkeit rechtlich regulierter wirtschaftlicher und politischer Abläufe zentrale Bedeutung hat. Eine solche Rechtssicherheit schien am besten durch abstrakte juristische Logik

---

10 Deren Grundlage war vor allem das systematisierte und vom antiken historischen Entstehungskontext abstrahierte römische Recht des *Corpus Iuris Civilis*, wie es in weiten Teilen Europas bis zum Erlass der großen Zivilgesetzbücher angewandt wurde. Ehrlich hatte es – in konträrer Auffassung zu Weber – als lebensfremd kritisiert.

und allgemeingültige Garantien der Eigentums-, Vertrags- und Testierfreiheit erreichbar. Das vernünftige, souveräne bürgerliche Subjekt, das sich somit immer auch als strategisch handelnde Rechtsperson versteht, befand sich als Lebensentwurf um 1900 freilich in der Krise: Gesellschaftliche Aufstiegsmöglichkeiten nach oben waren immer noch durch den unproduktiven Adel verstopft, während von unten die besitzlosen Volksklassen ihre Rechte einforderten. Zudem rückte das – männliche – Ideal einer zweckrationalen Lebensführung mit kalkulierbaren Verantwortlichkeiten aufgrund verschärfter Konkurrenz sowie sozialer und technischer Beschleunigung der „ersten Globalisierung" vor dem Kriegsausbruch 1914 in immer weitere Ferne. Schließlich entdeckte die Psychoanalyse, dass es mit der Vernünftigkeit des eigenen Handelns auch nicht so weit her war. Die zentrale Stellung der formalen „Rationalisierung" bei Weber, dessen Produktivität durch psychisches Leiden an den eigenen hohen Ansprüchen jahrelang gelähmt war, lässt sich sozialgeschichtlich-biographisch somit auch als Versuch deuten, bürgerliche Autonomie einzufordern. Dementsprechend skeptisch steht er *Materialisierungen* des Rechts gegenüber – darunter versteht er Situationen, in denen „Normen anderer qualitativer Dignität als logische Generalisierungen von abstrakten Sinndeutungen auf die Entscheidung von Rechtsproblemen Einfluss haben sollen: ethische Imperative oder utilitaristische oder andere Zweckmäßigkeitsregeln, welche sowohl den Formalismus des äußeren Merkmals wie denjenigen der logischen Abstraktion durchbrechen" (Weber 1972, S. 397). Weber sah darin die Gefahr eines Rückfalls auf frühere Entwicklungsstufen der Jurisprudenz und eines zu großen Einflusses der Politik auf das Recht. Als Beispiele dienten ihm u. a. soziale Gerechtigkeitserwägungen im Privatrecht (Billigkeitsklauseln, Forderungen nach arbeits- und mietrechtlichen Sonderbestimmungen) und der tendenziell (material-)irrationale Charakter der Laiengerichtsbarkeit.[11]

Warum sollten wir uns als interdisziplinär Rechtsforschende in der Gegenwart des 21. Jahrhunderts noch mit Max Weber beschäftigen? Abgesehen davon, dass viele sozialwissenschaftliche Grundbegriffe auf ihn zurückgehen, beziehen sich viele spätere Theorieentwürfe auf Weber und sind daher mit Grundkenntnissen seines Werks besser verständlich. Bei der Lektüre seiner „Rechtssoziologie" beeindruckt auch heute noch der universalgeschichtlich-kulturvergleichende Zugang, der Entwicklungspfade und ihre politischen Voraussetzungen verständlich macht, ohne sich in rechtshistorischen Details zu verlieren. Auch wenn man Webers Lob der

---

11 In Österreich werden etwa Urteile in Geschworenenprozessen (die für besonders schwere Delikte vorgesehen sind) mit einem Einzeiler begründet: „Das Urteil gründet sich auf den Wahrspruch der Geschworenen". Aus rechtsstaatlicher und Strafverteidigungsperspektive ist dies äußerst unbefriedigend.

formallogischen Rechtsdogmatik heute nicht mehr teilen mag,[12] so lässt sich seine Begrifflichkeit analytisch gewinnbringend verwenden. Man kann damit sehen, welche Folgeprobleme sich die Rechtspraxis einhandelt, wenn sie es mit vagen wertgeladenen Tatbeständen oder mit ambitionierten politischen Steuerungsversuchen zu tun bekommt.[13]

Das gegenwärtige Betreuungsrecht ist sehr stark von der humanistischen Zielsetzung geprägt, mental beeinträchtigte Menschen einerseits bei ihren rechtlichen Angelegenheiten zu unterstützen, sie andererseits aber nicht mehr zu bevormunden. Diese „Materialisierung" der alten „formalen" Entmündigung hat nicht zuletzt dazu geführt, dass das neue Rechtsinstitut guten Gewissens massenhaft angewandt wird. Für Justiz und Betreuungspraxis ist dies mit großen Herausforderungen verbunden. Missbrauchsvorwürfe sind an der Tagesordnung. Noch einmal anders geartete „materiale" Forderungen ergeben sich aktuell aus der UN-Behindertenrechtskonvention, die – sozial voraussetzungsreiche – Modelle der „unterstützten Entscheidungsfindung" gegenüber Stellvertreterlösungen präferiert. Liefert die Politik keine entsprechenden Ressourcen zur Umsetzung mit, droht die Realität hinter anspruchsvollen menschenrechtlichen Programmen weit zurückzubleiben. Mit Max Weber lässt sich all dies nüchtern untersuchen, ohne dass man seine pessimistische Sicht auf Werte der Menschenwürde und Gerechtigkeit im Recht normativ teilen muss.

3 Recht, Sanktion und Gewalt – Geiger, Popitz, Trotha

3.1 Formalisierte Analyse gesellschaftlicher Normgeltung: Theodor Geiger

Zurückhaltung gegenüber Werturteilen kennzeichnet auch das Werk von *Theodor Geiger* (1891–1952), dessen *Vorstudien zu einer Soziologie des Rechts* neben den Entwürfen Webers und Ehrlichs zu den klassischen Theorietexten der sozialwis-

---

12 Während das Rechtsstaatsprinzip heutzutage zweifellos ein gewisses Mindestmaß an formaler Rationalität verlangt, gebieten die Grundrechte eine weitgehende Berücksichtigung „materialer" wertbezogener Aspekte.

13 Der Strafrechtler Hans Theile (2010) hat etwa das moderne Wirtschaftsstrafrecht als Ausdruck eines „materialen" Anspruchs der Bekämpfung von *White Collar Crime* in den Blick genommen, den es – wenn überhaupt – nur um den Preis einer weitgehenden Informalisierung (intransparente „Deals" zwischen Staatsanwaltschaft und Verteidigung) erfüllen könne, sodass der „Verstrafrechtlichung" der Wirtschaft eine Ökonomisierung des Strafrechts gegenübersteht.

senschaftlichen Rechtsforschung in deutscher Sprache gezählt werden. Der als Sohn eines Gymnasialdirektors in Landshut geborene Geiger war zwar studierter Jurist, konnte aber nach Tätigkeiten als Statistiker und in der Erwachsenenbildung ab 1929 als ordentlicher Professor für Soziologie an der Technischen Hochschule Brauschweig arbeiten. Als erklärter Gegner des Nationalsozialismus musste er 1933 nach Dänemark emigrieren, wo er in Aarhus die erste Soziologieprofessur dieses Landes bekleidete – eine Position, zu der er 1945 nach schwedischem Exil aufgrund der deutschen Okkupation Dänemarks zurückkehrte.[14]

Während Geigers empirischer Forschungsschwerpunkt in Fragen der sozialen Schichtung lag, entstand seine – in einer „kohlenlosen Winterkälte" (Geiger 1987, S. 123) verfasste und 1947 erstmals erschienene – soziologische Rechtstheorie aus einer Diskussion mit Vertretern des skandinavischen Rechtsrealismus („Uppsala-Schule") heraus. Er teilte deren Ablehnung metaphysischer Vorstellungen im Recht („Wertnihilismus"), sah jedoch – anders als die schwedischen Rechtsphilosophen – soziale Normen und Rechtsregeln nicht bloß als inhaltsleere, wissenschaftlich letztlich irrelevante Phantasiegebilde, sondern als durchaus existente Bestandteile des gesellschaftlichen Gefüges an, deren „Wirklichkeitsgehalt" (Geiger 1987, S. 7) soziologisch untersuchbar sei. Die Wirklichkeit und Gültigkeit einer Norm liege unabhängig von ihrem Inhalt in ihrer „Wirkungschance", nämlich „*entweder* in der Realisierung des Normkerns *oder* in abweichendem Gebaren mit sozialer Reaktion als Folge" (Geiger 1987, S. 32). Bestimmte Regeln sind demnach also insoweit wirksam, als sie tatsächlich befolgt werden oder bei Regelverletzungen Sanktionen nach sich ziehen. Bleiben Reaktionen der „Gruppenöffentlichkeit" bzw. einer diese repräsentierenden Rechtspflegeinstanz auf abweichendes Verhalten aus, ist die Norm unwirksam. In der abstrakten Formelsprache, derer sich Geiger in seiner Rechtssoziologie bedient, lässt sich dies wie folgt ausdrücken:

1) Fälle, in denen der Situation s das erwartete normgemäße Gebaren g folgt.	$(s \rightarrow g)$	} Die Norm ist effektiv.
2) Fälle, in denen auf die Situation s das normverletzende Verhalten $\bar{g}$ folgt und dies zu einer Reaktion r der Gruppenöffentlichkeit Ω gegenüber dem „kriminellen" Normadressaten A_C führt.	$(s \rightarrow \bar{g}) \rightarrow r \dfrac{\Omega}{A_C}$	
3) Fälle, in denen auf die Situation s das normverletzende Verhalten $\bar{g}$ folgt, eine Reaktion der Gruppenöffentlichkeit jedoch ausbleibt.	$(s \rightarrow \bar{g}) \rightarrow \bar{r} \dfrac{\Omega}{A_C}$	Die Norm ist ineffektiv.

---

14 Zur Biographie Geigers siehe Rehbinder 1987.

Der Anteil der Fallgruppen 1) und 2) an allen Fällen ist die *Effektivitätsquote* einer Norm, die Geiger (1987, S. 33f.) als relative Zahl versteht:

> „Man kommt damit zu dem für Norm-Fetischisten ärgerniserregenden Ergebnis, dass die sogenannte ‚Gültigkeit' oder Verbindlichkeit der Norm eine messbare Größe ist. Eine Norm ist nicht schlechthin gültig oder geltungslos, sondern verbindlich in höherem oder geringerem Grad. [...] Diese Quantifizierung des Begriffs der Verbindlichkeit durch einen Ausdruck für ihre Intensität ist etwas ganz anderes, als wenn man sagte, die Norm sei in so vielen Fällen gültig, in so vielen ungültig. Sie ist in jedem Falle in einem zahlenmäßig begrenzten Grad verbindlich."

Geiger gelangt damit zu einem graduellen und empirischen Normbegriff. Die Gültigkeit einer Regel für die Zukunft lasse sich als Wahrscheinlichkeitsquote angeben. *Rechtsordnungen* unterscheiden sich für Geiger von anderen sozialen Normengefügen dadurch, dass eine *Zentralmacht* die Reaktionstätigkeit monopolisiert (*Verhängungs- und Vollstreckungsmonopol*), wobei eine *richterliche Instanz* ein förmliches *Verfahren* durchführt. Dadurch werden gesellschaftliche Reaktionen zu geregelten und organisierten *Sanktionen*, „wobei der Begriff der Sanktion natürlich nicht nur ‚Strafe', sondern auch Buße, Schadenersatz, Zahlungszwang und alle sonstigen Arten ziviler Rechtsfolgen umfasst" (Geiger 1987, S. 117). Dieser Rechtsbegriff ähnelt dem von Max Weber, der auf einen „Rechtsstab" abstellt. Obwohl Recht in Geigers Sichtweise nicht mit dem Staat ident ist, werden institutionalisierte Sanktionsmonopole von Zentralmächten historisch gesehen meist von staatlichen Instanzen wahrgenommen.

3.2 Sanktionen „Dritter" und Gewalt: Heinrich Popitz, Trutz von Trotha

Geigers Theorieentwurf hat mehrere Generationen von Rechtsforschern nach ihm geprägt. Sehr deutlich bemerkbar ist sein Einfluss bei dem Freiburger Soziologen *Heinrich Popitz* (1925–2002), der soziale Normgebundenheit als universales und gesellschaftskonstitutives Phänomen in den Blick genommen hat. Wie Geiger geht er davon aus, dass Normen der Voraussehbarkeit des sozialen Handelns dienen. Da der Spielraum des menschlichen Verhaltens durch biologische Bedingungen wenig vorherbestimmt sei,[15] begrenzen soziale Normen die Willkür in der Beziehung

---

15 Erkennbar ist dies nach Popitz (1961, S. 8f.) an der Unmöglichkeit, einen allgemein-menschlichen Fundus an immer und überall geltenden Normen anzugeben. Am ehesten sei das Inzestverbot eine solch universale Regel, die allerdings nicht nur *übertretbar* ist (sonst

von Gesellschaftsmitgliedern zueinander: „Sie bewirken, dass Menschen sich mit einiger Sicherheit und Dauerhaftigkeit aufeinander einstellen können" (Popitz 1961, S. 10). Eine solche Einstellung sei aber nicht möglich, ohne das Verhalten der jeweils anderen in typischen Situationen voraussehen und mit Regelmäßigkeiten rechnen zu können. Unabhängig von ihren – hochgradig variablen – Inhalten macht Popitz allgemeingültige Konstruktionsprinzipien sozialer Normierungen aus: Normen typisieren Handlungen, Situationen und Personen (letztere in Form sozialer Rollen). Sie beruhen auf der Sanktionsbereitschaft „Dritter" bei Normverletzungen. Der oder die „Dritte" ist jemand anderer als die verletzende oder verletzte Person – die Geigersche „Gruppenöffentlichkeit" bzw. eine politische Zentralinstanz, die einige Sanktionsfunktionen monopolisiert hat. Im letzteren Fall spricht Popitz (1980, S. 32) von Rechtsnormen.

Obwohl Popitz seinen Normbegriff definitorisch an die Vollziehbarkeit von Sanktionen knüpft, sieht er auch die Grenzen der Leistungsfähigkeit organisierter sozialer Reaktionen auf abweichendes Verhalten – vor allem wenn es sich um Bestrafungen handelt. In einem originellen Gedankenexperiment stellt er sich eine Gesellschaft mit vollkommener Verhaltenstransparenz vor, in der jeder Normbruch entdeckt und bestraft wird. Abgesehen von technischen Aspekten, die dieses totalitäre Szenario wenig plausibel erscheinen lassen,[16] würde eine solche Gesellschaft die Geltung ihrer Normen zugrunde richten. Während der Sanktionsapparat wegen Überlastung zusammenbrechen müsste, würde die zum Vorschein kommende starke Verbreitung von Abweichungen den Anspruch des Normsystems zu Tode blamieren: „Werden allzu viele an den Pranger gestellt, verliert nicht nur der Pranger seine Schrecken, sondern auch der Normbruch seinen Ausnahmecharakter und damit den Charakter einer Tat, in der etwas ‚gebrochen', zerbrochen wird" (Popitz 1968, S. 17). Nichts über einen beträchtlichen Teil aller Regelverletzungen wissen zu können (oder zu wollen), ist für ein Regelsystem demnach also funktional: Die soziale Wirksamkeit der Strafe setzt ihre unvollständige Anwendung geradezu voraus[17] – ein verblüffendes Ergebnis!

---

wäre sie ein Naturgesetz), sondern auch *suspendierbar* (etwa in der Heiratspolitik des europäischen Hochadels).

16 Popitz konnte damals freilich noch nicht ahnen, welche Überwachungsmöglichkeiten die Digitalisierung sozialen Handelns im 21. Jahrhundert eröffnet.

17 Popitz' Argumentation stützt sich in empirischer Hinsicht auf Dunkelzifferschätzungen, die der Tendenz nach durch viele spätere kriminologische Dunkelfeldstudien bestätigt wurden: Die Kriminalanzeige bei der Polizei ist nicht als Regel, sondern als Ausnahmereaktion auf abweichendes Verhalten zu verstehen. Dass die gesamtgesellschaftlich funktionale Selektivität des Strafrechtsapparats bestimmte soziale Gruppen (etwa Unterschichtsangehörige oder Personen mit Migrationshintergrund) massiv benach-

Popitz' Blick für die Widersprüche menschlicher Vergesellschaftung ließ ihn
– der wie Geiger von Unrechtserfahrungen im Nationalsozialismus direkt betroffen war[18] – auch das ambivalente Verhältnis von Gewalt und sozialer Ordnung
reflektieren: Letztere sei einerseits eine notwendige Bedingung des Eindämmens
von Gewalt. Andererseits sei Gewalt jedoch wiederum eine notwendige Bedingung
zum Aufrechterhalten sozialer Ordnung: Befriedende „Dritte" müssen demnach
mit einer Macht in Konflikte eingreifen können, die stärker ist als die der unmittelbaren Kontrahenten. Dies führe zu einem Teufelskreis der Gewaltbewältigung
(Popitz 1992, S. 64f.):

> „Da also Institutionen oder Quasi-Institutionen, die Gewalt eindämmen, selbst
> gewaltfähig sein müssen, stellt sich das Problem der Gewaltbegrenzung auf einer
> neuen Ebene zwangsläufig neu. Wer schützt die Bürger einer Ordnung vor der Gewalt-Willkür ihrer ordnungsschützenden Institutionen? Wie kann die Eingrenzung
> institutionalisierter Gewalt gelingen? Wie wird ‚gewaltbewältigende' Gewalt bewältigt?"

Ein planvolles Begrenzen institutionalisierter Gewalt sei in antiken Stadtstaaten und
im neuzeitlichen Verfassungsstaat gelungen, wobei sich die jeweiligen Antworten
erstaunlich ähnelten: u. a. Herrschaft des Gesetzes, Gleichheit aller vor dem Gesetz,
Grundrechte, Gewaltenteilung und Verfahrensnormen. Auch wenn solche Lösungen
umgesetzt werden können, ist Gewalt demnach nicht immer schon abweichendes
Verhalten, sondern bleibt auch in liberal-demokratischen Rechtsordnungen eine
unweigerliche Begleiterscheinung politischer Machtausübung.[19]

Das Thema des Zusammenhangs von sozialer Ordnung, Recht und Gewalt hat
der Soziologe Trutz von Trotha (1946–2013), ein Schüler von Popitz, in besonderer
Weise weitergeführt. Gestützt auf historisches und ethnologisches Material sowie

---

teiligt, ist ein Aspekt, auf den die kritische Kriminologie im Gefolge des sogenannten
Labeling-Ansatzes mit Nachdruck hingewiesen hat. Dem deutschen Kriminalsoziologen
Fritz Sack (1968) zufolge ist Kriminalität nichts anderes als eine sozial konstruierte
Zuschreibung der Strafrechtsinstanzen, die als „negatives Gut" in der Gesellschaft
ungleich verteilt sei. Der österreichische Soziologe Heinz Steinert (1998) erblickt im
Glauben an die stabilisierenden Wirkungen des staatlichen Strafens eine „Ideologie
mit Menschenopfern".

18 Sein Vater, der preußische Finanzminister Johannes Popitz, zählte zu den Widerstandskämpfern des 20. Juli und wurde Anfang 1945 ermordet.
19 Die enge Verwobenheit von Recht und Gewalt ist auch Gegenstand des berühmten
Essays „Zur Kritik der Gewalt" von Walter Benjamin (1963), der so unterschiedliche
Stimmen wie den Poststrukturalisten Jacques Derrida, die Gender-Theoretikerin Judith
Butler und den – u. a. von Popitz (1992, S. 266) und bereits von Hannah Arendt zitierten
– Philosophen Giorgio Agamben beeinflusst hat.

auf eigene Feldforschungen in Afrika und Südostasien legt er eine Typologie von „Ordnungsformen der Gewalt" (vgl. Trotha 1995) vor, die gleichzeitig verschiedene Arten von Konfliktlösung, Recht und Herrschaft kategorisiert. Recht beginne mit dem Auftritt „Dritter", die sich in einen Streit einmischen, ohne selbst Partei zu sein, wodurch normative Ordnungen als „überparteilich" objektiviert, die Stimmen der „anderen" in abstrahierter Form artikuliert und Machtbeziehungen verändert werden – bis zu einem gewissen Grad stets auch zugunsten der schwächeren Seite. Gesellschaften, die keine institutionalisierte Intervention Dritter kennen, grenzt Trotha (2000, S. 329ff.) als *reine Selbsthilfeordnungen*[20] von *Rechtsordnungen* ab. Einschneidender als der Unterschied zwischen letzteren und rechtsfreien Ordnungen sei jedoch der Übergang von nicht- bzw. quasi-staatlichen Ordnungen zu *staatlichen Rechtsordnungen*, die einigermaßen erfolgreich das Monopol legitimen physischen Zwanges (das „Gewaltmonopol") beanspruchen. In Gestalt von Polizei, Militär, Gerichtswesen und bürokratischer Herrschaftsausübung geht mit der Errichtung von Staaten eine *Entmachtung* und *Entlastung* der normunterworfenen Individuen einher: Einerseits werden ihre Konflikte in rechtlichen Verfahren durch Professionsangehörige „enteignet".[21] Andererseits müssen sie selbst keine Tugenden der Kampfbereitschaft mehr pflegen[22] und können das Bemühen um Streitregelung an staatliche Institutionen, Anwälte oder Rechtsschutzversicherungen delegieren. Richtig wirksam werde der Entlastungseffekt freilich erst dann, wenn aus der staatlichen Rechtsordnung eine *rechtsstaatliche Ordnung* wird. Andernfalls drohen „Gewalthaftigkeit, Willkür und der Despotismus des Staates zu einer solchen Belastung der Menschen zu werden, dass ein großer Teil der Entlastung, die der Bruch mit der gewaltsamen Selbsthilfe ermöglicht, nicht zum Tragen kommen kann" (Trotha 2000, S. 352). Trotha (2000, S. 351) hat sein Schema von Rechtsordnungen in einer instruktiven Grafik veranschaulicht:

---

20 Solche archaischen Gesellschaften sind nicht zwangsläufig von eskalierenden Blutrachekreisläufen geprägt (sonst hätte die Menschheit nicht überlebt); gerade weil das Hobbessche Szenario eines „Krieges aller gegen alle" wie ein Damoklesschwert über ihnen schwebt, können sie sehr friedfertig und egalitär sein – und ethnologischen Beobachtern wie das verlorene Paradies eines Rousseauschen Urzustandes erscheinen (Trotha 2000, S. 346).

21 Die Formel von der „Enteignung der Konflikte" durch den Staat geht auf den norwegischen Kriminologen und Strafrechtskritiker Nils Christie (1977) zurück.

22 Dem Soziologen Norbert Elias (1997) zufolge war es für den „Prozess der Zivilisation" in Europa wesentlich, dass der Adel parallel zum Entstehen von Zentralstaaten das Schwert gegen Messer und Gabel bei Tisch austauschen konnte.

Erkundung der Theorielandschaft

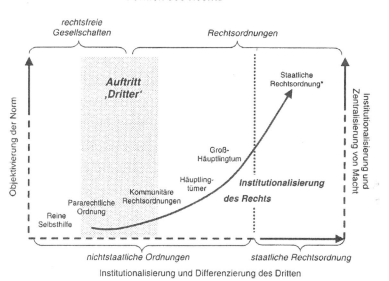

Institutionalisierung und Differenzierung des Dritten

Anders als es die Pfeile in der Abbildung möglicherweise suggerieren, ist die staatliche Rechtsordnung mit Gewaltmonopol jedoch kein zwangsläufiges „Ende der Geschichte", sondern muss vielmehr als historisch-kultureller Ausnahmefall verstanden werden. In ihrer rechts- und wohlfahrtsstaatlichen Variante werde die Rechtsordnung in den westlichen Gesellschaften zunehmend von einer *präventiven Sicherheitsordnung* überlagert, in der Freiheitsrechte abgebaut werden und neben dem Staat kommerziell orientierte private Kontrollakteure auf den Plan treten. Andere Weltteile seien dagegen von Ordnungen des *Neo-Despotismus*, der *vervielfältigten Gewalt* oder der *gewalttätigen Verhandlung* geprägt (Hanser und Trotha 2002, S. 321 ff.).

3.3 Mögliche Anknüpfungen und Kritik

Welche Anregungen kann die interdisziplinäre Rechtsforschung aus der von Theodor Geiger begründeten Theorietradition ziehen? Zunächst vermag sein gradueller Begriff der Verbindlichkeit von Normen statistische Studien zur tatsächlichen Anwendung und Mobilisierung bestimmter Rechtsregeln zu inspirieren[23] – auch wenn empirisch Forschende den Begriff der Geltung heute getrost der Rechtsphilosophie überlassen werden. Ein quantitativ konzipiertes theoretisches Konzept von Normwirksamkeit, das berücksichtigt, dass Gesetze in bestimmten Fällen auch – und gerade – dann effektiv sind, wenn sie übertreten werden, ist jedenfalls kompatibel mit Fragestellungen der Evaluationsforschung, für die bestimmte beobachtbare Verhaltensweisen und Situationen als Untersuchungseinheiten herangezogen werden. Trothas Typologien sozialer Ordnungen zeichnen schließlich Verbindungslinien von der Rechtsforschung zur politischen Soziologie und Politikwissenschaft sowie zur Gewalt- und Friedensforschung.

Aus einem an Ehrlich anknüpfenden rechtspluralistischen Standpunkt heraus lässt sich indessen kritisch anmerken, dass Geiger und seine Nachfolger die Rolle staatlicher Sanktionen auf abweichendes Verhalten zu stark betonen (auch wenn gerade Popitz freilich davor warnt, die Bedeutsamkeit der Strafe zu überschätzen). Dabei drohen etwa technische oder wirtschaftlich-privatautonom wahrgenommene Funktionen des Rechts aus dem Blickfeld zu geraten, die mit Konflikt- und Gewaltbewältigung nur sehr indirekt zu tun haben bzw. faktisch massenhaft ohne jede behördliche Intervention vollzogen werden.[24] Auch der Bereich des Betreuungsrechts ist nicht primär durch den Vollzug von Sanktionen geprägt, auch wenn es manche Menschen mit mentalen Einschränkungen nicht zu Unrecht als Gewaltakt ansehen mögen, dass ihnen eine Vertreterfigur zur Seite gestellt wird, die verbindlich über wesentliche Belange ihres Lebens entscheiden kann. Theoretisch lässt sich mit einem an Geiger angelehnten Rechtsbegriff immerhin sehen, dass auch rechtliche Verhältnisse der Fürsorge auf Zwangsmittel angewiesen sind. Für meine eigenen Forschungen war indessen das empirische Konzept von Normwirksamkeit hilfreich: Mittels epidemiologischer Schätzungen konnte ich für Österreich zeigen, dass eine formelle Erwachsenenvertretung für den potenziellen Betroffenenkreis zwar keine Seltenheit ist, aber dennoch die Ausnahme, und nicht die Regel darstellt[25] – eine Erkenntnis, die durchaus Implikationen für den Rechtsschutz psychisch erkrankter oder kognitiv behinderter Personen hat.

---

23 Der deutsche Rechtssoziologe Erhard Blankenburg (1995) hat sich in seinen rechtskulturvergleichenden Arbeiten in diesem Sinne auf Geiger gestützt.

24 In den Worten des Popitz-Schülers Gerd Spittler (1980) ließe sich allerdings wiederum entgegnen, dass auch solche rechtlichen Operationen „im Schatten des Leviathan" erfolgen.

25 Konkret bestand für 20 Prozent der potenziell Betroffenen eine formelle Vertretungsmaßnahme. Bei dieser Zahl handelt es sich freilich um eine grobe Schätzung, da epidemiologische Daten nicht naiv „positivistisch" gelesen werden können (Fuchs 2017).

4 Recht als soziales System – Luhmann, Teubner

4.1 Niklas Luhmann: Die Eigenlogik geschlossener Kreisläufe rechtlicher Kommunikation

Der deutsche Soziologe *Niklas Luhmann* (1927–1998) war ein ungewöhnlich scharfsinniger, produktiver und vielseitiger Sozialwissenschaftler, der mit seiner Systemtheorie ein sehr eigenständiges und einflussreiches Denkgebäude vorgelegt hat. Nachdem er als Jugendlicher noch als Luftwaffenhelfer eingezogen wurde und dann Kriegsgefangenschaft erleben musste, studierte er nach 1945 Rechtswissenschaft – in einer Zeit der ausgebombten Universitäten und einer heute unvorstellbaren Bücherknappheit. Anschließend war er als Verwaltungsbeamter in seiner Heimatstadt Lüneburg tätig. Dort bekam er die Ausschreibung eines Stipendiums der US-amerikanischen Regierung zur Fortbildung an einer *School of Public Administration* in Harvard auf den Tisch und bewarb sich dafür, ohne zunächst ernsthaft damit zu rechnen, eine Chance zu bekommen. In den Vereinigten Staaten lernte er den Soziologen Talcott Parsons, dessen strukturfunktionalistische Systemtheorie er bereits zuvor rezipiert hatte, persönlich kennen. Ab 1968 bekleidete Luhmann eine Professur an der Universität Bielefeld, die er bis zu seiner Emeritierung innehatte.[26] Im Vorwort zu seinem zentralen Spätwerk *Die Gesellschaft der Gesellschaft* (Luhmann 1997, S. 11) erzählt er in einer für ihn typischen ironisch-lakonischen Weise, er habe sich bei seiner Aufnahme in die neu gegründete Fakultät für Soziologie mit der Aufforderung konfrontiert gesehen, Forschungsprojekte zu benennen, an denen er arbeite: „Mein Projekt lautete damals und seitdem: Theorie der Gesellschaft; Laufzeit: 30 Jahre; Kosten: keine" – ein im gegenwärtigen Wissenschaftssystem leider undenkbarer Arbeitshorizont.

Luhmanns Gesellschaftstheorie geht von der Annahme aus, dass Kommunikationen die grundlegenden Elemente des Sozialen (und daher auch die maßgeblichen Untersuchungseinheiten der Soziologie) darstellen – und nicht etwa, wie es die meisten anderen Sozialtheorien vorsehen, Handlungen oder Menschen. Da Kommunikation heute global erfolgt, leben wir in einer „Weltgesellschaft", und nicht – oder zumindest nicht nur – in einzelnen nationalstaatlich abgrenzbaren Gesellschaften. Infolge von Prozessen sozialer Differenzierung[27] haben sich in der

---

26 Zu biographischen Aspekten vgl. Baecker 2012; speziell im Hinblick auf die Rechtssoziologie Guibentif 2000.

27 Soziale Differenzierung meint bei Luhmann nicht, dass die Gesellschaft aus einzelnen Teilstücken besteht, sondern bezeichnet den Vorgang grundlegender Unterscheidungen, nach denen innerhalb umfassenderer Sozialsysteme *insgesamt* bestimmte *Teilsysteme*

Moderne unterschiedliche soziale Teilfunktionssysteme herausgebildet, zu denen neben der Politik, der Wissenschaft oder der Wirtschaft auch das Recht zählt. Solche spezialisierten Systeme – die nicht mit Organisationen oder konkreten Institutionengefügen gleichgesetzt werden können – bilden jeweils sich selbst erzeugende („autopoietische") und reproduzierende gesellschaftliche Sinnbereiche, indem sich die zu ihnen gehörenden Kommunikationen entlang einer bestimmten binären Unterscheidung, dem für sie kennzeichnenden *Code* strukturieren: Während es im Rechtssystem um Recht und Unrecht geht, ist für die Wirtschaft die Differenz zwischen Zahlung und Nichtzahlung, für die Politik das Gegensatzpaar Macht (bzw. Regierung) und Nicht-Macht (bzw. Opposition) sowie für die Wissenschaft der Unterschied zwischen Wahrheit und Nicht-Wahrheit maßgeblich.

Luhmanns Begriff von Recht in der Gesellschaft lässt sich zunächst ganz gut durch den Kontrast zur Konzeption Geigers illustrieren. Letzterer ist wie Luhmann ein externer soziologischer Beobachter des Rechts, interessiert sich aber anders als dieser nicht für den „symbolischen" Kosmos von Kommunikationen, sondern für empirisch feststellbares menschliches Verhalten und kommt so zu seinem Begriff der graduellen Verbindlichkeit von Normen. Dabei ist weniger der Gegensatz zwischen Recht und Unrecht bedeutsam, sondern das Verhältnis von Wirksamkeit und Unwirksamkeit von Rechtsregeln, aus dem sich deren Geltungsgrad ergibt. Luhmann (2008, S. 43) wirft Geiger denn auch vor, Recht ohne den Gegenpol des Unrechts nur unzureichend zu begreifen, da Normen bei ihm die Alternative des sanktionierten Verhaltens einschließen und ungeahndete Abweichungen lediglich das Verbindlichkeitsmaß der Regeln senken. Unrecht sei für Geiger wissenschaftlich irrelevant, was jedoch an dem vorbeigehe, was Recht in der Gesellschaft ausmache und wie es erlebt werde.

Soziale Systeme sind nach Luhmann *selbstreferenziell* und *operativ geschlossen*. Damit ist gemeint, dass sie zwar Gesellschaft vollziehen und gesellschaftliche Funktionen erfüllen, sich jedoch als selbstbezügliche Kommunikationszusammenhänge konstituieren, die sich von ihrer jeweiligen inner- und außergesellschaftlichen

---

von deren Umwelten abgegrenzt werden. So sind Menschen als „psychische Systeme" Umwelt für das – aus Kommunikationen bestehende – soziale System Gesellschaft, innerhalb derer etwa ein Rechtssystem besteht, für das wiederum andere soziale Teilsysteme wie die Kunst oder die Religion Umwelt darstellen. Historisch gesehen lässt sich eine idealtypische Entwicklungslinie vom Vorherrschen *segmentärer* Differenzierung (mehrere Stämme als „Segmente" der Gesellschaft nebeneinander, die jeweils füreinander Umwelt sind) über eine Differenzierung nach *Zentrum und Peripherie* (in vormodernen Hochkulturen, z. B. das antike Rom und seine Provinzen) sowie *stratifikatorischer* Differenzierung (Unterscheidung nach Ständen oder Klassen) hin zum Vorrang *funktionaler* Differenzierung ziehen (vgl. Luhmann 1997, S. 595ff.).

Umwelt klar unterscheiden. So muss nach Luhmann (1993, S. 317) auch das Recht als ein „von sich selbst ausgehendes geschlossenes Universum" verstanden werden. Obwohl es als solches außersystemische Bezüge voraussetzen und verarbeiten können muss (es ist *kognitiv offen*), verfährt es dennoch völlig unabhängig (Luhmann 1999, S. 4ff.):

> „Es ist nicht Politik und nicht Wirtschaft, nicht Religion und nicht Erziehung, es stellt keine Kunstwerke her, heilt keine Krankheiten, verbreitet keine Nachrichten, obwohl es nicht existieren könnte, wenn nicht all dies auch geschehen würde. [...] Es ist andererseits als geschlossenes System auf der Ebene der eigenen Operationen vollständig autonom. Nur das Recht kann sagen, was Recht und was Unrecht ist, und es muss zur Entscheidung dieser Frage stets auf die Resultate der eigenen Operationen und auf Konsequenzen für künftige Operationen des Systems Bezug nehmen. [...] Es gewinnt seine eigene strukturelle Stabilität als Resultat dieser Rekursivität, und nicht etwa durch vorteilhaften Input oder durch verdienstvollen Output. [...] Die Annahme einer selbstreferentiellen Geschlossenheit führt zu völlig anderen Vorstellungen über die Grenzen des Systems. Sie werden nicht auf institutioneller sondern auf operativer Ebene definiert, und zwar, nach Auffassung des soziologischen Beobachters, durch das Rechtssystem selbst mit Hilfe der rekursiven Bezugnahme von Operationen auf Resultate von (oder Aussichten auf) Operationen desselben Systems. Demnach ist jede Kommunikation, die eine Rechtsbehauptung aufstellt oder abwehrt, eine interne Operation des Rechtssystems – auch wenn dies anlässlich eines Streites mit Nachbarn, bei einem Verkehrsunfall, bei einer Kontrolle durch die Polizei oder aus welchem Anlass immer geschieht."

Wenn sich das Recht nicht „durch verdienstvollen Output" behauptet, was ist dann seine *Funktion* für die Gesellschaft? Nach Luhmann liegt sie nicht darin, rechtmäßiges Verhalten zu erzwingen – sonst hätte es das Recht in der Praxis stets mit seinem eigenen Nicht-Funktionieren zu tun. Die Leistung des Rechts besteht vielmehr darin, bestimmte Erwartungen in zeitlicher, sachlicher und sozialer Hinsicht gegen Enttäuschungsfälle abzusichern: Wenn ich als Fußgänger am Zebrastreifen überfahren werde, ermöglicht es mir die Erfahrung, in einem Gerichtsverfahren Schmerzensgeld zugesprochen zu bekommen, auch in Zukunft an der Erwartung festzuhalten, die Straße am dafür vorgesehen Ort überqueren zu können, ohne die Vorbeifahrt aller aktuell darauf zukommenden Autos abzuwarten. Ich muss diese Erwartung also nicht *kognitiv* revidieren, sondern kann sie *normativ* durchhalten. Diese „kontrafaktische Stabilisierung von Verhaltenserwartungen" (vgl. Luhmann 2008, S. 53ff.; 1993, S. 124ff.) ermöglicht – grundsätzlich riskantes – Vertrauen in fremde Menschen und Situationen, wodurch die Gesellschaft einen höheren Grad von Komplexität erreichen kann.

Die Autonomie des Rechtssystems (und aller anderen gesellschaftlichen Funktionssysteme) bringt es mit sich, dass Tatsachen, aber auch Ansprüche, die sich aus anderen als rechtlichen Kommunikationszusammenhängen ergeben, erst in eine rechtlich bearbeitbare Semantik übersetzt werden müssen, um systemintern anschlussfähig zu sein. So werden etwa wissenschaftliche Erkenntnisse im Rahmen von Gerichtsverfahren in Form von Gutachten aufbereitet – typischerweise in vereinfachter und wissenschaftsinterne Unsicherheiten herunterspielender Form. Präferenzen anderer Systeme spielen hingegen für das Recht grundsätzlich gar keine Rolle – was rechtens ist, ist nicht zwangsläufig auch moralisch gut,[28] politisch erwünscht, ästhetisch geschmackvoll oder ökonomisch effizient. Luhmann (1993, S. 85f.) zufolge müssen normative Vorgaben anderer gesellschaftlicher Bereiche explizit in Recht transformiert werden, um im Rechtssystem Beachtung finden zu können. Externe Referenzen wie Wirtschaftlichkeitsgebote oder Gute-Sitten-Klauseln können nur *als Rechtsregeln* wirksam werden, und wenn Lückenfüllungsbestimmungen die Richterin auf moralisch-naturrechtliche Prinzipien verweisen, so ist die rechtliche Begründung dafür das Justizverweigerungsverbot. Das Recht operiert in der Gesellschaft also nach Maßgabe seiner eigenen Logik – von anderen sozialen Sinnsphären kann es bestenfalls „irritiert", aber niemals direkt gesteuert werden (auch nicht von einer politischen Zentralmacht). Im Verhältnis zu anderen Systemen existieren allerdings *strukturelle Kopplungen*: Das sind gezielte Verbindungen, mit denen sich Systeme wechselseitig beeinflussen, stabilisieren und zu internen Zustandsveränderungen anregen können. So ist das Recht über die Einrichtung der *Verfassung* mit der Politik strukturell gekoppelt. Verfassungen verrechtlichen einerseits das politische Geschehen nach bestimmten Spielregeln. Andererseits ermöglichen sie es, das Rechtssystem mittels politisch motivierter Gesetzgebung zu ändern. Recht und Wirtschaft koppeln sich über die Institute *Eigentum* und *Vertrag*, die privatautonome ökonomische Dispositionen absichern, indem sie sie – nach Maßgabe zivilrechtlicher Rahmenbedingungen – in Form von Rechten und Pflichten mit sozialer Verbindlichkeit ausstatten (vgl. Luhmann 1997, S. 782ff.).

Luhmann hat sich im Laufe seiner Karriere immer wieder eingehend mit Rechtsthemen befasst. Aus seinem umfangreichen einschlägigen Schrifttum seien hier ergänzend drei seiner relativ frühen Arbeiten hervorgehoben, die der interdisziplinären Rechtsforschung auch heute noch wertvolle Anregungen geben können. In der Monographie *Grundrechte als Institution* analysiert Luhmann die Funktion fundamentaler subjektiver Rechte. Er erblickt sie in der „Erhaltung eines sozialen Differenzierungspotentials und insofern der Stabilisierung einer differenzierten

---

28 Luhmann (1993, S. 85) weist darauf hin, dass die Ausdifferenzierung von Recht und Moral schon früh reflektiert wurde und zitiert in diesem Zusammenhang einen römischen Rechtsspruch aus dem *Corpus Iuris Civilis*: „Nicht alles, was erlaubt ist, ist auch ehrenhaft" (*non omne quod licet honestum est* – Digesten 50, 17, 144).

Sozialstruktur" (Luhmann 1965, S. 52f.). Grundrechte wie etwa die Kunst- oder Erwerbsfreiheit sollen also gewährleisten, dass sich die Eigenlogik der betreffenden sozialen Systeme möglichst ungestört entfalten kann.[29] Sprichwörtlich geworden ist der Titel des Buches *Legitimation durch Verfahren*, in dem Luhmann (1969) theoretisch zeigt, wie mittels Erlauben und Einhegen von Konflikten in partizipativen Rechtsverfahren jenseits von Ansprüchen auf Wahrheit oder Ergebnisgerechtigkeit erreicht wird, dass auch unterlegene Parteien die Ergebnisse als verbindlich akzeptieren. Seine *Rechtssoziologie* (Luhmann 2008; erstmals 1972 erschienen) ist schließlich ein im Vergleich zu anderen seiner Schriften relativ leicht zugängliches Einführungslehrbuch.

4.2 Gunther Teubner: Reflexives Recht und plurale Ordnungen in der Weltgesellschaft

Der Rechtswissenschaftler Gunther Teubner (*1944) ist unter allen Nachfolgern Luhmanns derjenige, dessen Werk für die Rechtssoziologie und -theorie am meisten Bedeutsamkeit erlangt und auch internationale Beachtung erfahren hat. Erwähnenswert ist zunächst seine Analyse von Phänomenen der Verrechtlichung, die in den 1980er Jahren viel diskutiert wurden. Damals konstatierten viele Beobachtende des Rechtssystems eine Gesetzes- und Prozessflut, die die Vernunft der Legalität zu bedrohen schien.[30] Teubner erörterte mit systemtheoretischem Werkzeug die Frage, unter welchen Bedingungen das Recht in gesellschaftliche Teilbereiche wie Wirtschaft, Politik oder Kultur hineinwirken könne. Als externe Einflüsse werden rechtliche Regulierungsversuche „von den Umweltsystemen nur als äußere Auslöser für interne Abläufe abgenommen, die vom Recht gar nicht mehr beherrschbar sind", sie müssen, um überhaupt Wirkungen entfalten zu können, „nach Kriterien eigener Selektivität in die jeweiligen Systemstrukturen gefiltert" und in die Eigenlogik des zu regulierenden Bereichs eingepasst werden (Teubner 1985, S. 315 f). Damit wird die Vorstellung einer kausalen Dirigierbarkeit – zum Beispiel der Ökonomie durch das Wirtschaftsstrafrecht – über Bord geworfen: Steuerung kann stets nur Auslösung von Selbststeuerungsprozessen in den Bahnen

---

29 Hier hat die systemtheoretische Beschreibung eine latent normative Implikation (die Luhmann ansonsten ausdrücklich zurückweist). – Systeme, die allzu oft und allzu deutlich Machtansprüchen des politischen Systems hilflos ausgesetzt sind, operieren im Modus der *Korruption* (vgl. Luhmann 1993, S. 81).

30 Hubert Rottleuthner (1985) hat die These vom anschwellenden Recht damals empirisch untersucht und zum Teil deutlich widerlegt.

und Grenzen des jeweiligen Systems bedeuten. Regulatorische Eingriffe, die diese Grenzen überschreiten, bleiben entweder irrelevant oder haben desintegrierende Effekte für den zu regelnden sozialen Lebensbereich „oder aber desintegrierende Wirkungen auf das regulatorische Recht selbst zur Folge" – darin besteht das *regulatorische Trilemma* (Teubner 1985, S. 316). Rechtliche Normen, die sensibel für den zu regelnden Kontext sind und vorhandene Selbstregulierungspotenziale nutzen, nennt Teubner *reflexives Recht* (vgl. Teubner 1989, S. 81 ff.).

In seinem vielzitierten Aufsatz *Globale Bukowina* hat Teubner im Jahr 1996 in offener Bezugnahme auf Eugen Ehrlich erstmals das Entstehen eines neuen globalen Rechts- und Verfassungspluralismus in den Blick genommen. Er geht von der Beobachtung Luhmanns (1993, S. 582) aus, dass „die strukturelle Kopplung des politischen Systems und des Rechtssystems über Verfassungen auf der Ebene der Weltgesellschaft keine Entsprechung hat". Obwohl sich das weltpolitische System – quasi „segmentär" – in Staaten gliedert, ist die global vernetzte Gesellschaft dennoch primär funktional differenziert. Teubner (1996, S. 256) untersucht rechtliche Globalisierungsprozesse und stellt fest, dass weltweit wirksam werdende Normen zunehmend „unabhängig von nationalen Rechten und unabhängig vom klassischen Völkerrecht entstehen". Eine besondere Art von globalisierter Rechtsproduktion finde jenseits staatlicher Arenen und auch jenseits der Weltbühne internationaler Politik statt – etwa in weltumspannend agierenden multinationalen Anwaltskanzleien oder in Nichtregierungsorganisationen. Angesichts der Staats- und Politikferne[31] rechtlicher Globalisierungsphänomene gewinne Ehrlichs lebendes Recht eine neue und dramatische Bedeutung (Teubner 1996, S. 261):

> „Es beruht auf kühlen technischen gesellschaftlichen Prozessen, nicht auf heimeligen Gemeinschaftsbanden. Da es nicht die Politik ist, sondern die Zivilgesellschaft selbst, die eine Globalisierung ihrer verschiedenen fragmentierten Diskurse vorantreibt, wird sich auch die Rechtsglobalisierung im Wege des *spill-over*-Effekts diesen Entwicklungen anschließen. Hieraus ergibt sich unsere Hauptthese: *Das Weltrecht entwickelt sich von den gesellschaftlichen Peripherien, von den Kontaktzonen zu anderen Sozialsystemen, her und nicht im Zentrum nationalstaatlicher oder internationaler Institutionen.* Die

---

31 „Politik" bezieht sich hier auf die institutionalisierte politische Sphäre; „Politikferne" bedeutet nicht, dass es sich bei den Materien, um die es geht, nicht auch um potenziell hochpolitische Angelegenheiten handeln würde. Teubner hat eine Repolitisierung des globalen lebenden Rechts vorhergesagt, die sich jedoch in bislang wenig bekannten Formen abspielen werde. In einer jüngeren Arbeit (Teubner 2012) untersucht er die Möglichkeit der Politisierung gesellschaftlicher Teilbereiche durch Konstitutionalisierung abseits des politischen Systems, wodurch sich funktionssystemspezifische globale Verfassungen jenseits der Staatenwelt herausbilden könnten. Diese Analyse ist sowohl deskriptiv als auch normativ gemeint.

‚global villages' autonomer gesellschaftlicher Teilbereiche bilden die neue Bukowina der Weltgesellschaft, in der Eugen Ehrlichs ‚lebendes Recht' in unserer Zeit neu entsteht. Hier liegt der tiefere Grund dafür, dass weder politische noch institutionelle Theorien des Rechts angemessene Erklärungen für die Globalisierung des Rechts liefern können, sondern nur eine – erneuerte – Theorie des Rechtspluralismus".

Worin bestehen nun die angesprochenen weltweit entstehenden Normen der autonomen gesellschaftlichen Teilbereiche – die „Dörfer" der globalen Bukowina? Als den bisher erfolgreichsten Fall eines globalen Weltrechts ohne Staat nennt Teubner (1996, S. 256) die transnationale Rechtsordnung der Weltmärkte, die *lex mercatoria*, für die es im Gewohnheitsrecht der Kaufmannsgilden auch historische Vorläufer gibt. Andere Beispiele sind die internen Normen multinationaler Konzerne, die Regelwerke internationaler Sportverbände oder technische Norm- und Standardsetzungen durch Netzwerke privater Sachverständiger. Besonders interessante Materien grenzüberschreitenden „lebenden Rechts", die sich mit dem theoretischen Instrumentarium eines globalen Rechtspluralismus analysieren lassen, sind weltweit geführte zivilgesellschaftliche Menschenrechtsdiskurse (vgl. Fischer-Lescano 2005) sowie die Normen des Internets und informationstechnische Standards.[32]

4.3 Mögliche Anknüpfungen und Kritik

Eine große Stärke der Systemtheorie ist es, wie kein anderer der hier vorgestellten Entwürfe ernst zu nehmen, dass weder die die Gesellschaft nach bestimmten Kriterien beobachtenden Juristinnen und Juristen, noch diese wiederum beobachtende Rechtsforscherinnen und Rechtsforscher außerhalb der Gesellschaft stehen – ein Umstand, der im späteren Werk Luhmanns zur Entdeckung vieler erkenntnistheoretischer Paradoxien Anlass gegeben hat. Das abstrakte systemtheoretische Vokabular, dessen Komplexität hier nur oberflächlich gestreift werden konnte, erzwingt indessen sehr genaue, wenngleich intuitiv nicht immer unmittelbar plausible Gegenstandsbeschreibungen. Dies macht den Luhmannschen Begriffsapparat oft schwierig und sperrig, vermag aber auch durchaus analytisch ergiebige Erkenntnisse hervorzubringen, die überraschende oder nüchtern-aufklärende Perspektiven auf bestimmte soziale Phänomene eröffnen. Ein systemtheoretisch informierter Blick auf Regulierungsstrategien (seien es populistische kriminalpolitische Program-

---

32 Angesichts der normativen Kraft sich faktisch selbst vollziehender Computeralgorithmen hat der US-amerikanische Rechtstheoretiker und Netzaktivist Lawrence Lessig (1999) – in gewisser Weise ganz im Sinne Ehrlichs – das bezeichnende Diktum *Code is Law* (d.h. „Programmsyntax ist Recht") geprägt.

me, vorschriftswütige Agenden der EU-Kommission oder aber auch progressive Anliegen internationaler Menschenrechtskonventionen) kann etwa gegen einen naiven juristischen Steuerungsoptimismus immunisieren, der glaubt, Änderungen im Rechtssystem würden wie von selbst auf die gesamte Gesellschaft ausstrahlen.

Der Gedanke der Eigenlogik der juristischen Sphäre ist mitunter auch für empirische Studien nützlich, die bestimmte Einflüsse auf die Rechtspraxis untersuchen. In meiner eigenen Forschung zum Betreuungsrecht war ich anfangs mit der eingängigen Annahme konfrontiert, Zunahme und Verbreitung von Erwachsenenschutzmaßnahmen seien eine direkte Folge gesellschaftlicher Alterung und Individualisierung bzw. der Prävalenz psychischer Erkrankungen (vor allem Demenz, aber auch Sucht und Burnout bei jüngeren Menschen, die alleine leben). Wenn man das Recht hingegen als eine gesellschaftliche Sphäre begreift, der ein bockiger Eigensinn zukommt, so ist ein solch soziodemographischer Automatismus keineswegs selbstverständlich. Betreuungen werden schließlich *im Rechtssystem* zur Lösung *rechtlicher* Probleme eingerichtet. Nur rechtliche Handlungen setzen rechtlich kompetente Subjekte voraus. Betreuungen müssen auch erst einmal bei Gericht angeregt werden. Allein dafür ist schon eine grundlegende Kenntnis des Rechtsinstituts erforderlich. Angehörigen erkrankter oder behinderter Menschen wird dieses Wissen häufig von Institutionen wie Sozialbehörden, Krankenanstalten, Heimen oder Banken vermittelt, die nicht nur auf diesem Weg, sondern auch ganz direkt für einen großen Anteil aller Anregungen verantwortlich sind. In statistischen Analysen zeigten sich für solche institutionellen Faktoren denn auch deutlich größere Effekte als für demographisch-epidemiologische Einflussgrößen. Teubners Konzept eines transnationalen lebenden Rechts war unterdessen nützlich, um aktuelle Entwicklungen auf dem Gebiet des Betreuungsrechts auf einen Begriff zu bringen. Das Zustandekommen der UN-Behindertenrechtskonvention, aufgrund derer etwa in Österreich das alte Recht der „Sachwalterschaft" umfassend revidiert werden musste, ist geradezu ein Musterbeispiel für einen erfolgreichen, zunächst völlig staatsfern geführten globalen Menschenrechtsdiskurs.

Eine Übersicht über Kritikpunkte an der Systemtheorie (auch nur über solche mit rechtstheoretischer Relevanz) lieferte Stoff für eine eigene Abhandlung. Erwähnt sei hier der oft erhobene Vorwurf, systemtheoretische Analysen würden auf empirische Fundierung ihrer Erkenntnisse verzichten. Was die Relevanz der Theorie für angewandte Studien betrifft, stimmt das, wie soeben gezeigt, sicherlich nicht. Gerade auch im Methodenspektrum der qualitativen Sozialforschung (in dem schließlich gezielt Kommunikationen beobachtet werden), gibt es viele gelungene Beispiele dafür, wie systemtheoretische Denkfiguren empirische Untersuchungen anleiten können – oft in Bereichen, die rechtlich relevante Themen mit organisationssoziologischen Fragestellungen verknüpfen (etwa in der Polizei- oder

Sozialarbeitsforschung). Schon eher hat der Einwand seine Berechtigung im Hinblick auf primär rechtsdogmatisch orientierte Arbeiten, die sich mit der Rezeption systemtheoretischer Begrifflichkeiten den Anschein von Interdisziplinarität geben, aus ihnen dann aber ohne weiteres normative Konsequenzen ableiten zu können glauben, wobei die soziologischen Denkfiguren als Ersatz für erfahrungsgestützte Befunde herhalten müssen[33] – ein gründliches Missverständnis: Weder vermögen theoretisch deduzierte Standpunkte für sich genommen schon Aussagen über die soziale Wirklichkeit des Rechts hinreichend zu validieren, noch geht es der Systemtheorie überhaupt um deren Bewertung. Gerade seine normative Zurückhaltung wurde Luhmann aus politisch engagierten Positionen heraus nicht selten als Zynismus angekreidet.[34] Ohne als Forscher selbst immer schon Partei ergreifen zu müssen, kann man für manche Fragestellungen Phänomene, die systemtheoretisch primär als Probleme inkompatibler Systemkommunikationen oder als Paradoxien der Selbstreferenz erscheinen, wohl tatsächlich zweckmäßiger als Interessengegensätze und Machtkämpfe analysieren. Auf diese Weise rückt auch die große Heterogenität an Akteuren und Diskursen *innerhalb* der unterschiedlichen gesellschaftlichen Sphären in den Blick.[35]

---

33 Ein Beispiel sind etwa wirtschaftsstrafrechtliche Untersuchungen, die behaupten, dass Unternehmen aufgrund des wirtschaftlichen Kommunikationscodes nicht zwischen Recht und Unrecht unterscheiden könnten und, gestützt auf diese (auch systemtheoretisch zweifelhafte, da nicht zwischen den Ebenen des Funktionssystems und der Organisation unterscheidende) Aussage rechtspolitisch gegen Konzepte wie die Strafbarkeit der juristischen Person argumentieren; vgl. kritisch dazu Fuchs 2014.

34 Diesen Vorwurf kann man den Rechtswissenschaftlern Marc Amstutz und Andreas Fischer-Lescano nicht machen. In einem von ihnen herausgegebenen Sammelband plädieren sie für eine „Kritische Systemtheorie" und klopfen Luhmanns Systemsoziologie nach kritisch-emanzipativen Potenzialen ab. Dass Luhmann selbst ein solches Unterfangen wohl nicht gutgeheißen hätte, sollte den Autoren zufolge „nicht vom Denken abhalten" (Amstutz und Fischer-Lescano 2013, S. 8) – ein schönes Beispiel dafür, dass das Weiterleben einer Theorie nichts mit den Intentionen des Urhebers zu tun haben muss.

35 Hilfreich dabei kann das Konzept sozialer Felder des französischen Soziologen Pierre Bourdieu sein, das in seinem Betonen der Eigenlogik gesellschaftlicher Teilbereiche Parallelen zur Systemtheorie aufweist, jedoch stärker auf den Aspekt sozialer Kämpfe um ökonomisches, kulturelles und symbolisches Kapital abstellt; vgl. dazu Fuchs 2014.

5　Recht als rationaler Diskurs – Jürgen Habermas

Eine Erkundung der klassisch-rechtssoziologischen Theorielandschaft im deutschsprachigen Raum wäre unvollständig, ginge sie nicht auf das Werk des Philosophen und Soziologen *Jürgen Habermas* (*1929) ein, der heute wohl als einer der renommiertesten und weltweit am meisten beachteten deutschen Gelehrten gilt. Habermas wächst in der oberbergischen Kleinstadt Gummersbach nach eigenem Bekunden in einem Milieu auf, das sich an die nationalsozialistische politische Umgebung angepasst hat. Erst als Jugendlicher nach Kriegsende wird ihm bewusst, in einem verbrecherischen Regime gelebt zu haben. Anders als der nahezu gleichaltrige Luhmann verarbeitet er die Traumata des Krieges und die radikale Zäsur des Umbruchs nicht mit nüchterner Distanz, sondern mit emphatisch-kritischem Engagement. Habermas identifiziert sich rückhaltlos mit der Idee der Demokratie und wird zeitlebens nicht müde, problematische Kontinuitäten zur Naziherrschaft zu beanstanden – erstmals 1953 in einer Polemik gegen den Philosophen Martin Heidegger, die in der *Frankfurter Allgemeinen Zeitung* erscheint. Eine angeborene Sprechbehinderung sensibilisiert ihn schon früh für den Zusammenhang von Sprache und sozialer Solidarität. Durch ein Stipendium gelangt er ans Frankfurter Institut für Sozialforschung, wo er Assistent von Theodor W. Adorno und Max Horkheimer wird. Letzterem folgt Habermas im Jahr 1964 auf einen Lehrstuhl der Universität Frankfurt für Soziologie und Philosophie, nachdem er sich drei Jahre zuvor mit der bis heute oft zitierten Studie *Strukturwandel der Öffentlichkeit* habilitiert hatte.[36] Habermas wird häufig zu den Vertretern der Kritischen Theorie („Frankfurter Schule") gezählt, von der er sich in seinem Hauptwerk *Theorie des kommunikativen Handelns* jedoch auch distanziert – freilich ohne deren emanzipatorisches Motiv aufzugeben. Als „öffentlicher Intellektueller" hat er vielfach auch zu aktuellen Fragen des Zeitgeschehens Stellung bezogen.

Für Habermas ist die Einsicht zentral, dass miteinander sprechende Menschen in der Lage sind, sich zu verständigen und einen vernünftigen Konsens über alle möglichen Fragen zu erzielen, „der auf der intersubjektiven Anerkennung kritisierbarer Geltungsansprüche beruht" (Habermas 1981a, S. 37). Man handelt im täglichen Leben nicht nur eigennützig, sondern ist auch darauf angewiesen, einander ohne Hintergedanken *verständigungsorientiert* beggenen zu können. Da somit in sprachlichen Äußerungen unweigerlich implizite Ansprüche auf Verständlichkeit, Wahrheit, Richtigkeit und Wahrhaftigkeit enthalten sind, über die man sich mit Argumenten auseinandersetzen kann, wohnt der Kommunikation selbst ein gewis-

---

36　Zur Biographie siehe Müller-Doohm 2014.

ser normativer Gehalt inne.[37] In diesem Sinne grenzt Habermas *kommunikatives Handeln* von – offen oder verdeckt – strategischem Handeln ab. Dabei lotet er unter Rückgriff auf Erkenntnisse der sprachanalytischen Philosophie und einer Vielzahl an sozialtheoretischen Bezugspunkten das Rationalitätspotenzial von Sprache und Alltagspraxis aus. So gelangt er zu seinem Begriff des *Diskurses* als idealer Sprechsituation, in der allein der „zwanglose Zwang des besseren Arguments" (Habermas 1991, S. 123) herrschen soll. In Anlehnung an die Phänomenologie Edmund Husserls bezeichnet Habermas den Horizont, in dem sich kommunikativ Handelnde bewegen und sich über etwas verständigen können, als *Lebenswelt*. Abgesehen von Umweltgrundlagen besteht diese Welt aus einem „kulturell überlieferten und sprachlich organisierten Vorrat an Deutungsmustern", sie ist „ein Reservoir von Selbstverständlichkeiten oder unerschütterten Überzeugungen, welche die Kommunikationsteilnehmer für kooperative Deutungsprozesse benutzen" und damit „gleichsam der transzendentale Ort, an dem sich Sprecher und Hörer begegnen; wo sie reziprok den Anspruch erheben können, dass ihre Äußerungen mit der Welt (der objektiven, der sozialen oder der subjektiven Welt) zusammenpassen; und wo sie diese Geltungsansprüche kritisieren und bestätigen, ihren Dissens austragen und Einverständnis erzielen können" (Habermas 1981b, S. 189ff.).

Der Gegenbegriff zur Lebenswelt ist bei Habermas das *System*. Anders als Luhmann versteht er unter diesem Begriff den Bereich des zweckrationalen Handelns, in dem es um die materielle Reproduktion der Gesellschaft mittels der generalisierten Steuerungsmedien Geld und Macht geht.[38] Habermas (1981b, S. 489) konstatierte für die damalige Gegenwart eine *Kolonialisierung der Lebenswelt*, ein „Übergreifen administrativer und monetärer Steuerungsmechanismen" auf die Sphären des Privaten, der Kultur und der Öffentlichkeit. Diese Zeitdiagnose ist der Punkt, an dem in seiner Theorie des kommunikativen Handelns rechtssoziologische Gesichtspunkte ins Spiel kommen. Die *Verrechtlichung* kommunikativ strukturierter Handlungsbereiche ist für ihn nämlich das Musterbeispiel, um die These von der Kolonialisierung der Lebenswelt zu illustrieren. Habermas richtet hier also zunächst einen eher pessimistischen Blick auf das Recht. Er unterscheidet in historischer Stilisierung vier epochale Verrechtlichungsprozesse (Habermas 1981b, S. 524f.):

---

37 Dieses Konzept unterscheidet sich stark von Luhmanns Theorie, in der mit Kommunikation als Grundbestandteil des Sozialen keinerlei Ansprüche auf Vernünftigkeit verbunden sind.

38 Habermas (1981b, S. 500) zieht selbst eine Parallele zum Marxschen Gegensatzpaar „Reich der Notwendigkeit" (System) und „Reich der Freiheit" (Lebenswelt), das seinerseits auf die aristotelische Unterscheidung von *oikos* und *polis* verweist.

„Der erste Schub führt zum *bürgerlichen Staat*, der in Westeuropa, in der Gestalt des europäischen Staatensystems, zur Zeit des Absolutismus ausgebildet worden ist. Der zweite Schub führt zum *Rechtsstaat*, der in der Monarchie im Deutschland des 19. Jahrhunderts eine exemplarische Gestalt angenommen hat. Der dritte Schub führt zum *demokratischen Rechtsstaat*, der sich im Gefolge der französischen Revolution in Europa und Nordamerika ausgebreitet hat. Der bisher letzte Schub führt schließlich zum *sozialen* und *demokratischen* Rechtsstaat, der von der europäischen Arbeiterbewegung im Verlauf des 20. Jahrhunderts erkämpft und beispielsweise im Artikel 21 des Grundgesetzes für die Bundesrepublik Deutschland kodifiziert worden ist."

Mit all diesen Verrechtlichungen sind einerseits klare Freiheitsverbürgungen verbunden, andererseits jedoch auch Zwänge, sich als kompetentes Rechtssubjekt am Markt und gegenüber den staatlichen Behörden strategisch verhalten zu müssen – beginnend bereits mit dem Konzept der bürgerlichen Rechtsperson, die nach Maßgabe des Rechts der klassischen Zivilgesetzbücher Verträge schließen und über Eigentum disponieren kann, aber auch der legalen Herrschaft des Souveräns unterworfen ist. Besonders ambivalent beurteilt Habermas die sozialstaatliche Verrechtlichung: Diese stelle zwar gegenüber der Tradition der „Armenpflege" einen Fortschritt dar, allerdings um den Preis von sehr weitgehenden Eingriffen in die Lebenswelt der Berechtigten. Der bürokratische Leistungsvollzug, in dem Abhängigkeiten und Bedürfnisse in die konditionale Wenn-Dann-Sprache des Rechts übersetzt und administrativ bearbeitbar gemacht werden müssen, unterwerfe die konkrete, in eine Lebensgeschichte eingebettete Situation einer gewalttätigen Abstraktion. Hinzu komme, dass Lebensrisiken meistens in Form monetärer Entschädigungen abgegolten werden, was nicht allen Lebenslagen tatsächlich angemessen sei. Soziale Dienste und therapeutische Hilfestellungen reproduzieren hingegen nach Habermas (1981b, S. 533) die Widersprüche der wohlfahrtsstaatlichen Intervention nur auf höherer Stufe: „Die Form der administrativen Behandlung durch einen Experten widerspricht meistens dem Ziel der Therapie, Selbsttätigkeit und Selbständigkeit des Klienten zu fördern". Das Dilemma sozialstaatlicher Verrechtlichung bestehe darin, dass deren Verbürgungen „dem Ziel der sozialen Integration dienen sollen und gleichwohl die Desintegration derjenigen Lebenszusammenhänge fördern, die durch eine rechtsförmige Sozialintervention vom handlungskoordinierenden Verständigungsmechanismus abgelöst und auf Medien wie Macht und Geld umgestellt werden" (Habermas 1981b, S. 534).

Deutlich optimistischer beurteilt Habermas die Leistungen des Rechts in der 1992 erschienenen Monographie *Faktizität und Geltung*, in der er – grob vereinfacht – den Gedanken des verständigungsorientierten Diskurses auf rechtliche Verfahren überträgt, in denen eine *prozedurale Vernunft* zum Zug kommen soll. Wenn dergestalt in partizipativen und fairen Verfahren administrative Macht an

„kommunikativ erzeugte Macht" (Habermas 1992, S. 231) rückgebunden wird, kann sich das Recht dadurch legitimieren. Es ist dann nicht mehr nur ein faktisches Mittel der Organisation von Herrschaft, sondern ein Instrument der Verwirklichung von Demokratie. Auf diese Weise wird *Legitimität durch Legalität* möglich – ein Vorgang, der in Habermas' Theorie nicht wie bei Max Weber an bloß formale, sondern an diskursive Rationalität gekoppelt ist.[39] Es ist nach Habermas (1992, S. 331f.) eine Aufgabe des Staates, diskursive Verfahren nicht nur im Bereich der Justiz und der Verwaltung, sondern auch im Hinblick auf einen inklusiven Willens- und Meinungsbildungsprozess zu institutionalisieren. Wichtig ist dabei die „intermediäre" Sphäre der Öffentlichkeit, „die zwischen dem politischen System einerseits, den privaten Sektoren der Lebenswelt und funktional spezifizierten Handlungssystemen andererseits vermittelt" (Habermas 1992, S. 451).

Legitim kann eine Rechtsordnung Habermas (1992, S. 137) zufolge indessen nur sein, wenn sie moralischen Grundsätzen nicht widerspricht: Moral und das auf Begründungen angewiesene positive Recht stehen für ihn in einem komplementären Ergänzungsverhältnis. Obwohl die Moral nur eine symbolische Form des kulturellen Wissens darstelle und auf institutioneller Ebene keine Verbindlichkeit gewinnen könne, bleibe dem positiven Recht über die Legitimitätskomponente der Rechtsgeltung ein Bezug zu ihr eingeschrieben. Anders als Luhmann sieht Habermas Recht und Moral also nicht als völlig getrennte Sphären an. War das Vernunftrecht der Aufklärung eine säkulare Variante des religiös-metaphysischen Naturrechts, so kann die Diskurstheorie des Rechts und des demokratischen Rechtsstaats als eine zeitgemäße, gesellschaftstheoretisch fundierte Spielart eines Vernunftrechts verstanden werden, in dem die Rationalität keine essentialistische, sondern eine verfahrensförmige und damit mitunter auch, wie Habermas (1992, S. 11) im Vorwort zu *Faktizität und Geltung* festhält, „gegen sich selber prozessierende" Gestalt annimmt – eine Haltung, die ihre Nähe zur „Dialektik der Aufklärung" der Kritischen Theorie (Adorno und Horkheimer 1969) nicht versteckt.

Welche Relevanz hat Habermas' anspruchsvoller Theorieentwurf für eine sich interdisziplinär verstehende Rechtsforschung? Abgesehen von rein rechtsphilosophischen Zielen vermag sie in einem Forschungsfeld, in dem man um eigene Werturteile kaum herumkommt, ein wenig Orientierungssicherheit zu geben – vor allem dann, wenn man sich für kritisch-emanzipative Anliegen offen halten will. Insofern enthält die Diskurstheorie des Rechts Anhaltspunkte zur Lösung von Fragen, für

---

39 Das Konzept der prozeduralen Vernunft lässt sich mit Luhmanns „Legitimation durch Verfahren" zusammendenken, wobei Letzterer unter Legitimität – anders als Habermas – die rein *faktische* Bereitschaft von Verfahrensparteien versteht, inhaltlich zunächst unbestimmte und möglicherweise für sie nachteilige Entscheidungen hinzunehmen.

die man bei der Werturteilsfreiheit Webers, dem Wertnihilismus Geigers oder der formal-strengen Beschreibungsprosa Luhmanns vergeblich Antworten suchen wird. Die Habermas-Lektüre kann hier als eine Art „Gegengift" gegen allzu viel Nüchternheit helfen. Die Normativität der diskursiven Vernunft kann ferner eine Kontrastfolie darstellen, vor deren Hintergrund auch empirisch erhobene Daten zur Rechtswirklichkeit beurteilbar werden. Dazu wiederum ein Beispiel aus dem Bereich des Betreuungsrechts: Bei der letzten Reform der österreichischen Erwachsenenvertretung wurden Menschen mit Behinderungen als „Selbstvertreterinnen" und „Selbstvertreter" in den Gesetzgebungsprozess miteinbezogen. Diese Einbindung war eine Konsequenz des inklusiven Gehalts der UN-Behindertenrechtskonvention. In einem Forschungsprojekt wurde untersucht, wie gut die Beteiligung der behinderten Personen im Vergleich mit andern Ländern tatsächlich funktioniert hat (vgl. Lamplmayr und Nachtschatt 2016) – eine Fragestellung, die sich theoretisch gut mit Habermasschen Begriffen formulieren ließe.

In meinen eigenen empirischen Studien zum Betreuungsrecht bin ich schließlich immer wieder auf Widersprüche gestoßen, die sich mit der Ambivalenz der sozialstaatlichen Verrechtlichung, wie sie Habermas theoretisch analysiert hat, gut erklären lassen. Durch die reformierten Institute der rechtlichen Betreuung (Deutschland) und der Sachwalterschaft (Österreich) ist es einerseits tatsächlich gelungen, die Logik der alten Entmündigung durch eine helfende Rechtsfürsorge zu ersetzen. Andererseits lud dies aber auch zu einer etwas leichtfertigen Anwendung ein, die die Kapazitäten der dafür vorgesehenen justiziellen und sozialarbeiterischen Systeme zu sprengen droht – nicht zuletzt deshalb, weil die Komplexität der sozialrechtlichen Leistungsgewährung vielfach formelle Rechtsvertretungen erforderlich macht und die Sozialbehörden nur allzu gern Aufgaben an die Justiz delegieren. Gleichzeitig enthielten auch die reformierten Vertretungsinstitute immer noch paternalistische Elemente. Soweit es darum geht, Betreuungen durch Angehörige zu regeln, stößt das Recht indessen auch an Grenzen der Regulierbarkeit höchstpersönlicher Verhältnisse.

6 Ausblick

Lassen sich aus den vorgestellten klassisch-soziologischen Theorieansätzen in ihrer Zusammenschau allgemeingültige Erkenntnisse über das Verhältnis von Recht und Gesellschaft ziehen? So wenig Theorien – wie eingangs festgehalten – dazu in der Lage sind, universelle Gewissheiten hervorzubringen, so sehr können sie dennoch einen gewissen Vorrat von Einsichten bereithalten. Es ist kein Zufall, dass die Rechtssoziologie bei Ehrlich mit einem Konzept beginnt, das sich nicht auf die Exegese staatlicher Rechtssätze, sondern auf die tatsächliche Organisation des gesellschaftlichen Lebens konzentriert. Eine gewisse Distanz zur Binnenperspektive des hier und heute Geltung beanspruchenden Juristenrechts ist auch heute ein guter Ausgangspunkt, um mit relevanten Fragestellungen interdisziplinäre Rechtsforschung zu betreiben – sei es mit normativen Zielen politisch-sozialen Wandels durch besseres Recht oder aber mit dem analytischen Anspruch, die Wirkweise von Recht in der Gesellschaft besser verstehen zu können.[40] Die begrenzte Reichweite nationalstaatlicher Rechtsproduktion betonen auch systemtheoretische Ansätze. In ihnen erscheint die juristische Kommunikation als eine autonome und eigensinnige soziale Sphäre, die dennoch eng mit den politischen und wirtschaftlichen Umweltsystemen verwoben bleibt. Die Wechselwirkung von Recht und gesamtgesellschaftlichen Strukturen beleuchten idealtypische Entwicklungsmodelle, wie sie Weber, Trotha oder Habermas vorgelegt haben. Bei allen Gewinnen an Rationalität, Friedfertigkeit und Freiheit, die mit der Entfaltung einer differenzierten Rechtsordnung verbunden sind, gehen damit auch Zumutungen der bürokratischen Herrschaft, der Entmachtung und des Zwangs zu lebensweltlich fremdem Handeln einher. Dieses Spannungsfeld bietet der interdisziplinären Rechtsforschung eine Fülle an spannenden Themen.

Literatur

Adorno, T. W., & Horkheimer, M. (1969). *Dialektik der Aufklärung – Philosophische Fragmente*. Frankfurt a. M.: S. Fischer.
Amstutz, M., & Fischer-Lescano, A. (2013). Einleitung. In M. Amstutz & A. Fischer-Lescano (Hrsg.), *Kritische Systemtheorie – Zur Evolution einer normativen Theorie*. Bielefeld: transcript.
Baecker, D. (2012). Niklas Luhmann: Der Werdegang. In O. Jahraus & A. Nassehi (Hrsg.), *Luhmann-Handbuch. Leben – Werk – Wirkung* (S. 1–3). Stuttgart: J. B. Metzler.
Baer, S. (2017): *Rechtssoziologie – Eine Einführung in die interdisziplinäre Rechtsforschung*. 3. Auflage. Baden-Baden: Nomos.
Benjamin, W. (1963). *Zur Kritik der Gewalt und andere Aufsätze*. Frankfurt a. M.: Suhrkamp.

---

40 Machura (2012) konstatiert eine Dominanz normativer Anliegen innerhalb der deutschsprachigen Rechtssoziologie, obwohl sie mit Max Weber und Niklas Luhmann über einflussreiche Theoretiker verfügt, denen es gerade nicht um „materiales" politisches Engagement geht.

Blankenburg, E. (1988): Rezension der rechtssoziologischen Lehrbücher von Raiser, Röhl und Rottleuthner. *Zeitschrift für Rechtssoziologie* 9, S. 82–86.

Blankenburg, E. (1995). *Mobilisierung des Rechts – Eine Einführung in die Rechtssoziologie.* Berlin: Springer.

Blankenburg, E. (2011): Einführungen in die Rechtssoziologie als zeitgemäße Modelle von Gesellschaft. *Zeitschrift für Rechtssoziologie,* 32, S. 243–257.

Christie, N. (1977). Conflicts as Property. *British Journal of Criminology,* 17, S. 1–15.

Deflem, M. (2008). *Sociology of Law – Visions of a Scholarly Tradition.* Cambridge: Cambridge University Press.

Ehrlich, E. (1967). *Recht und Leben – Gesammelte Schriften zur Rechtstatsachenforschung und zur Freirechtslehre.* Berlin: Duncker & Humblot.

Ehrlich, E. (1989). *Grundlegung der Soziologie des Rechts.* 4. Aufl., Berlin: Duncker & Humblot.

Elias, N. (1997). *Über den Prozess der Zivilisation – Soziogenetische und psychogenetische Untersuchungen.* 2 Bände. Frankfurt a. M.: Suhrkamp.

Estermann, J., & Fuchs, W. (2016). Zu Häufigkeit und Determinanten rechtlicher Betreuung – Eine vergleichende Analyse von Daten aus Deutschland, Österreich und der Schweiz. *Zeitschrift für Rechtssoziologie,* 36, S. 154–186.

Fischer-Lescano, A. (2005). *Globalverfassung – Die Geltungsbegründung der Menschenrechte.* Göttingen: Velbrück.

Fuchs, W. (2013). Eugen Ehrlich und der Rechtspluralismus. In H. Barta, M. Ganner & C. Voithofer (Hrsg.), *Zu Eugen Ehrlichs 150. Geburtstag und 90. Todestag* (S. 115–134). Innsbruck: innsbruck university press.

Fuchs, W. (2014). Unternehmensstrafrecht und Kapital – Feldtheoretische Überlegungen und empirische Befunde zur Praxis des österreichischen Verbandsverantwortlichkeitsgesetzes (VbVG). *Neue Kriminalpolitik,* 26, S. 252–272.

Fuchs, W. (2017). Zwischen Epidemiologie und selektiver Rechtsmobilisierung – Zu den Bedingungsfaktoren der Nachfrage nach Erwachsenenvertretung. In G. Brinek (Hrsg.), *Erwachsenenschutz statt Sachwalterschaft – Schritte zu einem selbstbestimmten Leben* (S. 64–117). Wien: Edition Ausblick.

Geiger, T. (1987). *Vorstudien zu einer Soziologie des Rechts.* 4. Aufl., Berlin: Duncker & Humblot.

Guibentif, P. (2000). Niklas Luhmann und die Rechtssoziologie: Gespräch mit Niklas Luhmann, Bielefeld, den 7. Januar 1991. *Zeitschrift für Rechtssoziologie,* 21, S. 217–245.

Habermas, J. (1981a). *Theorie des kommunikativen Handelns – Band 1: Handlungsrationalität und gesellschaftliche Rationalisierung.* Frankfurt a. M.: Suhrkamp.

Habermas, J. (1981b). *Theorie des kommunikativen Handelns – Band 2: Zur Kritik der funktionalistischen Vernunft.* Frankfurt a. M.: Suhrkamp.

Habermas, J. (1991). *Erläuterungen zur Diskursethik.* Frankfurt a. M.: Suhrkamp.

Habermas, J. (1992). *Faktizität und Geltung – Beiträge zur Diskurstheorie des Rechts und des demokratischen Rechtsstaats.* Frankfurt a. M.: Suhrkamp.

Hanser, P., & Trotha, T. von (2002). *Ordnungsformen der Gewalt – Reflexionen über die Grenzen von Recht und Staat an einem einsamen Ort in Papua-Neuguinea.* Köln: Rüdiger Köppe.

Kaesler, D. (2014). *Max Weber – Preuße, Denker, Muttersohn. Eine Biographie.* München: C. H. Beck.

Kelsen, H. (2003). Eine Grundlegung der Rechtssoziologie, In H. Kelsen & E. Ehrlich (Hrsg.), *Rechtssoziologie und Rechtswissenschaft – Eine Kontroverse (1915/17)* (S. 3–54). Baden-Baden: Nomos.

k. k. Statistische Zentralkommission (1915). *Österreichische Justiz-Statistik. Ein Handbuch für die Justizverwaltung. Dritter Jahrgang 1912.* Wien: Karl Gerolds.
Lamplmayr, A., & Nachtschatt, E. (2016). Gesetzgebungsprozesse beobachten: Implementierung der UNCRPD. In M. Ganner, C. Voithofer, J. Dahlvik, A. Fritsche, W. Fuchs, H, Mayrhofer & A. Pohn-Weidinger (Hrsg.), *Rechtstatsachenforschung – Heute. Tagungsband 2016 – Recht & Gesellschaft: Forschungsstand, Perspektiven, Zukunft* (S. 71–88). Innsbruck: innsbruck university press.
Lessig, L. (1999). *Code and Other Laws of Cyberspace.* New York: Basic Books.
Luhmann, N. (1965). *Grundrechte als Institution – Ein Beitrag zur politischen Soziologie.* Berlin: Duncker & Humblot.
Luhmann, N. (1969). *Legitimation durch Verfahren.* Neuwied: Luchterhand.
Luhmann, N. (1993). *Das Recht der Gesellschaft.* Frankfurt a. M.: Suhrkamp.
Luhmann, N. (1997). *Die Gesellschaft der Gesellschaft. 2 Bände.* Frankfurt a. M.: Suhrkamp.
Luhmann, N. (1999). Recht als soziales System. *Zeitschrift für Rechtssoziologie,* 20, S. 1–13.
Luhmann, N. (2008). *Rechtssoziologie.* 4. Aufl., Wiesbaden: VS.
Machura, S. (2010). Rechtssoziologie. In G. Kneer & M. Schroer (Hrsg.), *Handbuch Spezielle Soziologien* (S. 379–392). Wiesbaden: VS.
Machura, S. (2012). German Sociology of Law: A Case of Path Dependency. *International Journal of Law in Context,* 8, S. 506–523.
Müller-Doohm, S. (2014). *Jürgen Habermas – Eine Biographie.* Frankfurt a. M.: Suhrkamp.
Popitz, H. (1961). Soziale Normen. *Europäisches Archiv für Soziologie,* 2, S. 185–198.
Popitz, H. (1968). *Über die Präventivwirkung des Nichtwissens – Dunkelziffer, Norm und Strafe.* Tübingen: Mohr Siebeck.
Popitz, H. (1980). *Die normative Konstruktion von Gesellschaft.* Tübingen: Mohr Siebeck.
Popitz, H. (1992). *Phänomene der Macht.* 2. Aufl., Tübingen: Mohr Siebeck.
Popper, K. (1935). *Logik der Forschung – Zur Erkenntnistheorie der modernen Naturwissenschaft.* Wien: Springer.
Porsche-Ludwig, M. (2011). *Eugen Ehrlich interkulturell gelesen.* Nordhausen: Traugott Bautz.
Raiser, T. (2013). *Grundlagen der Rechtssoziologie.* 6. Aufl., Tübingen: Mohr Siebeck (UTB).
Rehbinder, M. (2001). Die rechts- und staatswissenschaftliche Fakultät der Franz-Josephs-Universität in Czernowitz. Ihr Beitrag zur Erforschung des Rechts in einer multikulturellen Gesellschaft. In G. Hohloch, R. Frank & P. Schlechtriem (Hrsg.), *Festschrift für Hans Stoll zum 75. Geburtstag* (S. 327–344). Tübingen: Mohr Siebeck.
Rehbinder, M. (1987). Einleitung des Herausgebers. In T. Geiger, *Vorstudien zu einer Soziologie des Rechts* (VII–XX). 4. Aufl., Berlin: Duncker & Humblot.
Röhl, K. (1987). *Rechtssoziologie – Ein Lehrbuch.* Köln: Carl Heymanns.
Rottleuthner, H. (1985). Aspekte der Rechtsentwicklung in Deutschland – Ein soziologischer Vergleich deutscher Rechtskulturen. *Zeitschrift für Rechtssoziologie,* 6, S. 206–254.
Sack, F. (1968). Neue Perspektiven in der Kriminologie. In F. Sack & R. König (Hrsg.), *Kriminalsoziologie* (S. 431–476). Frankfurt a. M.: Akademische Verlagsgesellschaft.
Spittler, G. (1980). Streitregelung im Schatten des Leviathan – Eine Darstellung und Kritik rechtsethnologischer Untersuchungen. *Zeitschrift für Rechtssoziologie,* 1, S. 4–32.
Steinert, H. (1998). ‚Ideology with Human Victims': The Institution of ‚Crime and Punishment' Between Social Control and Social Exclusion: Historical and Theoretical Issues. In V. Ruggiero, N. South & I. Taylor (Hrsg.), *The New European Criminology – Crime and Social Order in Europe* (S. 405–424). London: Routledge.

Steinert, H. (2010). *Max Webers unwiderlegbare Fehlkonstruktionen – Die protestantische Ethik und der Geist des Kapitalismus.* Frankfurt a. M.: Campus.

Teubner, G. (1985). Verrechtlichung – Begriffe, Merkmale, Grenzen, Auswege. In F. Kübler (Hrsg.), *Verrechtlichung von Wirtschaft, Arbeit und sozialer Solidarität* (S. 289–344). Frankfurt a. M.: Suhrkamp.

Teubner, G. (1989). *Recht als autopoietisches System.* Frankfurt a. M.: Suhrkamp.

Teubner, G. (1996). Globale Bukowina – Zur Emergenz eines globalen Rechtspluralismus. *Rechtshistorisches Journal,* 15, S. 255–290.

Teubner, G. (2012). *Verfassungsfragmente – Gesellschaftlicher Konstitutionalismus in der Globalisierung.* Frankfurt a. M.: Suhrkamp.

Theile, H. (2010). Strafrechtliche Hypertrophie und ihre Folgen – Das Beispiel der verfahrenserledigenden Urteilsabsprachen in Wirtschaftsstrafverfahren. *Monatsschrift für Kriminologie und Strafrechtsreform,* 93, S. 147–163.

Trotha, T. von (1995). Ordnungsformen der Gewalt oder Aussichten auf das Ende des staatlichen Gewaltmonopols. *Kölner Zeitschrift für Soziologie und Sozialpsychologie Sonderhefte,* 39, S. 129–166.

Trotha, T. von (2000). Was ist Recht? Von der gewalttätigen Selbsthilfe zur staatlichen Rechtsordnung. *Zeitschrift für Rechtssoziologie,* 21, S. 327–354.

Weber, M. (1972). *Wirtschaft und Gesellschaft.* 5. Aufl., Tübingen: Mohr Siebeck.

II
Methodische Zugänge

Gegenstandsangemessenheit und Praxisnähe in der empirischen Rechtsforschung
Die Trans-sequentielle Analyse[1]

Martina Kolanoski

1 Einleitung

Methoden der Rechtsforschung beschreiben, wie Recht empirisch beobachtbar und analysierbar wird. Zum Einsatz kommen dabei sowohl quantitative als auch qualitative Methoden (oder eine Kombination aus beiden).[2] Nach dem Vorbild der Naturwissenschaften verwendet ein quantitatives Forschungsdesign standardisierte Daten, welche beispielsweise mit Hilfe von Fragebögen in großer Menge erhoben werden, um sie mit Blick auf statistische Zusammenhänge zu analysieren. Die qualitativen Methoden verorten das rechtssoziologische Projekt hingegen näher an der Anthropologie als an den Naturwissenschaften. Sie zielen auf eine sinnverstehende Analyse von Daten, deren detaillierte Beschreibungen einen Beitrag zum Verständnis des Zusammenwirkens von Recht und Gesellschaft formulieren, aber keine allgemeingültigen Erklärungen liefern sollen. Diesem Erkenntnisinteresse folgend lassen sich auch Einzelfälle qualitativ untersuchen. Sofern ein qualitatives Forschungsprojekt eigene Daten erhebt und nicht auf vorhandene Daten zurückgreift, werden nicht-standardisierte Verfahren der Datengenerierung wie z. B. offene Interviews oder Beobachtungen verwendet. Aus dieser grob umrissenen Abgrenzung quantitativer und qualitativer Forschungsdesigns lässt sich bereits folgern, dass die Wahl der Methode im engen Verhältnis zu der Theorie, dem Begriffsapparat,

---

1   Ich danke Thomas Scheffer, Clara Terjung, Anna Sauerwein, Julika Rosenstock und Christian Boulanger für die konstruktive Kritik, mit der sie die Abfassung dieses Kapitels unterstützt haben.
2   Einen guten Überblick für Einsteiger*innen über quantitative Verfahren gibt Dieckmann (2017). Für die qualitative Forschung geben Przyborski und Wohlrab-Sahr (2014) eine forschungspraktische Einführung. An dieser Stelle sei auch auf das Methodenkapitel (Kap. 3) im online verfügbaren Rechtssoziologie-Lehrbuch von K. Röhl verwiesen.

© Springer Fachmedien Wiesbaden GmbH, ein Teil von Springer Nature 2019
C. Boulanger et al. (Hrsg.), *Interdisziplinäre Rechtsforschung*,
https://doi.org/10.1007/978-3-658-21990-1_3

aber auch dem Wissenschaftsverständnis, auf das sich das Forschungsvorhaben stützt, steht (Hughes und Sharrock 2007). Doch auch innerhalb der qualitativen Forschung eröffnen die vielfältigen methodischen Ansätze einen je spezifischen wissenschaftlichen Zugang zum Gegenstand Recht. Möchte man beispielsweise das Verhältnis von Recht und Militär untersuchen, so wie ich es am Ende des Kapitels skizziere, bieten sich verschiedene Untersuchungsmethoden der interpretativen Sozialforschung an, die jeweils unterschiedliche Aspekte in den Blick nehmen. So könnten narrative Interviews (Küsters 2009) mit Angehörigen des Militärs oder Juristen geführt werden. Die Narration gilt als produktives Format, denn der Erzählende verfängt sich in den Zugzwängen seiner Geschichte, so dass immer neue Aspekte erklärungsbedürftig werden. Mit der objektiven Hermeneutik (Ley 2010) ließe sich jede Art von Text, ob Interview, gerichtliche Aussage oder Zeitungsbeitrag, sequentiell auf seinen inhärenten Sinn analysieren und etwa Widersprüche zwischen rechtlich-moralischen Bezügen einerseits und Handlungsanforderungen andererseits ausmachen. Wer diskursanalytisch verfahren möchte (Keller 2011), könnte einzelne Aussagen zu einem militärischen Vorfall mit der Formation des juridischen oder gesellschaftlichen Diskurses kontrastieren oder mit Bezug auf Foucault die operativen Wissen-Macht-Komplexe herausarbeiten. Mit Blick auf die diskursive Ausstattung einer Kultur und den Ideologien, die sprachlich-symbolisch manifest werden, könnten hierzu auch kulturelle Produkte wie Fotodokumentationen oder Spielfilme als Datenmaterial berücksichtigt werden (Fellner 2006).

Weitere Methoden aus dem Methodenarsenal der Sozial- und Kulturwissenschaften ließen sich für das Thema in Anschlag bringen und würden eine jeweils spezifische Kombination aus Fragestellung, Datengrundlage, Analysemethode und Rechtsbegriff mit sich führen (Baer 2015; Raiser 2009; Röhl 2013). Während die Methodenfrage in der Rechtsforschung meist eher randständig und als unproblematisch behandelt wird, ist bereits verschiedentlich die Frage gestellt worden, ob der Gegenstand des Rechts spezifische Methoden für eine gegenstandsadäquate Untersuchung erfordert (Banakar und Travers 2005; Schweitzer 2015). Insbesondere die ethnomethodologischen *Studies of Work* vertreten mit dem Grundsatz der „unique adequacy" grundsätzlich die Auffassung, dass sich die Forschungsmethoden immer an den Spezifika des Feldes ausrichten müssen. Die Ethnomethodologie tritt entsprechend nicht als Methode sondern als eine Forschungsstrategie oder Herangehensweise auf, Gegenstandsangemessenheit zu gewinnen. Hier entwickeln sich dann die Methoden der Forschenden aus der Konfrontation mit den zum Einsatz kommenden methodischen Aktivitäten und systematisch fabrizierten Materialien im Forschungsfeld (Bergmann 2006). Dem Grundgedanken der Ethnomethodologie folgend, untersuchen ethnomethodologische Studien des Rechts Recht als etwas, das die Akteure mittels methodisch kompetenter, kunstfertiger

Praktiken füreinander als objektive Wirklichkeit hervorbringen (Dupret et al. 2015; Garfinkel 2002). Es handelt sich dann um ein jeweils situiertes „doing law". Mit Luhmann insistiert die Ethnomethodologie, dass man den Menschen dabei – trotz ausgefeiltester Interviewtechniken – nicht in die Köpfe schauen kann. Alles bleibt ein raumzeitlich gebundenes Tun und kann (auch) von den Forschenden nur als solches überhaupt erst beobachtet und analysiert werden. Relevant ist, was in der jeweiligen Situation geäußert, erarbeitet und dadurch intersubjektiv als kulturelle Praxis hervorgebracht wird. Die Ethnomethodologie, die sich im Nachvollzug des praktischen Geschehens von kommunikativer Operation zu Operation hangelt, trifft sich in dieser grundlegenden Abkehr vom methodologischen Individualismus mit der Luhmannschen Systemtheorie sowie der Foucaultschen Diskursanalyse. Aus dem gleichen Grund bleiben Ethnomethodolog*innen skeptisch gegenüber Befragungen und Interviews. Sie stützen ihre Analysen lieber auf „natürliche Daten" des Geschehens im Praxiszusammenhang: direkte Beobachtungen als Teilnehmende, Audio- und Videoaufnahmen, Dokumente und Artefakte.

Die trans-sequentielle Analyse (TSA), die ich hier als Methode der interdisziplinären Rechtsforschung vorstelle, entstand in kritischer Auseinandersetzung mit dem begrenzten raumzeitlichen Fokus der ethnomethodologischen Konversationsanalyse. Letzteren will sie durch eine objekt-zentrierte Verfahrensorientierung erweitern und damit gegenstandsadäquater werden. In einer Reihe ethnografischer Studien hat sich die TSA als Ansatz zur Analyse von Arbeitsprozessen in rechtlichen, administrativen und politischen Settings entwickelt (Scheffer 1998, 2007, 2008, 2010, 2014b, 2017; Schmidt 2016; Stoll 2018). Die TSA rekonstruiert die verfahrensmäßige Koproduktion diskursiver Objekte und fragt, wie etwa eine einheitliche politische Sachposition (Scheffer 2014a) oder ein Rechtfall (Scheffer 2010) fabriziert werden. Es ist dieser ausgebaute Fokus auf die Objekte-im-Werden, den sogenannten formativen Objekten, durch den die TSA Gegenstandsangemessenheit und Praxisnähe zu gewinnen sucht.

Dieser Artikel gibt eine kurze Einführung in die TSA und diskutiert dann einige Herausforderungen und Einsichten der TSA auf militärisches Datenmaterial.

2   Grundlagen der trans-sequentiellen Analyse

Die TSA bietet eine empirische Auseinandersetzung mit Luhmanns Konzept von Verfahren als operativ geschlossene, soziale Systeme. Nach Luhmann betreibt das Rechtssystem Verfahren, die selbstständig operieren und die Unterscheidung von Recht und Unrecht als Ergebnis ihrer Operationen hervorbringen (zur Systemtheorie des Rechts siehe auch Walter Fuchs in diesem Band). Das Verfahren qualifiziert sich dadurch als selbst-bezügliches System, das seine interne Geschichte dokumentiert und von der allgemeinen (äußeren) Geschichte unterscheiden kann (Luhmann 1983). Die entstehende Verfahrensgeschichte erlaubt eine sukzessive Reduktion von Komplexität. In einem Rechtsverfahren können so kontinuierlich Möglichkeiten der Fallformulierung ausgeschlossen werden, bis der Fall entschieden werden kann; damit ist die komplexitätsreduzierende Funktion des sogenannten Verfahrenstrichters beschrieben. Auf diese Weise wird sichergestellt, dass für jedweden Fall ein Urteilsvermögen für eine allgemein verbindliche Entscheidung gebildet werden kann.

Soweit zur ersten Bestimmung einer theoretischen Funktion und Wirkweise von Verfahren. Was ist nun aber ein Verfahren, wenn wir es als etwas in den Blick nehmen, das von Menschen betrieben wird, etwas, dass methodisch hervorgebracht wird und das den Teilnehmenden als Orientierung dient? Die TSA konzeptualisiert Verfahren als „multi-temporale Ereignis-Prozess-Relationen" (Scheffer 2010), die zur Produktion komplexer, diskursiver Objekte betrieben werden. Wie genau die Teilnehmer*innen das Verfahren betreiben, was dies von ihnen abverlangt und welche Methoden, Manöver, Technologien, Medien und materiellen Ausstattungen sie zur Anwendung bringen, ist Gegenstand einer TSA geleiteten Forschung.

Durch den Fokus auf das formative Objekt gewinnt die TSA eine andere Distanz zur funktionalen Betrachtung von Verfahren. Sie zeigt, wie vermittels bestimmter Praktiken eine Entscheidung entsteht: als formatives Objekt innerhalb des Verfahrens wird intern Relevantes in situ verhandelt, noch offengehalten oder verfestigt und in Folgesituationen formierend eingebracht. Daraus entstehen Vorfestlegungen am Objekt, die praktisch stabilisiert, verworfen, verändert und wiederum am Objekt sichtbar aus der Situation exportiert werden. Dadurch ermöglicht es die TSA einerseits an die Vorstellung der Entscheidungsgenese als komplexitätsreduzierender Trichterfunktion anzuknüpfen und andererseits der Praxis ihrer sukzessiven Hervorbringung als Ereignis- (Situation) und Prozessrelation (formatives Objekt) analytisch gerecht zu werden.

2.1 Situations- und verfahrensimmanente Analyse

Mit der Fokussierung auf die Fertigungsprozesse erfolgt die Verschiebung der situationsimmanenten Analyse hin zu einer verfahrensimmanenten Analyse. Scheffers frühe Studie zum Asylverfahren (Scheffer 1998) hat sich explizit als Ausweitung des konversationsanalytischen Hier/Jetzt-Fokus verstanden. Das Argument, das anhand der ethnografischen Verfahrensbeobachtungen entwickelt wurde, ist, dass die Teilnehmer*innen spezifische Kompetenzen haben, um eine sequentielle Kopplung von

Verfahrenssituationen zu organisieren, indem sie episodische Arbeitsinvestitionen in erinnerte Verfahrensgeschichte transformieren. Durch diese Transformationen, die die Erinnerungsleistungen herstellen und damit praxeologisch das Verfahren als Verfahren kennzeichnen, werden einzelne situierte Arbeitsleistungen (Sequenzen) methodisch in das Verfahren gewoben.

Eine Anhörung im Asylverfahren bringt in der Regel eine/n Sachbearbeiter*in, die Asyl beantragende Person und ihre Dolmetscherin zusammen. Konversationsanalytisch kann das situierte Zusammentreffen auf die sequentielle Organisation von Fragen, Antworten und Übersetzungsleistungen hin untersucht werden, wodurch das Gespräch als kollektives Produkt der verbalen und non-verbalen Beiträge der Teilnehmenden in Erscheinung tritt. Dieser Blick auf die Daten zeigt die Teilnehmenden in ihren gemeinsamen Bemühungen, eine sinnvolle Situation herzustellen: Zug-um-Zug demonstrieren die Teilnehmenden ihre Verstehensleistungen und machen diese wieder, situationsöffentlich, für die anderen verfügbar. Ethnographisch lässt sich beobachten, dass die Situationen auch Beiträge enthalten, die nicht an die Anwesenden gerichtet sind. So nimmt die Sachbearbeiterin das Diktiergerät zur Hand, um folgende Ausführungen aufzunehmen: „Guten Morgen bitte melden Sie folgendes Protokoll Aktenzeichen E2084 215246 nach Blocksatz 23 bitte folgenden Text Frage Doppelpunkt Sie haben bei Ihrer Antragstellung vor dem Bundesamt angegeben Komma dass Sie nicht im Besitz von Personalpapieren sind Punkt" (Scheffer 1998).

Diese Ausführungen sind nicht dafür gemacht, um von den Anwesenden verstanden zu werden; diese sind auch nicht gehalten, darauf zu antworten. „Blocksatz 23" ist eine kodierte Anweisung für diejenige Person, die das Sprachprotokoll verschriftlichen wird. Die hier/jetzt Orientierung auf die Gesprächssituation ergänzt die Sachbearbeiterin folglich durch eine Orientierung auf das Verfahren: Wie wird in dieser Sache weiter verfahren? Der kommunikative Kontext integriert somit auch nicht anwesende, aber verfahrensmäßig vorgesehene Teilnehmer*innen. Die trans-sequentielle Verkettung situierter Arbeit am Objekt, die als praktische Verfahrensleistung beobachtet werden kann, erfolgt entlang der Exporte, die die Situation verlassen. Teilnehmer*innen schließen an frühere Arbeitsschritte an (Importe) und machen gleichzeitig ihre Arbeit für die spätere Weiterbearbeitung verfügbar (Exporte). Abbildung 1 zeigt wie das Objekt-im-Werden als Import in das Verfahrensereignis (VE) 3 einfließt und als Export wieder für die Weiterbearbeitung in VE4 übergeben wird (die Komponenten des formativen Objekts werden in 2.3. besprochen). Die Konversationsanalyse, so das Argument, würde mit der Fokussierung auf einzelne Gesprächssituationen, die retrospektive und prospektive Orientierung der Teilnehmer*innen übersehen und damit die Signifikanz von Situationen als Verfahrensstationen missachten. Um die Verfahrensrelevanzen in den Blick zu bekommen, muss sich die Analyse den Importen und Exporten in und aus Situationen zuwenden.

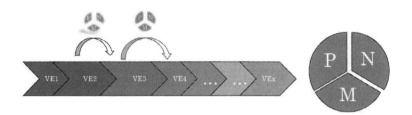

Abb. 1 Verkettung von Verfahrensereignissen
Verkettung von Verfahrensereignissen (VE) im Verfahren durch die Arbeit am formativen Objekt, das sich in der Triade P (Problem) – Norm (N) und Maßnahme (M) konstituiert.

Um die wechselseitig konstituierenden Eigenschaften von Verfahren und Ereignissen zu betonen, wird der Begriff Verfahrensereignisse verwendet, der sowohl die Relevanz des Ereignisses für das Verfahren, aber auch der Relevanz des Verfahrens für das Ereignis bezeichnet. Ein Verfahren mag ein Ereignis mit einer bestimmten Bedeutung bzw. Bedeutungslosigkeit ausstatten und die Reichweite der situierten Handlung erhöhen. Doch das Verfahren diktiert nicht, was sich ereignet, sondern schreibt sich selbst aus der Abfolge seiner verketteten Ereignisse.

2.2 Zwei zeitliche Ordnungen

Die sequentielle Organisation von Handlungen ist damit in zwei zeitlichen Hinsichten verortet: 1) die sequentielle Entfaltung einer Situation durch Beiträge der Situationsteilnehmer*innen Zug-um-Zug und 2) die sequentielle Entfaltung eines Verfahrens durch die praktische Verknüpfung von situierten Arbeitsinvestitionen mit Hilfe von Importen und Exporten. Aus dieser doppelten zeitlichen Orientierung der Teilnehmer*innen ergeben sich die Zeithorizonte für die TSA.

Eine ethnographische Feldforschung wird so mit Blick auf diese zwei Zeitrahmen durchgeführt. Sie hinterfragt fortlaufend den Zusammenhang von beobachteter Situation zum andauernden Verfahren: Welche Bedeutung hat etwa ein Treffen zwischen Anwalt und Klienten für die Fallbearbeitung? Wie wird ein Protokoll im Weiteren benutzt etc. (Scheffer 2010)? Die als Episoden eines Arbeitsprozesses identifizierten Situationen werden in ihrer situierten Entfaltung (z. B. konversationsanalytisch) und zusätzlich im Hinblick auf ihren produktiven Niederschlag am Arbeitsobjekt untersucht.

2.3 Die dreiteilige Komposition des formativen Objekts

Das vollwertige formative Objekt kann den Ort seiner Fertigung verlassen und steht als organisierte Kommunikation (siehe Abbildung 2) mit erhöhter kommunikativer Reichweite zum Anschluss in anderen Austauschsystemen bereit. Hier ist das Objekt dann Beitrag zum Rechtsdiskurs, etwa als Gerichtsurteil, auf das sich wiederum spätere Gerichtsurteile beziehen können.

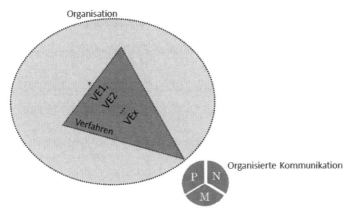

Abb. 2 Das formative Objekt als organisierte Kommunikation
Das formative Objekt integriert die Komponenten Problem (P) – Norm (N) und Maßnahme (M) in stabiler Weise. VE1-VEx bezeichnen die Verfahrensereignisse.

Was das formative Objekt konzeptionell von anderen Objektbegriffen unterscheidet, ist seine dreiteilige Komposition. Im Vergleich zu anderen Objektbegriffen in den ethnomethodologischen *Studies of Work* ist es vor allem mehr als die Welt, die gemeinsam gewusst wird, mehr als ein „projiziertes" oder „kulturelles" Objekt (Anderson et al. 1990; Übersetzung der Autorin; Garfinkel et al. 1981). Ethnomethodologische Studien haben gezeigt, dass rechtliche und moralische Normen Teil unserer sinnhaften Begegnung mit der Welt sind; sie informieren unsere Wahrnehmung und sind eng verbunden mit unserem sinnvollen Verstehen und der Art und Weise, wie wir von der Welt berichten (Jayyusi 1984, 1991; Watson 1978). Das Konzept des formativen Objekts thematisiert das Verhältnis in einer anderen Weise. Während nicht bestritten wird, dass Normen eine konstituierende Rolle in der Hervorbringung von Fakten haben, bilden Normen zusätzlich eine eigenständige Komponente des Objekts, die im Weiteren auch kritisiert werden kann – und begründungsbedürftig wird. Das formative Objekt integriert somit ein Wissen über die Welt mit normativen Annahmen und einer Handlungsorientierung. Im Falle einer politischen Position wird die Problemdefinition (P) mit einer ideologischen (parteipolitischen) Haltung (N) und vorgeschlagenen Maßnahmen (M) zusammengebracht. Diese Art von Triade findet sich auch in der rechtlichen Fallarbeit. Der fertige Fall bringt den Sachverhalt, die Regeln und das Urteil in stabiler Weise zusammen. Als vollwertiger Diskursbeitrag muss sich ein Objekt in mindestens diesen drei Hinsichten kritisieren oder prüfen lassen. Die drei Aspekte betreffen also Dimensionen einer Accountability, hier im rechtlichen Diskurs.

Für gewöhnlich wird rechtliches Entscheiden als ein Aufeinanderfolgen verschiedener Handlungen begriffen, wobei die erste Handlung den Ausgangspunkt für die nächste Handlung bietet. So identifiziert etwa Latour die folgenden drei Schritte (Latour und Brilman 2010, S. 229): (1) Konstitution des Sachverhalts, (2) Subsumtion des Sachverhalts unter die zur Anwendung kommenden Gesetzesvorschriften, (3) Urteil fällen. Das Konzept des formativen Objekts bringt diese Handlungen zusammen. Die Handlungen verdichten und verfestigen sich sukzessive als Objektkomponenten, die sich gegenseitig informieren und stabilisieren. Die kontinuierliche Reduktion von Möglichkeiten, die Luhmann mit dem Verfahrenstrichter benannt hat, wird in alle drei Richtungen durch das formative Objekt vollführt. Es wird zunehmend verunmöglicht, an einer Komponente etwas zu ändern, ohne dass dies Auswirkungen auf die anderen Komponenten hat. Wird das Problem etwa anders beschrieben, werden andere Normen relevant und andere Maßnahmen scheinen geboten. Die Einheit wird geschlossen und hermetisch.

Im Folgenden werde ich anhand militärischer Daten die Anwendbarkeit der TSA diskutieren und zeigen, welcher Blick auf Recht dadurch eröffnet wird.

3 Fallstudie: Die verfahrensmäßige Produktion legitimer militärischer Ziele

Im Zuge politischer und medialer Aufklärungsarbeiten werden immer wieder Materialien militärischer Settings an die Öffentlichkeit gespielt, die vermeintlich die Illegalität militärischen Vorgehens offenlegen. Hierbei handelt es sich um Vorfälle, bei denen Zivilpersonen oder eigene Truppen getötet oder verletzt wurden. Trotz öffentlicher Skandalisierung und medial verbreiteter Analysen, die eindeutig regelwidriges Verhalten erkennen wollen, wird rechtlich zumeist kein schuldhaftes Verhalten festgestellt. Vor diesem Hintergrund soll in dieser Fallstudie das Verhältnis von Recht und Militär empirisch betrachtet werden und die TSA für die Analyse militärischen Datenmaterials zur Anwendung gebracht werden.

Mein Interesse an dieser Materialsorte ist über die Befassung mit der juristischen Aufarbeitung des Kunduz-Luftangriffs (2009) entstanden. Auf Befehl eines deutschen Kommandeurs waren bei einem Luftangriff in Afghanistan eine Vielzahl von Zivilpersonen getötet worden. Die daran anschließenden medialen, politischen und rechtlichen Aufklärungsarbeiten haben militärische Gesprächsdaten an die Öffentlichkeit gebracht, die einen Einblick in die Arbeitspraktiken militärischer Zielentwicklung gewähren. Als Ausdruck der fortschreitenden Verrechtlichung der NATO-Luftkriege wird die Bordkommunikation der Kampfjets heutzutage routinemäßig aufgezeichnet und kann zur rechtlichen Nachprüfung herangezogen werden. In diesem Fall war das Audiomaterial im Besitz der US-Streitkräfte, die, zum Zwecke der Aufarbeitung, eine redigierte Transkription an die deutschen Behörden übergaben. Dieses Transkript und die stummen Videoaufnahmen der Bordkameras sind als Beweismaterial den Ermittlungsbehörden und dem Zivilgericht vorgelegt worden. Untersucht man die juristischen Prozesse zu diesem Luftangriff lässt sich ethnomethodologisch fragen, wie Rechtsakteure die militärischen Daten als Beweismaterial nutzbar gemacht und interpretiert haben (Kolanoski 2015, 2017). Im Folgenden werde ich nicht auf die juristische Bewertung militärischer Arbeit fokussieren, sondern die praktische Relevanz von Recht in der militärischen Planung und Durchführung des Luftangriffs untersuchen. Das etwa 67-minütige Transkript als singuläre Datengrundlage offeriert dabei einen Minimalzugang zu einem Prozess der Zielentwicklung, der sich über einen Zeitraum von mehr als fünf Stunden erstreckt hat. Ich werde zeigen, dass die Spezifika militärischer Kollaboration und der diesem Arbeitsfeld typische Datenzugang eine Anpassung der Forschungsmethodik erfordern. Die TSA wird entsprechend nicht als „methodische Schrittfolge" (Scheffer 2015, S. 228) genutzt, sondern als methodologische Sensitivität, die eine Reihe von Forschungsfragen und -perspektiven bereithält und damit eine objekt-zentrierte Verfahrensanalyse mit konversationsanalytischem Datenmaterial anleitet. Mit dem Objektfokus der TSA lässt sich zunächst feststellen, dass die Soldaten nicht an einem juristischen Fall arbeiten. An was sie genau arbeiten und welche Bedeutung dem Recht dabei zukommt, ist bereits eine empirische Frage. In meiner Analyse habe ich das *legitime militärische Ziel* als gemeinsamen Arbeitsgegenstand identifizieren können.

3.1 Einordnung des Datenmaterials

Abbildung 3 zeigt eine vereinfachte Darstellung der militärischen Zusammenarbeit in dieser spezifischen Operation. Nachdem eine Gruppe von Taliban-Kämpfern zwei Tanklastwagen entführt hatte, war sie bei dem Versuch, die Fahrzeuge über den Fluss Kunduz zu bringen, auf einer Sandbank stecken geblieben. Das deutsche Kommando, das in einem Feldlager stationiert war, hatte eine Troops-in-Contact Situation (unmittelbare Feindberührung) erklärt und zwei F-15E Kampfjets zur Luftnahunterstützung, Close-Air-Support, angefordert. Die Menschen auf der Sandbank waren als Aufständische identifiziert und als solche getötet worden. Tatsächlich befand sich jedoch eine große Anzahl von Zivilpersonen aus den umliegenden Dörfern auf der Sandbank. Nachträgliche Untersuchungen ergaben, dass objektiv keine unmittelbare Feindberührung vorlag. Nach eigenen Aussagen wollte der deutsche Kommandeur durch den Angriff eine wahrgenommene Gefahr für sein Lager abwehren (defensiv), aber auch (offensiv) die Chance nutzen, um identifizierte Talibanführer zu töten (Vgl. Generalbundesanwalt beim Bundesgerichtshof, Entscheidung vom 16.04.2010, S. 25, 66).

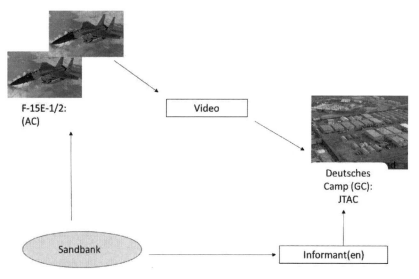

Abb. 3 Vereinfachte Darstellung der operationsspezifischen Zusammenarbeit

An Bord der Kampfjets befanden sich jeweils zwei Personen: ein Pilot und ein Waffenoffizier. Das Transkript beinhaltet die Kommunikationen, die von der Flugzeugbesatzung (AC) eines der beiden Kampfjets gehört werden konnten. Das sind Intercockpit-Gespräche zwischen dem Piloten und dem Waffenoffizier, Gespräche zu den Soldaten in dem anderen Flieger sowie zu dem Flugleitoffizier (JTAC), der im deutschen Bodencamp stationiert war und die Anweisungen des befehlshabenden Kommandeurs weitergab. Das deutsche Kommando war von einem Informanten über die Entführung der Tanklaster informiert worden. Die Infrarotaufnahmen der Flugzeuge wurden an das deutsche Kommando in der Bodenstation weitergeleitet, so dass die Flugzeugbesatzung und der Befehlsführer am Boden den Blick auf die Situation auf der Sandbank teilten.

3.2 Identifikation als verfahrensmäßige Hervorbringungen

Als ich angefangen habe, mich mit dem Transkript zu beschäftigen, nahm ich an, dass mir das Datenmaterial erlauben würde, Erkenntnisse über militärische Identifikationsarbeit als situierte, interaktive Hervorbringung zu gewinnen. Ethnomethodologische Studien haben anhand militärischer Audio- und Videodaten Situationsanalysen (Elsey et al. 2018), Sinnherstellung (Mair et al. 2012) und „diagnostische Fehler" (Nevile 2009) als interaktive Hervorbringungen situierter militärischer Arbeit in Luftkriegen der Gegenwart rekonstruiert (Goodwin 1994; Suchman 2015). Inspiriert von diesen Studien wollte ich das Transkript daraufhin analysieren, wie die Soldaten die, für das ungeschulte Auge uninformativen, Infrarot-Aufnahmen nutzten, um zu einer sinnvollen und für den Zweck der militärischen Operation ausreichend sicheren Interpretation der Situation auf der Sandbank zu gelangen und die rechtlich vorgeschriebenen Kategorien (Kämpfer/Zivilpersonen) zu identifizieren. Mit der Analyse der transkribierten Situation als Verfahrensereignis zeigte sich jedoch, dass nicht die Kategorisierungsarbeit die vordergründige Praxis ist, die das Transkript dokumentiert, sondern die Arbeitsleistung der Flugzeugbesatzung, sich an dem *Stand der Dinge* zu orientieren.

3.3 Begrenzte Daten als Problem der Teilnehmer*innen

Die Daten von dem Luftangriff, die für eine Analyse zur Verfügung stehen, erfüllen in keiner Weise die Ansprüche an die aufwendige multi-modale Datengenerierung wie sie zur Durchführung einer TSA mit dem Zusammentragen von Feldnotizen, audio-visuellem Material, Dokumenten, Akten und Interviews (Scheffer et al. 2017) beschrieben wird. Mit dem Blick auf den Fertigungsprozess des militärischen Ziels wird klar, dass das Transkript nur einen kleinen, zeitlich und räumlich begrenzten Ausschnitt eines Prozesses militärischer Zielentwicklung zeigt, der an mehreren Orten und unter der Mitwirkung einer Vielzahl von Personen und Personengruppen bearbeitet wurde. Einsatzessentielle Handlungen innerhalb des deutschen Camps sind nicht aufgezeichnet worden; auf dieses Geschehen, das auf der deutschen Seite den Entscheidungsprozess konstituierte, konnten die Untersuchungsverfahren nur mittels Zeugenbefragungen zurückgreifen. Die bruchstückartige Dokumentation des Prozesses der Zielentwicklung kann, da es sich um einen historisch abgeschlossenen Einzelfall handelt, in seiner Unvollständigkeit nicht mehr „repariert" werden.

Dieses „Datenproblem" der Forscherin lässt sich jedoch in zweifacher Hinsicht ethnomethodologisch wenden, wenn wir es als methodisch zu bewältigende Herausforderung von Teilnehmer*innen verstehen. Erstens stellt der limitierte Zugriff auf die Arbeitsprozesse auch diejenigen vor Herausforderungen, die damit betraut waren, den Luftangriff innerhalb der politischen und rechtlichen Verfahren aufzuarbeiten. Die Datenprobleme der Forscherin spiegeln mithin die Probleme der Untersuchungsverfahren, denen es gelingen muss, aus den fragmentarischen Ressourcen und Dokumenten eine plausible Vergangenheit herauszulesen – ein gewöhnliches Problem für derartige Untersuchungen (Lynch und Bogen 1996). Zweitens wird das analytische „Problem" zum produktiven analytischen Anliegen, wenn wir die begrenzte Datenlage als praktisch zu bewältigendes Problem der Teilnehmer der militärischen Situation selbst auffassen.

Das Transkript beginnt an einem von seinem Verfasser gesetzten Zeitpunkt und zwar mit der initialen Informationsübergabe der Besatzung des 1. Kampfjets – im Transkript als F-15E-1 firmierend – an die Besatzung des 2. Kampfjets: „the words we got were imminent threat". Mit dieser Kurzbeschreibung, die sie von der amerikanischen Flugleitzentrale bekommen haben, machen sie sich auf den Weg zu den genannten Koordinaten, um Bodentruppen in einer unmittelbaren Gefahrensituation aus der Luft zu unterstützen. Verglichen mit dokumentbasierten Arbeitsumgebungen scheint das militärische Ziel als Arbeitsobjekt weniger greifbar, da es nur mündlich weitergereicht wird. Von der Operationszentrale im deutschen Camp (GC) zu der Flugzeugbesatzung (AC) und von einem Kampfjet zum anderen reist das militärische Ziel als Arbeitsobjekt-im-Werden formlos und ohne schriftliche Niederlegung. Das Transkript zeigt, dass es zu den professionellen Kompetenzen der Aircrew gehört, sich in einem schon andauernden kollaborativen Arbeitsprozess der Zielentwicklung zu orientieren und die Arbeitssituation innerhalb des militärischen Geschehens zu verorten. Sie müssen ihr Handeln auf das abstimmen, was bereits von anderen/woanders getan wurde und auch gleichzeitig von anderen/woanders getan wird. Dabei können sie, anders als in den rechtlichen, politischen und administrativen Verfahren, die mit der TSA rekonstruiert wurden, nicht auf Speicherungsmedien wie Schrift- oder Tonaufnahmen zugreifen, die dort als zentrale kulturelle Technologien einen kontinuierlichen, aufeinander aufbauenden Arbeitsprozess gewährleisten (Scheffer 2013). Kontrastierend lässt sich hier bereits die Abwesenheit dieser Medientranslationen ausmachen und nun analysespezifizierend fragen, wie und mit welchen Methoden den Teilnehmern an der militärischen Operation unter diesen Bedingungen eine kontinuierliche, aufeinander aufbauende Zusammenarbeit an verschiedenen Orten gelingt.

3.4 Target Handover: Das militärische Ziel als formatives Objekt

Der folgende Transkriptausschnitt (Tabelle 1) ist vom Anfang der Kommunikation zwischen der Aircrew (AC) und dem deutschen Kommando (GC). Kurz nachdem die F-15-Maschinen den Luftraum erreicht haben, in dem die Kommunikation mit der deutschen Bodenstation technisch möglich wurde, kontaktiert der deutsche JTAC den ersten Piloten, um ihm die Eigenschaften des Ziels in einer stichwortartig vorbereiteten Weise zu übermitteln. Das verbale Datenblatt versorgt die AC mit wichtigen Informationen. Es ist ein instruktiver Bericht, der prospektiv die Flugzeugbesatzung wissen lässt, wie es weitergeht. Gleichzeitig ist es aber auch, retrospektiv, eine zusammenfassende Darstellung dessen, was bereits getan wurde: Eine sehr spezifische Zusammenfassung der Parameter, die bereits etabliert worden sind. Mit dieser checklistenartigen Kompaktdarstellung wird die Flugzeugbesatzung in den schon andauernden Arbeitsprozess eingeführt.

Tab. 1 Exzerpt 1 – Verbales Datenblatt des militärischen Ziels

Excerpt 1	JTAC > F-15E-1	F-15E-1 > JTAC
20:38:05	*[redacted]* number 1 .. *[redacted]* for number 2 *[conversation stepped on by other radios]* We've got err 2 trucks on a sandbank err with err roughly 50 up to 70 *[redacted]* no friendly forces in the target area *[redacted]* we've got also mortars in Camp Konduz with a gun-tgt-line of *[redacted]* with a max all of *[redacted]*, clearance authority is with *[redacted]* [JTAC], we've got no restrictions, no restrictions on ordnance, hazards Konduz airfield is cold, and err *[unreadable]* is hot from *[redacted]*	
20:38:11	*[redacted]* actual QNH 1012 with 29,88 inches and weather is workable, how copy?	
Communication Control – F-15E-1		
20:39:12		*[redacted]* [F-15E-1] copies all

Das verbale Datenblatt informiert die Flugzeugbesatzung über das Ziel-am-Boden (wer und was wurde gesehen und identifiziert), die Durchführbarkeit eines Luftangriffs (die Verfügbarkeit von Waffen am Boden und andere Parameter wie die Wetterbedingungen) und normative Erwägungen, die es zu beachten gilt (Freigabeautorität und mögliche Restriktionen des Waffeneinsatzes). Diese Informationen werden benötigt, um den Angriff des Ziels zu planen, zu koordinieren und durchzuführen. Die TSA weist die Forschenden an, nach den Dingen zu suchen, auf denen komplexe Handlungen basieren. Die Übergabe des Ziels in der obigen Sequenz gibt uns einen ersten Anhaltspunkt darauf, dass das Objekt, an dem das Militär arbeitet, mehr ist als die Information über die Menschen auf der Sandbank – es ist mehr als etwas oder jemand als etwas Bestimmtes zu sehen – im Sinne des Wittgensteinschen „sehen als" (Wittgenstein 1967) –, obwohl es dieses beinhaltet (einschließlich auch „angreifen als"). Basierend auf den Bestandteilen der Übergabe und den daran anschließenden Handlungen kann das militärische Ziel vorläufig als ein dreigliedriges Arbeitsobjekt in dieser Form dargestellt werden (siehe Abbildung 4):

I **Wer/Was (P)**
- Zielidentifikation
- Zielbestimmung
- Zielmodifikation (z. B. durch Auseinandertreiben)

II **Regeln (N)**
- Selektion der anwendbaren Regeln (ROEs)
- Befehlskette folgen
- Ersuchen/Erteilen der Freigabe

III **Angriff/-bereitschaft (M)**
- Technische und physische Vorbereitungen
- Stellung nehmen, Marker setzen etc.
- Angriff

Abb. 4 Komponenten des legitimen militärischen Ziels

Das militärische Arbeitsobjekt ist schließlich das, was angegriffen werden soll (bezogen auf die Identifikation), darf (bezogen auf die Regeln) und angegriffen werden kann (bezogen auf die technisch-physische Angriffsbereitschaft). Das militärische Arbeitsobjekt konstituiert sich mithin als legitimes militärisches Ziel.

3.5 Kritische Intervention mit Recht – Verletzung der zeitlichen Ordnung

Mit dieser Fassung des militärischen Ziels als dreigliedriges formatives Objekt, lässt sich nun die Zusammenarbeit fokussierter analysieren. Das Material des Kunduz-Luftangriffs ist für die rechtssoziologische Analyse besonders interessant, da die Rechtmäßigkeit nicht wie in anderen Fällen von den Beteiligten als unproblematisch gehandhabt wird (vgl. Elsey et al. 2018; Mair et al. 2013), sondern während der Operation selbst problematisiert wird. In den 33 Minuten, die während ihrer Ankunft über dem Zielgebiet und dem Abwurf der Bombe vergingen, rang die Flugzeugbesatzung damit, ihre Einsatzsituation (einschließlich der Situation auf der Sandbank) im Lichte der erhaltenen Informationen zu verstehen. Verschiedene wahrgenommene Inkonsistenzen zwischen den Komponenten des militärischen Ziels bereiteten der AC Schwierigkeiten: a) die Situationsbeschreibung einer „unmittelbaren Gefahr" UND die Abwesenheit freundlicher Truppen, b) die Einsatzbezeichnung Troops-in-Contact UND wie der Einsatz ausgeführt werden sollte (kein Show of Force), c) die Bombardierung dieser Menschen (vermutlich die reine Anzahl) UND die aktuellen ISAF-Richtlinien, die stärker als zuvor auf die Vermeidung ziviler Opfer drängen.

Einen großen Teil der Zweifel, die AC-intern besprochen wurden, übersetzte der Pilot im Gespräch mit dem JTAC in Nachfragen, die eine Bestätigung der erhaltenen Angaben ersuchen. Es sind diese Fragen und Antworten, mit denen der Pilot den Stand der Dinge in Erfahrung bringt und die Arbeitssituation in das Verfahren einordnet. In anderen Fällen sind die Piloten diejenigen, die hauptsächlich das militärische Ziel produzieren, die (fast) die gesamte Identifikationsarbeit leisten, und von ihrem Befehlshaber den Freigabebefehl (hauptsächlich) auf der Grundlage ihrer eigenen Informationen erhalten (vgl. Elsey et al. 2018). Die Aufgabenverteilung konkretisiert sich im Verfahren und wird vermittelt durch Klärung dessen, was noch zu tun ist. Die Übersetzungsleistung der Zweifel in Nachfragen reflektiert nicht nur die Befehlshierarchie, der die Beteiligten unterstellt sind, sondern auch die Bedingungen des asymmetrischen Informationszugangs und der sich daraus entwickelnden Arbeitsteilung für den konkreten Einsatz.

Daneben zeigt die JTAC-AC Konversation aber auch Vorschläge des Piloten, die vor allem dadurch als kritische Intervention hörbar werden, da sie den zeitlichen Arbeitsablauf (und die bereits hergestellte Aufgabenverteilung) durchbrechen, indem sie hinter den festgestellten Stand der Dinge zurückgreifen. Der folgende Ausschnitt (Tabelle 2) zeigt, wie sich der Pilot etwa 24 Minuten nach dem Target Handover darum bemüht, dass andere Regeln für diesen Einsatz zur Anwendung kommen sollen.

Tab. 2 Exzerpt 2 – Einsatzkategorie hinterfragen

Excerpt 2	JTAC > F-15E-1	F-15E-1 > JTAC
21:03:06		*[redacted]* [JTAC] from *[redacted]* [F-15E-1], just in accordance with our ROE right now err is there any way we can pursue this as a TST and get *[redacted]* approval, i. e. looking for a *[redacted]* on this so we are both covered
	[inter-aircrew communication]	
21:03:28	Clearance approval by Commander is given he is right next to me and I want you to only strike on the sandbank, only the sandbank	

Die TSA analysiert den Vorschlag, den Einsatz in der Einsatzkategorie Time Sensitive Target (TST) durchzuführen und damit die Freigabeautorität an eine höhere Instanz zu verschieben, in Bezug auf das formative Objekt, in seiner situativen Entfaltung und mit Blick auf den andauernden Arbeitsprozess. Die Frage erscheint damit als Ausdruck des Passungsproblems der drei Komponenten, mit dem die AC ringt. Der Pilot rechtfertigt seinen Vorstoß mit dem Verweis auf die geltenden Einsatzregeln (ROEs): „being covered" (von den Regeln gedeckt sein) kann als Lösungsvorschlag der AC gehört werden, ein rechtliches Problem zu heilen. In der Antwort bestätigt der JTAC schlicht die Freigabeautorität des deutschen Kommandeurs und initiiert sodann einen Themenwechsel, indem er auf das praktische Vorgehen lenkt und „die Gruppe im Fluss" wieder aus der Zielbestimmung entfernt. Wie auch in anderen Antworten auf die Nachfragen des Piloten stellt sich die Frage, in wie weit die Antwort eine Antwort auf *diese* Frage ist. Hörbar formuliert der JTAC eine Antwort auf die Frage, die zumindest akustisch empfangen wurde, indem er das Thema der Freigabeautorität aufgreift. Doch die Antwort reagiert nicht auf die ROE-Probleme des Piloten und insbesondere werden diese nicht zu gemeinsamen im Sinne von operationsrelevanten Problemen.

3.6 Recht in der militärischen Praxis

Was lässt sich aus dieser Art der Analyse für die rechtliche Bewertung militärischer Vorgänge gewinnen? Die deutschen Rechtsverfahren sind einstimmig zu dem Schluss gekommen, dass die Tötung der Zivilpersonen unvermeidbar war. In ihren

Entscheidungen klammerten sie dazu etwaige Verletzungen der Einsatzregeln als irrelevant aus und vollzogen hier die Trennung disziplinarrechtlicher und völkerrechtlicher Belange. Damit, so legt die hier skizzierte objekt-zentrierte Analyse nahe, verkennen sie die einsatzimmanente Funktion des Rechts und die wechselseitige Bedingtheit der verschiedenen Parameter während der Zielproduktion. Die TSA verortet die Frage nach der Rechtmäßigkeit als inhärenten Bestandteil militärischer Praxis. Angriffsfähigkeit wird im Einsatz über die Produktion *legitimer militärischer Ziele* hergestellt. Die epistemischen Standards der Identifikationsarbeit, also die Frage, wie die Identifikationsarbeit durchgeführt wird und welches Lagebild dabei als *sicher genug* gilt, ergeben sich dabei aus den Details des konkreten Zielaufbaus. Die Deklaration einer Troops-in-Contact Situation für einen Einsatz, der wie die Untersuchungsergebnisse ergaben, zumindest einen gemischt offensiv-defensiv Charakter hatte, beeinflusst den gesamten Zielaufbau und hat potentiell einschränkende Auswirkungen auf die Fähigkeiten der Flugzeugbesatzung, ihre Arbeit fachgemäß auszuführen. Dazu zählt die Durchführung einer kompetenten Fehleranalyse zur Bearbeitung von Zweifeln. In dieser Hinsicht vermittelt die Analyse einen ersten Eindruck davon, dass Rechtsbezüge auch eine kritische Praxis während der Operation anleiten. Die Bedingungen dieser Kritik im Angesicht der Befehlshierarchie, des asymmetrischen Informationszugangs sowie des (davon geprägten) kommunikativen Formats wurden ebenfalls angedeutet.

4 Schluss

Um das Verhältnis von Militär und Recht zu erforschen, wurde in diesem Kapitel ein ethnomethodologischer, objekt-zentrierter Ansatz vorgestellt. Der methodologische Situationismus untersucht Recht in seiner situierten Anwendung. Zur Betonung der damit einhergehenden Abkehr von dem Fokus auf die Eigenschaften der einzelnen Situationsteilnehmer*innen, hatte Goffman prägnant formuliert, es ginge nicht um Menschen und ihre Situationen, sondern um Situationen und ihre Menschen (Goffman 1971). Die TSA vollführt eine raum-zeitliche Ausweitung der Situationsanalyse durch die Nachverfolgung von Fertigungsprozessen diskursiver Objekte. Damit ließe sich in Anlehnung an Goffman formulieren: Es geht nicht um Situationen, sondern um Arbeitsobjekte und ihre Fertigung in situierten Zusammenkünften von Medien, Gegenstände und Menschen. Unter diesem analytischen Blick wird Recht entsprechend als Bestandteil und/oder Ergebnis gemeinschaftlicher Arbeit analysiert. Mit der Perspektivverschiebung auf die Verfahrensproduktion, die die TSA vornimmt, wird der Gefahr ethnomethodologischer Untersuchungen entgegnet, die Verfahrensrelevanz einzelner Situationen überzubewerten. Mein Fallbeispiel zeigte, dass es für die Analyse, einschließlich der rechtlichen Bewertung des Falls, von herausragender Bedeutung ist, dass das militärische Ziel eben nicht in der transkribierten (synthetischen) Situation entwickelt wurde. Die Identifikation ebenso wie die Rechtmäßigkeit wurde maßgeblich an anderen Orten und zu anderen Zeiten hergestellt. Die primäre Aufgabe der Piloten bestand darin, den Entwicklungsstand des militärischen Ziels zu erfassen und sich daran zu orientieren. Eine Verletzung der zeitlichen Ordnung der Arbeit, die durch das formative Objekt selbst vermittelt wird, wird als Störung oder Kritik hörbar.

In der Auseinandersetzung mit der formalisierten Verfahrensförmigkeit rechtlicher und administrativer Verfahren hat sich die TSA als spezifische Methode dieser Verfahrenspraktiken entwickelt. Das bedeutet auch, dass die TSA an dokumentbasierten Verfahren entwickelt wurde, in denen die Verschriftlichung der Arbeit eine zentrale Stellung einnimmt und die Karriere des Arbeitsobjektes organisiert. Recht wird aber auch in Arbeitsbereichen angewendet, die eher wenig verschriftlicht sind. In militärischen Settings, so zeigt meine Analyse, ist das Recht Bestandteil eines Objektes, das mündlich weitergegeben wird und sich technisch, letztlich erst durch die Waffenfreigabe, tatsächlich materialisiert. Das hat weitreichende Implikationen für Rechenschaft und Nachvollziehbarkeit und damit für die Durchsetzung von Recht im Militär. Den prekären Status des Letztgenannten gilt es in weiteren praxisnahen Fallstudien zu erforschen. Die TSA zeigt hier ihr eigentliches Potential zur methodisch angeleiteten Einklammerung der oftmals vorausgesetzten Relevanz von umfassenden Institutionen, wie dem Recht oder der Profession. Denn: Ob und wie Recht eigentlich wirkt, wird hier wieder zum zentralen Rätsel der empirischen Rechtsforschung.

Literatur

Anderson, R., Hughes, J., & Sharrock, W. W. (1990). The Division of Labour. *Réseaux*, 8 (2), S. 237–252.
Baer, S. (2015). *Rechtssoziologie: Eine Einführung in die interdisziplinäre Rechtsforschung.* 2. Aufl., Baden-Baden: Nomos.
Banakar, R., & Travers, M. (2005). *Theory and Method in Socio-Legal Research. Oñati International Series in Law and Society.* Oxford et al.: Hart Publishing.
Bergmann, J. R. (2006). Studies of Work. In F. Rauner (Hrsg.), *Handbuch Berufsbildungsforschung* (S. 639–646). 2. Aufl., Bielefeld: Bertelsmann.
Bogen, D., & Lynch, M. (1996). *Spectacle of History: Speech, Text and the Memory at the Iran-Contra Hearings.* Durban NC: Duke University Press.

Generalbundesanwalt beim Bundesgerichtshof, Entscheidung vom 16.04.2010 (offene Version), Ermittlungsverfahren gegen Oberst Klein und Hauptfeldwebel W., Az 3 BJs 6/10-4.

Diekmann, A. (2017). *Empirische Sozialforschung: Grundlagen, Methoden, Anwendungen.* 11. Aufl. der Neuausgabe vom August 2007, Reinbek bei Hamburg: Rowohlt Taschenbuch Verlag.

Dupret, B., Lynch, M., & Berard, T. (2015). Introduction: Law at Work. In B. Dupret, M. Lynch & T. Berard (Hrsg.), *Oxford Studies in Language and Law. Law at Work: Studies in Legal Ethnomethods* (S. 1–24). Oxford, New York: Oxford University Press.

Elsey, C., Mair, M., & Kolanoski, M. (2018). Violence as Work: Ethnomethodological Insights into Military Combat Operations. *Psychology of Violence*, 8 (3), S. 316–328.

Fellner, M. (2006). *Psycho Movie: Zur Konstruktion psychischer Störung im Spielfilm. Film.* Bielefeld: transcript Verlag.

Garfinkel, H. (2002). Chapter Four: Some Rules of Correct Decisions That Jurors Respect. In *Studies in Ethnomethodology* (S. 105–115). Cambridge et al.: Polity Press et al.

Garfinkel, H., Lynch, M., & Livingston, E. (1981). The Work of a Discovering Science Construed with Materials from the Optically Discovered Pulsar. *Philosophy of the Social Sciences*, 11 (2), S. 131–158.

Goffman, E. (1971). *Verhalten in sozialen Situationen: Strukturen und Regeln der Interaktion im öffentlichen Raum.* Gütersloh: Bertelsmann-Fachverlag.

Goodwin, C. (1994). Professional Vision. *American Anthropologist*, 96 (3), S. 606–633.

Hughes, J., & Sharrock, W. (2007). *Theory and Methods in Sociology: An Introduction to Sociological Thinking and Practice.* Oxford: Macmillan Education; Palgrave.

Jayyusi, L. (1984). *Categorization and the Moral Order. The International Library of Phenomenology and Moral Sciences.* Boston: Routledge & K. Paul.

Jayyusi, L. (1991). Value and Moral Judgement: Communicative Praxis as a Moral Order. In G. Button (Hrsg.), *Ethnomethodology and the Human Science* (S. 227–270). Cambridge: Cambridge University Press.

Kolanoski, M. (2015). Die Kategorie der Zivilpersonen in der Rechtspraxis. Eine Fallstudie zur prozessualen Mitgliedschaftskategorisierungsanalyse (MCA). *Zeitschrift für Rechtssoziologie*, 35 (2), S. 245–269.

Kolanoski, M. (2017). Undoing the Legal Capacities of a Military Object: A Case-Study on the (In)Visibility of Civilians. *Law & Social Inquiry*, 42 (2), S. 377–397.

Latour, B., & Brilman, M. (2010). *The Making of Law: An Ethnography of the Conseil d'Etat.* Cambridge: Polity Press.

Luhmann, N. (1983). *Legitimation durch Verfahren.* Frankfurt a. M.: Suhrkamp.

Mair, M., Elsey, C., Watson, P. G., & Smith, P. V. (2013). Interpretive Asymmetry, Retrospective Inquiry and the Explication of Action in an Incident of Friendly Fire. *Symbolic Interaction*, 36 (4), S. 398–416.

Mair, M., Watson, P. G., Elsey, C., & Smith, P. V. (2012). War-Making and Sense-Making: Some Technical Reflections on an Instance of 'Friendly Fire'. *The British Journal of Sociology*, 63 (1), S. 75–96.

Nevile, M. (2009). "You Are Well Clear of Friendlies": Diagnostic Error and Cooperative Work in an Iraq War Friendly Fire Incident. *Computer Supported Cooperative Work*, 18 (2–3), S. 147–173.

Przyborski, A., & Wohlrab-Sahr, M. (2014). *Qualitative Sozialforschung: Ein Arbeitsbuch.* 4. Aufl., München: Oldenbourg.

Raiser, T. (2009). *Grundlagen der Rechtssoziologie*. 5. Aufl. von „Das Lebende Recht", Tübingen: Mohr Siebeck.
Röhl, K. F. (2013). *Rechtssoziologie: Ein Lehrbuch*. http://www.ruhr-uni-bochum.de/rsozinfo/. Zugegriffen: 7. Mai 2018.
Scheffer, T. (1998). Jenseits der Konversation – Zur Konzeptualisierung von Asylanhörungen anhand der ethnographischen Analyse ihrer Eröffnung. *Schweizerische Zeitschrift für Soziologie*, 24 (2), S. 291–326.
Scheffer, T. (2007). Event and Process: An Exercise in Analytical Ethnography. *Human Studies*, 30 (3), S. 167–197.
Scheffer, T. (2008). Zug um Zug und Schritt für Schritt. Annäherungen an eine transsequentielle Analyse. In H. Kalthoff, S. Hirschauer, & G. Lindemann (Hrsg.), *Suhrkamp-Taschenbuch Wissenschaft: Vol. 1881. Theoretische Empirie: Zur Relevanz qualitativer Forschung* (S. 368–398). Frankfurt a. M.: Suhrkamp.
Scheffer, T. (2010). *Adversarial Case-Making: An Ethnography of English Crown Court Procedure (International Studies in Sociology and Social Anthropology)*. Leiden, Boston: Brill.
Scheffer, T. (2013). Die trans-sequentielle Analyse – und ihre formativen Objekte. In R. Hörster, S. Köngeter & B. Müller (Hrsg.), *Grenzobjekte: Soziale Welten und ihre Übergänge* (S. 87–112). Wiesbaden: Springer VS.
Scheffer, T. (2014a). Das Bohren dicker Bretter – Zur trans-sequentiellen Analyse des Politikbetriebs. In A. Vonderau & J. Adam (Hrsg.), *Kultur und soziale Praxis – Culture and Social Practice. Formationen des Politischen: Anthropologie politischer Felder* (S. 333–361). Bielefeld: Transcript.
Scheffer, T. (2014b). Die Arbeit an den Positionen – Zur Mikrofundierung von Politik in Abgeordnetenbüros des Deutschen Bundestags. *Zeitschrift für Soziologie* (Sonderheft), S. 369–389.
Scheffer, T. (2015). Diskurspraxis in Recht und Politik. Trans-Sequentialität und die Analyse rechtsförmiger Verfahren. *Zeitschrift Für Rechtssoziologie*, 35(2), S. 223–244.
Scheffer, T., Howe, C., Kiefer, E., Negnal, D., & Porsché, Y. (Hrsg.). (2017). *Polizeilicher Kommunitarismus: Eine Praxisforschung urbaner Kriminalprävention*. Frankfurt a. M.: Campus Verlag.
Schmidt, M. (2016). *Im Inneren der Bauverwaltung: Eigenlogik und Wirkmacht administrativer Praktiken bei Bauprojekten. Urban Studies*. Bielefeld: Transcript.
Stoll, M. (2018). *Beschleunigung der Strafjustiz. Eine empirische Studie zum Strafbefehlsverfahren in der Schweiz*. Opladen, Leverkusen, Toronto: Budrich UniPress.
Schweitzer, D. (2015). Das Recht und seine soziologischen Methoden. Vorwort zum Themenschwerpunkt. *Zeitschrift für Rechtssoziologie*, 35 (2), S. 181–184.
Suchman, L. (2015). Situational Awareness: Deadly Bioconvergence at the Boundaries of Bodies and Machines. *Media Tropes eJournal*, V (1), S. 1–24.
Watson, D. R. (1978). Categorization, Authorization and Blame – Negotiation in Conversation. *Sociology*, 12 (1), S. 105–113.
Wittgenstein, L. (1967). *Philosophical Investigations*. 3. Aufl., Oxford: Basil Blackwell.

Das Recht der Anderen
Rechtsethnologie zwischen Pluralität, Indigenität und Alterität

Judith Beyer

1 Einleitung

Die Rechtswissenschaft und die Ethnologie haben denselben Forschungsgegenstand – die Ordnung des menschlichen Zusammenlebens. Sie nähern sich ihm nur aus unterschiedlichen Richtungen: In der Rechtswissenschaft wird der Mensch seit dem 19. Jahrhundert mit seiner Geburt als Rechtssubjekt und Träger von Rechten und Pflichten betrachtet. In der modernen Ethnologie ist das Recht eine von vielen Errungenschaften, die der Mensch hervorbringt und mittels derer er seine Beziehungen zu anderen Menschen und Dingen regelt. Kein Mensch ohne Recht, so die Rechtswissenschaft. Kein Recht ohne den Menschen, so die Ethnologie.

Die Rechtsethnologie entstand als Spezialisierung innerhalb der Ethnologie, die sich als akademisches Fach unter anderem im Dialog mit der Rechtswissenschaft und der Soziologie ausdifferenziert hat und von ethnographisch interessierten Juristen maßgeblich geprägt wurde. Im ersten Teil meines Kapitels gebe ich einen historischen Überblick über die Beziehungen zwischen Recht und Ethnologie anhand früher Ethnographien Nordamerikas und Sibiriens sowie akademischer Debatten des 19. und frühen 20. Jahrhunderts. Im zweiten Teil fokussiere ich aktuelle Ansätze in der Rechtsethnologie: Rechtspluralismus, Indigenität und Alterität[1]. Diese Debatten schlagen sich nicht nur in Theoriesprachen nieder, sondern auch im Verständnis dessen, was Recht sein und wer es ausüben kann.[2]

---

[1] In der Ethnologie wird mit Alterität der oder das Andere bezeichnet, auch Anderssein im Allgemeinen.

[2] Ich danke Doris Schweitzer und Felix Girke für ihre kritische und konstruktive Lektüre dieses Kapitels.

2 Recht und Ethnologie – von Anfang an

Aus den ethnographischen Reisebeschreibungen von Missionaren, Expeditionsmitgliedern und Kolonialbeamten wissen wir, dass sich das frühe wissenschaftliche Interesse an den Bewohnern der eroberten Kolonien in Nordamerika nicht nur auf die systematische Erfassung ihrer Sprache, ihrer Kleidungsstile und Rituale bezog, sondern vor allem auch auf das Verstehen ihrer moralischen Welt konzentrierte: Einträge zu Sitte und Gewohnheit sind in allen Abhandlungen dieser Zeit zu finden. Obwohl im Kontext geographischer Expansions- und wirtschaftlicher Interessenpolitik und im Zusammenspiel mit missionarischen Bestrebungen entstanden, zeichnen sich die Werke des 17. und 18. Jahrhunderts vor allem durch die Beschreibungen einzelner Gesellschaftsgruppen aus. Exemplarisch hervorheben will ich die *Histoire de la Nouvelle-France* (1609) des französischen Anwalts Marc Lescarbot, der bei den Algonquin forschte, sowie die *Moeurs des Sauvages Américains Comparées aux Moeurs des Premiers Temps* (1724) des jesuitischen Missionars Lafitau zu den Irokesen. In diesen beiden Werken finden wir gleichermaßen die Idee des „edlen Wilden" wieder; eine Figur, die von Lescarbot ins Leben gerufen wurde, allerdings heutzutage mit Jean-Jacques Rousseau assoziiert wird.[3] Lafitau verglich die „Gewohnheiten" der Irokesen mit denen der Griechen, Römer und Sumerer und verhalf so der sich im Laufe des 18. Jahrhundert durchsetzenden wissenschaftlichen Haltung Geltung, dass man über die Erforschung der „edlen Wilden" Nordamerikas etwas über die Lebensweisen antiker Völker herausfinden könne. Die Vorstellung des „edlen Wilden" war dabei an Recht gekoppelt: Lescarbot und Lafitau leiteten aus ihren Beobachtungen ab, dass es sich bei den Bewohnern Nordamerikas um Adlige handeln müsse, da sie Rechte genossen, die in Europa nur dieser Klasse vorbehalten waren, zum Beispiel das Recht auf Jagd. Allerdings sprachen sie den Gruppen ein Recht auf Gewährleistung von Gerechtigkeit ab: „as for justice, they have not any law…" (Lescarbot 1609c, S. 264, zitiert in Ellingson 2001, S. 29).

Die Thesen der genannten Autoren kamen im Rahmen der kolonialen Eroberungsstrategien zum Einsatz, die ein Goldenes Zeitalter (im Original *l'âge d'or*) in den neuen Kolonien einleiten sollten. Mit der Begründung, Gott habe die Christen auserwählt, über jene zu herrschen, die das Land, auf dem sie lebten, nicht bestellten (also keinen Feldbau betrieben), wurde sich das Land der jagenden und sammelnden „edlen Wilden" angeeignet. Zwischen 1774 und 1871 schlossen die kolonialen Herr-

---

3 Vor allem mit dessen Werk *Discours sur l'origine et les fondements de l'inégalité parmi les hommes* aus dem Jahr 1755.

scher Verträge mit den bis dato unabhängigen *Indians* auf Grundlage französischen Rechtes ab, welches sie in den neuen Kontext importiert hatten.[4]

Wie in Nordamerika war auch das Ziel der ersten ethnographischen Expeditionen nach Sibirien im 18. Jahrhundert zunächst die Beschreibung der Gewohnheiten, Sitten und Gebräuche „sibirischer Völker", um dann im Anschluss eine Expansionspolitik voranzutreiben. Im Auftrag des russischen Senats sollten alle Gebiete, die die beiden sogenannten „Kamchatka-Expeditionen" durchkreuzten, im Hinblick auf die dort lebende Bevölkerung beschrieben werden. Diesem wirtschaftlichen Staatsauftrag setzte eine Person ihr genuin wissenschaftliches Interesse an den Anderen entgegen: Gerhard Friedrich Müller (Müller et al. 2010), der als der Begründer der Ethnographie im Sinne einer „Völker-Beschreibung" gelten muss (Vermeulen 2015, S. 202, 207), entwickelte eine Systematik, die anstrebte, „eine zukünftige allgemeinste Völkerbeschreibung" (zitiert nach Vermeulen 2015, S. 198–199) zu verfassen zu der explizit auch Rechtsfragen gehörten.[5] Müller spricht in diesem Zusammenhang von der Erforschung der „RechtsPflegung" anderer Völker. In seinen „Ethnographischen Schriften I" unterscheidet er zwischen „Sitten und Gebräuchen" auf der einen und „Recht" auf der anderen Seite, ohne diese Konzepte jedoch hierarchisch wertend zueinander in Beziehung zu setzen.

Auffallend ist, dass die wenigen historischen Überblicksdarstellungen zur Rechtsethnologie (aus der Rechtswissenschaft siehe Zippelius 1994; aus der Geschichte siehe Wesel 2001; aus der Rechtsethnologie siehe Rouland 1994) trotz einer bereits zwei Jahrhunderte andauernden umfassenden Beschäftigung mit Recht in den oben genannten ethnologischen Quellen selten bei diesen frühen Ethnographen ansetzen. Stattdessen beginnen sie in der Regel mit den Philosophen Montesquieu, Rousseau, Hume und Buffon, die sich kulturvergleichend unter anderem mit der Frage auseinandersetzen, inwieweit geographische und klimatische Bedingungen Einwirkungen auf „Rechtskultur" haben.[6] Für Rouland zum Beispiel war Montesquieu „the first legal anthropologist of the modern period" (1994, S. 20). In den gängigen Überblicksdarstellungen erfolgt dann zumeist ein Sprung aus der Rechtsphilosophie direkt ins 19. Jahrhundert zum allgemein als „Gründervater"

---

4   Es sind diese Verträge aus der Kolonialzeit, auf die sich im Jahr 2016 Angehörige der Sioux (und anderer *First Nations*) beriefen, um ihr Recht auf Land gegenüber einem Wirtschafts- und Bankenkonglomerat zu verteidigen, welches den Bau der *Dakota Access Pipeline* von North Dakota nach Illinois vorangetrieben hat.

5   Müllers Völkerbeschreibungen waren eine Weiterentwicklung der bereits etablierten „Reise-Beschreibungen", die wir seit dem frühen fünfzehnten Jahrhundert kennen.

6   Siehe dazu Montesquieus *Esprit de loi* (1748), Humes *A Treatise of Human Nature* (1738), Rousseaus *Discours sur l'origine et les fondements de l'inégalité parmi les hommes* (1755) oder Buffons *Histoire naturelle, générale et particulière* (1750–1774).

der Rechtsethnologie bekannten Sir Henry Sumner Maine und dessen *Ancient Law* (1861). In den gleichen Kontext fällt auch das im selben Jahr erschienene *Mutterrecht* des Rechtshistorikers Johann Jakob Bachofen sowie das etwas später erschienene *Ancient Society* von Lewis Henry Morgan (1877). Maine, Bachofen und Morgan verband nicht nur ihr Interesse an Recht – alle hatten Jura studiert und zeitweise als Juristen oder Richter gearbeitet – sondern auch an der Problematik der Verwandtschaft. Vor allem in Bezug auf die Frage der Vererbung von Eigentum in Verbindung mit Fragen der Abstammung verwoben ihre Untersuchungen die Gebiete des Rechts und der Ethnologie untrennbar miteinander. Ihre empirischen Daten, die zum größten Teil auf Mythenüberlieferungen, den Berichten von Missionaren und Reisenden und – im Fall von Morgan – eigener Forschung bei den Irokesen beruhten, analysierten sie im Rückgriff auf römische Rechtskategorien. So wurde die Unterscheidung zwischen Status und Kontrakt, zwischen patri- und matrilinearer Abstammung sowie die Vorstellung einer unilinearen Entwicklung von einfachen zu komplexen Gesellschaften oder vom Zustand der Wildheit über den der Barbarei zur Zivilisation entwickelt. In Deutschland prägte Albert Post, Richter am Landgericht Bremen, den Begriff der „ethnologischen Jurisprudenz." In seinem *Grundriss der ethnologischen Jurisprudenz* aus dem Jahr 1890 formulierte er das Ziel, allgemeine „Grundzüge des menschlichen Rechts" aufzeichnen zu wollen, deren lokale Ausprägungen er als „Variationen" verstand, denn „ein Volk ohne Recht gibt es nicht: Der Mensch kann niemals Nichtmensch sein" (Kohler 1897, S. 324, Fn. 126). Fremdes Recht stand dabei jedoch nicht als solches im Zentrum des Interesses, sondern wurde als Vergleichsmaßstab herangezogen, um rechtliche Universalien zu konstatieren. Aufsätze wurden vor allem in der *Zeitschrift für Vergleichende Rechtswissenschaft* veröffentlicht.[7] Darin zum Beispiel auch die Ergebnisse eines von Josef Kohler entwickelten „Fragebogen[s] zur Erforschung der Rechtsverhältnisse der sogenannten Naturvölker namentlich in den deutschen Kolonialländern."

Anders als im 17. und 18. Jahrhundert begannen andere Wissenschaftler dieser Zeit jedoch zwischen der eigenen „Rechtskultur" und der der Anderen nicht nur zu vergleichen, sondern deklarierten zunehmend die eigene als „zivilisiert" und „entwickelt" und die andere als „primitiv" oder „barbarisch". Nachdem die evolutionistischen Werke eine ganze Generation von Wissenschaftlern beeinflussten, so zum Beispiel Marx und Engels, die ihre theoretischen Aussagen in Auseinandersetzung mit den Rechts- und Verwandtschaftsethnologen des 19. Jahrhunderts

---

7 Zwischen 1918 und 1938 hieß die Zeitschrift „Zeitschrift für Vergleichende Rechtswissenschaft einschließlich der ethnologischen Rechtsforschung." Für einen Überblicksartikel aus dieser Zeit siehe Adam 1937, für einen historischen Überblick siehe Schott 1982.

entwickelten, wurden sie zu Beginn des 20. Jahrhunderts von Franz Boas, dem Begründer der amerikanischen Kulturanthropologie, scharf kritisiert. Während Boas' Ansatz kulturrelativistisch ausgerichtet war und die Besonderheiten menschlicher Innovationen betonte, schrieb Marcel Mauss, ein Schüler Durkheims, das Buch *Die Gabe* (1990[1923/24]), in dem er erstmals das Phänomen des Gabentauschs kulturvergleichend am Beispiel nicht-westlicher Gesellschaften auf der Grundlage von empirischen Arbeiten anderer Ethnologen, die vor allem in Nordamerika und Polynesien forschten, analysierte. Er bezeichnet die Gabe als „totales soziales Phänomen", bedient sich aber juristischer Metaphern, um die Institution zu erklären, indem er sich seinem Phänomen aus der Perspektive des Vertragsrechts annähert. Auf Basis der beschriebenen Praktiken der „Maori-Juristen" bezeichnet Mauss den Gabentausch als ein „Rechtsmotiv" (1990, S. 48).

Mit der Jahrhundertwende bewegten sich die Ethnologen dann zunehmend aus ihren Lehnstühlen ins „Feld."

3 Rechtsethnologische Feldforschung

Die Praxis der Feldarbeit, auch Feldforschung genannt, und mit ihr die Methode der „teilnehmenden Beobachtung", entwickelte sich fortan in einem Dialog zwischen Ethnologie und qualitativer Soziologie weiter und kam bereits in der frühen Rechtsethnologie zum Einsatz. Der polnische Ethnologe Bronislaw Malinowksi, der an der Londoner School of Economics lehrte, war einer der Wegbereiter für die detaillierte Erforschung außereuropäischer Rechtssysteme. Er untersuchte auf den Trobriand-Inseln die gesellschaftliche Funktion von Recht in Bezug auf Verwandtschaft und Wirtschaft und widmete dem Sanktionsgedanken sowie der Bedeutung von Recht für die Aufrechterhaltung der sozialen Ordnung besondere Aufmerksamkeit. Er hatte einen sehr breiten Rechtsbegriff, der alle Formen sozialer Kontrolle einschloss. Sein wichtigstes Werk zum „primitiven Recht" ist *Crime and Custom in Savage Society* (1926). Später folgten weitere Werke britischer Ethnologen zu diesem Themengebiet: Isaac Schaperas *A Handbook of Tswana Law and Custom* (1938), Paul Bohannans *Justice and Judgment Among the Tiv* (1957), Leonard Pospisils *The Kapauku Papuans of West New Guinea* (1958) oder Philip Gullivers *Social Control in an African Society* (1963). All diese Ethnographien entstanden im kolonialen Kontext und betonten die Wichtigkeit eines sich selbst erhaltenden Systems, in dem Austausch, Vergeltung und das Begleichen von Schuld durch

Reziprozität[8] zentral waren. Das Recht nicht-westlicher Gesellschaften wurde von Alfred Radcliffe-Brown in seiner Arbeit zu *Structure and Function in Primitive Society* (1952) daher auch mit dem Begriff der Sozialstruktur selbst gleichgesetzt. Die ethnologische Auseinandersetzung mit Recht zu dieser Zeit war ahistorisch und basierte auf deskriptiver Erfassung einzelner Gesellschaften, hatte aber weiterhin den transkulturellen Vergleich zum Ziel. Im Gegensatz zu den universalistischen Annahmen der Evolutionstheorie im 19. Jahrhundert ging es den Wissenschaftlern jedoch nun weniger darum, den „Entwicklungsstand" einer Gesellschaft auf dem imaginierten unilinearen Fortschrittsgrad der Menschheit festzustellen. Vielmehr versuchten sie, grundsätzliche Eigenschaften des „juristischen Prozesses" auszumachen, wie es der britische Ethnologie Max Gluckman formulierte, der bei den Barotse (1955) in Sambia forschte. Er hatte zahlreiche Schüler, darunter Clyde Mitchell, Fredrik Barth, Elizabeth Colson, F. G. Bailey und Victor Turner, deren Arbeiten zu Urbanität, Ethnizität und Macht unter kolonialer Herrschaft die sogenannte *Manchester School* prägten. Die Gruppe um Gluckman zeichnete sich vor allem durch die Entwicklung der Prozess- und Situationsanalyse aus, sowie der Weiterentwicklung der bereits von Malinowski entworfenen Fallmethode zur *extended case method*, bei der auf der Basis konkreter lokaler (Rechts-)Fälle auf generelle Ordnungsprinzipien in einer Gesellschaft geschlossen werden sollte. Diese prozessorientierte Ausrichtung untersuchte vor allem Konflikte und deren Beilegung.

In den USA wandte im gleichen Zeitraum der amerikanische Anwalt Karl Llewelyn, Begründer des amerikanischen Rechtsrealismus, zusammen mit seinem Freund, dem Ethnologen Edward Hoebel, die rechtliche Fallmethode bei den Cheyenne an. Das Interesse Llewellyns am Recht der Cheyenne hatte sich in Reaktion auf seine Frustration mit dem eigenen Rechtssystem entwickelt. Die Forschung von Llewellyn und Hoebel fokussierte Streitfälle (*trouble cases*) sowie deren Mediation oder Adjudikation. Dass sie dabei Thesen zur indigenen Rechtspraxis aus den Erzählungen der Cheyenne über ihre vorkoloniale Vergangenheit generierten und dabei den kolonialen Kontext ausklammerten, in dem sich diese seit Jahrzehnten bereits befanden, wird heute als ein Defizit angesehen. Ihr Buch *The Cheyenne Way* (1941) belegt nichtsdestotrotz die produktive Kooperation zwischen Rechtswissenschaft und Ethnologie im frühen 20. Jahrhundert. In seiner

---

8 Reziprozität ist eines der zentralen Konzepte in der Ethnologie. Darunter wird das Herstellen und Aufrechterhalten von wechselseitigen Beziehungen unter Zuhilfenahme von Gütern und Personen verstanden. Siehe zum Beispiel Abhandlungen zum Gabentausch bei Marcel Mauss 1990 (1923/24) oder Marilyn Strathern 1988. Für eine Typologie reziproker Tauschbeziehungen siehe Sahlins 1972.

Rezension des Werkes bezeichnete es Malinowski als „a new instrument for the interpretation of law – especially primitive" (1942).

Die Rechtsethnologin Laura Nader kritisierte in einem frühen Aufsatz (1965), dass sich die Interessen jener, die Konflikt erforschen, und jener, die juristische Verfahren untersuchen, selten überschnitten und plädierte für mehr akademischen Austausch. Gerade die ethnologische Konfliktforschung hatte gezeigt, dass Konflikte nicht ungeregelt verlaufen, sondern in soziales Handeln eingebettet sind und durchaus geordneten Mustern folgen (Elwert et al. 1999). Im Unterschied zu Malinowskis Ansatz wurde Recht jedoch nur selten in seinem weiten sozialen Kontext untersucht. Ebenfalls vernachlässigt wurde die Frage, inwiefern das Recht selbst der Ursprung von Konflikt sein kann. Das Konfliktpotential des Rechts wurde erst in späteren Studien thematisiert (z. B. von Benda-Beckmann et al. 2009). Die Rechtsethnologin Sally Falk Moore kritisierte rückblickend den Hang zum *local dispute watching* als „the principal form of social voyeurism in legal anthropology" (2005, S. 350). Dem Rechtsrealismus wurde hingegen vorgeworfen, dass er einzig und allein dem Richter (oder seinem kulturellen Äquivalent) überlassen hätte zu bestimmen, was Recht sei (Donovan 2008, S. 176).

Der angestrebte transkulturelle Vergleich rechtsethnologischer Studien bedeutete, dass man lokale Rechtskonzepte sowohl sprachlich als auch konzeptuell übersetzen musste. Max Gluckman übersetzte daher Konzepte aus der Sprache der Barotse mit westlichen Rechtsbegriffen. Auf der Suche nach transkulturellen Gemeinsamkeiten entwickelte er so zum Beispiel das Konzept des *reasonable man* (Gluckman 1955).[9] Sein ebenfalls in Afrika arbeitender Kollege Paul Bohannan wertete die Übersetzung lokaler Konzepte in eine andere Sprache als kolonialen Akt, dem er zu entgehen versuchte, indem er Begriffe nur in der jeweiligen Originalsprache verwendete. Seine Antwort auf das Problem der Übersetzbarkeit ethnographischer Daten intensivierte dabei jedoch das Problem der Vergleichbarkeit dieser Daten.

An der Frage der Übersetzbarkeit des Rechts, genauer, der Frage wann etwas als Recht zu bezeichnen sei, schieden sich auch in den folgenden Jahrzehnten die Geister. Bohannans Modell der doppelten Institutionalisierung, das davon ausgeht, dass alles Recht auf Normen beruht, die in einem ersten Schritt zu Gewohnheiten und in einem zweiten Schritt zu Recht institutionalisiert werden, zeigt darüber hinaus ein weiteres Problem der Rechtsethnologie auf, das während der Kolonialzeit als Phänomen nicht mehr zu übersehen war: die Pluralität von Rechtsordnungen.

---

9 Für eine kritische Besprechung siehe Epstein 1973.

4 Pluralität

Rechtsethnologen, die oft im kolonialen Auftrag ihre Forschungen durchführten, hatten die Aufgabe, nicht-westliches Recht zu erfassen, miteinander zu vergleichen und in Bezug zum Recht des neuen Kolonialstaates zu setzen. Diese neu entstandene Situation war noch staatszentristisch ausgerichtet, indem sie vor allem auf den Unterschied zwischen Gewohnheit(srecht) und (kolonialem) Staatsrecht fokussierte. De facto bestand schon lange vor der Kolonialzeit eine Pluralität von Recht, nämlich immer, wenn religiöses Recht und Gewohnheitsrecht oder auch Statute von Königen oder anderen Herrschern im selben sozialen Kontext existierten. Von Rechtspluralismus spricht man allerdings nur dann, wenn verschiedene juristische Mechanismen bei identischem Sachverhalt zum Einsatz kommen (Vanderlinden 1971, S. 19). Rechtspluralismus wirkt dabei wie ein *sensitizing concept* (nach Blumer 1954) und lenkt Aufmerksamkeit auf de facto existierende Pluralität von Ordnungsmechanismen in einem gesellschaftlichen Kontext. Ob und wenn ja wie diese Ordnungsmechanismen in hierarchischer Beziehung zueinanderstehen, ist eine Frage, die es empirisch zu erforschen gilt.[10] Die Frage nach Recht muss daher immer als Frage nach dem Ort (Wo?), der konkreten Situation (Wie?) und der Zeit (Wann?) gestellt werden. Ich habe dies selbst am Beispiel des zentralasiatischen Kirgistans getan, wo ich untersucht habe, wie genau „Recht" von den Dorfbewohnern selbst „ins Feld geführt" wurde, um ihren Aussagen und Handlungen Legitimität zu verleihen (Beyer 2016). Dabei ging es um so unterschiedliche Sachverhalte wie häusliche Gewalt, Gabentausch bei Lebenszyklusritualen, um Verletzung von Weiderechten oder Diebstahl. Ob die Akteure Staatsrecht, Gewohnheitsrecht, islamisches Recht, „Menschenrechte" oder eine Mischung dieser Rechtsordnungen als den legitimen rechtlichen Rahmen vorbrachten, hing von der jeweiligen Situation sowie der personellen Zusammensetzung des Forums ab, innerhalb dessen debattiert wurde. Dies konnte das lokale Ältestengericht sein, die anwesenden Mitglieder einer Moschee beim Freitagsgebet oder eine einberufene Dorfversammlung. Das Konzept des Rechtspluralismus erkennt die stets relative Wirksamkeit des Rechts an: relativ zu anderen Rechtsformen und relativ zu nicht-rechtlichen Einflussfaktoren (von Benda-Beckmann und von Benda-Beckmann 2007, S. 15). Die Legitimationsgrundlagen des jeweiligen Rechts werden für Rechtsethnologinnen zur Empirie, die nicht vorausgesetzt werden kann, sondern untersucht werden muss. Die Bevölkerung wird ethnologisch somit nicht nur in ihrer Rolle als Adressat von

---

10 Für eine Kritik des Konzeptes des Rechtspluralismus siehe Pirie und Scheele 2014, Roberts 1998, Starr und Collier 1998 und Tamanaha 1993.

Rechtsnormen untersucht, sondern als aktive Hervorbringer derselben, sowie als *interpretive community* in Streitfällen (Beyer und Girke 2015). Rechtspluralismus hat mittlerweile wieder in den Rechtswissenschaften Einzug gehalten (im deutschen Kontext siehe zum Beispiel Grünberger 2016; Michaels 2009; Seinecke 2015). Dort bleibt die staatliche Rechtsdogmatik zwar weiterhin zentral, jedoch wird die relative Wirksamkeit des Rechts im Hinblick auf zunehmende Globalisierung bei einem Fortbestehen und weiteren Ausdifferenzieren nichtstaatlicher Rechtsordnungen in vielen Teilen der Welt anerkannt.[11] Eine rechtsethnologische Herangehensweise hingegen fokussiert auf die Sicht der Akteure selbst: Es geht weniger darum, eine Praktik oder Institution als „rechtlich" zu erkennen oder das angewandte Recht mit dem geschriebenen Recht abzugleichen (*law in action vs. law in the books*) und mögliche Diskrepanzen hervorzuheben, sondern vielmehr darum, Recht, Rechtshervorbringung und Rechtsanwendung aus Sicht der Akteure zu verstehen. Da Laien in der Regel genauso wie Juristen unterschiedlicher Meinung hinsichtlich eines rechtlichen Sachverhalts sein können, untersuchen viele rechtsethnologische Fallbeispiele Aushandlungsprozesse über die Art der Anwendung von Recht in einem spezifischen Kontext.

Rechtsethnologische Forschungen bewegten sich ab dem Ende des 20. Jahrhunderts aus den ehemaligen Kolonien zurück in die industrialisierten Gesellschaften und schlossen auch die transnationale rechtliche Dimension mit ein (vgl. auch Teubner 1996). In einer Zeit in der das Globale lokalisiert und das Lokale globalisiert wird, erfährt die Pluralität von Recht eine ständige Neubelebung (Merry 1993). Die Rechtsethnologie ist dabei – wie die Ethnologie überhaupt – in den letzten 50 Jahren „nach Hause" gekommen. Daraus ergeben sich Überschneidungen mit benachbarten Disziplinen, vor allem der Rechtssoziologie, der vergleichenden Rechtsforschung oder den *Critical Legal Studies*. Aktuelle Themenkomplexe rechtsethnologischer Forschung sind zum Beispiel die *Anthropology of the State* (Randeria 2008; Sharma und Gupta 2006), *Anthropology of Policing* (Fassin 2013, 2017; Garriott 2013), *Anthropology of Bureaucracy* (Gupta 2012; Hetherington 2011), *Anthropology of Human Rights* (Halme-Tuomisaari 2010; De Lauri 2015) oder *Anthropology of Borders* (Green 2013; Reeves 2014). Vor allem die Erforschung des Rechts internationaler und globaler Organisationen rückte stärker ins Zentrum (Charlesworth und Larking 2015; Niezen und Sapignoli 2016) und mit ihr die Frage nach Indigenität und seinen rechtlichen Konsequenzen.

---

11 So ist auch westliches Staatsrecht stets ein Konglomerat unterschiedlicher Rechtsordnungen, zum Beispiel, wenn das Bundesverfassungsgericht am 28.07.1967 die Bedingungen für die Verfassungsmäßigkeit von Gewohnheitsrecht als Recht festlegt (BVerfGE 22, 114 (121)).

5 Indigenität

Mit dem Ende der Kolonialzeit gab es kein Zurück zu präkolonialen Gesellschaftsordnungen. Die Ländereien der lokalen Bevölkerung waren in staatlichen Besitz übergegangen, die oktroyierten kolonialen Rechtsordnungen wurden beibehalten und nur langsam und teilweise reformiert. Bis heute gelten zum Beispiel für die Belange ethnischer und religiöser Minderheiten im südostasiatischen Myanmar spezielle Gesetze aus der britischen Kolonialzeit.[12] Allerdings gab es mit der postkolonialen Wende immer stärker werdende Bestrebungen seitens der Nachfahren der mancherorts nun als „indigen" bezeichneten Bevölkerungsgruppen, ihnen ihre Rechte nachträglich wieder anzuerkennen. Diese Debatten werden im Idiom der Anerkennung von kultureller Identität geführt, gehen aber häufig um Zugang zu natürlichen Ressourcen (vor allem Land), das Problem des Umweltschutzes und das Recht auf autonome Selbstbestimmung. Die Frage der Indigenität ist dabei schon längst keine lokale oder auch nationale Frage mehr, sondern eingebunden in transnationale Netzwerke globaler Akteure, wie Nichtregierungsorganisationen (NGOs) und den Vereinten Nationen. Der Ethnologe Karl-Heinz Kohl hat in einem Aufsatz zur Geschichte der politischen Kategorie des „Ureinwohners" (2012) darauf aufmerksam gemacht, dass in den internationalen Gesetzestexten,[13] durch die die Rechte der Indigenen gesichert werden sollen, die romantisierte Vorstellung von den „Ureinwohnern" und ihrer „spirituellen Bindung" zu ihrem „angestammten" Land eine Fortsetzung erfahren hat. Gleichzeitig hätten die indigenen Gruppen das von den europäischen Kolonisatoren entwickelte essentialistische Fremdbild als Eigenbild uminterpretiert. Kohl spricht in diesem Zusammenhang von einer „Auto-Indigenisierung" (2012, S. 90) die mit weitgehenden rechtlichen Konsequenzen einhergeht, zum Beispiel, wenn eine Rückgabe von Land an die Gruppen aufgrund ihrer postulierten autochthonen („erdentsprossenen") Beziehung dazu erfolgen soll. Um diesen Anspruch rechtlich geltend machen zu können, reichte im Fall des australischen „Native Title Acts" von 1992 bereits aus, dass die Gruppe eine mündliche Überlieferung mythischer Wanderbewegungen ihrer Ahnen vorweisen konnte (siehe Kohl 2012, S. 589). Adam Kuper kritisierte in seinem Aufsatz „The Return of the Native" (2003) die wiederaufgelebte „Blut und Boden"-Rhetorik wie folgt: „In the indigenous-peoples movement, descent is tacitly assumed to represent

---

12 So zum Beispiel The Burma Laws Act (India Act XIII, 1898) vom 4. November 1898.
13 So zum Beispiel das „Übereinkommen 169 über eingeborene und in Stämmen lebende Völker in unabhängigen Ländern" der Internationalen Arbeitsorganisation (ILO) vom 5. September 1991 (ILO 169) oder die „Erklärung der Vereinten Nationen über die Rechte der indigenen Bevölkerung" vom 13. September 2007.

the bedrock of collective identity." Der kanadische Rechtsethnologe Ron Niezen (2003, S. 24) unterscheidet zwischen drei grundsätzlichen Arten der rechtlichen Anerkennung des indigenen Anderen im Rahmen nationalstaatlichen Rechts: erstens, vertragsrechtliche Vereinbarungen, die eine kollektive Differenz festschreiben und kollektive Rechte zugestehen, die anderen nicht eingeräumt werden (*treaty rights*); zweitens, eine spezifische Form des Besitzes und besondere Rechte auf Ressourcen sowie das Recht auf Selbstbestimmung (*land claims*); und drittens, kulturelle Rechte, die einen besonderen „Lebensstil" anerkennen und davon ausgehen, dass diese weitreichenden Rechte wichtig für das Überleben der indigenen Gruppe sind (*cultural rights*). Während vertragsrechtliche Vereinbarungen klar definiert sind, gestaltet sich die Frage nach der Anwendbarkeit der beiden anderen Formen – Landansprüche und kulturelle Rechte – schwierig, denn ihre Geltungsmacht ist rechtlich daran gebunden, ob die betreffende Gruppe eine „ähnliche" kontinuierliche traditionelle Praxis aus einer vorkolonialen Zeit vorweisen kann. Niezen zeigt in seinem Aufsatz, dass die juristische Auffassung von „distinkter Kultur" bis in die 1980er Jahre maßgeblich evolutionistisch geprägt war, so dass das kulturelle Anders-Sein eine Verschlechterung des Ansehens indigener Gruppen nach sich zog. Heutzutage hingegen ist kulturelle Andersartigkeit vor Gericht ein *sine qua non*, um einem Anspruch auf indigene Rechte stattgeben zu können. Der von Niezen als *species-by-species* bezeichnete Ansatz (S. 9) hat zur Folge, dass Lachsfischen als indigene Praxis der Musqueam anerkannt wird, das Fischen anderer Fische aber unter Umständen nicht. Nicht beachtet werden mögliche Entscheidungen der Musqueam in der Vergangenheit, aus Gründen der Ressourcennachhaltigkeit, der Entwicklung neuer Fangmethoden oder der Umsiedlung in andere Territorien auf den Fang einer bestimmten Fischart zu verzichten. Ebenfalls ignoriert wird die Tatsache, dass sich „Kultur" und mit ihr das Verständnis darüber, was „Tradition" ist, im Laufe der Zeit verändern. Die Rechtsprechung verfolgt hier einen *frozen in time*-Ansatz (S. 8), der von einem Kulturverständnis ausgeht, das stabil und zeitlich unverändert ist. Während Kultur seine Erklärungsmacht als „Ding an sich" in der Ethnologie aufgrund der postkolonialen und poststrukturalistischen Wende verloren hat, erfährt sie im Recht momentan weltweit Aufwertung und wird zunehmend objektiviert. Parallel dazu können wir beobachten, wie der Begriff von Personen als Rechtssubjekte nicht nur auf Körperschaften, sondern auch auf die Natur selbst übertragen wird.

6 Alterität

Während *treaty rights* zwischen den Kolonisatoren in Nordamerika und den *Indian nations* im 19. Jahrhundert zu Lasten letzterer ausgehandelt wurden, sind die diesbezüglichen Dokumente heute zentrale Waffen indigener Kampagnen gegen Unternehmen und den Staat. Aus einer über einhundert Jahre alten (vertrags-) rechtlichen Ausbeutung wurde so ein rechtlicher Hebel, mit dem gegen die Übernahme von Land vorgegangen wird. Um Erfolg zu haben, müssen die Akteure jedoch selbst wie eine Körperschaft strukturiert sein: Die Notwendigkeit einer Auto-Indigenisierung nimmt somit immer dann zu, wenn der Druck durch den Staat und Unternehmen größer wird. Indigenität wird strategisch essentialisiert (Spivak 1993) und muss aufgeführt werden, um rechtlich anerkennbar zu sein (Povinelli 2002; Clifford 2013; Comaroff und Comaroff 2009). Dabei muss *Indian agency*[14] nicht nur als „die Forderung[,] zu einer utopischen Vergangenheit zurückkehren zu wollen, die es nie gegeben hat" oder als „eine Unterhaltung über ein anderes Heute" (Smith 2009, S. 101) verstanden werden, sondern vor allem als Versuch, eine Zukunft zu verhindern, die es nicht geben darf. Die kulturelle Dimension von Recht spielt dabei eine große Rolle, denn die Folgen und die Bedeutung der Personalisierung der *corporate personhood* sind noch längst nicht absehbar. Neuerdings wird Unternehmen zum Beispiel das Recht auf freie Religionsausübung zugestanden.[15] Als körperschaftlich verfasste Akteure ist die Forderung an die indigene Bevölkerung somit die kontinuierliche „authentische" Performanz ihres „Selbst" vor dem Recht und den Gerichten. Dabei ist ihr einzigartiger Bezug zur „Natur" eines der Hauptnarrative. Nellie Green geht sogar so weit und behauptet, dass indigene Identität und ihr rechtlicher Ausdruck nicht mehr in menschlicher Sozialität zu lokalisieren seien, sondern vielmehr in der Beziehung zur Natur (2000, S. 47). Dabei, so könnte man fortführen, hat sich als erfolgreiche Praxis nicht mehr nur das Erzählen von Geschichten über die Natur, sondern *für* die Natur etabliert. Dies führt uns zu den aktuellsten Entwicklungen: der Übertragung von subjektiven Rechten körperschaftlich verfasster Akteure auf die Natur selbst.

---

14 Unter *agency* versteht man in der Ethnologie die Handlungsfähigkeit von Akteuren angesichts der sie einschränkenden Strukturen.

15 In „Burwell vs. Hobby Lobby Stores, Inc. (573)" aus dem Jahr 2014 entschied der amerikanische Oberste Gerichtshof erstmals, dass Körperschaften durch den *Religious Freedom Restoration Act* (1993) geschützt sind und über ein verfassungsrechtlich schutzwürdiges Religionsbewusstsein verfügen, so dass sie nicht verpflichtet werden können, ihren Angestellten Versicherungsschutz zu zahlen, der potentiell auch für Empfängnisverhütung aufkommt, wenn dies ihrem Religionsbewusstsein entgegenstünde.

Als der Rechtsethnologie Paul Bohannan in seinem zusammen mit Dirk van der Elst geschriebenen Buch *Asking and Listening. Ethnography as Personal Adaptation* (1998, S. 29) vom sich ständig ändernden „Fluss der sich entwickelnden Kultur" sprach, in den man nicht zweimal springen könne, da sich Kultur in einem fortwährenden Prozess der Veränderung befände,[16] konnte er nicht ahnen, dass im Jahr 2017 dem neuseeländischen Whanganui-Fluss von einem staatlichen Gericht subjektive Rechte zugesprochen wurden.[17] Ein Vertreter der Maori erklärte: „Wir haben darum gekämpft, einen legalen Status zu erlangen, damit alle anderen verstehen können, dass aus unserer Sicht der Fluss eine lebendige Einheit ist, ein unteilbares Ganzes im Gegensatz zum traditionellen Modell der letzten 100 Jahre, welches bedeutete, ihn unter dem Aspekt des Eigentums und Managements zu behandeln".[18] Auf diese Entscheidung bezog sich ein Gericht im nordindischen Uttarakhand, als es die Flüsse Ganges und Yamuna als „legal and living entities having the status of a legal person with all corresponding rights, duties and liabilities" definierte.[19] Da die Flüsse sich vor Gericht nicht selbst verteidigen oder klagen können, wurden drei Stellvertreter aus der Bevölkerung eingesetzt. Während diese Entwicklungen in der Rechtswissenschaft von einigen als „Naturrechtstheologie" kritisiert werden (siehe v. a. Smith 2014), diskutiert die Ethnologie sie im Rahmen der sogenannten Ontologie-Debatte nicht weniger kontrovers.[20] Die zentrale Frage dabei ist, wie wir Anders-Sein jenseits der dichotomen Einteilungen in Kultur und Natur (z. B. Ingold und Palsson 2013; Tsing 2012) oder Akteur und Aktant[21] (an-)erkennen können. Wie kann die postmoderne Ethnologie arbeiten, ohne ihre eigenen Kategorisierungen über die gelebten und gedachten Wirklichkeiten der Anderen zu stellen? Der Suche nach Gemeinsamkeiten weicht im Rahmen

---

16 Die Aussage lehnt an Heraklit an: „Man kann nicht zweimal in denselben Fluss steigen, denn andere Wasser strömen nach." (Heraklit, Fragmente, B 12).
17 *Te Awa Tupoa Act. Whanganui River Claims Settlement Bill.* 20. März 2017.
18 Zitiert in: New Zealand River Granted Same Legal Rights as Human Being. *The Guardian.* 16. März 2017. https://www.theguardian.com/world/2017/mar/16/new-zealand-river-granted-same-legal-rights-as-human-being?CMP=fb_gu#comments. Zugegriffen: 17. März 2017.
19 Mohd. Salim vs. State of Uttarakhand & others. High Court of Uttarakhand at Nainital. Writ Petition (PIL) No. 126 of 2014, 20. März 2017.
20 Ob Ontologie dabei „nur ein anderes Wort für Kultur" ist (Carrithers et al. 2010) und die mit der Ontologieannahme einhergehende Konstatierung einer radikalen Alterität „nur ein anderes Wort für Realität" (Graeber 2015), bleibt umstritten und wird hier nicht weiter ausgeführt.
21 Aktanten sind nicht-menschliche Akteure. Der Begriff wurde im Rahmen der *Science and Technology Studies* entwickelt und vor allem von Bruno Latour (2007) geprägt.

dieser Debatte der Zwang einer Anerkennung des Anderen im Idiom des Anderen. Hierunter wird nicht nur die lokale Sprache und das begriffliche Repertoire verstanden, sondern viel fundamentaler auch epistemologische Wissenszugänge, deren Andersartigkeit zum Beispiel darin bestehen können, die Natur als belebt oder bestimmte Lebewesen als dem Menschen gleichwertig zu klassifizieren.[22] Ontologie, das heißt, *a priori* den Seinszustand eines Akteurs als radikal anders zu bestimmen, wird dann zum Problem, wenn wir den Anderen und dessen Lebenswelt nicht mehr nur anerkennen sollen, sondern sie auch aus einer Innensicht heraus verstehen wollen. Die moderne Ethnologie hat als eine ihrer Hauptaufgabe neben der Wissensschöpfung die Vermittlung zwischen Lebenswelten. Während wir professionell unsere eigene Position als Akteur ständig relativieren und reflektieren, ist neben eines notwendigen *going native*, um sich fremder Positionen überhaupt annähern zu können, jedoch das Erfassen sozialer Wirklichkeit anhand etablierter Kategorien und das Verlassen der emischen[23] Perspektive weiterhin notwendig. Die vehement geführte Debatte in der Wissenschaft um die grundsätzliche kulturelle Übersetzbarkeit angesichts von (radikaler) Alterität lässt dabei jedoch außer Acht, dass die Anderen, um deren adäquate Repräsentation gestritten wird, sie bereits – unter Zuhilfenahme des Rechts – überholt haben. Kathleen Birrell zufolge wohnt dem Konzept der Indigenität eine „störende Kapazität" (2016, S. 225) inne, die neue kulturelle und politische Formen und Repräsentationen sowie juristische Narrative hervorzubringen vermag, in denen Indigenität expansiver konzipiert wird: „Indigeneities, while violently misrecognised and marginalised by the force of a determinate law, nonetheless emerge within it in the excesses and contradictions of the indeterminate, such that the law is ultimately constituted by alterity" (Birrell 2016, S. 226). Gleichermaßen erleben wir gerade, wie die neuseeländische Gerichtsentscheidung für eine ähnliche Entscheidung in Indien herangezogen wurde.[24] Es ist davon auszugehen, dass viele weitere folgen werden.

---

22 Auch (Menschen-)Affen sind mittlerweile als Rechtssubjekte anerkannt: Im Dezember 2014 wurde von einem argentinischen Gericht einer Klage eines Orang Utans auf ein *habeas corpus*-Verfahren stattgegeben. In den USA kämpft das „Nonhuman Rights Project" seit 2013 vor dem State Supreme Court in New York für die Anerkennung vierer Schimpansen als Rechtssubjekte.

23 In der Ethnologie wird zwischen der emischen und der etischen Perspektive unterschieden, analog zu phonemisch und phonetisch in der Linguistik. Die emische Perspektive einzunehmen bedeutet, Sachverhalte, Praktiken und Sichtweisen aus der Perspektive der Akteure selbst zu verstehen. Für das Schreiben von Ethnographie und die theoretische Arbeit ist dann jedoch immer Übersetzungs- und Vermittlungsarbeit gefragt, um Forschungsergebnisse über den spezifischen regionalen Kontext hinaus relevant zu machen.

24 Siehe Fußnote 19.

7 Ausblick

Die Rechtsethnologie ist prädestiniert dafür, einen Beitrag zu aktuellen Debatten zu leisten, da sie sich die Frage nach rechtlicher Alterität seit Anfang ihrer disziplinären Ausformung stellt. Jedoch ist das „Anders-Sein" aufgrund einer distinkten Kultur in der Ethnologie heutzutage nicht mehr Ausgang theoretischer Überlegungen, sondern Gegenstand der Analyse in der Untersuchung wie westliche und nicht-westliche Akteure von sich aus Differenz und Ähnlichkeit operationalisieren. Anders formuliert: In der Rechtsethnologie sind heutzutage die ultimativ „Anderen" nicht mehr entfernt lebende „Völker." Trotz der weltweit fortbestehenden und teilweise zunehmenden Ungleichheiten zwischen westlichen Gesellschaften und Gesellschaften des „globalen Südens" müssen wir heutzutage die Frage nach deren „Mensch-Sein" oder des Vorhandenseins ihres „Rechts" oder ihrer „Kultur" nicht mehr stellen. Jetzt hingegen gilt es zu verstehen, mit welchen rechtlichen Strategien sich indigene Gemeinschaften als solche konstituieren oder durch das Recht konstituiert werden, und was es für Konsequenzen nach sich zieht, wenn der von ihnen bewohnten Natur subjektive Rechte zugesprochen werden, die sich somit nicht nur der Hand des Staates und der Unternehmen, sondern auch ihrer eigenen entzieht. In Zeiten des Klimawandels wird so eine neue Bandbreite an rechtlichem Handlungsspielraum eröffnet, bei dem nun „die Natur" als Rechtssubjekt gegen die Menschen vor Gericht ziehen kann.

Literatur

Adam, L. (1937). Ethnologische Rechtsforschung. In K. T. Preuss (Hrsg.), *Lehrbuch für Völkerkunde* (S. 280–306). Stuttgart: Ferdinand Enke.
Bachofen, J. J. (1861). *Mutterrecht*. Stuttgart: Krais und Hoffmann.
Benda-Beckmann, F. v., & Benda-Beckmann, K. v. (2007). *Gesellschaftliche Wirkung von Recht*. Berlin: Reimer.
Benda-Beckmann, F. v., Benda-Beckmann, K. v., & Griffiths, A. (Hrsg.). (2009). *The Power of Law in a Transnational World. Anthropological Inquiries*. Oxford & New York: Berghahn.
Beyer, J. (2016). *The Force of Custom. Law and the Ordering of Everyday Life in Kyrgyzstan*. Pittsburgh: University of Pittsburgh Press.
Beyer, J., & Girke, F. (2015). Practicing Harmony Ideology. Ethnographic Reflections on Community and Coercion. Common Knowledge. In J. Perl (Hrsg.). *Sonderband: Peace by Other Means. Symposium on the Role of Ethnography and the Humanities in the Understanding, Prevention, and Resolution of Enmity*. Part 3. 21, 2, S. 196–235.
Birrell, K. (2016). *Indigeneity. Before and beyond the law*. Milton Park & New York: Routledge.

Blumer, H. (1954). What's Wrong with Social Ttheory? *American Sociological Review,* 19, 1, S. 3–10.
Bohannan, P. (1957). *Justice and Judgment Among the Tiv.* London & New York: Oxford University Press.Bohannan, P., & Van der Elst, D. (1998). *Asking and Listening. Ethnography as Personal Adaptation.* Prospect Heights: Waveland.
Brown, A. R. (1952). *Structure and Function in Primitive Society.* London: Cohen & West.
Buffon, G.-C. L. (1750–1774). *Allgemeine Naturgeschichte.* Troppau: Traßler & Kompanie.
Carrithers, M., Matei, C., Sykes, K., Holbraad, M., & Venkatesan, S. (2010). Ontology is just Another Word for Culture. Motion Tabled at the 2008 Meeting of the Group for Debates in Anthropological Theory, University of Manchester. *Critique of Anthropology,* 30, 2, S. 152–200.
Charlesworth, H., & Larking, E. (Hrsg.). (2015). *Human Rights and the Universal Periodic Review. Rituals and Ritualism.* Cambridge: Cambridge University Press.
Clifford, J. (2013). *Returns. Becoming Indigenous in the Twenty-first Century.* Cambridge, Massachusetts & London, England: Harvard University Press.
Comaroff, John, & Comaroff, Jean. (2009). *Ethnicity, Inc.* Chicago: University of Chicago Press.
De Lauri, A. (Hrsg.). (2015). *The Politics of Human Rights. Security, Aid and the Hidden Agendas of Humanitarianism.* London: I. B. Tauris.
Donovan, J. (2008). *Legal Anthropology. An Introduction.* Lanham & Plymouth: AltaMira.
Ellingson, T. (2001). *The Myth of the Noble Savage.* Berkeley & Los Angeles: University of California Press.
Elwert, G., Feuchtwang, S., & Neubert, D. (Hrsg.). (1999). *Dynamics of Violence. Processes of Escalation and De-escalation in Violent Group Conflicts.* Berlin: Duncker & Humblot.
Epstein, A. L. (1973). The Reasonable Man Revisited. Some Problems in the Anthropology of Law. *Law and Society Review,* 7, 4, S. 643–666.
Fassin, D. (2013). *Enforcing Order. An Ethnography of Urban Policing.* Cambridge: Polity.
Fassin, D. (2017). *Writing the World of Policing. The Difference Ethnography Makes.* Chicago: University of Chicago Press.
Garriott, W. (Hrsg.). (2013). *Policing and Contemporary Governance. The Anthropology of Police in Practice.* New York: Palgrave Macmillan.
Gluckman, M. (1955). *The Judicial Process Among the Barotse of Northern Rhodesia.* Manchester: Manchester University Press.
Graeber, D. (2015). Radical Alterity is just Another Way of Saying 'Reality'. A Reply to Eduardo Viveiros de Castro. *HAU,* 5, 2. doi: 10.14318/hau5.2.003.
Green, N. (2000). Chasing an Identity. An Aboriginal Perspective on Aboriginality. In K. Reed-Gilbert (Hrsg.), *The Strength of Us as Women: Black Women Speak.* (S. 47–53). Chamwood: Ginninderra Press.
Green, S. (2013). Borders and the Relocation of Europe. *Annual Review of Anthropology,* 42, S. 345–361.
Grünberger, M. (2016). Transnationales Recht als responsiver Rechtspluralismus? *Der Staat,* 55:1, S. 117–133.
Gulliver, P. H. (1963). *Social Control in an African Society: A Study of the Arusha: Agricultural Masia of Northern Tanganyika.* Boston: Boston University Press.
Gupta, A. (2012). *Red Tape. Bureaucracy, Structural Violence, and Poverty in India.* Durham, NC: Duke University Press.
Halme-Tuomisaari, M. (2010). *Human Rights in Action. Learning Expert Knowledge.* Leiden: Brill Academic Publishers.

Heraklit, Fragmente, B 12.
Hetherington, G. (2011). *Guerilla Auditors. The Politics of Transparency in Neoliberal Paraguay.* Durham NC: Duke University Press.
Hume, D. (1738). *Traktat über die menschliche Natur.*
Ingold, T., & Palsson, G. (Hrsg.). (2013). *Biosocial Becomings. Integrating Social and Biological Anthropology.* Cambridge & New York: Cambridge University Press.
Kohl, K.-H. (2012). Ureinwohner. Zur Geschichte und Kritik einer aktuellen politischen Kategorie. In M. Ott & T. Döring (Hrsg.), *Urworte. Zur Geschichte und Funktion erstbegründender Begriffe* (S. 77–91). Paderborn: Wilhelm Fink.
Kohler, J. (1897). Das Recht der Australneger. *Zeitschrift für Vergleichende Rechtswissenschaft,* 7, S. 321–368.
Kuper, A. (2003). The Return of the Native. Current Anthropology, 44, 3, S. 389–402.
Lafitau, J. (1724). *Sauvages Américains comparées aux moeurs des premiers temps.* Paris: Saugrain l'aîné.
Latour, B. (2007). *Eine neue Soziologie für eine neue Gesellschaft. Einführung in die Akteur-Netzwerk-Theorie.* Aus dem Englischen von G. Roßler. Suhrkamp: Frankfurt am Main.
Lescarbot, M. (1609). *Histoire de la nouvelle France.* Paris. Archive Org https://archive.org/details/histoiredelanouv00lesc_2. Zugegriffen: 19. Juni 2017.
Llewellyn, K., & Adamson Hoebel, E. (1941). *The Cheyenne Way. Conflict and Case Law in Primitive Jurisprudence.* Oklahoma: University of Oklahoma Press.
Maine, H. S. (1861). *Ancient Law.* London: John Murray.
Malinowski, B. (1926). *Crime and Custom in Savage Society.* London: K. Paul.
Malinowski, B. (1942). A New Instrument for the Interpretation of Law – Especially Primitive. *The Yale Law Journal,* 51, 8, S. 1237–1254.
Mauss, M. (1990 [1923/24]). *Die Gabe.* Frankfurt a. M.: Suhrkamp.
Merry, S. E. (1993). Legal Pluralism and Transnational Culture. The Ka Ho'Okolokolonui Kanaka Maoli Tribunal, Hawai'i. In R. A. Wilson (Hrsg.), *Human Rights, Culture and Context. Anthropological Perspectives* (S. 28–48). Chicago: Pluto Press.
Michaels, R. (2009). Global Legal Pluralism. *Annual Review of Law & Social Science,* 5, S. 1–35.
Montesquieu, C. S. (1748). *L'esprit de loi.* Genf: Barrillot & Fils.
Moore, S. F. (2005). Certainties Undone. Fifty Turbulent Years of Legal Anthropology, 1949–1999. In S. F. Moore (Hrsg.), *Law and Anthropology. A Reader* (S. 346–367). Oxford: Blackwell.
Morgan, L. H. (1877). *Ancient Society.* London: MacMillan.
Müller, G. F. (2010). *Ethnographische Schriften I.* Bearbeitet von W. Hintzsche & A. C. Elert. Bd. VIII. Halle: Verlag der Franckeschen Stiftungen zu Halle.
Nader, L. (1965). The Anthropological Study of Law. *American Anthropologist,* 67, 6, S. 3–32.
Niezen, R. (2003). Culture and the Judiciary. The Meaning of the Culture Concept as a Source of Aboriginal Rights in Canada. *Canadian Journal of Law and Society / La Revue Canadienne Droit et Societé,* 18, 2, S. 1–26.
Niezen, R., & Sapignoli, M. (Hrsg.). (2016). *Palaces of Hope. The Anthropology of Global Organizations.* New York et al.: Cambridge University Press.
Pirie, F., & Scheele, J. (Hrsg.). (2014). *Legalism. Community and Justice.* Oxford: Oxford University Press.
Pospisil, L. (1958). *The Kapauku Papuans of West New Guinea.* New York: Holt, Rinehart and Winston.

Post, A. (1890). *Grundriss der ethnologischen Jurisprudenz.* Oldenburg & Leipzig: Schulzesche Hof-Buchhandlung.

Povinelli, E. (2002). *The Cunning of Recognition. Indigenous Alterities and the Making of Australian Multiculturalism.* Durham, NC: Duke University Press.

Radcliffe-Brown, A. (2012). *Structure and function in primitive society essays and addresses.* New York: Free Press.

Randeria, S. (2008). Legal Pluralism, Social Movements and the Post-colonial State in India. Fractured Sovereignty and Differential Citizenship Rights. In B. de Sousa Santos (Hrsg.), *Another Knowledge Is possible. Beyond Northern Epistemologies, 3* (S. 41–74). London: Verso.

Reeves, M. (2014). *Border Work. Spatial Lives of the Sstate in Rural Central Asia.* Cornell University Press.

Roberts, S. (1998). Against Legal Pluralism. Some Reflections on the Contemporary Enlargement of the Legal Domain. *The Journal of Legal Pluralism and Unofficial Law.* 30, 42, S. 95–106.

Rouland, N. (1994). *Legal Anthropology.* Stanford: Stanford University Press.

Rousseau, J. (1755). *Discours sur l'origine et les fondements de l'inégalité parmi les hommes.* Amsterdam: Marc-Michel Rey.

Sahlins, M. (1972). *Stone age economics.* Chicago, Ill.: Aldine/Atherton.

Schapera, I. (1938). *A Handbook of Tswana Law and Custom.* Oxford: Oxford University Press.

Schott, R. (1982). Main Trends in German Ethnological Jurisprudence and Legal Ethnology. *Journal of Legal Pluralism,* 20, S. 37–68.

Seinecke, R. (2015). *Das Recht des Rechtspluralismus.* Tübingen: Mohr Siebeck.

Sharma, A., & Gupta, A. (2006). *The Anthropology of the State. A Reader.* Malden & Oxford: Wiley-Blackwell.

Smith, P. C. (2009). *Everything You Know About Indians is Wrong.* Minneapolis: University of Minnesota Press.

Smith, W. J. (2014). *The War on Humans.* Seattle: Discovery Institute Press.

Spivak, G. C. (1993). *Outside in the Teaching Machine.* New York: Routledge.

Starr, J., & Collier, J. (1998). *History and Power in the Study of Law. New Directions in Legal Anthropology.* Ithaca & London: Cornell University Press.

Strathern, Marilyn (1988). *The Gender of the Gift: Problems with Women and Problems with Society in Melanesia.* Berkeley, California: University of California Press.

Tamanaha, B. (1993). The Folly of the ‚Social Scientific' Concept of Legal Pluralism. *Journal of Law and Society,* 20, 2, S. 192–217.

Teubner, G. (1996). Global Bukowina. Zur Emergenz eines transnationalen Rechtspluralismus. *Rechtshistorisches Journal,* 15, S. 253–290.

Tsing, A. (2012). Unruly Edges. Mushrooms as Companion Species. *Environmental Humanities,* 1,1, S. 141–154.

Vanderlinen, J. (1971). Le pluralisme juridique. Essai de synthèse. In J. Gilissen (Hrsg.), *Le pluralisme juridique* (S. 19–56). Brüssel: Université Libre de Bruxelles.

Vermeulen, H. (2015). *Before Boas. The Genesis of Ethnography and Ethnology in the German Enlightenment.* Lincoln & London: University of Nebraska Press.

Wesel, U. (2001). *Geschichte des Rechts. Von den Frühformen bis zur Gegenwart.* 2. Aufl., München: Beck.

Zippelius, R. (1994). *Rechtsphilosophie. Ein Studienbuch.* 3. Aufl., München: Beck.

Interdisziplinäre Rechtsvergleichung
Elemente einer rechtssoziologisch fundierten Rechtsvergleichung am Beispiel des Familien- und Erbrechts

Michelle Cottier

Die interdisziplinäre Rechtsforschung trägt zum Forschungsgebiet der Rechtsvergleichung eine Pluralität von Ansätzen bei, deren Gemeinsamkeit die Verbindung von Rechts- und Sozialwissenschaften in der vergleichenden Erforschung rechtlicher Phänomene ist.[1]

Zur interdisziplinären Rechtsvergleichung können zunächst eine Reihe von *theoretischen Debatten* zu den Grundlagen rechtskomparatistischer Forschung gezählt werden. Als Beispiele sollen hier nur die zwei einflussreichen Konzepte der *Rechtskulturen* und des *Rechtspluralismus* genannt werden:[2] Der Begriff der *Rechtskulturen* („legal cultures") wurde besonders von Lawrence Friedman ab den späten 1960er Jahren verwendet (vgl. Nelken 2006, S. 481). Zentral für das Forschungsgebiet der Rechtsvergleichung ist dabei die Aussage, dass es nicht genügt, nur das positive Recht (Gesetzgebung, Rechtsprechung) und die Rechtslehre unterschiedlicher Rechtsordnungen zu vergleichen, sondern dass auch die „Rechtskultur" im Sinne der verfestigten, auf das konkrete Rechtssystem bezogenen gesellschaftlichen Muster sozialer Einstellungen und Verhaltensweisen mit einbezogen werden müssen (Nelken 2006; vgl. auch Cotterrell, 2008). Auch die stark von der Rechtsethnologie[3] beeinflusste Debatte um den *Rechtspluralismus* betrifft den Rechtsbegriff und den Umfang des Rechtsvergleichs, indem davon ausgegangen wird, dass eine Mehrzahl von Rechtsordnungen in einem bestimmten politischen Raum bestehen können, die auf unterschiedlichen Quellen der Geltung gründen

---

1 Der Begriff „interdisziplinäre Rechtsvergleichung" soll hier entsprechend dem englischen Begriff des „socio-legal comparative law" (Siems 2014, S. 119ff.) verwendet werden.
2 Ein weiteres Beispiel ist die Debatte um „legal transplants", vgl. dazu den Beitrag von Michael Riegner in diesem Band.
3 Vgl. dazu den Beitrag von Judith Beyer in diesem Band.

© Springer Fachmedien Wiesbaden GmbH, ein Teil von Springer Nature 2019
C. Boulanger et al. (Hrsg.), *Interdisziplinäre Rechtsforschung*,
https://doi.org/10.1007/978-3-658-21990-1_5

und auch von anderen als staatlichen Organisationsformen aufrechterhalten werden können (Benda-Beckmann 2002; Riles 2008).[4]

Trotz der Aufnahme der rechtssoziologisch-theoretischen Debatten in den Kanon der rechtsvergleichenden Ansätze (vgl. nur Siems 2014, S. 119ff. und die Beiträge in Reimann und Zimmermann 2008), finden diese in der *angewandten Rechtsvergleichung* nur teilweise Beachtung. In Anlehnung an Volkmar Gessner soll hier als *„angewandte Rechtsvergleichung"* das Forschungsgebiet verstanden werden, „das sich mit der Suche nach rechtlichen Modellen für die Verhinderung und Lösung sozialer Konflikte befasst und sich dabei die Erfahrungen mehrerer Rechtsordnungen zunutze macht" (Gessner 1977, S. 229).

Das vorliegende Kapitel möchte einen Beitrag zur Verbindung rechtssoziologisch-theoretischer und angewandter Fragen leisten und wählt dafür den Zugang über ein konkretes Feld, das Familien- und Erbrecht in Europa. Im ersten Teil des Beitrags geht es zunächst um die gängigen rechtspolitischen Ziele der angewandten Familien- und Erbrechtsvergleichung in Europa, der Suche nach besserem Recht und der Rechtsharmonisierung (1.1.), und um die in diesem Kontext gängige dominante funktionale Methode der Rechtsvergleichung (1.2), die in Bezug auf die herangezogenen Rechtsquellen interdisziplinär ergänzt wird (1.3.). Im zweiten Teil des Beitrags werden – über diese bloß interdisziplinäre Ergänzung hinaus – Elemente einer rechtssoziologisch fundierten angewandten Rechtsvergleichung umrissen, die den Vergleich von „law in action" (2.1.), des „lebenden Rechts" (2.2.), der politisch-gesellschaftlichen Rahmenbedingungen von Recht (2.3.) und der Wissenspraxen des Rechts (2.4.) umfassen.

---

[4] So Franz von Benda-Beckmann: „The issue mostly addressed in these debates, and the one distinguishing it from the common discussions over the concept of law, is whether or not one is prepared to admit the theoretical possibility of more than one legal order or mechanism within one socio-political space, based on different sources of ultimate validity and maintained by forms of organization other than the state." (Benda-Beckmann 2002, S. 37).

1 Interdisziplinarität in der angewandten Rechtsvergleichung: Das Beispiel der Familien- und Erbrechtsvergleichung in Europa

1.1 „Besseres Recht" und Rechtsharmonisierung als Ziele der Rechtsvergleichung – und ihre Kritik

In Europa wird angewandte Rechtsvergleichung im Familien- und Erbrecht – wie auch in anderen Bereichen des Privatrechts – heute vor allem mit zwei Zielsetzungen betrieben: Zum einen suchen nationale Gesetzgeber in anderen Rechtsordnungen nach „besserem Recht", also nach angemesseneren oder innovativen regulativen Lösungen, die als Inspiration für Rechtsreformen dienen können (Antokolskaia 2003). Die zweite Zielsetzung ist mit der Idee der europäischen Rechtsharmonisierung verknüpft, die im Gebiet des Familienrechts durch die *Commission on European Family Law* (CEFL) vorangetrieben wird. In diesem Zusammenhang dient die Rechtsvergleichung der Suche nach dem „common core", einem gemeinsamen „Kernbestand" europäischen Zivilrechts (Boele-Woelki 2016, S. 211).

Diese Zielsetzungen sind nicht ohne Kritik geblieben. So wird vorgebracht, dass kulturelle Unterschiede zwischen verschiedenen Rechtssystemen einen Wert an sich haben und dass eine Übernahme „besseren Rechts" und die Rechtsvereinheitlichung in Europa diese Unterschiede gefährde (Legrand 1997), umso mehr im – aus dieser Perspektive – besonders kulturell geprägten Familienrecht (Meulders-Klein 2003). Dem wird entgegnet, dass konservative und progressive kulturelle Einflüsse auf das Familienrecht pan-europäisch organisiert seien und deshalb der Rechtsharmonisierung nicht entgegenstünden (Antokolskaia 2008). Andere Stimmen weisen dagegen darauf hin, dass die Fokussierung auf Kultur – auch in der pan-europäischen Variante – die Verteilungswirkungen von Familienrecht unsichtbar mache, dass also verschleiert werde, dass vereinheitlichte familienrechtliche Regelungen im Zusammenspiel mit national bestimmten sozial- und wirtschaftspolitischen Rahmenbedingungen zu unterschiedlichen Verteilungen materieller Ressourcen zwischen Familienmitgliedern insbesondere entlang der Geschlechterlinie führen können (Tsoukala 2010, S. 907ff.).

1.2 Funktionale Methode und ihre Kritik

Die funktionale Methode der Rechtsvergleichung ist das Forschungsparadigma, das in den beiden Kontexten „Suche nach besserem Recht" und „Rechtsharmonisierung" in erster Linie benutzt wird (für die CEFL: Boele-Woelki 2016, S. 211). Die

Methode, wie sie von Konrad Zweigert und Hein Kötz in ihrem einflussreichen Lehrbuch beschrieben wird, besteht in der Formulierung einer Ausgangsfrage, die ein praktisches Rechtsproblem definiert, das von jeder Rechtsordnung gelöst werden muss, und der Untersuchung der Frage, wie die ausländische Rechtsordnung dieses Rechtsproblem löst (Zweigert und Kötz 1996, S. 33).[5] Die Formulierung der Ausgangsfrage muss sich gemäß diesem Ansatz von den Systembegriffen der eigenen Rechtsordnung lösen, wofür Zweigert und Kötz unter anderem ein Beispiel aus dem Erbrecht benutzen: „Man fragt nicht, wie regelt das ausländische Recht die deutsche Vor- und Nacherbschaft?[6] Sondern man sucht zu ermitteln, auf welche Weise das ausländische Recht dem Bedürfnis seiner Erblasser nach langfristiger Nachlassbindung[7] Rechnung trägt" (Zweigert und Kötz 1996, S. 33). Nach Zweigert und Kötz hat die funktionale Methode zum Ziel zu verhindern, dass die Rechtsvergleicherin oder der Rechtsvergleicher ausländische Lösungen übersieht, nur, weil sie systematisch anders eingeordnet sind als im eigenen nationalen Recht oder auf grundsätzlich anderen Rechtskonzepten beruhen. Das zentrale Konzept ist das „funktionale Äquivalent": Rechtliche Regeln oder Institutionen in verschiedenen Rechtssystemen sind funktional äquivalent und damit vergleichbar, wenn sie die gleiche soziale oder ökonomische Funktion erfüllen (vgl. dazu Scheiwe 2000). Verwendet wird die Figur des *tertium comparationis*, also die Idee der Notwendigkeit der Formulierung einer neutralen Vergleichsposition, an der die verglichenen Rechtsordnungen gemessen werden können (Örücü 2006).

Die funktionale Methode ist Gegenstand grundlegender Kritik. Insbesondere wird die Annahme kritisiert, dass universelle, von allen Rechtsordnungen zu lösende Funktionen und Rechtsprobleme existierten, die „objektiv" problematisiert werden können (grundlegend: Frankenberg 1985; vgl. zur Debatte auch Coninck 2010; Mattei 2008). Daher fokussieren rechtssoziologisch geprägte Ansätze auf die spezifische Funktion des Familienrechts in der jeweiligen Gesellschaft (Nicola 2010 unter Hinweis auf Llewellyn 1932; Llewellyn 1933 und Rheinstein 2007).

Dass die Definition der Funktion bestimmter Rechtsbereiche immer von einer bestimmten Organisation von Gesellschaft abhängt, zeigt sich mit einem Blick in

---

5 Der funktionale Ansatz ist bereits am Anfang des 20. Jahrhundert entstanden und ist mit Namen wie Rudolf von Jhering, Ernst Rabel, Raymond Saleilles, Edouard Lambert und Roscoe Pound verbunden, vgl. dazu Nicola 2010, S. 792ff.

6 Vgl. § 2100 Bürgerliches Gesetzbuch (BGB): „Der Erblasser kann einen Erben in der Weise einsetzen, dass dieser erst Erbe wird, nachdem zunächst ein anderer Erbe geworden ist (Nacherbe)."

7 Instrumente der Nachlassbindung wie namentlich die Vor- und Nacherbschaft oder die Errichtung von Stiftungen verfolgen das Ziel der langfristigen Zuordnung von Vermögen und der Beeinflussung von nachfolgenden Generationen.

die Rechtsethnologie. So identifiziert die europäische Erbrechtsvergleichung als mögliche Funktionen des Erbrechts u. a. die auf westliche liberale Rechtsordnungen zugeschnittene „Motivation von Erblassern zu Produktivität und Sparsamkeit", „Umverteilung von Vermögen" (Dutta 2014) oder „Erhalt und Schutz der Familie als soziale Einheit" (Waal 2008, S. 1072). Die rechtsethnologische Forschung zum Erbrecht dagegen beschreibt eine Pluralität möglicher Funktionen, die vom jeweiligen Wirtschaftssystem abhängen (Foblets 2010). Die Funktion des Erbrechts in einer Gesellschaft, die auf gemeinsamer Nutzung von Naturressourcen beruht, besteht etwa in der Erhaltung des gemeinschaftlichen Eigentums (Foblets 2010, S. 45; Egli 2005).

Trotz dieser Kritik hat die funktionale Methode in der Variante nach Zweigert und Kötz sich in der angewandten Rechtsvergleichung als dominanter Ansatz durchsetzen können.

1.3 Rechtsquellen angewandter Rechtsvergleichung: Juristenrecht und interdisziplinäre Öffnung

In Bezug auf die einzubeziehenden Rechtsquellen ist der funktionale Ansatz in seiner Formulierung durch Zweigert und Kötz eng gefasst:[8] „Rechtsquelle im Sinne rechtsvergleichender Forschung ist alles, was das Rechtsleben der herangezogenen Ordnung gestaltet oder mitgestaltet. Der Vergleicher muss sich also der gleichen Quellen bedienen wie der Jurist der ausländischen Rechtsordnung" (Zweigert und Kötz 1996, S. 34). Obwohl Zweigert und Kötz in ihren eigenen Untersuchungen rechtssoziologische Konzepte wie „das lebende Recht" Eugen Ehrlichs (Ehrlich 1989 [1913]) erwähnen (1996, S. 293), bleibt der Ansatz letztlich sehr eng und beschränkt sich auf die Untersuchung der Rechtsquellen, die für deutsche Juristinnen und Juristen maßgebend sind: Gesetzgebung, Rechtsprechung und Rechtslehre (so auch Vogenauer 2008).

---

8   Ernst Rabel hat 1924 noch einen weiter gefassten Rechtsbegriff vertreten: „Denn das Recht ist […] eine Kulturerscheinung, es kann nicht unabhängig gedacht werden von seinen Ursachen und Wirkungen. […] Der Stoff des Nachdenkens über die Probleme des Rechts muss das Recht der gesamten Erde sein, vergangenes und heutiges, der Zusammenhang des Rechts mit Boden, Klima und Rasse, mit geschichtlichen Schicksalen der Völker – Krieg, Revolution, Staatengründung, Unterjochung –, mit religiösen und ethischen Vorstellungen; Ehrgeiz und schöpferischer Kraft von Einzelpersonen; Bedürfnis von Gütererzeugung und Verbrauch; Interesse von Schichten, Parteien, Klassen." (Rabel 1965–1971, S. 4f.).

Die angewandte Familien- und Erbrechtsvergleichung in Europa engt den Umfang der Untersuchung nicht so stark ein: Sie orientiert sich weitgehend an der funktionalen Methode, reichert diese aber im Hinblick auf die einzubeziehenden Rechtsquellen interdisziplinär an (Schwenzer 2003). Als Beispiel sei das Forschungsprogramm der Commission on European Family Law genannt (Boele-Woelki 2016). Als Grundlage der Erarbeitung von „Principles of European Family Law"[9] berichten die Mitglieder der Kommission auf der Grundlage von Fragebögen über die Rechtslage in ihrer nationalen Rechtsordnung in einem bestimmten Themenbereich,[10] wobei nicht nur Gesetzesnormen, sondern auch die Rechtsanwendung, in Form der Praxis der obersten nationalen Gerichte, und die verfügbaren Statistiken (bspw. Häufigkeit von Scheidungen, Zahl der unverheiratet zusammenlebenden Personen etc.) beigezogen werden. Dafür wird der Begriff „law in action" verwendet, der damit enger definiert wird, als ursprünglich durch Roscoe Pound (dazu sogleich 2.1.).

2 Rechtssoziologisch fundierte Rechtsvergleichung

Im Folgenden sollen am Beispiel des Familien- und Erbrechts Elemente einer rechtssoziologisch fundierten angewandten Rechtsvergleichung formuliert werden, die über die bloße interdisziplinäre Anreicherung der funktionalen Methode hinausgeht. Der vorliegende Beitrag geht dabei von einer gegenüber der Möglichkeit und dem rechtspolitischen Nutzen des Vergleichs nicht völlig skeptischen Position aus, plädiert aber für ein Überdenken des Rechtsbegriffs, der rechtsvergleichenden Studien zugrunde gelegt wird.

---

9 Die Principles beruhen entweder auf dem ermittelten „common core" europäischen Rechts oder, wenn dieses normativ nicht überzeugt oder kein solches gemeineuropäisches Recht besteht, auf dem von der CEFL ermittelten „besseren Recht", vgl. (Boele-Woelki 2016).

10 Bislang bearbeitete Themen sind: Scheidungsgründe und Unterhalt nach Scheidung, elterliche Verantwortung, Familienvermögen, nicht formalisierte Beziehungen, vgl. die Länderberichte unter http://ceflonline.net/country-reports-by-subject/. Zugegriffen: 27. Januar 2018.

2.1 Rechtspraxis jenseits des „law on the books": Vergleich von „law in action"

Ein erstes Element einer rechtssoziologisch fundierten Rechtsvergleichung besteht darin, über das Juristenrecht oder „law on the books" hinaus das „law in action" zu untersuchen, ein Begriff, den wir dem amerikanischen Rechtswissenschaftler Roscoe Pound verdanken (Pound 1910). Pound meint mit „law in action" die Regelmäßigkeit der Anwendung von Normen durch die Organe der Rechtsanwendung (Pound 1910). Übertragen auf die Rechtsvergleichung ginge es damit um die vergleichende Untersuchung der Rechtsanwendung durch unterinstanzliche Gerichte, mit dem Ziel, einen Überblick darüber zu erhalten, wie das Recht in der breiten Masse der Fälle angewendet wird, nicht nur in den wenigen publizierten Entscheidungen, die oftmals keine Durchschnittssituationen betreffen. In methodischer Hinsicht ist der Zugang zum „law in action" durch die Analyse von Akten und Entscheidungen unterinstanzlicher Gerichte, durch Interviews mit den verschiedenen Akteuren der Rechtspraxis (AnwältInnen, RichterInnen, GerichtsschreiberInnen etc.) und betroffenen Rechtssuchenden sowie durch teilnehmende Beobachtung zu gewinnen. Zu „law in action" gehört dabei auch die Frage, wie private vertragliche Vereinbarungen „im Schatten des Rechts" ausgehandelt werden, wie es der Titel der wegweisenden Untersuchung von Mnookin und Kornhauser (1978–1979) formuliert.

Ein Beispiel sind aktuelle Studien, die im Anschluss an Mnookin und Kornhauser die Tendenz zur außergerichtlichen, privaten Regelung familienrechtlicher Konflikte vergleichend untersuchen (vgl. die Beiträge in Maclean et al. 2015). Dabei wird deutlich, dass diese „Alternativen zur Justiz" nur dann zur Zufriedenheit der Beteiligten (etwa der Parteien einer Trennung oder Scheidung) funktionieren, wenn die Rechtslage, in deren Schatten die private Aushandlung stattfindet, auf gesetzlicher und gerichtlicher Ebene immer wieder geklärt und weiter entwickelt wird (Mair et al. 2015). Dies kann u. a. nur gelingen, wenn der Zugang zu gerichtlichen Verfahren garantiert ist. Der Zugang zur Justiz wurde allerdings in vielen europäischen Ländern im Zuge von staatlicher Sparpolitik durch Abbau von unentgeltlichem Rechtsbeistand und durch die Erhöhung von Gerichtskostenvorschüssen beschränkt, was insbesondere die ökonomisch schwächeren Parteien in Familienkonflikten, das heißt hauptsächlich Frauen und Kinder, benachteiligt (Picontó-Novales 2015; Sommerlad 2015). „Law in action" wird dadurch immer mehr zum „Recht des Stärkeren".

2.2 Gesellschaftliche Verwendungen des Rechts: Vergleich des lebenden Rechts

Das zweite Element besteht in der vergleichenden Untersuchung des lebenden Rechts im Sinne von Eugen Ehrlich (1989 [1913]). Es geht um die vielen Leben, die das Recht in der sozialen Realität entfaltet. Lebendes Recht ist insofern von „law in action" zu unterscheiden, als der von Ehrlich verwendete erste Begriff die Entwicklung von rechtsförmigen Normen im Rahmen weitergefasster sozialer Beziehungen (Wirtschaftsbeziehungen, Familienbeziehungen etc.) beschreibt, während der zweite, von Pound geprägte Begriff, sich für die Ergebnisse der Interventionen eines auf soziale Kontrolle gerichteten staatlichen Rechts interessiert (Nelken 1984; Nimaga, 2009). Für Ehrlich, in der Rekonstruktion durch Manfred Rehbinder (1986, S. 74), ist lebendes Recht gesellschaftliches Recht auf höherer, nämlich auf durch Reaktion auf Juristenrecht und staatliches Recht beeinflusster Stufe.

In der hier vorgeschlagenen aktualisierten Fassung des „lebenden Rechts" muss die Frage gestellt werden, wie rechtliche (auf staatlicher *und* gesellschaftlicher Ebene geschaffene) Normen kulturelle Bedeutungen und soziale Praktiken der Geschlechterverhältnisse, von Verwandtschaft und von Eltern-Kind-Beziehungen mitgestalten, und wie umgekehrt lebendes Recht durch die Verwendungen rechtlicher Normen in sozialen Beziehungen mitgestaltet wird.

In methodischer Hinsicht sind Interviews mit juristischen Laien wie auch Angehörigen der juristischen Berufe, sowie teilnehmende Beobachtung von Beratungsgesprächen, Gerichtsverhandlungen und anderen rechtsnahen Interaktionen die wohl geeignetsten Instrumente zur Ermittlung lebenden Rechts – in der oben formulierten aktualisierten Form. Nur sie erlauben die Darstellung der Komplexität der Gestaltung familiärer Beziehung durch Recht. Weniger geeignet erscheinen dagegen standardisierte Fragebogenstudien zu Einstellungen zum Recht, die auf Vorannahmen über mögliche Präferenzen beruhen und deshalb nicht geeignet sind, neue Einsichten in die Komplexität sozialer Rechtsrealitäten zu gewinnen (dazu Cottier 2014, S. 204).

Ein gelungenes Beispiel ist die Studie von Janet Finch und Jennifer Mason aus dem Jahr 2000 zu sozialen Praktiken des Erbens in England und Wales, ein Klassiker der *socio-legal studies*. Finch und Mason führten unter anderem Interviews mit Eltern in Patchworkfamilien über deren Überlegungen zur Übertragung ihres Vermögens nach ihrem Tod. Eine der zentralen Beobachtungen der Studie betrifft die differenzierte Bedeutung der Gleichbehandlung aller Nachkommen. In einer individuellen Betrachtungsweise weichen Eltern in diesem Familientyp vom Prinzip der strikten *Gleichbehandlung* der Nachkommen ab. Finch und Mason zeigen auf, dass Eltern im Interesse der *Ergebnisgleichheit* von der strikten Gleichbehandlung ihrer Kinder – wie sie von Eltern grundsätzlich sozial erwartet wird – abweichen: Haben beispielsweise die Kinder einer Mutter unterschiedliche Väter mit entsprechend unterschiedlichen Vermögensverhältnissen, bedeutet Ergebnisgleichheit, dass das Kind mit einem vermögenderen Vater von der Mutter weniger erhält und umgekehrt (Finch und Mason 2000, S. 45).

In einer erweiterten Perspektive umfasst der Vergleich lebenden Rechts auch nichtstaatliches Recht, im Sinne der oben erwähnten Analysen unter dem Titel des Rechtspluralismus. Dazu gehören etwa Studien zur familienrechtlichen Praxis in muslimischen Glaubensgemeinschaften in westlichen Gesellschaften, die Strukturen der Rechtsprechung parallel zur staatlichen Gerichtsbarkeit entwickeln (Büchler 2016, S. 73 m. w. N.)

2.3 Die Makro-Ebene: Vergleich der politisch-gesellschaftlichen Rahmenbedingungen von Recht

Ein drittes Element besteht in der vergleichenden Analyse auf der Makro-Ebene. Diese fokussiert auf die Einbettung des Familien- und Erbrechts in einen weiteren familienpolitischen, kulturellen und ökonomischen Kontext (vgl. auch David Bradley 1999).

Für die Erforschung des makrosozialen Kontexts sind Ansätze der *comparative policy analysis* geeignet. Privates Familien- und Erbrecht wird damit als Bestandteil weitergefasster Familien- und Sozialpolitiken betrachtet (so etwa Daly und Scheiwe 2010). Auf der methodischen Ebene ist diese vergleichende Erforschung des Zusammenspiels etwa von Zivilrecht, Sozialrecht und Steuerrecht anforderungsreich, werden doch die gleichen Funktionen in manchen Ländern vom Zivilrecht, in anderen vom öffentlichen Recht erfüllt, wie das Beispiel des Ausgleichs angesparter Guthaben der Altersvorsorge zwischen Ehe- oder Lebenspartnern bei Scheidung oder Tod (Versorgungsausgleich) deutlich macht (Scheiwe 2012, S. 165). Gerade aus diesem Grund ist die vergleichende Erforschung der familien- und sozialpolitischen Einbettung des Familienrechts auch aus der Perspektive der funktionalen Methode unverzichtbar.

Ein Blick auf den makrosozialen Kontext erlaubt es aber auch oftmals, Unterschiede in der Rechtsanwendung von gleichlautenden Normen des Familienrechts zu erklären: Ein Beispiel ist der aktuell festzustellende internationale Trend hin zu gemeinsamer Elternschaft nach Trennung und Scheidung. Verschiedene westliche Familienrechtsordnungen haben Gesetzgebungen eingeführt, die Entscheidungen im Sinne eines alternierenden Aufenthalts des Kindes nach Scheidung oder Trennung favorisieren, mit gleichen Betreuungszeiten für beide Eltern (in Deutschland bekannt als „Wechselmodell"). Allerdings sieht die Umsetzung dieses gesetzgeberischen Ideals in der Familienrealität je nach makro-gesellschaftlichem Zusammenhang unterschiedlich aus. Australien hat beispielsweise im Jahr 2006 mit dem *Shared Parental Responsibility Act* die gemeinsame Elternschaft nach Scheidung oder Trennung als gesetzlichen Idealfall eingeführt. Trotz dieser Gesetzesreform hat jedoch der Anteil der Regelungen der Scheidung oder Trennung, die gleiche Betreuungszeiten beider Eltern vorsehen („equal time parenting") bei ungefähr 8 % aller Entscheidungen stagniert. Die interdisziplinäre australische Familienrechtsforschung erklärt dies mit einer besonders schwierigen Situation auf dem Arbeitsmarkt, die es getrennten oder geschiedenen Paare erschwert, die notwendigen Ressourcen und Flexibilität für ein Modell gemeinsamer Elternschaft aufzubringen (Smyth et al. 2014, S. 141).

In Québec dagegen, wo eine explizite gesetzliche Norm über gemeinsame Elternschaft nach Trennung oder Scheidung fehlt und sich die Möglichkeit des alternierenden Aufenthalts des Kindes („garde physique partagée") im Rahmen der Gerichtspraxis entwickelt hat, ist der Anteil alternierenden Aufenthalts höher als in Australien und liegt bei 20 %. Eine kürzlich publizierte Studie bestätigt, dass die „garde physique partagée" in Québec zu einer kulturellen Norm geworden ist, unterstreicht aber, dass es eher Eltern mit höherem sozioökonomischen Status und Bildungsniveau sind, die sich im Sinne des alternierenden Aufenthalts des Kindes und gemeinsamer Elternschaft organisieren können (Côté und Gaborean 2015, S. 41). Offenbar sind diese Voraussetzungen aber in Québec häufiger vorhanden als in Australien.

2.4 Gesellschaft durch die Brille des Rechts: Vergleich der Wissenspraxen des Rechts

Das vierte Element interdisziplinärer Rechtsvergleichung, das hier hervorgehoben werden soll, hängt mit den anderen drei zusammen und betrifft rechtliche Epistemologien, im Sinne unterschiedlicher Weisen des rechtlichen „Erkennens", als Elemente von Rechtskulturen.[11] Gefragt wird danach, wie das Recht in verschiedenen Rechtsräumen über gesellschaftliche Realität „denkt" (Teubner 1989) und auf welche Wissensquellen das Recht zurückgreift. Das Ziel ist damit die vergleichende Untersuchung verschiedener rechtlicher Wissenspraxen insbesondere in Bezug auf sozialwissenschaftliches Wissen. Methodisch geht es hier um eine Diskursanalyse

---

11 Insofern geht es hier um Aspekte der „internen Rechtskultur", im Sinne von Friedman: „Internal legal culture is the legal culture of those members of society who perform specialized legal tasks" (Friedman 1975, S. 223).

der Gesetzgebung, Gerichtspraxis und Rechtslehre aus einer wissenssoziologischen Perspektive (vgl. dazu Lucke 2010).

Ein Beispiel aus dem Erbrecht soll die Fragestellung und den methodischen Zugang illustrieren. Es geht um die rechtspolitischen Diskussionen zum gesetzlichen Erbrecht, also zu den Regeln, die gelten, wenn eine Erblasserin keine Verfügungen von Todes wegen getroffen hat. Ein Vergleich der Debatten in verschiedenen nationalen Kontexten zeigt, dass die Rechtslehre wie die Gesetzgebung durchgehend davon ausgeht, dass das gesetzliche Erbrecht auf den Präferenzen des durchschnittlichen Erblassers beruhen soll. Allerdings variieren die zur Bestimmung dieser Präferenzen herangezogenen Wissensquellen stark. Während im englischen Kontext Bevölkerungsbefragungen durchgeführt werden, um durchschnittliche Einstellungen zu ermitteln (Douglas et al. 2011), wird in Deutschland auf die Perspektive und Berufserfahrung der in Nachlassplanungen einer wirtschaftlich besser gestellten Bevölkerungsschicht involvierten Professionen, also insbesondere Anwälte und Notare, abgestellt (vgl. Cottier 2010, S. 213 m. w. N.). Diese Beobachtung lässt sich in Beziehung setzen zu Charakteristiken der Rechtskultur, die in Deutschland auf der Betonung der Autonomie der Rechtswissenschaft gegenüber anderen Wissenschaften beruht (Lundmark 2012, S. 101ff.), während die anglo-amerikanische Rechtskultur gegenüber sozialwissenschaftlichem Wissen offener ist (Lundmark 2012, S. 105ff.).

Die Unterschiede zwischen verschiedenen Rechtskulturen in Bezug auf die Rezeption sozialwissenschaftlicher Wissensbestände erklären auch, weshalb der hier vertretene Ansatz einer rechtssoziologisch fundierten Rechtsvergleichung heute eher im anglo-amerikanischen als im kontinentaleuropäischen Rechtsraum anzutreffen ist.[12] Der Grad an Interdisziplinarität der nationalen Rechtswissenschaft schlägt sich selbstverständlich auch im Umfang des Untersuchungsgegenstands im Rahmen rechtsvergleichender Forschung nieder.

3 Schluss

Was kann nun der hier vorgeschlagene Vergleich von „law in action", von lebendem Recht, der makrosozialen Einbettung von Recht wie auch der verschiedenen Wissenspraxen des Rechts beitragen zu den einleitend erwähnten normativen Zielen wie insbesondere die Reform nationalen Rechts und die europäische Rechtsharmonisierung?

---

12 So zum Beispiel Miles 2016. Für eine Ausnahme im deutschsprachigen Raum vgl. insbesondere die Arbeiten von Kirsten Scheiwe (statt vieler: 1999; 2012).

Im Kontext nationaler Rechtsreformen könnte solcherart betriebene Rechtsvergleichung zu einem besser informierten Reformprozess führen. Beispielsweise können ausländische Erfahrungen zu den Auswirkungen von Austeritätspolitik die Aufmerksamkeit darauf lenken, dass normative Ziele des materiellen Familien- und Erbrechts, etwa die Förderung des Kindeswohls oder der Ausgleich ehebedingter Nachteile durch das Eheunterhaltsrecht, aufgrund von Problemen des Zugangs zur Familienjustiz nicht erfüllt werden können. Ausländische Forschungsergebnisse zum lebenden Recht wie etwa das oben beschriebene differenzierte Gleichheitsverständnis der Praxis der Nachlassplanung in Patchworkfamilien können Grundlage von Reformüberlegungen bilden; ausländisches lebendes Recht könnte also genauso wie positivierte ausländische Rechtsnormen Anlass zu Innovationen geben.

Das Harmonisierungsprojekt seinerseits kann durch interdisziplinär orientierte Rechtsvergleichung gegen zu hohe Erwartungen in Bezug auf die Vereinheitlichung von Normen des materiellen Familien- und Erbrechts geschützt werden. Auch wenn alle europäischen Staaten ein einheitliches Regelungswerk für einen Rechtsbereich einführten, würden die Ergebnisse im Einzelfall der Rechtsanwendung aufgrund unterschiedlicher rechtlicher und sozialer Praxen und familien- und sozialpolitischer Rahmenbedingungen stark variieren.

Nicht zuletzt könnte eine übergreifende, europäische rechtswissenschaftliche Debatte über die Verwendung rechtssoziologischen Wissens das Feld des „europäischen Familien- und Erbrechts" stärken – und damit gleichzeitig europaweit auch die interdisziplinäre Rechtsforschung.

Literatur

Antokolskaia, M. (2003). The 'Better Law Approach' and the Harmonisation of Family Law. In K. Boele-Woelki (Hrsg.), *Perspectives for the Unification and Harmonisation of Family Law in Europe* (S. 159–182). Antwerpen: Intersentia.

Antokolskaia, M. (2008). Family Law and National Culture: Arguing Against the Cultural Constraints Argument. *Utrecht Law Review,* 4(2), S. 25–34.

Benda-Beckmann, F. v. (2002). Who's Afraid of Legal Pluralism? *The Journal of Legal Pluralism and Unofficial Law,* 34(47), S. 37–82.

Boele-Woelki, K. (2016). The Impact of the Commission on European Family Law (CEFL) on European Family Law. In J. M. Scherpe (Hrsg.), *European Family Law Volume I. The Impact of Institutions and Organisations on European Family Law* (S. 209–260). Cheltenham (UK): Edward Elgar Publishing.

Büchler, A. (2016). *Islamic Law in Europe? Legal Pluralism and Its Limits in European Family Laws.* London: Routledge.

Coninck, J. de (2010). The Functional Method of Comparative Law: Quo Vadis? *RabelsZ*, 74, S. 318–350.
Côté, D., & Gaborean, F. (2015). Nouvelles normativités de la famille: la garde partagée au Québec, en France et en Belgique. *Canadian Journal of Women and the Law*, 27(1), S. 22–46.
Cotterrell, R. (2008). Comparative Law and Legal Culture. In M. Reimann & R. Zimmermann (Hrsg.), *The Oxford Handbook of Comparative Law* (S. 710–737). Oxford: Oxford University Press.
Cottier, M. (2010). Soziologisches Wissen in Debatten um die Reformbedürftigkeit des Erbrechts. In M. Cottier, J. Estermann & M. Wrase (Hrsg.), *Wie wirkt Recht?* (S. 203–226). Baden-Baden: Nomos. Verfügbar unter http://www.rechtssoziologie.info/literatur/upload1.
Cottier, M. (2014). Adapting Inheritance Law to Changing Social Realities: Questions of Methodology from a Comparative Perspective. *Oñati Socio-Legal Series*, 4(2), S. 196–221. Verfügbar unter http://ssrn.com/abstract=2430733
Daly, M., & Scheiwe, K. (2010). Individualisation and Personal Obligations – Social Policy, Family Policy, and Law Reform in Germany and the UK. *International Journal of Law, Policy and the Family*, 24(2), S. 177–197.
Bradley, D. (1999). Convergence in Family Law: Mirrors, Transplants and Political Economy. *Maastricht Journal of European and Comparative Law*, 6(2), S. 127–150.
Douglas, G., Woodward, H., Humphrey, A., Mills, L., & Morrell, G. (2011). Enduring Love? Attitudes to Family and Inheritance Law in England and Wales. *Journal of Law and Society*, 38(2), S. 245–271.
Dutta, A. (2014). *Warum Erbrecht? Das Vermögensrecht des Generationenwechsels in funktionaler Betrachtung. Beiträge zum ausländischen und internationalen Privatrecht: Vol. 101*. Tübingen: Mohr Siebeck.
Egli, W. (2005). Erben im Kulturvergleich – oder warum die Bauern so anders sind. In W. Egli & K. Schärer (Hrsg.), *Erbe, Erbschaft, Vererbung* (S. 55–71). Zürich: Chronos.
Ehrlich, E. (1989 [1913]). *Grundlegung der Soziologie des Rechts. Schriftenreihe zur Rechtssoziologie und Rechtstatsachenforschung: Bd. 69*. 4. Aufl., Berlin [-West]: Duncker und Humblot.
Finch, J., & Mason, J. (2000). *Passing On. Kinship and Inheritance in England*. London: Routledge.
Foblets, M.-C. (2010). Legal Anthropology. In C. Castelein, R. Foqué & A. Verbeke (Hrsg.), *European Family Law: Vol. 26. Imperative Inheritance Law in a Late-Modern Society. Five Perspectives* (S. 39–63). Antwerpen: Intersentia.
Frankenberg, G. (1985). Critical Comparisons: Rethinking Comparative Law. *Harvard International Law Journal*, 26, S. 411–455.
Friedman, L. M. (1975). *The Legal System: A Social Science Perspective*. New York: Russell Sage Foundation.
Gessner, V. (1977). Soziologische Überlegungen zu einer Theorie der angewandten Rechtsvergleichung. In U. Drobnig & M. Rehbinder (Hrsg.), *Schriftenreihe zur Rechtssoziologie und Rechtstatsachenforschung: Vol. 38. Rechtssoziologie und Rechtsvergleichung* (S. 123–150). Berlin: Duncker und Humblot.
Legrand, P. (1997). Against a European Civil Code. *The Modern Law Review*, 60(1), S. 44–63.
Llewellyn, K. (1932). Behind the Law of Divorce I. *Columbia Law Review*, 32, S. 1281–1308.
Llewellyn, K. (1933). Behind the Law of Divorce II. *Columbia Law Review*, 33, S. 249–294.

Lucke, D. M. (2010). Was weiß Recht? Anmerkungen aus der sozialwissenschaftlichen Verwendungsforschung. In M. Cottier, J. Estermann & M. Wrase (Hrsg.), *Wie wirkt Recht?* (S. 147–179). Baden-Baden: Nomos.

Lundmark, T. (2012). *Charting the Divide Between Common and Civil Law.* New York: Oxford University Press.

Maclean, M., Eekelaar, J., & Bastard, B. (Hrsg.). (2015). *Delivering Family Justice in the 21st Century.* Oxford, Portland (OR): Hart Publishing.

Mair, J., Wasoff, F., & Mackay, K. (2015). Family Justice Without Courts: Property Settlement on Separation Using Contracts in Scotland. In M. Maclean, J. Eekelaar & B. Bastard (Hrsg.), *Delivering Family Justice in the 21st Century* (S. 175–196). Oxford, Portland (OR): Hart Publishing.

Mattei, U. (2008). Comparative Law and Critical Legal Studies. In M. Reimann & R. Zimmermann (Hrsg.), *The Oxford Handbook of Comparative Law* (S. 815–836). Oxford: Oxford University Press.

Meulders-Klein, M.-T. (2003). Towards a European Civil Code on Family Law? Ends and Means. In K. Boele-Woelki (Hrsg.), *Perspectives for the Unification and Harmonisation of Family Law in Europe* (S. 105–117). Antwerpen: Intersentia.

Miles, J. (2016). Unmarried Cohabitation in a European Perspective. In J. M. Scherpe (Hrsg.), *European Family Law Volume III. Family Law in a European Perspective.* Cheltenham (UK): Edward Elgar Publishing.

Mnookin, R. H., & Kornhauser, L. (1978–1979). Bargaining in the Shadow of the Law: The Case of Divorce. *The Yale Law Journal,* 88, S. 950–997.

Nelken, D. (1984). Law in Action or Living Law? Back to the Beginning in Sociology of Law. *Legal Studies,* 4(2), S. 157–174.

Nelken, D. (2006). Legal Culture. In J. M. Smits (Hrsg.), *Elgar Encyclopedia of Comparative Law* (S. 480–490). Cheltenham (UK): Edward Elgar Pub.

Nicola, F. (2010). Family Law Exceptionalism in Comparative Law. *American Journal of Comparative Law,* S. 777–810.

Nimaga, S. (2009). Pounding on Ehrlich. Again? In M. L. M. Hertogh (Hrsg.), *Oñati International Series in Law and Society. Living Law. Reconsidering Eugen Ehrlich* (S. 157–175). Oxford, Portland (OR): Hart Publishing.

Örücü, E. (2006). Methodological Aspects of Comparative Law. *European Journal of Law Reform,* 8, S. 29–42.

Picontó-Novales, T. (2015). Access to Justice in Times of Austerity, with Special Reference to Family Justice. In M. Maclean, J. Eekelaar & B. Bastard (Hrsg.), *Delivering Family Justice in the 21st Century* (S. 200–213). Oxford, Portland (OR): Hart Publishing.

Pound, R. (1910). Law in Books and Law in Action. *American Law Review,* 44, S. 12–36.

Rabel, E. (1965–1971). Aufgabe und Notwendigkeit der Rechtsvergleichung. In H. G. Leser (Hrsg.), *Ernst Rabel. Gesammelte Aufsätze. Bd. III* (S. 1–21). Tübingen: Mohr Siebeck.

Rehbinder, M. (1986). *Die Begründung der Rechtssoziologie durch Eugen Ehrlich. Schriftenreihe zur Rechtssoziologie und Rechtstatsachenforschung: Bd. 6.* Berlin[-West]: Duncker und Humblot.

Reimann, M., & Zimmermann, R. (Hrsg.). (2008). *The Oxford Handbook of Comparative Law.* Oxford: Oxford University Press.

Rheinstein, M. (2007). The Family and the Law. In A. Chloros, M. Rheinstein & M. A. Glendon (Hrsg.), *International Encyclopedia of Comparative Law. Volume IV: Persons and Family* (S. I-1-I-18). Tübingen/Leiden/Boston.

Riles, A. (2008). Comparative Law and Socio-legal Studies. In M. Reimann & R. Zimmermann (Hrsg.), *The Oxford Handbook of Comparative Law* (S. 775–813). Oxford: Oxford University Press.

Scheiwe, K. (1999). *Kinderkosten und Sorgearbeit im Recht: Eine rechtsvergleichende Studie. Juristische Abhandlungen: Bd. 36.* Frankfurt a. M.: Vittorio Klostermann.

Scheiwe, K. (2000). Was ist ein funktionales Äquivalent in der Rechtsvergleichung? Eine Diskussion an Hand von Beispielen aus dem Familien- und Sozialrecht. *Kritische Vierteljahresschrift für Gesetzgebung und Rechtswissenschaft*, 83(1), S. 30–51.

Scheiwe, K. (2012). The Costs of Caring for Children Before and After Divorce: Contradictory Legal Messages and Their Gendered Effect. In D. G. Mayes & M. Thomson (Hrsg.), *The Costs of Children. Parenting and Democracy in Contemporary Europe.* Cheltenham (UK), Northampton (MA, USA): Edward Elgar.

Schwenzer, I. (2003). Methodological Aspects of Harmonisation of Family Law. *FamPra. ch*, 4(2), S. 318–332.

Siems, M. M. (2014). *Comparative Law. The Law in Context Series.* Cambridge: Cambridge University Press.

Smyth, B., Chisholm, R., Rodgers, B., & Son, V. (2014). Legislating for Shared-time Parenting After Parental Separation: Insights from Australia. *Law & Contemporary Problems*, 77, S. 109–149.

Sommerlad, H. (2015). Access to Justice in Hard Times and the Destruction of Democratic Citizenship. In M. Maclean, J. Eekelaar & B. Bastard (Hrsg.), *Delivering Family Justice in the 21st Century* (S. 243–264). Oxford, Portland (OR): Hart Publishing.

Teubner, G. (1989). How the Law Thinks: Toward a Constructivist Epistemology of Law. *Law & Society Review*, 23(5), S. 727–758.

Tsoukala, P. (2010). Marrying Family Law to the Nation. *The American Journal of Comparative Law*, 58, S. 873–910.

Vogenauer, S. (2008). Sources of Law and Legal Method in Comparative Law. In M. Reimann & R. Zimmermann (Hrsg.), *The Oxford Handbook of Comparative Law*. Oxford: Oxford University Press.

Waal, M. J. de (2008). Comparative Succession Law. In M. Reimann & R. Zimmermann (Hrsg.), *The Oxford Handbook of Comparative Law* (S. 1071–1098). Oxford: Oxford University Press.

Zweigert, K., & Kötz, H. (1996). *Einführung in die Rechtsvergleichung auf dem Gebiete des Privatrechts.* 3. Aufl., Tübingen: Mohr Siebeck.

III
Funktion, Genese und Wirkung

Rechtswirkungsforschung revisited
Stand und Perspektiven der rechtssoziologischen Wirkungsforschung*

Michael Wrase

1 Das administrativ-politische Interesse an Wirkungsforschung

Wirkungsdenken bestimmt elementar die politisch-administrative Praxis. Ein instrumentelles Rechtsverständnis ist, wie Rottleuthner und Rottleuthner-Lutter (2010, S. 19) formulieren, für die heutige Gesetzgebung „eine Selbstverständlichkeit". Der Gesetzgeber versucht „mit Hilfe der Setzung von Rechtsnormen bestimmte Wirkungen als Ziele zu erreichen. Ziele sind eine Teilmenge der möglichen Wirkungen eines Gesetzes." Von der *Wirksamkeit* oder *Effektivität* eines Gesetzes „kann man sprechen, wenn das Ziel oder die Ziele erreicht werden" (Rottleuthner und Rottleuthner-Lutter 2010. S. 18). Dabei erreicht der Gesetzgeber seine Ziele in der Regel nicht unmittelbar, sondern vermittelt über eine Reihe von kausalen Handlungen verschiedener Akteure wie etwa öffentlichen Verwaltungen, privaten Unternehmen etc., die dann im Ergebnis zu den gewünschten sozialen oder sonstigen „Wirkungen" führen sollen. So hatte die 2015 eingeführte „Mietpreisbremse" bei Neuvermietungen von Wohnungen im BGB[1] zum Ziel, der Verdrängung einkommensschwächerer Mieterinnen und Mieter auf dem Wohnungsmarkt, vor allem in Großstädten, entgegenzuwirken, indem Neuvermietungen bestimmten Mieterhöhungsgrenzen unterworfen wurden (BT-Drs. 18/3121). Das Entgelttrans-

---

* Der Beitrag ist in einer Langfassung erschienen als WZB Working Paper P-2018–005.

1 §§ 556d556g BGB, eingefügt durch Gesetz zur Dämpfung des Mietanstiegs auf angespannten Wohnungsmärkten und zur Stärkung des Bestellerprinzips bei der Wohnungsvermittlung (Mietrechtsnovellierungsgesetz – MietNovG) vom 21.04.2015 (BGBl. I S. 610) m.W.v. 01.06.2015.

parenzgesetz vom Juli 2017[2] benennt als ausdrückliches Ziel „unmittelbare und mittelbare Entgeltdiskriminierung wegen des Geschlechts zu beseitigen" und insoweit einen „Wandel in der Arbeitskultur" hin zu einer Gleichstellung von Frauen und Männern zu unterstützen. Durch Auskunftsansprüche der Beschäftigten und entsprechende Pflichten von Betrieben mit mehr als 200 Beschäftigten soll eine verbesserte Durchsetzung der Entgeltgleichheit erreicht werden (BT-Drs. 18/1113).

Gesetzgebung reagiert insoweit regelmäßig auf wahrgenommene soziale, wirtschaftliche, technische etc. Problemlagen, denen sie im Wege der Erzielung von Wirkungen durch Rechtsnormen bzw. Normprogramme begegnen will. Das spiegelt sich auch formal im Aufbau von in den Deutschen Bundestag eingebrachten Gesetzesentwürfen der Bundesregierung wider, die jeweils mit den Abschnitten „A. Problem und Ziel" gefolgt von „B. Lösung" beginnen.

2 Das Instrument der Gesetzesfolgenabschätzung (GFA)

Vor diesem Hintergrund ist es erklärbar, dass die politisch-administrative Praxis mittlerweile eine ganze Reihe von Instrumenten für eine Rationalisierung des Gesetzgebungsprozesses im Hinblick auf die Erfassung (potentieller) Wirkungen der Normsetzung entwickelt hat. Das wichtigste und auch am weitesten entwickelte Instrument ist dabei die sogenannte Gesetzesfolgenabschätzung (GFA), die in der Schweiz mittlerweile unter der breiter gefassten Bezeichnung „Regulierungsfolgenabschätzung (RFA)" und auf der europäischen und internationalen Ebene als „Regulatory Impact Analysis/Assessment (RIA)" firmiert (vgl. Allio 2010). In Deutschland schreibt § 44 Abs. 1 der Gemeinsamen Geschäftsordnung der Bundesministerien (GGO) vor, dass die Ministerien in ihren Gesetzgebungsvorhaben die „wesentlichen Auswirkungen des Gesetzes" darzustellen haben; dazu gehören ausdrücklich neben den „beabsichtigten Wirkungen" auch die „unbeabsichtigten Nebenwirkungen" sowie die „langfristigen Wirkungen". Diesem hohen Anspruch an die Wirkungsermittlung versucht die GFA in drei „Modulen" Rechnung zu tragen: der prospektiven, der begleitenden und der retrospektiven GFA (Böhret und Konzendorf 2000, S. 12ff.).

Bereits im Vorfeld eines konkreten Gesetzgebungsverfahrens sollen in Bezug auf ein bestimmtes zu regulierendes Feld Regelungsalternativen entwickelt und mit Blick auf deren mögliche oder voraussichtliche Wirkungen verglichen werden

---

2 Art. 1 des Gesetzes zur Förderung der Transparenz von Entgeltstrukturen vom 30. Juni 2017 (BGBl. I S. 2152).

(Böhret und Konzendorf 2001, S. 5ff.). Die Durchführung einer solchen „prospektiven" GFA erweist sich allerdings in der politisch-administrativen Praxis meist als schwierig, zum einen, weil sie in aller Regel eine relativ lange, meist über eine Legislaturperiode hinausgehende Planungsphase für das Vorhaben erfordert, zum anderen, weil sie weitgehend unberücksichtigt lässt, dass die Entscheidung für bestimmte Regelungsalternativen primär auf der politischen Ebene getroffen werden (vgl. Sicko 2011, S. 36). Das Erfordernis, unterschiedlichen gesellschaftlichen (Teil)Interessen Rechnung zu tragen und Kompromisse zu schließen, „beißt sich" sehr häufig mit der Suche nach einem möglichst „optimalen" Regulierungsmodell (Böhret und Konzendorf 2001, S. 89). Ein solches Vorgehen ist zudem mit dem demokratischen Prozess, insbesondere durch Einbindung des Parlaments und der Öffentlichkeit, nicht ausreichend verzahnt. Denn die prospektive GFA ist in Deutschland als Verfahren ausgestaltet, das in der Verantwortung der zuständigen Fachreferate liegt und in aller Regel rein (verwaltungs-)intern durchgeführt wird (Veit 2014).[3] Wie empirische Forschungen zur Praxis der GFA gezeigt haben, existieren für das federführende Ressort dabei in aller Regel keine positiven Anreize, Transparenz über (potentielle) Gesetzesfolgen herzustellen (Veit 2014, S. 54). Das gilt umso mehr für das zweite Modul, die „begleitende" GFA, die parallel zur Erarbeitung eines konkreten Gesetzesentwurfs stattfindet und diesen auf mögliche Folgen und Regelungsalternativen „abklopfen" soll (vgl. Böhret und Konzendorf 2001, S. 89ff.). Hier stellt sich zusätzlich das Problem des existierenden politischen und zeitlichen Handlungsdrucks.

Sowohl die prospektive als auch die begleitende GFA sehen sich daher in der Praxis erheblichen Restriktionen ausgesetzt, weshalb der Prozess meistens relativ intransparent bleibt. Dennoch haben die vorausschauende und die begleitende GFA zumindest insofern eine nicht zu unterschätzende Bedeutung, als sie verwaltungsinterne Prozesse strukturieren und dafür sorgen können, dass wirkungsrelevantes Wissen systematisch in die Ausarbeitung von Vorhaben einbezogen wird (vgl. Veit 2014, S. 55); hierbei sind die genaue „Problemanalyse", die „Analyse des Regelungsfelds" und die Fragen nach der „Praktikabilität" und „Adressatenorientierung" der beabsichtigten Regelung wichtige Standards (vgl. Böhret und Konzendorf 2001).

---

3   Allein die Zuständigkeit für den Normenkontrollrat (NKR) und den „Bürokratieabbau" wurde im Bundeskanzleramt ressortübergreifend, aber weiter verwaltungsintern verankert, wobei sich das Verfahren vor dem NKR auf die Ermittlung der Bürokratiekosten eines Vorhabens beschränkt (dazu Veit und Heindl 2013).

3 Die Evaluation von Gesetzen

Das dritte „Modul" der GFA stellt die retrospektive GFA dar, die darauf angelegt ist, nach Inkrafttreten des Gesetzes die Zielerreichung und sonstigen Wirkungen eines Gesetzes zu ermitteln (Böhret und Konzendorf 2001, S. 255f.). In der Praxis hat sich allerdings für das Verfahren der nachfolgenden Bewertung von Gesetzeswirkungen der Begriff „Gesetzesevaluation" durchgesetzt (vgl. Veit 2014, S. 39; Ziekow et al. 2013). Unter Evaluation wird allgemein die wissenschaftliche oder zumindest systematische Untersuchung der Wirkungen politischer und administrativer Interventionen und Programme verstanden (Bogumil und Jann 2009, S. 178; Wollmann 2014, S. 88f.). Bei der Gesetzesevaluation handelt es sich somit um einen Unterfall einer Evaluation, deren spezifischer Gegenstand Gesetze und Rechtsvorschriften sind (vgl. Sicko 2011, S. 31f.).

Im Gegensatz zum Verfahren der GFA an sich, erlebt die Gesetzesevaluation in den vergangenen Jahren geradezu einen Boom (vgl. Röhl 2017). Waren staatliche Aufträge für die umfassende Evaluation von Gesetzen bis in die 1990er Jahre noch eher eine Ausnahme (Beispiele bei Höland 1989), nimmt ihre Zahl, speziell im Bereich sozialpolitischer Vorhaben, seitdem kontinuierlich zu. Gerade bei umfangreicheren Neuregelungen werden in die entsprechenden (Änderungs-)Gesetze oft sogenannte Evaluationsklauseln aufgenommen, die eine Gesetzesevaluation zu einem bestimmten Zeitpunkt vorschreiben (z. B. § 23 Mindestlohngesetz). Im Jahr 2013 hat der Staatssekretärsausschuss „Bürokratieabbau und bessere Rechtsetzung" sogar beschlossen, dass alle Regelungsvorhaben ab einem Erfüllungsaufwand von einer Million Euro drei bis fünf Jahre nach ihrem Inkrafttreten einer Ex-post-Evaluation unterzogen werden sollen (vgl. Mirschberger und Willwacher 2017, S. 423). Das dürfte in der Zukunft nahezu alle sozialpolitisch relevanten Gesetzesvorhaben betreffen.

Das wohl bekannteste Beispiel einer Gesetzesevaluation im sozialpolitischen Bereich ist die 2002 vom Deutschen Bundestag in Auftrag gegebene und 2006 mit Vorlage des alle Einzeluntersuchungen abschließenden Gesamtberichts beendete Evaluation der sogenannten Hartz-Gesetzgebung[4], die als das „bisher größte eigenständige Projekt im Bereich der Arbeitsmarktforschung in Deutschland" bezeichnet worden ist (Heyer 2006, S. 468). Ziel der Hartz-Evaluation war dabei nicht nur, die Wirkung der in den vergangenen Jahrzehnten umfangreichsten Strukturreformen

---

4   Erstes Gesetz für moderne Dienstleistungen am Arbeitsmarkt vom 23. Dezember 2002 (BGBl. I S. 4607) – Hartz I; Zweites Gesetz für moderne Dienstleistungen am Arbeitsmarkt vom 23. Dezember 2002 (BGBl. I S. 4621) – Hartz II; Drittes Gesetz für moderne Dienstleistungen am Arbeitsmarkt vom 23. Dezember 2003 (BGBl. I S. 2848) – Hartz III; Viertes Gesetz für moderne Dienstleistungen am Arbeitsmarkt vom 24. Dezember 2003 (BGBl. I S. 2954) – Hartz IV.

am Arbeitsmarkt wissenschaftlich zu untersuchen, sondern ausdrücklich auch, „aus diesen Erkenntnissen – einschließlich der aus den Befunden abgeleiteten Handlungsempfehlungen der Wissenschaftlerinnen und Wissenschaftler – politische Konsequenzen zu ziehen" (Heyer 2006, S. 468).

Die Evaluationsforschung hat sich in den vergangenen Jahren immer mehr zu einem eigenständigen Fachgebiet entwickelt. Durch eigene Zeitschriften und Organisationen „sowie eine zahlungskräftige Klientel" hat sie mittlerweile „den Status einer Profession erreicht" (Röhl 2017). Dabei greift sie weit über das Recht hinaus und erfasst politische und administrative „Programme" unterschiedlichster Gestalt (vgl. Bogumil und Jann 2009, S. 177f.; Stockmann und Meyer 2014, S. 76). Durch ihren weiten Blick, der jegliche staatliche Maßnahmen, „für deren Abwicklung finanzielle, personelle und sonstige Ressourcen bereitgestellt werden" (Hellstern und Wollmann 1984, S. 7) erfasst, ermöglicht die Evaluationsforschung, wie Röhl feststellt, „jede reflektierte und organisierte Eigen- und Fremdbewertung von Interventionen aller Art" (Röhl 2017). Gleichzeitig verliert sie dabei aber einen Teil ihrer wissenschaftlichen Bedeutung; vielfach beschränken sich Darstellungen zur Evaluationsforschung auf Vorgaben für ein systematisch-strukturiertes Vorgehen, ohne sich dabei näher mit der Theorie und Praxis des zu untersuchenden Gegenstandes auseinanderzusetzen (etwa Ziekow et al. 2013). In Abgrenzung zur wissenschaftlichen Grundlagenforschung, die „zweckfrei nach Erkenntnissen streben kann", propagiert die Evaluationsforschung die „Generierung praktischen Handlungswissens" und damit ihre eigentliche „Nützlichkeit" (Stockmann 2007, S. 28f.). Mit einer solchen (Über-)Betonung der Verwendungsorientierung und einer simplifizierenden Abgrenzung zur Grundlagenforschung macht sich die Evaluationsforschung weitgehend zum Erfüllungsgehilfen ihrer jeweiligen Auftraggebenden, wobei als letzter Ausweg nur die Flucht in die rein empirische Arbeit bleibt. Eine „das Forschungsangebot insgesamt sichernde Untersuchung gemeinsamer Erkenntnisstrukturen, methodischer Probleme und Rezeptionsbedingungen", die Höland bereits vor mehr als zwei Jahrzehnten als „reizvolle künftige Forschungsaufgabe der Rechtssoziologie" beschrieben hat (Höland 1989, S. 205), bleibt dabei oft auf der Strecke.

4 Rechtswirkungsforschung als Grundlagenforschung

Einer Rechtswirkungsforschung als Grundlagenforschung muss es darum gehen, möglichst verallgemeinerungsfähige Aussagen und theoretische Instrumente zu entwickeln, um die Wirkungsweise von Rechtsnormen in unterschiedlichen empirischen Kontexten zu erfassen (vgl. Höland 1989, S. 205). Wie Friedman bemerkt, geht es um die Entwicklung von „mid-range generalizations. Grand theory is quite unlikely to emerge" (Friedman 2016, S. 3).

Damit öffnet sich ein interdisziplinäres Feld. So hat etwa die Verhaltensökonomik wichtige Einsichten ermöglicht, die das *rational-choice*-Modell als Grundlage eines handlungstheoretischen Instruments zur Erfassung von Rechtswirkungen (instruktiv van Aaken 2003, S. 71ff.) infrage stellen und gleichzeitig etwa auf die Bedeutung rechtlicher Verhaltensanreize und voreingestellter Rechtsfolgen (Friedman 2016, S. 139ff. spricht von *default rules*) hinweisen.

Die Literatur zur Wirkung rechtlicher Sanktionen ist mittlerweile so umfangreich, insbesondere wenn man auch die kriminologische Forschung hinzuzieht, dass sie sich kaum auf einen kurzen Nenner bringen lässt. Allerdings lassen sich einige Grundeinsichten, etwa in die Bedeutung der (wahrgenommenen) Wahrscheinlichkeit und Spürbarkeit einer Sanktion für die Verhaltenssteuerung, im Zusammenspiel mit sozialer Kontrolle, Wertvorstellungen und Eigeninteressen, herausarbeiten (vgl. Friedman 2016, S. 96ff.; Rottleuthner 1987, S. 54ff.).

Insofern bietet sich mit Blick auf die Rechtswirkungsforschung ein breites interdisziplinäres Feld einschlägiger Forschungen, das – auch mit Blick auf die Folgenabschätzung und Evaluierung von Rechtsvorschriften – stärker zusammen gedacht, systematisiert und auch theoretisch durchdrungen werden müsste. Darin liegt die Aufgabe der Rechtswirkungsforschung als Grundlagenforschung. Um die verschiedenen Ansätze und Einsichten der Rechtswirkungsforschung zu veranschaulichen, werde ich im Folgenden auf drei Forschungsbereiche ein wenig genauer eingehen: die Implementations-, die Mobilisierungs- und die Wirksamkeits- bzw. Wirkungsforschung im weiteren Sinne (zur Systematisierung Wrase 2013, S. 7).

4.1 Implementationsforschung

Die Implementationsforschung betrachtet die Umsetzung von Normprogrammen durch die dazu berufenen Akteure. Auch wenn in diesem Rahmen die (intendierten und unbeabsichtigten) sozialen Folgewirkungen der Gesetzgebung gerade nicht systematisch erfasst werden, handelt es sich um Wirkungsforschung im engeren Sinn. Die genauere Betrachtung der Implementationsphase kann als „eine der wichtigsten Innovationen der Politik- und Verwaltungsforschung in den 70er Jahren gelten" (Bogumil und Jann 2009, S. 173). Vor allem dort, wo Gesetze mit weiteren Rechtsetzungsermächtigungen, Ermessens- bzw. Konkretisierungsspielräumen oder allgemeinen Rechtsbegriffen operieren, findet in der Implementationsphase ein „Prozess schrittweiser Konkretisierung" statt (Mayntz 1983, S. 58), in dessen Verlauf die abstrakten Vorgaben gesetzlicher Regulierung in die Erfordernisse praktischer Implementationsprozesse eingepasst werden (vgl. auch Mayntz 1980, S. 9ff.). Dabei können die angestrebten Ziele durch die handelnden Akteure verzögert, verändert oder sogar vereitelt werden (Bogumil und Jann 2009, S. 173).

Faktoren für eine erfolgreiche Implementation von Normprogrammen sind auf organisatorischer Ebene die personelle und sachliche Ausstattung der Träger, die institutionellen Rahmensetzungen, Wirtschaftlichkeits- und Praktikabilitätsfragen sowie effektive Kontrollverfahren (vgl. Röhl 1999, S. 428f.). Hinzu kommen auf der psychologisch-kognitiven Ebene das Wissen und die Einstellung der Akteure gegenüber den Programmzielen sowie auf Seiten der Regulierungsadressaten die Mobilisierungsmöglichkeiten, über die sie die Implementationsprozesse beeinflussen können (vgl. Mayntz 1980, S. 4ff.; Mayntz 1983, S. 69ff.).

Die Implementationsforschung konzentriert sich vor diesem Hintergrund weitgehend auf die Frage, wie ein Gesetz durch die zu seiner Durchführung berufenen Akteure in der Praxis „angewendet", d. h. als *law in action* praktisch umgesetzt wird. Bei den allermeisten Gesetzesevaluationen handelt es sich um Implementationsforschung in diesem Sinne. Dabei rücken auch unterschiedliche (Norm-)Interpretationen, Anwendungspraktiken sowie Vollzugsdefizite ins Blickfeld (vgl. Blankenburg 1980a). Insofern kann die Erforschung der Implementation von normativen Programmen (zur Terminologie Mayntz 1980, S. 4ff.) durch die verschiedenen Implementations-Akteure wichtige Erkenntnisse über die praktische Bedeutung und Effektivität eines Gesetzes sowie mögliche Umsetzungsdefizite zu Tage fördern (vgl. Röhl 1999, S. 424ff.), auch ohne dass die sozialen (Folge-)Wirkungen bereits in den Blick genommen werden.

4.2 Mobilisierungsforschung

Es kommt nicht selten vor, dass Normen bestimmte Rechtspositionen oder Vorteile begründen, die von den jeweils „Begünstigten" erst in Anspruch genommen werden müssen, also für ihre effektive Geltung ein Gebrauchmachen voraussetzen. Blankenburg spricht von „Regelungsangeboten" (1977, S. 58) oder „angebotenen Rechtsnormen" (1984, S. 55). Formal betrachtet sind derartige Regelungen mit der Bereitstellung der angebotenen Rechtspositionen sowie der organisatorischen Infrastruktur für ihre Inanspruchnahme auf Seiten des Staates bereits implementiert. Allerdings ist der Prozess der Mobilisierung von Rechts(durchsetzungs-)angeboten voraussetzungsvoll. Die Mobilisierungsforschung hat gezeigt, dass die tatsächliche Inanspruchnahme von Rechten in der Regel abhängig ist von vermittelnden Instanzen, insbesondere Rechtsagent*innen, die Betroffenen den oft nicht einfachen Zugang zu den Rechtsinstitutionen ermöglichen und ihre Interessen vertreten. Werden tatsächliche Zugangshindernisse nicht durch Bereitstellung kompensatorischer Maßnahmen beseitigt, so lässt sich meist eine hohe Selektivität der Mobilisierung beobachten (zum Ganzen Blankenburg 1977; 1984; 1995). Dies ist insbesondere dort von Bedeutung, wo Gesetze speziell den Schutz gesellschaftlich benachteiligter Personen(gruppen) intendieren, hierfür aber die Mobilisierung durch die Betroffenen voraussetzen. Der Wirkungserfolg des Gesetzes, etwa des Allgemeinen Gleichbehandlungsgesetzes (AGG), beruht dann darauf, dass sie im Falle eines Verstoßes auch tatsächlich in Anspruch genommen werden (können) und effektiven Schutz versprechen (instruktiv Klose 2010, S. 353ff. auf der Grundlage von Opp 1973, S. 195ff.). Um Wirksamkeit zu garantieren, müssen daher gruppenspezifische Zugangs- und Mobilisierungshürden abgebaut werden, etwa durch niedrigschwellige Beratungs- und Vertretungsangebote oder durch Formen kollektiver Rechtsverfolgung (vgl. Rottleuthner und Mahlmann 2011, insb. S. 463ff.).

Zeigt allerdings eine Analyse der Wirkungsweise des Gesetzes mithilfe empirischer Methoden, dass die sozialen Voraussetzungen einer effektiven Inanspruchnahme nicht gegeben sind, dann kann mit guten Gründen auf eine (zumindest teilweise) Unwirksamkeit geschlossen werden; hierin liegt das wissenschaftlich-kritische Potential einer unabhängigen Rechtswirkungsforschung als Grundlagenforschung. So konstatiert Susanne Baer: „Insgesamt scheint das AGG in Deutschland nach Ansicht des BMJ [Bundesministerium der Justiz, der Verf.] […] vor Gerichten, den klassischen Orten der Rechtsdurchsetzung, nicht viel bewegen zu sollen. Aber auch gesellschaftlich soll ja nur missbilligt, nicht wirklich bewegt werden" (Baer 2011, S. 248).

4.3 Wirksamkeits- bzw. Effizienzforschung

Dass Gesetze teilweise darauf angelegt sind, substanziell ineffektiv zu bleiben, wird in der Rechtssoziologie im Anschluss an Auberts (1967) bekannte Studie zum Norwegischen Hausangestelltengesetz von 1950 (zus. Rottleuthner 1987, S. 59f.) seit langem unter dem Stichwort „symbolische Gesetzgebung" behandelt (vgl. Röhl 1987, S. 271f.). Eine solche Gesetzgebung widerspricht im Kern dem instrumentellen Verständnis von Rechtsetzung, da sie – entgegen öffentlicher Verlautbarungen des Gesetzgebers – bereits aus einer ex-ante-Perspektive nicht effektiv ausgestaltet ist, d. h. in der realen Welt voraussichtlich wenig bewirken soll und wird. Newig (2010, S. 302) spricht infolgedessen von einer „machtpolitisch motivierte[n] Täuschung der Öffentlichkeit" und verdeutlicht dies exemplarisch am Ozongesetz von 1995. Mit diesem reagierte der Gesetzgeber auf den öffentlichen Problemdruck, der durch das vermehrte Auftreten von Sommersmog in den späten 1980er Jahren entstand. Da eine frühzeitige Pflicht zur Umstellung von Fahrzeugen auf die Katalysator-Technik politisch nicht opportun erschien und man langfristige, technisch orientierte Lösungen bevorzugte, wurde mit dem Ozongesetz ein Regelungskonstrukt geschaffen, das unter bestimmten Voraussetzungen u. a. zeitlich befristete Fahrverbote vorsah, gleichzeitig aber mit weitreichenden Ausnahmen gespickt war. Das Gesetz kam, was voraussehbar war, ganz selten einmal zur Anwendung und zeigte in der Praxis „keinerlei sachliche Wirkung" (Newig 2010, S. 312). Allerdings konnte mit dem Erlass des Ozongesetzes offensichtlich erfolgreich dem öffentlichen Handlungsdruck genügt werden, der mit dem Erlass des Gesetzes deutlich nachließ (Newig 2010, S. 310ff.). Dieses Phänomen lässt sich auch bei Gesetzen beobachten, die auf einem politischen Kompromiss beruhen, von dem einen Koalitionspartner gewollt, von dem anderen aber abgelehnt werden (so bereits im Fall des Norwegischen Hausangestelltengesetzes, dazu Rottleuthner 1987, S. 59f.). Das bereits erwähnte Entgelttransparenzgesetz wäre es aktuell wert, auf eine solche rein symbolische Wirkung untersucht zu werden.[5] Im Vordergrund stehen bei der symbolischen Gesetzgebung mithin politisch-strategische Ziele, während die vorgegebenen Sozialwirkungen bereits aufgrund der Konstruktion des Gesetzes nicht erreicht werden können.

Mangelnde Wirksamkeit von Gesetzen muss aber natürlich nicht intendiert sein – und ist es in der Regel auch nicht. Über die Unwirksamkeit von Rechtsnormen, ihre Ineffektivität in Bezug auf die Erreichung der vom Gesetzgeber verfolgten sozialen, ökonomischen, ökologischen etc. Ziele, ist in der Rechtssoziologie einiges geforscht und geschrieben worden (siehe nur Röhl 1999). So sind in den 1980er und 90er Jahren die Grenzen rechtlicher Steuerung immer stärker in den Fokus gerückt (vgl. Schuppert 1990). Grundsätzliche Einwände gegen die Möglichkeit rechtlicher Steuerung gegenüber sich selbst regulierenden sozialen Systemen wie Wirtschaft, Technik, Kultur oder Wissenschaft wurden von der Systemtheorie von Niklas Luhmann und im Anschluss daran von Willke (1984) und speziell für die Rechtswissenschaften von Teubner (1988) geltend gemacht (dazu ausf. Röhl 1999, S. 423ff.; Schuppert 1990, S. 224 ff.). Letztlich hat sich der systemtheoretische Ansatz in seiner radikalen Variante jedoch nicht durchsetzen können, da er zum einen empirischen Evidenzen zuwiderläuft und zum anderen auch inhaltlich-theoretische Schwächen aufweist, die im Verständnis autopoietisch geschlossener sozialer

---

5 In der Literatur wird teilweise zwischen einer negativen, weil instrumentell wirkungslosen, und einer positiven symbolischen Gesetzgebung unterschieden, die v. a. einen kommunikativen Zweck verfolgt; besser im Sinne einer Unterscheidbarkeit wäre es dann allerdings von „kommunikativer Gesetzgebung" zu sprechen (vgl. van Klink 2016).

Systeme angelegt sind (ausf. Schuppert 1990, S. 224ff., „Viel Lärm um Nichts?"). So kann entgegen der Luhmann'schen Skepsis kein Zweifel an den weitreichenden Wirkungen der Umweltgesetzgebung seit den 1990er Jahren bestehen, wenn man etwa den Anteil der erneuerbaren Energien an der Gesamtstromversorgung heute mit der Zeit vor dem Inkrafttreten des Erneuerbare-Energien-Gesetzes (EEG) 2000[6] vergleicht (vgl. auch die Novellierung der Großfeuerungsanlagen-VO als Beispiel effektiver Umweltgesetzgebung[7] bei Newig 2010, S. 313f.). Die Einführung von Rauchverboten in den Gaststätten durch Gesetze der Bundesländer hat die Luftqualität beim abendlichen Restaurant- und Kneipenbesuch deutlich verbessert, wie wahrscheinlich fast jede*r aus eigener Erfahrung bestätigen kann. Und internationale Vergleichsstudien haben die Bedeutung der Wirtschafts- und Sozialgesetzgebung eines Landes auf soziale Ungleichheiten und Armutsquoten in der Gesellschaft belegt (vgl. nur Brady 2009).

Wir wissen also: Steuerung durch Rechtsnormen kann überaus effektiv sein. Die eigentliche Frage für die Wissenschaft ist vielmehr, unter welchen sozialen, kulturellen, regulativen etc. Bedingungen Rechtsnormen wirken bzw. wirksam sind und unter welchen nicht. Diese Frage kann eine auf rein quantitative Wirkungs- und Kausalitätsanalysen ausgelegte Rechtswirkungsforschung (in diesem Sinne aber Rottleuthner und Rottleuthner-Lutter 2010) nicht beantworten. Es bedarf vielmehr der Analyse unterschiedlicher Steuerungs- bzw. Regulierungsmodelle (vgl. Schuppert 2011, S. 288ff.) und ihrer empirischen Prüfung mit Blick auf das spezifische Feld, in welchem die Regulierung wirksam werden soll. Etliche Studien haben sich z. B. mit unterschiedlichen Regulierungsmöglichkeiten im Wirtschaftsbereich befasst und gezeigt, dass eine Mischung aus sanktionsbewehrten Regeln und Kontrollen auf der einen Seite kombiniert mit einem kooperativen Ansatz auf der anderen in der Regel eine höhere Wirksamkeit verspricht als ein rein restriktiv-kontrollierendes Vorgehen der Verwaltung (Friedman 2016, S. 172ff. spricht von „carrot and stick mixture"). Ebenso hat die Forschung zu *Compliance* die Eigenprozesse innerhalb von Unternehmen bei der Adaption von rechtlichen Regelungen sichtbar gemacht, auf die sich eine gute staatliche Regulierung einstellen sollte (vgl. Edelman und Talesh 2011).

---

6   Erneuerbare-Energien-Gesetz vom 29. März 2000 (BGBl. I S. 305); aktuell Erneuerbare-Energien-Gesetz vom 21. Juli 2014 (BGBl. I S. 1066), das zuletzt durch Artikel 1 des Gesetzes vom 17. Juli 2017 (BGBl. I S. 2532) geändert worden ist.

7   Als maßgebliche Faktoren für die Wirksamkeit nennt Newig (2010, S. 313f.): (1.) Klare und eindeutige Normanweisungen; (2.) gute Überwachbarkeit durch Behörden; (3.) hohe Strafen im Falle der Nichteinhaltung; (4.) wirtschaftliche Abwälzbarkeit der Kosten auf die Verbraucher.

5 Wirkungsweise(n) von Recht und Regelungstypen

Die Bildung von Typologien unterschiedlicher Regelungsmodi hilft, Befunde über Wirkungszusammenhänge und Wirksamkeitsbedingungen in der von Friedman genannten „generalisierenden" Weise zu sammeln, theoretisch einzuordnen und zu bewerten. An dieser Stelle soll lediglich ein stark vereinfachender Überblick über unterschiedliche Regelungstypen und ihre Wirkungsbedingungen gegeben werden.

Das klassische Steuerungsmodell stellen Ge- und Verbote dar, die eine bestimmte Handlung vorschreiben oder verbieten. Solche Normen sind in den Straf- und Verwaltungsgesetzen ubiquitär. Es ist in der Rechtssoziologie mittlerweile eine Binsenweisheit, dass sowohl die erwartete Sanktionswahrscheinlichkeit als auch der Grad der (negativen wie positiven) Sanktionierung wesentliche Faktoren für die Befolgung/Nichtbefolgung sind, dass daneben aber auch soziale und kulturelle Kontextfaktoren eine Rolle spielen (vgl. Friedman 2016, S. 96ff.; Röhl 1987, S. 276ff.).

Eine weitere Typengruppe bilden Gesetze, die nicht unmittelbar ge- oder verbieten, sondern an ein bestimmtes Verhalten Vergünstigungen oder (positive) Rechtsfolgen knüpfen und damit die Adressat*innen indirekt motivieren sollen. Der klassische Fall dieser Gruppe sind steuerliche Vergünstigungen oder Familienleistungen wie das Kinder- oder Elterngeld. So sollen die Neuregelung beim Elterngeld Plus ebenso wie die zusätzlichen zwei Partnermonate nach § 4 Abs. 4 Satz 2 BEEG eine partnerschaftliche Verteilung von Sorge- und Erwerbsarbeit stärken und vor allem Väter motivieren, sich mehr in die Kindererziehung einzubringen; Teilzeitbeschäftigung zugunsten der Kindererziehung soll für Männer und Frauen lohnender werden (BT-Drs. 18/2583). In der Literatur wird auch von „Anreizen" (Hoffmann-Riem 2016, S. 396ff.) oder auch von „stimulierende[m] Recht" (Schuppert 2011, S. 121) gesprochen, mit dem bestimmte gesellschaftliche Prozesse angeschoben, unterstützt oder verstärkt werden sollen. Das Recht kann dabei auch in der Weise steuern, dass bestimmte Rechtsfolgen automatisch eintreten, wenn sie von den Betroffenen nicht ausdrücklich geändert oder abbedungen werden. Solche voreingestellten Rechtsfolgen (vgl. Friedman 2016, S. 143), die klassischerweise im bürgerlichen Recht zu finden sind, gehen allerdings über eine Anreizsteuerung hinaus und stehen in der Gefahr, diejenigen zu begünstigen, die über Informationen und Ressourcen verfügen, um für sie ungünstige Rechtsfolgen zu erkennen und zugunsten einer vorteilhafteren Lösung abzubedingen. Ein solches Zugangs- und Ressourcenungleichgewicht führt überall dort zu ungleicher Inanspruchnahme, wo das Recht bestimmte Gestaltungsangebote macht, die (juristische) Fachkenntnisse bzw. eine fachliche Unterstützung voraussetzen (vgl. bereits Galanter 1974).

Funktionsmodi des Sozialrechts sind in der Regel Leistungsansprüche auf Geld-, Sach- oder Dienstleistungen, die aber teilweise – wie beim Grundsatz des

Förderns und Forderns (§ 2 SGB II) – an konkrete Verhaltensanforderungen geknüpft sind und damit erhebliche Steuerungswirkung entfalten (sollen). So sind Leistungskürzungen im existenzsichernden Bereich für die meisten Betroffenen sicher ähnlich spürbar wie die Auferlegung von „echten" Bußgeldern. Dennoch kommt es jährlich in fast einer Million Fällen zu einer solchen Sanktionierung nach den §§ 31 ff. SGB II, was auf einen nur eingeschränkten Abschreckungseffekt hinweist. Fehlsteuerungen liegen allgemein gesprochen immer dann vor, wenn Sozialleistungen die mit ihnen verbundenen sozialpolitischen Wirkungen nicht oder nur in eingeschränkter Weise erreichen (können). Bereits angesprochen wurden die Rechtsangebote, von denen die Adressat*innen Gebrauch machen können, aber nicht müssen (vgl. Blankenburg 1984, S. 58ff.). In der Forschung wurden einerseits die Barrieren der Rechtszugänglichkeit, gerade für sozial Schwächere, andererseits die Bedeutung des Rechtsbewusstseins (*legal consciousness*) und der zugrunde liegenden Sozialbeziehungen herausgearbeitet (umfassend Blankenburg 1980b; Blankenburg 1995). Hieraus lassen sich wichtige Aussagen über rechtspolitische Steuerungsmöglichkeiten bei Rechtsangeboten ableiten (Blankenburg 1980a, S. 132ff.).

Eine nicht zu unterschätzende, aber in der Rechtssoziologie bisweilen vernachlässigte Wirkungsweise ist die konstitutive oder „normierende" Funktion von Recht, mit dem „institutionelle Tatsachen" in der sozialen Welt geschaffen werden, wie bestimmte Behörden und Einrichtungen, Schulen und Universitäten, juristische Personen, oder auch berufliche oder familienrechtliche Positionen wie Beamtin, Ehemann, Professorin etc. (vgl. Rottleuthner und Rottleuthner-Lutter 2010, S. 38f.). Durch die rechtliche Normierung solcher Institutionen und Kategorien erschafft das Recht, spätestens in seinem Vollzug, einen wesentlichen Teil unserer Wirklichkeit.[8] Das fordert eine (de)konstruktivistische Sichtweise auf das Recht geradezu heraus, zumal mit Normierungen immer auch Zwänge und Ausschlüsse einhergehen. Die sozial-konstruktive Wirkungsweise von Recht ist besonders von der feministischen Rechtswissenschaft thematisiert worden (etwa Schmidt 2011) und mit der jüngsten Entscheidung des Bundesverfassungsgerichts zur dritten Geschlechtskategorie stärker in das Bewusstsein der Öffentlichkeit gerückt (BVerfG, Beschluss des Ersten Senats vom 10. Oktober 2017 – 1 BvR 2019/16).

---

8   Das wird noch deutlicher, wenn man sich, wie die Rechtsethnologie, mit Blick auf andere Rechtskulturen von einem westlich geprägten etatistischen, d. h. staatsbezogenen Rechtsbegriff löst und auch gesellschaftliche Normierungen wie Stammes- oder Gewohnheitsrechte einbezieht (dazu Benda-Beckmann/Benda-Beckmann 2007).

6 Fazit

Zusammenfassend lässt sich festhalten, dass nicht nur aus administrativ-politischer Perspektive ein hohes Interesse an Rechtswirkungsforschung besteht. Die unterschiedlichen Wirkungsweisen von Recht systematisch zu erfassen und dafür sowohl theoretische als auch methodische Instrumentarien zu entwickeln, kann und sollte Aufgabe einer Rechtswirkungsforschung als Grundlagenforschung sein. Davon würde nicht zuletzt auch die angewandte Forschung im Rahmen von GFA und Gesetzesevaluation profitieren, die wiederum interessante Einsichten für die Grundlagenforschung liefern könnte. Beides müsste also stärker miteinander verzahnt werden. Dafür sind eine bessere interdisziplinäre Zusammenarbeit und eine institutionelle Stärkung der rechtssoziologischen Wirkungsforschung notwendig.

Literatur

Allio, L. (2010). Regulatory Impact Analysis (RIA) in OECD Countries. In S. Hensel, M. Führ, & J. Lange (Hrsg.), *Gesetzesfolgenabschätzung in der Anwendung* (S. 211–224). Baden-Baden: Nomos.

Aubert, V. (1967). Einige soziale Funktionen der Gesetzgebung. In E. E. Hirsch & M. Rehbinder (Hrsg.), *Studien und Materialien zur Rechtssoziologie* (S. 284–309). Köln: Westdeutscher Verlag.

Baer, S. (2011). Komplizierte Effekte. Zur Wirkung von Recht. In M. Mahlmann (Hrsg.), *Gesellschaft und Gerechtigkeit. Festschrift für Hubert Rottleuthner* (S. 243–262). Baden-Baden: Nomos.

Benda-Beckmann, F. v., & Benda-Beckmann, K. v. (2007). *Gesellschaftliche Wirkung von Recht. Rechtsethnologische Perspektiven*. Berlin: Reimer.

Blankenburg, E. (1977). Über die Unwirksamkeit von Gesetzen. *Archiv für Rechts- und Sozialphilosophie*, 63, S. 31–57.

Blankenburg, E. (1980a). Die Implementation von Recht als Programm. In R. Mayntz (Hrsg.), *Implementation politischer Programme – Empirische Forschungsberichte* (S. 33–64). Königstein: Athenäum et al.

Blankenburg, E. (1980b). Mobilisierung von Recht. *Zeitschrift für Rechtssoziologie*, 1, S. 33–64.

Blankenburg, E. (1984). Rechtssoziologie und Rechtswirksamkeitsforschung – Warum es so schwierig ist, die Wirksamkeit von Gesetzen zu erforschen. In K. Plett & K. A. Ziegert (Hrsg.), *Empirische Rechtsforschung zwischen Wissenschaft und Politik* (S. 45–68). Tübingen: Mohr Siebeck.

Blankenburg, E. (1995). *Mobilisierung des Rechts*. Heidelberg: Springer.

Bogumil, J., & Jann, W. (2009). *Verwaltung und Verwaltungswissenschaft in Deutschland. Einführung in die Verwaltungswissenschaft*. 2. Aufl., Wiesbaden: VS Verlag für Sozialwissenschaften.

Böhret, C., & Konzendorf, G. (2000). *Moderner Staat – Moderne Verwaltung. Leitfaden zur Gesetzesfolgenabschätzung.* Berlin: Bundesministerium des Inneren.

Böhret, C., & Konzendorf, G. (2001). *Handbuch Gesetzesfolgenabschätzung (GFA).* Baden-Baden: Nomos.

Brady, D. (2009). *Rich Democracies, Poor People. How Politics Explain Poverty.* Oxford: Oxford University Press.

Edelman, L. B., & Talesh, S. A. (2011). To Comply or Not to Comply – That Isn't the Question: How Organizations Construct the Meaning of Compliance. In C. Parker & V. Lehmann Nielsen (Hrsg.), *Explaining Compliance. Business Responses to Regulation* (S. 103–122). Cheltenham, UK: Edward Elgar.

Friedman, L. M. (2010). *Impact. How Law Affects Behaviour.* Cambridge, Massachusetts/London: Harvard University Press.

Galanter, M. (1974). Why the "Haves" Come out Ahead: Speculations on the Limits of Legal Change. *Law and Society Review,* 9, S. 95–159.

Hellstern, G.-M., & Wollmann, H. (Hrsg.). (1984). *Handbuch zur Evaluierungsforschung Bd. 1.* Opladen: Westdeutscher Verlag.

Heyer, G. (2006). Zielsetzung und Struktur der „Hartz-Evaluation". *Zeitschrift für ArbeitsmarktForschung,* S. 467–476.

Höland, A. (1989). Vom Machen und Messen von Gesetzen – Erkenntnisse aus der Forschungspraxis zur Reichweite der Gesetzesevaluation. *Zeitschrift für Rechtssoziologie,* 10, S. 202–221.

Klose, A. (2010). Wie wirkt Antidiskriminierungsrecht?. In M. Cottier/J. Estermann & M. Wrase (Hrsg.), *Wir wirkt Recht?* (S. 347–367). Baden-Baden: Nomos.

Mayntz, R. (1980). Einleitung – Die Entwicklung des analytischen Paradigmas der Implementationsforschung. In R. Mayntz (Hrsg.), *Implementation politischer Programme – Empirische Forschungsberichte* (S. 1–17). Königstein: Athenäum et al.

Mayntz, R. (1983). Implementation von regulativer Politik. In R. Mayntz (Hrsg.), *Implementation politischer Programme II – Ansätze zur Theoriebildung* (S. 50–74). Wiesbaden: Springer.

Mirschberger, M., & Willwacher, H. (2017). Gesetzevaluation in Theorie und Praxis – Tagungsbericht zur Veranstaltung des Instituts für Gesetzesfolgenabschätzung und Evaluation. *Die Öffentliche Verwaltung,* S. 423–425.

Newig, J. (2010). Symbolische Gesetzgebung zwischen Machtausübung und gesellschaftlicher Selbsttäuschung. In M. Cottier, J. Estermann & M. Wrase (Hrsg.), *Wir wirkt Recht?* (S. 301–322). Baden-Baden: Nomos.

Opp, K.-D. (1973). *Soziologie im Recht.* Reinbeck: Rowohlt.

Röhl, K. F. (1987). *Rechtssoziologie. Ein Lehrbuch.* Köln u. a.: Carl Heymanns.

Röhl, K. F. (1999). Rechtssoziologische Befunde zum Versagen von Gesetzen. In H. Hof & G. Lübbe-Wolff (Hrsg.), *Wirkungsforschung zum Recht I* (S. 413–437). Baden-Baden: Nomos.

Röhl, K. F. (2017). Abfall aus der Rechtswirkungsforschung: Zur Verselbständigung der Evaluationsforschung und ihrer neuen Konkurrenz. *RSOZBLOG.* http://www.rsozblog.de/abfall-aus-der-rechtswirkungsforschung-zur-verselbstaendigung-der-evaluationsforschung-und-ihrer-neuen-konkurrenz. Zugegriffen: 20. Februar 2018.

Rottleuthner, H. (1987). *Einführung in die Rechtssoziologie.* Darmstadt: VS Verlag für Sozialwissenschaften.

Rottleuthner, H., & Rottleuthner-Lutter, M. (2010). Recht und Kausalität. In M. Cottier, J. Estermann & M. Wrase (Hrsg.), *Wir wirkt Recht?* (S. 17–41). Baden-Baden: Nomos.

Rottleuthner, H., & Mahlmann, M. (2011). *Diskriminierung in Deutschland. Vermutungen und Fakten.* Baden-Baden: Nomos.

Schmidt, A. (2011). §10 Geschlecht, Sexualität und Lebensweisen. In L. Flojanty & U. Lembke (Hrsg.), *Feministische Rechtswissenschaft* (S. 213–234). 2. Aufl., Baden-Baden: Nomos.

Schuppert, G. F. (1990). Grenzen und Alternativen von Steuerung durch Recht. In D. Grimm (Hrsg.), *Wachsende Staatsaufgaben – sinkende Steuerungsfähigkeit des Recht* (S. 218–251). Baden-Baden: Nomos.

Schuppert, G. F. (2011). *Governance und Rechtssetzung.* Baden-Baden: Nomos.

Sicko, C. (2011). Erfüllen Gesetzesfolgenabschätzung und Gesetzesevaluation die verfassungsrechtlichen Anforderungen an das innere Gesetzgebungsverfahren? Überlegungen anlässlich des „Hartz-IV-Regelsatz-Urteils". *Zeitschrift für Rechtssoziologie,* 31, S. 27–42.

Stockmann, R. (2007). Einführung in die Evaluation. In R. Stockmann (Hrsg.), *Handbuch zur Evaluation. Eine praktische Handlungsanleitung* (S. 24–70). Münster u. a.: Waxmann.

Stockmann, R., & Meyer, W. (2014). *Evaluation. Eine Einführung.* Opladen/Toronto: Barbara Budrich.

Teubner, G (1988). Gesellschaftsordnung und Gesetzgebungslärm. Autopoietische Geschlossenheit als Problem für die Rechtssetzung. In D. Grimm & W. Maihofer (Hrsg.), *Gesetzgebungstheorie und Rechtspolitik, Jahrbuch für Rechtssoziologie und Rechtstheorie Bd. 13* (S. 45–65). Opladen: VS Verlag für Sozialwissenschaften.

van Aaken, A. (2001). *„Rational Choice" in der Rechtswissenschaft. Zum Stellenwert der ökonomischen Theorie im Recht.* Frankfurt (Oder): Diss.

van Klink, B. (2016). Symbolic Legislation: An Essentially Political Concept. In B. van Klink, B. van Beers & L. Poort (Hrsg.), *Symbolic Legislation Theory and New Developments in Biolaw* (S. 19–35). Basel: Springer.

Veit, S. (2014). Evidenzbasierte Politik durch Gesetzesfolgenabschätzung? Erfahrungen aus Deutschland und Schweden. In J. Ziekow (Hrsg.), *Bewerten und Bewertet-Werden. Wirkungskontrolle und Leistungssicherung in der öffentlichen Verwaltung* (S. 37–56). Baden-Baden: Nomos.

Veit, S., & Heindl, M. (2013). Politikberatung im Spannungsfeld zwischen Unabhängigkeit und Relevanz: Der Nationale Normenkontrollrat. *Zeitschrift für Politikberatung,* 6, S. 111–124.

Willke, H. (1984). Gesellschaftssteuerung. In M. Glagow (Hrsg.), *Gesellschaftssteuerung zwischen Korporatismus und Subsidiarität* (S. 29–53). Bielefeld: AJZ.

Wollmann, H. (2014). Die Untersuchung der (Nicht-)Verwendung von Evaluationsergebnissen in Politik und Verwaltung. In S. Kropp & S. Kuhlmann (Hrsg.), *Wissen und Expertise in Politik und Verwaltung, dms Sonderheft 1* (S. 87–102). Opladen: Barbara Budrich.

Wrase, M. (2013). *Wie wirkt Recht? Überlegungen zur Rechtswirkungsforschung unter den Bedingungnen konsolidierter und begrenzter Staatlichkeit.* SFB 700-Governance Working Paper Series Nr. 57. Berlin.

Ziekow, J., Debus, A. G., & Piesker, A. (2013). *Die Planung und Durchführung von Gesetzesevaluationen. Ein Leitfaden unter besonderer Berücksichtigung datenschutzrechtlicher Eingriffe.* Baden-Baden: Nomos.

(Dys-)Funktionen des Rechts: Governing through Crime

Christina Schlepper

Die Frage nach Funktionen des Rechts ist ein zentrales Thema der interdisziplinären Rechtsforschung. So kann man z. B. nach Funktionen für das einzelne Individuum, den Rechtsstab oder die ganze Gesellschaft differenzieren. Gleiches ist für einzelne Rechtsinstitute, Rechtsfiguren oder Rechtsgebiete möglich. Nach einem kurzen Überblick über den Begriff der Funktion und die dem Recht oft zugeschriebenen Funktionen wird im Anschluss der Fokus exemplarisch auf das Strafrecht gelegt. Es wird gezeigt, dass eine empirische Perspektive, wie sie die interdisziplinäre Rechtsforschung einnimmt, zweierlei offenbart: zum einen, dass das Strafrecht die ihm zugeschriebenen Funktionen zur Verbrechensbekämpfung nicht einlösen kann; zum anderen, dass seine Funktionen erheblich über die offiziell erklärten und rechtlich vorgesehenen Zwecke hinausgehen. Diese Feststellung erweist sich als anschlussfähig an die kriminologische Diskussion, die unter dem Stichwort *Governing through Crime* geführt wird und aus deren Perspektive sich Dysfunktionen des Strafrechts beleuchten lassen. Im Kern handelt es sich dabei um eine kriminalpolitische Strategie, in deren Mittelpunkt die Demonstration staatlicher Handlungsfähigkeit und Macht steht, wofür das Strafrecht in den Dienst genommen wird. Der Begriff *Governing through Crime* geht auf Jonathan Simon (1997, 2007) zurück, steht jedoch für aktuelle Entwicklungstendenzen in der Kriminal- und Strafrechtspolitik, wie sie im angloamerikanischen Raum auch von David Garland (2001/2008) als *punitive Wende* beschrieben, aber ebenso für kontinentaleuropäische und damit auch deutsche Verhältnisse als zutreffend diskutiert werden – hier zuerst und am nachdrücklichsten von Fritz Sack (2004).

1 Funktionen des Rechts[1]

Wenn man nach den Funktionen des Rechts fragt, muss zunächst geklärt werden, was mit „Funktionen" überhaupt gemeint ist. „Funktion" ist kein Rechtsbegriff, in der rechtswissenschaftlichen Diskussion spricht man eher vom „Zweck" oder dem „Ziel" einer Norm, etwa eines Gesetzes, das bei seiner Interpretation zu beachten ist. Aus rechtsphilosophischer Sicht wird „dem Recht" eine Reihe von Funktionen zugeschrieben, die der Legitimation „des Rechts" dienen oder – aus kritischer Sicht – dem Recht die Legitimität bestreiten.

In den Sozialwissenschaften ist die Lage unübersichtlich, da zahlreiche Funktionsbegriffe miteinander konkurrieren. Bekannt ist z. B. die von Robert K. Merton (1968) eingeführte Unterscheidung zwischen „manifesten" und „latenten" sowie „intendierten" und „nicht intendierten" Funktionen sozialer Handlungen. „Manifest" sind demnach die Zwecke, welche die Handelnden ihren Handlungen zuschreiben, während „latente" Funktionen alle anderen Wirkungen bezeichnen, die soziale Zwecke erfüllen, die oftmals den Handelnden selbst nicht bewusst sind. Nach Klaus F. und Hans C. Röhl (2008, S. 264) sind Funktionen „Wirkungen, die eintreten ohne Rücksicht darauf, ob sie bezweckt worden sind". Der Zweck einer Handlung ergibt sich dagegen für sie (Röhl und Röhl 2008, S. 219) aus der unmittelbar mit der Handlung beabsichtigten Wirkung.

Im deutschsprachigen Bereich hat sich insbesondere der „frühe" Luhmann für den Funktionsbegriff interessiert (siehe etwa Luhmann 1970a, 1970b). Für Luhmann (1987, S. 99–106; 1993, Kapitel 3) besteht die Funktion des Rechts in der Stabilisierung von normativen Erwartungen: Das Recht stellt soziale Mechanismen zur Verfügung, die es ermöglichen, bestimmte Verhaltenserwartungen aufrecht zu erhalten, obwohl sie immer wieder enttäuscht werden.

Luhmanns analytische Begrenzung auf diese *eine* Funktion des Rechts (1993, S. 132) hat sich nicht durchsetzen können. Die meisten Lehrbücher der Rechtssoziologie unterscheiden eine Vielzahl von Funktionen, z. T. aus affirmativer Perspektive. D. h. dem Recht werden Aufgaben und Zwecke, denen es dienen soll, zugeschrieben (Kißler 1984; Raiser 2013; Rehbinder 2014; Zippelius 2012). Seltener findet sich eine kritische Perspektive auf die Funktionen des Rechts (Ausnahme Baer 2017). Diese lässt auch Dysfunktionen in den Blick kommen, d. h. intendierte und nicht intendierte Wirkungen, die dem jeweiligen normativen Ideal (z. B. Gerechtigkeit) zuwiderlaufen. Gleichzeitig wird so auch mit Merton auf das Auseinanderklaffen von postulierten („manifesten") und tatsächlichen („latenten") Funktionen aufmerksam

---

[1] Ich danke den Herausgeber*innen für ihre wertvollen Hinweise und tatkräftige Unterstützung bei der Überarbeitung dieses Kapitels.

gemacht. Diese Differenzierung zwischen affirmativen und kritischen Perspektiven bildet den Ausgangspunkt des folgenden kurzen Abrisses über die Funktionen des Rechts. Während erstere offiziell zugeschrieben werden, sind letztere nicht in gleicher Weise offensichtlich und müssen erst erforscht werden.

1.1 Affirmative Perspektiven: Offizielle Funktionen

In der Literatur hat sich noch keine abschließende systematische Aufzählung der Funktionen des Rechts etablieren können. Oftmals wird auf die Typologie von „Law-Jobs" verwiesen, die auf den US-amerikanischen Rechtswissenschaftler Karl N. Llewellyn (1939/1949) zurückgeht. Als eine Hauptfunktion des Rechts wird die *soziale Integration* beschrieben. Das Recht soll „durch Ausgleich widerstreitender Interessen den Zusammenhalt der Gemeinschaft erhalten und fördern" (Rehbinder 2014, S. 98). Aus der Integrationsfunktion leiten sich zum einen die *Verhaltenskoordination* bzw. *-steuerung* und zum anderen die *Konfliktbereinigung* als weitere Funktionen ab. Erstere werde dadurch erreicht, dass das Recht klare (Verhaltens-)Anforderungen stelle und Erwartungssicherheit biete (vgl. Raiser 2013, S. 187; vgl. Zippelius 2012, S. 81)[2], wodurch Konflikte vermieden werden sollen. Dies wird auch als *Ordnungsfunktion* des Rechts bezeichnet. Das Recht als Mittel zur Ausübung sozialer Kontrolle gewähre Rechtssicherheit durch Verhaltenssteuerung (vgl. Kißler 1984, S. 107f.). Dennoch entstandene Konflikte soll das Recht durch materielle und prozessuale Regelungen lösen, welche es zur Konfliktbereinigung bereitstellt. Dies gilt auch als *Sanktionsfunktion* des Rechts, und es sind besonders die negativen strafrechtlichen Sanktionsmöglichkeiten zu betonen.

Darüber hinaus dient das Recht der *Legitimation von Herrschaft*. Es regelt die Aufteilung und den Erhalt politischer Macht, deren Ausübung an festgelegte Verfahrensregeln geknüpft ist, die wiederum Entscheidungen offiziell und bindend machen (vgl. Rehbinder 2014, S. 108). Verfahrensregeln besitzen eine besondere *Legitimationsfunktion* (Luhmann 1969/2008) und sichern auf diese Weise Herrschaft als anerkannte Form der Machtausübung im Sinne Max Webers (2002).

Zudem soll Recht die *Gestaltung von Lebensbedingungen* organisieren (z. B. den Umgang mit natürlichen Ressourcen, Kommunikation, Mobilität; vgl. Baer 2017, S. 113) und sozialen Wandel fördern (Schelsky 1980). Dabei kommen überwiegend positive Sanktionen zum Einsatz wie etwa Subventionen, Prämien oder Steuerermäßigungen, die Anreize für Innovationen schaffen. In diesem Sinne ist

---

2   Damit wird unterstellt, dass rechtliche Regeln tatsächlich ihre postulierte Wirkung entfalten (vgl. Baer 2017, S. 112).

nicht nur von der *Gestaltungsfunktion* (Rehbinder 2014), sondern auch von der *Innovationsfunktion* (Kißler 1984, S. 108ff.) des Rechts die Rede. Darauf bezogen ist Recht auf die Zukunft gerichtet und für die Daseinsvorsorge künftiger Generationen zuständig (vgl. Baer 2017, S. 113; Rehbinder 2014, S. 110).

Weiterhin soll Recht die Funktion erfüllen, Informationen zu vermitteln und die Menschen zu rechtskonformem Verhalten erziehen (vgl. Baer 2017, S. 113). Dies wird auch als *Sozialisationsfunktion* (vgl. Kißler 1984, S. 127ff.) des Rechts bezeichnet. Ergänzend werden noch *Sicherung der Freiheit* (Raiser 2013, S. 189), *Rechtspflege* (im Anschluss an Lewellyn Rehbinder 2014, S. 111f.) und *Kommunikation* (Kißler 1984, S. 141ff.) als weitere Funktionen des Rechts benannt (zu sekundären Funktionen des Rechts vgl. Schott 1980).

1.2 Kritische Perspektiven: Dysfunktionen

Kritische Perspektiven richten den Fokus nicht auf die Funktionen, die das Recht haben soll, sondern auf deren Ambivalenzen und die negativen Auswirkungen, die es tatsächlich hat. So geht mit der Integrationsfunktion die Möglichkeit der Exklusion einher. Das Strafrecht kann als Mittel zur Konfliktbereinigung betrachtet werden, jedoch auch als Instrument, das Menschen als kriminell labelt[3] (vgl. Baer 2017, S. 111). In gleicher Weise geht die positive Besetzung der Funktion der Erziehung zu rechtskonformem Verhalten verloren, wenn man deren Kehrseite in den Blick nimmt, nämlich dass das Recht Normalität und Abweichung definiert und auf diese Weise die Abweichung stigmatisiert (vgl. Baer 2017, S. 113). Auch lässt sich Verhalten durch Recht nicht immer in der vom Gesetzgeber intendierten Weise steuern. Gleiches gilt für die Verwendung der positiven Sanktionen, die Lebensverhältnisse gestalten sollen.

Die Ambivalenz der Funktion der Legitimation von Herrschaft durch Verfahrensregeln besteht darin, dass das Recht in seiner spezifischen Ausgestaltung der Durchsetzung bürgerlicher Interessen dient und die kapitalistische Ausbeutung schützt. Darauf hat die *marxistische Perspektive* aufmerksam gemacht, die Recht als eine Ideologie kritisiert, welche aus dem ungleich verteilten Besitz von Produktionsmitteln erwächst (vgl. Baer 2017, S. 135f.; aus letzter Zeit siehe Stein 2012). In eine ähnliche Richtung argumentieren auch die *Critical Legal Studies*. Recht leiste

---

3   Labeling lässt sich als Definitionsprozess verstehen, in dem eine negative Zuschreibung oder Stigmatisierung erfolgt. Danach gibt es keine kriminellen Handlungen per se, sondern diese werden erst durch die Arbeit der Strafverfolgungsorgane (Polizei, Staatsanwaltschaft, Gericht) als solche definiert.

nicht, was es zu leisten verspricht, und verdecke dies (vgl. Baer 2017, S. 146). Recht suggeriere Neutralität, bediene jedoch partikulare Interessen (zur Vertiefung vgl. Frankenberg 2009).

Auch *Foucault* betrachtet Recht als Macht- und Herrschaftstechnologie mit unterschiedlichen Funktionen, z. B. der Normalisierung, indem es Dinge normiert, oder der Disziplinierung, welche die bloße Bestrafung ablöst (zur Vertiefung vgl. Biebricher 2009).

Kritische Perspektiven setzen unterschiedliche Schwerpunkte (vgl. Baer 2017, S. 151). So analysiert die *feministische Rechtskritik*, wie Recht Geschlecht und Geschlechterverhältnisse konstruiert (zur Vertiefung vgl. Elsuni 2009). Weitere Themen kritischer Perspektiven sind Sexualität, Rasse, Klasse und Behinderung, mit denen sich differenzierende *feministische, queere*[4] *und antirassistische Theorien* auseinandersetzen (grundlegend zur Intersektionalität von Rasse und Geschlecht vgl. Crenshaw 1989; exemplarisch zur Intersektionalität von Geschlecht, Rasse und Klasse im öffentlichen Raum am Beispiel der Geschehnisse in der Silvesternacht 2015/2016 in Köln vgl. Lembke 2017; zur machttheoretischen Analyse der Benachteiligung von Frauen durch Recht vgl. MacKinnon 1989).

Diese Gegenüberstellung von affirmativen und kritischen Perspektiven bietet nur einen groben Überblick über die Funktionen und Dysfunktionen von Recht. Eine wesentlich differenziertere Betrachtung ermöglicht der Blick auf einzelne Rechtsgebiete, die mit den jeweiligen offiziellen Funktionen korrespondieren. So soll beispielsweise das Verfassungsrecht der Legitimationsfunktion, das Sozialrecht der Ordnungsfunktion, Bereiche wie Umwelt-, Infrastruktur-, Medien- und Urheberrecht der Gestaltungsfunktion sowie das Strafrecht der Integrations- und Sanktionsfunktion bzw. Konfliktbereinigung dienen. Am Beispiel des Strafrechts wird im Folgenden genauer auf dessen offizielle Funktionen sowie deren Wirksamkeit eingegangen und gezeigt, dass vor dem Hintergrund der theoretischen Diskussion unter dem Stichwort *Governing through Crime* Befunde kriminologischer Forschung nahelegen, dass seine Funktionen über die proklamierten instrumentellen Zwecke zur Verbrechensbekämpfung hinausgehen.

---

4 Der Begriff *queer* beschreibt sexuelle Orientierungen und Geschlechtsidentitäten, die von Heteronormativität und Zweigeschlechtlichkeit abweichen.

2 Funktionen des Strafrechts

Das Strafrecht steht im Dienst der Integrationsfunktion und Konfliktbereinigung, wobei es nicht für die Beseitigung aller Konflikte zuständig ist, sondern speziell für die Verhinderung von Straftaten. Mit welchen Zwecken das Strafrecht dies erreichen soll, unterlag dem historischen Wandel und reicht vom retrospektiv orientierten Strafrecht des 19. Jahrhunderts, das der Vergeltung diente, zum gegenwärtigen präventiv orientierten Strafrecht: „Das moderne Zweck-Strafrecht soll mit der Plakativität seiner gesetzlichen Verbotstafeln und Sanktionsdrohungen, mit der Eindringlichkeit des Zelebrierens von Gerichtsverhandlungen und mit der Brandmarkung durch Verurteilung und Strafvollzug in die Gesellschaft hineinwirken, indem normativ erwartetes Verhalten gestützt, normverletzendes Verhalten unterbunden und der Kosmos der normativen Ordnung der jeweiligen Gesellschaft erhalten wird" (Kunz und Singelnstein 2016, S. 284). Diese proklamierten Funktionen des Strafrechts, nach denen es der Verbrechensbekämpfung dienen soll, speisen sich heute im Wesentlichen aus zwei Theorien: General- und Spezialprävention. Beide Theorien existieren in einer positiven und einer negativen Variante. Während die generalpräventiven Funktionen die Allgemeinheit adressieren, richten sich die spezialpräventiven Funktionen auf den einzelnen Straffälligen. Die Wirkungsforschung[5] zeigt jedoch, dass das Strafrecht kaum imstande ist, die postulierten Funktionen – die sog. „Strafzwecke" – tatsächlich zu erfüllen.

2.1 Verbrechensbekämpfung

2.1.1 Generalpräventive Funktionen

In der Theorie der positiven Generalprävention kommt strafrechtlichen Sanktionen die Aufgabe zu, die „Unverbrüchlichkeit der Rechtsordnung" (Roxin 1997, S. 36) zu demonstrieren und auf diese Weise die rechtstreuen Bürger*innen in ihrem Normvertrauen zu bestätigen. Roxin (1997) zufolge lassen sich im Rahmen der Theorie drei verschiedene Ziele und Wirkungen der Strafe unterscheiden: „der sozialpädagogisch motivierte Lerneffekt, die ‚Einübung der Rechtstreue', die durch die Tätigkeit der Strafjustiz hervorgerufen wird; der Vertrauenseffekt, der sich ergibt, wenn der Bürger sieht, daß das Recht sich durchsetzt; und schließlich der Befriedungseffekt, der sich einstellt, wenn das allgemeine Rechtsbewußtsein sich

---

5   Zu Wirkungsforschung siehe den Beitrag von Wrase in diesem Band.

aufgrund der Sanktion über den Rechtsbruch beruhigt und den Konflikt mit dem Täter als erledigt ansieht."

Konstatierte Maihofer bereits 1970 (S. 29), dass auch „nur die Andeutung eines Beweises solcher Wirkungen durch empirische Erhebungen" fehle, hat sich daran bis heute kaum etwas verändert. Dies ist nicht zuletzt dem Umstand geschuldet, dass es sich – anders als bei den übrigen – bei diesem Strafzweck um eine rein symbolische Funktion handelt, die, wie Cremer-Schäfer und Steinert (vgl. 1989, S. 26) anmerken, nicht überprüfbar sei und das Strafrecht dadurch wieder von seinem instrumentellen Anspruch befreie. Der einzige Nachweis der Wirksamkeit bezieht sich auf die generalpräventive Wirkung einer prinzipiellen Strafbarkeit (Schöch 1985). Dass jedoch die Strafschwere dabei Relevanz besitzt und damit anzunehmen ist, dass Strafverschärfungen diesen Effekt verstärken, hat sich in empirischen Untersuchungen nicht gezeigt (vgl. Schöch 1985, S. 1104).

Die Idee der Abschreckung potenzieller Täter*innen kennzeichnet die Theorie der Generalprävention in ihrer negativen Variante. Daraus wird die kriminalpolitische Folgerung abgeleitet, dass es „Aufgabe und Zielsetzung der Kriminalpolitik sein [muss], die Kosten-Nutzen-Relation einer Straftat aus der Sicht des potenziellen Täters in einer Weise zu verschieben, dass die zu erwartenden Kosten den etwaigen Nutzen der Straftat übersteigen" (Sack 2003, S. 269). Dies geschieht durch die Erhöhung der Sanktionsandrohung und des Entdeckungsrisikos ebenso wie durch die Beseitigung von Gelegenheiten und Situationen, die kriminelles Verhalten begünstigen.

In der empirischen Forschung finden diese Annahmen allerdings ebenso wenig Belege, und die Befunde sprechen insgesamt eher gegen eine Wirksamkeit negativer Generalprävention (vgl. Kunz und Singelnstein 2016, S. 292).[6] In zahlreichen kriminologischen Studien hat sich herausgestellt, dass die Abschreckungswirkung nicht zunimmt, wenn härter gestraft wird (vgl. Bottoms 2004, S. 63ff.; BMI/BMJ 2006, S. 685; Doob/Webster 2003). In geringem Umfang wirkt ein höheres perzipiertes Entdeckungsrisiko abschreckender als härtere Strafen (vgl. BMI/BMJ 2006, S. 685). Kunz und Singelnstein (vgl. 2016, S. 292) weisen darauf hin, dass eine auch subjektiv wahrnehmbare Steigerung des Entdeckungsrisikos praktisch jedoch schwer möglich sei, da dieses Risiko generell überschätzt werde. Darüber hinaus habe sich gezeigt, dass die generalpräventive Abschreckungswirkung des Strafrechts bei den meisten Delikten äußerst gering ist. Insofern weicht auch hier die tatsächliche Wirkung von der postulierten Funktion ab.

---

6   Zur Effektivität von Verhaltenssteuerung durch Strafe siehe auch Wittig in diesem Band.

2.1.2 Spezialpräventive Funktionen

Auch in die Theorie der Spezialprävention hat der Abschreckungsgedanke Eingang gefunden, und er markiert dort neben dem Aspekt der Sicherung die negative Spezialprävention. Letzterer ist in § 2 Satz 2 des Strafvollzuggesetzes (StVollzG) verankert. Um die Allgemeinheit zu schützen, soll der Täter davon abgehalten werden, weitere Straftaten zu begehen. In der Terminologie von Liszts ist damit das Unschädlichmachen des Täters durch Freiheitsentzug gemeint.

Positive Spezialprävention zielt auf die Besserung und Wiedereingliederung des Straffälligen in die Gesellschaft. Der Resozialisierungsgedanke findet sich in § 2 Satz 1 StVollzG: „Im Vollzug der Freiheitsstrafe soll der Gefangene fähig werden, künftig in sozialer Verantwortung ein Leben ohne Straftaten zu führen."

Die Erforschung der Wirksamkeit spezialpräventiver Abschreckung und Resozialisierung erfolgt in der Regel über die Legalbewährung, d. h. das Ausbleiben einer erneuten strafrechtlichen Registrierung nach Verbüßung einer Freiheitsstrafe innerhalb eines bestimmten Beobachtungszeitraums (vgl. Kunz und Singelnstein 2016, S. 293). Trotz aller damit verbundenen Messprobleme[7], auf die an dieser Stelle aus Platzgründen nicht näher eingegangen wird, deuten einige Ergebnisse empirischer Forschung darauf hin, dass die Inhaftierung weder ihre abschreckende noch resozialisierende Funktion einlösen kann, da das Rückfallrisiko mit der Sanktionsschwere steigt. So weisen zu einer freiheitsentziehenden Sanktion Verurteilte ein höheres Rückfallrisiko auf als zu milderen Sanktionen Verurteilte, wobei das Rückfallrisiko deliktspezifisch unterschiedlich ist, je nach Bundesland schwankt und mit der Anzahl strafrechtlicher Vorstrafen zunimmt (vgl. Jehle et al. 2016, S. 15ff.).

Auch die Wirksamkeit des Schutzes der Allgemeinheit durch Inhaftierung ist in Zweifel zu ziehen. Nach Kunz (vgl. 2011, S. 313f.) erfasst der Strafvollzug nur einen Teil als gefährlich einzustufender Straftäter und sperrt umgekehrt viele ein, von denen keine Gefahr ausgeht. Die Sicherung durch Freiheitsentzug habe darüber hinaus eine Gefährdungsverlagerung in den Strafvollzug zur Folge, und das Fehlen zuverlässiger Prognoseinstrumente verhindere die Effektivität.

Wie diese Befunde zeigen, werden die instrumentellen Wirkungen des Strafrechts überschätzt, und es ist kaum in der Lage, seine postulierten general- und spezialpräventiven Funktionen zu erfüllen und damit eine erfolgreiche Verbrechensbekämpfung zu gewährleisten. Dass mit dem Strafrecht gar nicht primär diese Funktionen, sondern vielmehr andere als die offiziell proklamierten Ziele verfolgt werden – Zwecke, die die Verbrechensbekämpfung übersteigen –, ist ein unter dem Stichwort *Governing through Crime*, insbesondere in der angloamerikanischen

---

7 Zu den Problemen der Wirkungsforschung bei spezialpräventiven Funktionen vgl. Kunz und Singelnstein 2016, S. 293ff.

Kriminologie, viel diskutierter, aber auch hierzulande und für die interdisziplinäre Rechtsforschung relevanter Ansatz. Danach erweise sich die Wirkung des Strafrechts auf den „Täter" und das Auftreten kriminalisierter Handlungen als nachrangig, da es in erster Linie auf die Demonstration von staatlicher Handlungsfähigkeit und Macht ziele und damit zuvörderst die Gesellschaft adressiere.

2.2 Governing through Crime – Demonstration von staatlicher Handlungsfähigkeit und Macht

Governing through Crime lässt sich als kriminalpolitische Strategie begreifen, die sich dadurch auszeichnet, dass Kriminalität und Bestrafung zum obersten Wahlkampfthema avanciert sind, da die Politik entdeckt hat, dass man damit Erfolge erzielen kann. Kriminalität wird zum zentralen Problem und deren Bekämpfung zur vordringlichsten Regierungsaufgabe erklärt. Maßgebend für kriminalpolitische Entscheidungen sind ihre Eignung zur medialen Aufbereitung und Werbung um die Sympathien der Wähler*innen sowie die öffentliche Meinung, nicht Expertenwissen und wissenschaftliche Befunde. Ein härteres Vorgehen gegen Kriminalität wird öffentlichkeitswirksam und in emotionaler Tonlage propagiert (vgl. Garland 2008, S. 53).

Damit treten die symbolischen Funktionen des Strafrechts in den Vordergrund.[8] Es verlagert „sein Wirkungsziel von der instrumentellen Bekämpfung der Kriminalität hin zur symbolischen Exemplifizierung seiner Durchsetzungskraft", von der „Nützlichkeit" auf die „Eindrücklichkeit" (Kunz 2011, S. 356). Im Mittelpunkt stehen seine „latenten Funktionen" (Hassemer 1989, S. 556): die Demonstration staatlicher Handlungsfähigkeit und Macht sowie die Beruhigung der Bevölkerung.[9] Dies erfolgt durch die Intensivierung der Kriminalitätskontrolle sowie durch eine expressive Gesetzgebung (v. a. im Bereich des Sexualstrafrechts). Sack (2004, S. 35ff.) spricht in diesem Zusammenhang von einer „Renaissance des Strafrechts". Diese drückt sich zum einen in einer Expansion aus, die verschiedene Formen hat: Die Einführung bzw. die Erweiterung von Straftatbeständen, Strafverschärfungen, eine Vorverlagerung der strafrechtlichen Kontrolle und die Einführung neuer präventiver

---

8 Zu symbolischer Gesetzgebung siehe auch Wrase in diesem Band.
9 Eine andere Perspektive nimmt Wacquant (2009) ein, der die Kontrolle der unteren Bevölkerungsschichten mit dem Ziel der Regulierung des Arbeitsmarktes und der Abstützung sozialer Ungleichheit als Funktion des Strafrechts betrachtet und damit impliziert, dass nicht nur eine (symbolische) Normsetzung, sondern auch (instrumentelle) Durchsetzung stattfindet. Ähnlich sehen Cremer-Schäfer und Steinert (2014) im Anschluss an Rusche und Kirchheimer (1981) das Strafrecht als Mittel sozialer Ausschließung.

Kontroll- und Überwachungsmaßnahmen sowie Verschärfungen von Maßregeln der Besserung und Sicherung[10], insbesondere der Sicherungsverwahrung sowie der Führungsaufsicht. Zum anderen geht damit eine neue Gesetzgebungsrationalität einher, in deren Mittelpunkt das Opfer steht (vgl. Simon 2007, S. 75). „Die Notwendigkeit, das gegenwärtige oder künftige Leid von Opfern zu verringern, fungiert heute als eine Art Allzweckrechtfertigung für strafrechtliche Repressionsmaßnahmen, und der politische Imperativ, auf die Gefühle der Opfer einzugehen, soll die retributiven [auf Vergeltung gerichteten] Empfindungen, von denen die Strafgesetzgebung zunehmend bestimmt ist, noch verstärken" (Garland 2008, S. 263). Daneben steht der Schutz der Bevölkerung sehr weit oben auf der Agenda der Strafrechtspolitik (vgl. Garland 2008, S. 57f.), wobei es primär auf die Außenwirkung ankomme: „Politischen Akteuren geht es vor allem darum, entschieden zu handeln, mit unmittelbarer Wirkung auf öffentliche Empörung zu reagieren, zu demonstrieren, dass der Staat alles im Griff hat und seine Macht einsetzt, um ‚Recht und Ordnung' aufrechtzuerhalten und die gesetzestreue Bevölkerung zu schützen" (Garland 2008, S. 246).

Wenngleich ein *Governing through Crime* primär mit Blick auf die US-amerikanische Situation diskutiert wird, deuten Forschungsergebnisse darauf hin, dass die damit verbundenen Entwicklungstendenzen in ihren Grundzügen auch auf die deutsche Kriminal- und Strafrechtspolitik zutreffen. So hat sich in meiner Untersuchung der Strafgesetzgebung von Mitte der 1970er bis Mitte der 2000er Jahre[11] eine deutliche Expansion des Strafrechts gezeigt, die sich dadurch auszeichnet, dass fast ausschließlich Straftatbestände verschärft, erweitert oder neu geschaffen wurden (vgl. Schlepper 2014, S. 87ff.).[12] Dass sich die Entwicklung des Strafrechts auch nach 2005 in diese Richtung fortsetzt oder gar noch weiter verstärkt, legt eine Untersuchung der Gesetzgebung im Bereich der Inneren Sicherheit von der 13. bis zur 16. Legislaturperiode nahe, in der für den gesamten Zeitraum ebenfalls eine klare Dominanz verschärfender gegenüber liberalisierenden Gesetzen festgestellt wurde, welche in den beiden letzten analysierten Legislaturperioden noch an Eindeutigkeit zunahm (vgl. Wenzelburger 2013, S. 17).

---

10 Maßregeln der Besserung und Sicherung werden neben oder anstelle einer Strafe verhängt. Weitere sind Unterbringung in einem psychiatrischen Krankenhaus, einer Entziehungsanstalt, Entziehung der Fahrerlaubnis sowie Berufsverbot.

11 In die Analyse sind alle Gesetze (N = 74) eingegangen, die materielle Änderungen im Strafgesetzbuch zur Folge hatten.

12 Zu damit einhergehenden Tendenzen einer zunehmenden Informalisierung und Ökonomisierung des Strafrechts siehe Burghardt und Wittig in diesem Band.

Dabei lässt sich die Strafgesetzgebung kaum von wissenschaftlicher Expertise leiten (vgl. Schlepper 2014, S. 111 ff.). Vielmehr haben sich der Schutz der Bevölkerung und Opferschutz zu zentralen Leitprinzipien entwickelt (vgl. Schlepper 2014, S. 117 ff.), wodurch die Symbolwirkung des Strafrechts befördert wird. Sanktionen werden verschärft, „um den Schutz der Allgemeinheit insbesondere vor gefährlichen Sexualstraftätern zu gewährleisten" (BT-Drs. 13/8586, S. 1), heißt es beispielsweise im Entwurf des *Gesetzes zur Bekämpfung von Sexualdelikten und anderen gefährlichen Straftaten vom 26. Januar 1998*. Im Rahmen dieses Gesetzes wurde auch der Begriff „Sicherheitsinteresse der Allgemeinheit" durch die Neuformulierung der sog. Erprobungsklausel erstmalig in das StGB aufgenommen. Setzte eine bedingte Entlassung vor der Gesetzesänderung voraus, dass „verantwortet werden kann zu erproben, ob der Verurteilte außerhalb des Strafvollzuges keine Straftaten mehr begehen wird" (§ 57 Abs. 1 Satz 1 Nr. 2 StGB a.F.), erfolgt eine Aussetzung des Strafrestes nunmehr, wenn „dies unter Berücksichtigung des Sicherheitsinteresses der Allgemeinheit verantwortet werden kann" (§ 57 Abs. 1 Satz 1 Nr. 2 StGB n.F.). Dass die Novellierung der Erprobungsklausel in erster Linie die gesamte Bevölkerung adressiert und weniger im Sinne der Spezialprävention an den Täter gerichtet ist, wird explizit in der Gesetzesbegründung formuliert: Weil § 57 Abs. 1 Satz 1 Nr. 2 StGB in seiner ursprünglichen Fassung in der Öffentlichkeit den unzutreffenden Eindruck erweckt habe, als sei eine vorzeitige Entlassung von gefährlichen Tätern, die z. B. gewaltsame Sexualstraftaten gegen Kinder begangen haben, auch ohne günstige Sozialprognose zu Lasten der öffentlichen Sicherheit möglich, bedürfe es der Klarstellung, dass eine Abwägung zwischen dem Resozialisierungsinteresse des Verurteilten und dem Sicherheitsinteresse der Allgemeinheit vorzunehmen sei (vgl. BT-Drs. 13/9062, S. 9).

Dasselbe Gesetzgebungsverfahren illustriert auch deutlich die Hinwendung zum Opfer. Nach dem Abgeordneten Geis (CDU/CSU) zeigt der Gesetzentwurf, dass eine Umorientierung im Strafrecht stattgefunden hat: „Wir gehen weg von dem Versuch, immer nur den Täter in den Mittelpunkt zu stellen, hin zu dem Versuch mehr das Opfer zu sehen" (BT-Protokoll 13/204, S. 18433). Primäre Zielgruppe der Opferrhetorik scheint ebenfalls die gesamte Bevölkerung zu sein, da sich das Strafrecht nicht in den Dienst tatsächlicher, sondern virtueller Opfer stellt, wie Hassemer und Reemtsma (2002, S. 103) treffend beschreiben: „Anders als die Viktimologie konzentriert sich die Kriminalpolitik auf Konzepte der virtuellen Opfer, also auf die von Verbrechensfurcht irritierte Bevölkerung. Dieser Opfertyp nährt die kriminalpolitischen Forderungen eines opferorientierten Strafrechts, er greift dankbar nach einem Grundrecht auf Sicherheit [...] und besteht nachdrücklich auf dem Ende einer Empathie mit Straftätern." Dass es nicht um konkrete, sondern virtuelle Opfer geht, wird z. B. in der zweiten Beratung über das *Gesetz zur Verbesserung der Bekämpfung der Organisierten Kriminalität vom 4. Mai 1998* deutlich. Hier wurde betont, dass es um die Interessen „potenzieller" Opfer gehe, und die Frage aufgeworfen, ob die Rechte von Opfern geringer zu bewerten seien als die von Tatverdächtigen, um schließlich zu folgern, dass der Staat gut daran täte, wenn er in einer solchen Debatte den Fragen der Opfer ebenfalls den notwendigen Raum gebe (vgl. BT-Protokoll 13/214, S. 19552).

Die Demonstration staatlicher Handlungsfähigkeit und Macht drückt sich auch in der Verwendung einer Bekämpfungsrhetorik aus, die die deutsche Strafgesetzgebung zunehmend kennzeichnet. Frankenberg (vgl. 2010, S. 272) bezeichnet das gegenwärtige Strafrecht als Bekämpfungsrecht und sieht damit eine spezifische Sicherheitsmentalität verbunden, die staatliche Eingriffsbefugnisse vorauseilend, ungeachtet ihrer tatsächlichen Wirksamkeit zugunsten eines vermeintlichen Mehrs an Sicherheit gewähren lässt. Das Ziel der Bekämpfung ist zu einem der häufigsten Begründungen für Gesetzesänderungen avanciert (vgl. Schlepper 2014, S. 159). Auch Vormbaum (vgl. 2004, S. 482f.) hat die Zunahme der Bekämpfungsrhetorik in der deutschen Strafgesetzgebung und die Titel aller StGB-Änderungsgesetze zwischen 1870 und 2000 auf die Begriffe „Bekämpfung" oder „gegen" untersucht. Nimmt man das Jahr 1990 als Zäsur, so kommen die Begriffe in den 120 davor liegenden Jahren nur zwölfmal, allein in den zehn Folgejahren jedoch siebenmal in den Gesetzestiteln vor. Entsprechend konstatiert Vormbaum (2011, S. 268), dass „,Bekämpfung' […] das kriminalpolitische Schlagwort des strafrechtlichen Zeitgeschehens" ist.

3 Symbolische Dysfunktion des Strafrechts?

Wie dieser – aus Platzgründen – nur kursorische Blick auf Ergebnisse kriminologischer Forschung zeigt, weichen die offiziellen Funktionen des Strafrechts deutlich von den tatsächlich feststellbaren ab. Diese legen den Schluss nahe, dass die Gesetzgebung, anders als offiziell proklamiert, stärker von symbolischen als instrumentellen Funktionen des Strafrechts bestimmt wird.

Aber handelt es sich dabei wirklich um Dysfunktionen im Sinne von Fehlleistungen? Unbestritten ist allen Funktionen des Strafrechts ein symbolischer Gehalt immanent: „Sie bezwecken mit Hilfe der instrumentellen Anwendung der Strafnormen (gleichsam im Rücken dieser Praxis) die (kognitive und emotive) Vermittlung der Botschaft vom rechtstreuen Leben" (Hassemer 1989, S. 555).[13] Kri-

---

13 Auch nach Murray Edelman (1990), dessen Arbeiten in der Tradition des symbolischen Interaktionismus und der interpretativen Soziologie stehen, besitzen Gesetze stets auch eine symbolische Funktion.

tisch zu betrachten ist es Hassemer (1989, S. 556) zufolge jedoch, wenn die latenten Funktionen der Norm, wie sie die Demonstration von staatlicher Handlungsfähigkeit und Macht darstellt, die manifesten überwiegen und „zu erwarten ist, daß durch die Anwendung der Norm eher andere als die von der Norm selber bezeichneten Zustände realisiert werden", oder es nur „um die Formulierung und den Erlaß" geht und „eine Anwendung kaum zu erwarten" ist. Symbolisches Strafrecht täuscht vor, etwas zu können bzw. zu tun, was es nicht kann bzw. tut. Insofern ist es aus dieser Perspektive, welche auch jener der Critical Legal Studies entspricht, gerechtfertigt, die oben beschriebenen Elemente der Strategie des *Governing through Crime* als dysfunktional bzw. symbolische Fehlleistungen des Strafrechts zu begreifen. Das Strafrecht expandiert und suggeriert auf diese Weise, den Schutz der Bevölkerung und Opferschutz zu gewährleisten und bedient sich dabei einer Bekämpfungsrhetorik, ohne seine postulierten Ziele tatsächlich erreichen zu können.

Aus strafrechtswissenschaftlicher Sicht wird kritisiert, dass das Strafrecht dadurch an Geltungskraft einbüßt. Es missbraucht das Vertrauen der Bevölkerung in die Strafrechtspflege und verletzt das Prinzip des Rechtsgüterschutzes (vgl. Hassemer 1989, S. 558). Aus kriminologischer Perspektive ist hinzuzufügen, dass mit diesen symbolischen Funktionen des Strafrechts keine Konflikte und sozialen Probleme gelöst werden, sondern sich die Politik vor der Suche nach einer geeigneten Konflikt- und Problembearbeitung drückt. Vielmehr wird die Legitimation sozialen Ausschlusses gefördert, was keineswegs nur symbolische Wirkung, sondern durchaus reale Folgen hat (vgl. Cremer-Schäfer und Steinert 1989, S. 29). Darauf macht die Diskussion unter dem Stichwort *Governing through Crime* in Verknüpfung mit den Befunden empirischer Forschung als kritische Perspektive auf die Funktionen des Rechts aufmerksam.

Literatur

Baer, S. (2017). *Rechtssoziologie. Eine Einführung in die interdisziplinäre Rechtsforschung.* 3. Aufl., Baden-Baden: Nomos.
Biebricher, T. (2009). Foucault: Macht und Recht. In S. Buckel, R. Christensen & A. Fischer-Lescano (Hrsg.), *Neue Theorien des Rechts* (S. 135–156). 2. Aufl., Stuttgart: Lucius & Lucius.
Bottoms, A. (2004). Empirical Research Relevant to Sentencing Frameworks. In A. Bottoms, S. Rex & G. Robinson (Hrsg.), *Alternatives to Prison. Options for an Insecure Society* (S. 59–82). Cullompton: Willan.
Bundesministerium des Innern und Bundesministerium der Justiz (Hrsg.). (2006). *Zweiter Periodischer Sicherheitsbericht.* Berlin. https://www.bka.de/SharedDocs/Downloads/DE/

Publikationen/JahresberichteUndLagebilder/PeriodischerSicherheitsbericht/psb02Lang. html. Zugegriffen: 17. April 2018.

Cremer-Schäfer, H., & Steinert, H. (1989). Symbolische und instrumentelle Folgen des Strafrechts. Staatliches Strafen hat symbolische Funktionen und reale Folgen – vor allem für die unmittelbar Betroffenen … . *Neue Kriminalpolitik*, 1, S. 26–29.

Cremer-Schäfer, H., & Steinert, H. (2014). *Straflust und Repression. Zur Kritik der populistischen Kriminologie*. 2. Aufl., Münster: Westfälisches Dampfboot.

Crenshaw, K. (1989). Demarginalizing the Intersection of Race and Sex: A Black Feminist Critique of Antidiscrimination Doctrine, Feminist Theory and Antiracist Politics. *University of Chicago Legal Forum*, 1, S. 139–167.

Doob, A. N., & Webster, C. M. (2003). Sentence Severity and Crime: Accepting the Null Hypothesis. *Crime and Justice: A Review of Research*, 30, S. 143–195.

Edelman, M. (1990/1976). *Politik als Ritual. Die symbolische Funktion staatlicher Institutionen und politischen Handelns*. Frankfurt a. M.: Suhrkamp.

Elsuni, S. (2009). Feministische Rechtstheorie. In S. Buckel, R. Christensen & A. Fischer-Lescano (Hrsg.), *Neue Theorien des Rechts* (S. 157–178). 2. Aufl., Stuttgart: Lucius & Lucius.

Frankenberg, G. (2009). Partisanen der Rechtskritik. Critical Legal Studies etc. In S. Buckel, R. Christensen & A. Fischer-Lescano (Hrsg.), *Neue Theorien des Rechts* (S. 93–112). 2. Aufl., Stuttgart: Lucius & Lucius.

Frankenberg, G. (2010). *Staatstechnik. Perspektiven auf Rechtsstaat und Ausnahmezustand*. Berlin: Suhrkamp.

Garland, D. (2001). *Culture of Control. Crime and Social Order in Contemporary Society*. Chicago: University Press; dt. (2008). *Die Kultur der Kontrolle. Verbrechensbekämpfung und soziale Ordnung in der Gegenwart*. Frankfurt a. M.: Campus.

Hassemer, W. (1989). Symbolisches Strafrecht und Rechtsgüterschutz. *Neue Zeitschrift für Strafrecht*, 9, S. 553–559.

Hassemer, W., & Reemtsma, J. P. (2002). *Verbrechensopfer. Gesetz und Gerechtigkeit*. München: Beck.

Jehle, J.-M., Hohmann-Fricke, S., Albrecht, H. J., & Tetal, C. (2016). *Legalbewährung nach strafrechtlichen Sanktionen. Eine bundesweite Rückfalluntersuchung 2010 bis 2013 und 2004 bis 2013*. Mönchengladbach: Forum Verlag Godesberg.

Kißler, L. (1984). *Recht und Gesellschaft. Einführung in die Rechtssoziologie*. Opladen: Leske + Budrich.

Kunz, K.-L. (2011). *Kriminologie. Eine Grundlegung*. 6. Aufl., Bern: Haupt-Verlag.

Kunz, K.-L., & Singelnstein, T. (2016). *Kriminologie. Eine Grundlegung*. 7. Aufl., Bern: Haupt-Verlag.

Lembke, U. (2017). Weibliche Verletzbarkeit, orientalisierter Sexismus und die Egalität des Konsums: Gender-race-class als verschränkte Herrschaftsstrukturen in öffentlichen Räumen. In Zentrum für transdisziplinäre Geschlechterstudien (Hrsg.), *Grenzziehungen von „öffentlich" und „privat" im neuen Blick auf die Geschlechterverhältnisse. Bulletin Texte 43* (S. 30–57). Berlin: Humboldt Universität.

Llewellyn, K. N. (1939/1940). The Normative, the Legal and the Law-Jobs: The Problem of Juristic Method. *Yale Law Journal*, 49, S. 1355–1400.

Luhmann, N. (1969/2008). *Legitimation durch Verfahren*. Frankfurt a. M.: Suhrkamp.

Luhmann, N. (1970a). Funktion und Kausalität. In N. Luhmann (Hrsg.), *Soziologische Aufklärung 1* (S. 9–30). VS Verlag für Sozialwissenschaften. doi: 10.1007/978-3-322-96984-2_1.

Luhmann, N. (1970b). Funktionale Methode und Systemtheorie. In N. Luhmann (Hrsg.), *Soziologische Aufklärung 1* (S. 31–53). VS Verlag für Sozialwissenschaften. doi: 10.1007/978-3-322-96984-2_2.
Luhmann, N. (1987). *Rechtssoziologie*. 3. Aufl., Opladen: Westdeutscher Verlag.
Luhmann, N. (1993). *Das Recht der Gesellschaft*. Frankfurt a. M.: Suhrkamp.
MacKinnon, C. A. (1989). Feminismus, Marxismus, Methode und der Staat. Ein Theorieprogramm. In E. List & H. Studer (Hrsg.), *Denkverhältnisse. Feminismus und Kritik* (S. 86–132). Frankfurt a. M.: Suhrkamp.
Maihofer, W. (1970). Die gesellschaftliche Funktion des Rechts. In R. Lautmann, W. Maihofer & H. Schelsky (Hrsg.), *Die Funktion des Rechts in der modernen Gesellschaft. Jahrbuch für Rechtssoziologie und Rechtstheorie 1* (S. 11–36). Bielefeld: Bertelsmann.
Merton, R. K. (1968). Manifest and Latent Functions. In R. K. Merton, *Social Theory and Social Structure* (S. 73–138). New York: The Free Press.
Raiser, T. (2013). *Grundlagen der Rechtssoziologie*. 6. Aufl., Tübingen: Mohr Siebeck.
Rehbinder, M. (2014). *Rechtssoziologie. Ein Studienbuch*. 8. Aufl., München: Beck.
Röhl, H. C., & Röhl, K. F. (2008). *Allgemeine Rechtslehre: Ein Lehrbuch*. 3. Aufl., Köln: Heymanns.
Roxin, C. (1997). *Strafrecht Allgemeiner Teil Band I: Grundlagen. Der Aufbau der Verbrechenslehre*. 3. Aufl., München: Beck.
Rusche, G., & Kirchheimer, O. (1981). *Sozialstruktur und Strafvollzug*. Frankfurt a. M.: Europäische Verlagsanstalt.
Sack, F. (2003). Von der Nachfrage- zur Angebotspolitik auf dem Feld der Inneren Sicherheit. In H.-J. Dahme, H.-U. Otto, A. Trube & N. Wohlfahrt (Hrsg.), *Soziale Arbeit für den aktivierenden Staat* (S. 249–276). Opladen: Westdeutscher Verlag.
Sack, F. (2004). Wie die Kriminalpolitik dem Staat aufhilft. Governing through Crime als neue politische Strategie. In R. Lautmann, D. Klimke & F. Sack (Hrsg.), *Punitivität. 8. Beiheft zum Kriminologischen Journal* (S. 30–50). Weinheim: Juventa.
Schelsky, H. (1980). *Die Soziologen und das Recht. Abhandlungen und Vorträge zur Soziologie von Recht, Institution und Planung*. Opladen: Westdeutscher Verlag.
Schlepper, C. (2014). *Strafgesetzgebung in der Spätmoderne. Eine empirische Analyse legislativer Punitivität*. Wiesbaden: VS Verlag für Sozialwissenschaften.
Schöch, H. (1985). Empirische Grundlagen der Generalprävention. In T. Vogler & H. H. Jescheck (Hrsg.), *Festschrift für Hans-Heinrich Jescheck zum 70. Geburtstag. Zweiter Halbband* (S. 1081–1105). Berlin: Duncker & Humblot.
Schott, R. (1970). Die Funktionen des Rechts in primitiven Gesellschaften. In R. Lautmann, W. Maihofer & H. Schelsky (Hrsg.), *Die Funktion des Rechts in der modernen Gesellschaft. Jahrbuch für Rechtssoziologie und Rechtstheorie 1* (S. 107–174). Bielefeld: Bertelsmann.
Simon, J. (1997). Governing through Crime. In L. Friedman & G. Fisher (Hrsg.), *The Crime Conundrum: Essays on Criminal Justice* (S. 171–189). Boulder, CO: Westview Press.
Simon, J. (2007). *Governing Through Crime. How the War on Crime Transformed American Democracy and Creates a Culture of Fear*. New York: Oxford University Press.
Stein, K. (2012). *Die juristische Weltanschauung: Das rechtstheoretische Potenzial der Marxschen „Kritik"*. Hamburg: VSA-Verl.
Vormbaum, T. (2004). 130 Jahre Strafgesetzgebung. Markierungspunkte und Tendenzen. In T. Vormbaum & J. Welp (Hrsg.), *130 Jahre Strafgesetzgebung. Eine Bilanz* (S. 456–489). Berlin: Berliner Wissenschafts-Verlag.

Vormbaum, T. (2011). *Einführung in die moderne Strafrechtsgeschichte.* 2. Aufl., Berlin/ Heidelberg: Springer.
Wacquant, L. (2009). *Bestrafen der Armen.* Opladen: Budrich.
Weber, M. (2002). *Wirtschaft und Gesellschaft. Grundriss der verstehenden Soziologie.* 5. Aufl., Tübingen: Mohr Siebeck.
Wenzelburger, G. (2013). Die Politik der Inneren Sicherheit. Konturen eines Forschungsfeldes aus Sicht der vergleichenden Politikforschung. *Zeitschrift für Vergleichende Politikwissenschaft,* 7, S. 1–25.
Zippelius, R. (2012). *Grundbegriffe der Rechts- und Staatssoziologie.* 3. Aufl., Tübingen: Mohr Siebeck.

Der Gesetzgebungsprozess

Stefanie Vedder und Sylvia Veit

1 Einleitung

Forschung zum Gesetzgebungsprozess findet vor allem innerhalb der Politikwissenschaft und weniger in der Rechtswissenschaft statt (Schulze-Fielitz 2000, S. 159). Zentrale Themen sind dabei z. B. Lobbyismus (Winter und Blumenthal 2014), die Rolle der Opposition in politischen Aushandlungsprozessen (Ismayr 2008) oder der Einfluss der Parteien (Bukow et al. 2016). Insgesamt richtet sich das politikwissenschaftliche Erkenntnisinteresse vor allem auf den der finalen Parlamentsentscheidung vorgelagerten Zeitraum. Die Rechtswissenschaft wird dagegen stärker mit Fragen der gerichtlichen Kontrolle des Prozesses assoziiert (Kluth und Augsberg 2014). Verbunden sind jedoch beide Disziplinen in der Erkenntnis, dass der Gesetzgebungsprozess sehr viel langwieriger und komplexer ist als es die in der Verfassung festgeschriebenen Regeln erkennen lassen.

In diesem Kapitel werden die wichtigsten Aspekte des formalen Gesetzgebungsverfahrens auf Bundesebene in Deutschland erläutert und anschließend der politischen Praxis gegenübergestellt. Deutlich wird dabei das Auseinanderfallen des „law in action" – also des gelebten Rechts – mit dem „law in the books" – dem geschriebenen Recht. Als föderal-parlamentarisches Mehrparteiensystem ist Deutschland ein Paradefall besonders komplexer Verhandlungs- und Rechtsetzungsstrukturen: Anders als in Einheitsstaaten (z. B. Frankreich) spielen subnationale Akteure wie die im Bundesrat vertretenen Landesregierungen eine zentrale Rolle bei der Gesetzgebung. Im Gegensatz zur strengen Trennung von Exekutive und Legislative in präsidentiellen Systemen (z. B. USA) führt die Funktionenverschränkung des deutschen parlamentarischen Systems zu einer personellen Verbindung von Regierung und Parlament. Die im Vergleich zu z. B. Großbritannien oder den USA höhere Anzahl an Parteien im Parlament bringt komplizierte Verhandlungsprozesse mit sich und erschwert die Mehrheitsbildung (siehe z. B. die Fallstudien in Lauth

© Springer Fachmedien Wiesbaden GmbH, ein Teil von Springer Nature 2019
C. Boulanger et al. (Hrsg.), *Interdisziplinäre Rechtsforschung*,
https://doi.org/10.1007/978-3-658-21990-1_8

2014; Schmidt 2010, S. 80ff.). Zusätzlich existiert mit dem Bundesverfassungsgericht ein äußerst starkes judikatives Organ, das den Gesetzgebungsprozess erheblich beeinflusst (Hönnige 2007; von Steinsdorff in diesem Band).

Das Kapitel ist chronologisch in die drei Phasen des Gesetzgebungsprozesses (vorparlamentarisches, parlamentarisches und nachparlamentarisches Verfahren) gegliedert und stellt die wichtigsten beteiligten Akteure dar. Eine besondere Rolle spielen hier im vorparlamentarischen Verfahren die Verbände und die Ministerialverwaltung sowie im nachparlamentarischen Verfahren die Vollzugsbehörden und Gerichte. In jüngerer Zeit gewinnen zudem externe Anbieter von Politikberatung wie z. B. Think Tanks und außerparlamentarische Formen der Konsensfindung wie z. B. Runde Tische oder nationale Gipfelkonferenzen an Bedeutung. Abschließend wird gezeigt, dass u. a. die steigende Komplexität von Politikfeldern und die Europäisierung zu einer Verlagerung der Input- zugunsten einer Output-Legitimität führen.

2 Das vorparlamentarische Verfahren: Gesetzesentwicklung außerhalb der Legislative

Gesetzesinitiativen können formal durch die Bundesregierung, den Bundesrat oder aus der Mitte des Bundestages (mindestens eine Fraktion oder mindestens fünf Prozent der Abgeordneten) in den Bundestag eingebracht werden. In der Praxis kommen die meisten erfolgreichen Initiativen von der Bundesregierung (Ismayr 2009, S. 531ff.), haben ihren Ursprung also in der Exekutive. Diese Gesetzentwürfe wurden in der Ministerialverwaltung erarbeitet und sind oftmals bereits sehr detailliert, wenn sie ihren Weg ins Parlament finden.

Ein erster Entwurf eines Gesetzes wird im federführenden Ministerium im fachlich zuständigen Referat erarbeitet und dann innerhalb des Hauses abgesprochen. Anschließend wird dieser „Referentenentwurf" mit anderen betroffenen Ministerien abgestimmt (Ressortabstimmung). In jedem Fall konsultiert werden müssen laut Gemeinsamer Geschäftsordnung der Bundesministerien (GGO) der Nationale Normenkontrollrat (NKR), der Bundesbeauftragte für Wirtschaftlichkeit in der Verwaltung sowie das Innen- und das Justizressort aufgrund ihrer Zuständigkeit für die Prüfung der Verfassungsmäßigkeit sowie für die rechtssystematische und rechtsförmliche Prüfung. Ersterer ist dafür verantwortlich zu prüfen, inwiefern der Erfüllungsaufwand des Gesetzes für Bürger, Wirtschaft und Verwaltung ermittelt wurde. Er kann außerdem Stellung zu anderen Aspekten der „besseren Rechtsetzung" (Wegrich 2011) wie etwa zur Befristung und Evaluierung nehmen.

Zwar sieht die GGO eine frühzeitige Einbindung anderer betroffener Ministerien in die Entwurfserstellung vor, in der Praxis erfolgt dies aber nur selektiv. Häufig findet eine breite Beteiligung anderer Ressorts erst dann statt, wenn ein fertiger Referentenentwurf bereits vorliegt. Für diesen Abstimmungsmodus hat Fritz Scharpf den Begriff der „Negativkoordination" (1972) geprägt. Dieser Koordinationsmodus unterstützt eine Politik der kleinen Schritte und führt in der Tendenz zu einer Einigung auf den kleinsten gemeinsamen Nenner. Dieser Politikstil wird als Inkrementalismus bezeichnet (Lindblom 1959). Synergieeffekte zwischen verschiedenen gesetzgeberischen Maßnahmen werden so häufig nicht erkannt und genutzt.

Neben den Ressorts werden weitere Akteure wie die Länder, kommunale Spitzenverbände, Fachkreise, Verbände und ggf. Gewerkschaften konsultiert. Über Details der Beteiligung der Verbände und Fachkreise (Zeitpunkt, Umfang) entscheidet laut GGO das federführende Ministerium. Für Verbandsvertreter sind deshalb die zuständigen Ministerialbeamten wichtige Ansprechpartner beim Versuch der Durchsetzung von Interessen. Die Beamten können durch Kontakte zu den Verbänden wichtige Informationen bezüglich der Akzeptanz von Entwürfen gewinnen. Im Zuge eines gegenseitigen Austauschs wird so ein Entwurf in einer sehr frühen Phase „verbandsfest" gemacht (Rudzio 2015, S. 84). In den meisten Fällen werden die Stellungnahmen nicht publiziert. Für die Öffentlichkeit ist also häufig nicht nachvollziehbar, welche Akteure sich in welcher Form, mit welchen konkreten Einwänden und Vorschlägen und welchem Ergebnis in die Erarbeitung des Entwurfes eingebracht haben. Das vorparlamentarische Verfahren der Gesetzesvorbereitung in der Ministerialverwaltung ist daher intransparent, gleichzeitig werden bereits hier viele wichtige Kompromisse ausgehandelt und Vorentscheidungen getroffen (Veit 2010, S. 42ff.). Diese Phase des Gesetzgebungsprozesses ist also der verfassungsrechtlich vorgesehenen Beteiligung und Kontrolle durch die Bevölkerung größtenteils entzogen.

Gesetzentwürfe der Bundesregierung gelangen üblicherweise erst dann ins Kabinett, wenn für die vorhandenen Konflikte bereits Lösungen gefunden wurden. Andernfalls gilt ein Entwurf nicht als „kabinettsreif" (Döhler 2012, S. 184). Der Bundesminister der Finanzen besitzt nach § 26 der Geschäftsordnung der Bundesregierung (GOBReg) ein suspensives Vetorecht in Fragen von finanzieller Bedeutung. Gleiches gilt für die Bundesminister der Justiz und des Innern in Fragen der Vereinbarkeit mit geltendem Recht. In der Praxis wird dieses Vetorecht von den anderen Ministerien bereits im Prozess der Vorbereitung des Kabinettsentwurfes antizipiert. Kampfabstimmungen im Kabinett kommen kaum vor, Beschlüsse werden trotz des formal gültigen Mehrheitsprinzips (§ 24 GOBReg) meist im Konsens gefällt. Ist ein Gesetzentwurf vom Kabinett beschlossen, leitet ihn die Bundeskanzlerin zusammen mit einem Gesetzesvorblatt und einer Gesetzesbegründung sowie der

Stellungnahme des NKR und einer eventuellen Gegenäußerung der Bundesregierung zu dieser Stellungnahme dem Bundesrat zu.

Für die Erarbeitung eines Gesetzentwurfes ist oft hochspezialisiertes Fachwissen vonnöten, welches die Ministerialverwaltung nicht immer selbst vorhalten kann. Sie lässt sich deshalb von verschiedenen Akteuren fachlich beraten. Dabei wird zwischen internen Beratungsanbietern wie den Ressortforschungseinrichtungen, unabhängigen Sachverständigenräten der Bundesregierung und Beiräten der Ministerien sowie externen Anbietern wie z. B. Forschungsinstituten, Beratungsunternehmen und Think Tanks unterschieden (Hustedt et al. 2010). Während erstere meist im Auftrag tätig werden, erstellen Think Tanks – beispielsweise die Bertelsmann-Stiftung – ihre Expertisen und Policy-Papiere auch proaktiv mit dem Ziel, den politischen Diskurs zu beeinflussen. Wenngleich (wissenschaftliche) Politikberatung in den letzten Jahren an Bedeutung gewonnen hat, sind Befürchtungen einer Aushöhlung der Demokratie allerdings übertrieben (Czada 2014). Die medial stark kritisierte Erstellung von kompletten Gesetzentwürfen durch Externe bildet eine Ausnahme (Döhler 2012, S. 203). Die Kritik ist wohl eher – wie auch bei der Verbandsbeteiligung – durch die hohe Intransparenz begründet.

Die inhaltliche Ausgestaltung von Gesetzentwürfen in der vorparlamentarischen Phase unterliegt nicht zuletzt auch dem Einfluss der Parteien. Häufig enthalten bereits die Koalitionsverträge konkrete Aussagen über geplante gesetzliche Neuerungen. Darüber hinaus finden auch in der laufenden Legislaturperiode im Vorfeld formaler Verfahren immer wieder Verhandlungen zwischen den Koalitionspartnern statt, deren Ergebnisse in die Gesetzeserarbeitung in der Ministerialverwaltung einfließen (Ismayr 2009).

3 Das parlamentarische Verfahren: Kompromissfindung in der Legislative

Das parlamentarische Verfahren kann als Phase der „institutionalisierten Kompromissbildung" (Schulze-Fielitz 2017, S. 284) bezeichnet werden. In dieser Phase finden komplexe politische Aushandlungsprozesse statt, innerhalb derer ein Gesetzentwurf weiter verändert und für die abschließende Abstimmung im Bundestag vorbereitet wird. Nach Vorliegen eines Regierungsentwurfs ist der formal erste Akteur in diesen Verhandlungen der Bundesrat. Wird ein Regierungsentwurf dem Bundesrat nach dem Kabinettsbeschluss zugeleitet, hat dieser sechs Wochen Zeit zur Stellungnahme. Bei einer kritischen oder sogar ablehnenden Reaktion des Bundesrates kann die Bundesregierung eine Gegenäußerung vorlegen. Der

Gesetzentwurf, die Stellungnahme des Bundesrates und ggf. die Gegenäußerung der Bundesregierung werden dann zusammen dem Bundestag vorgelegt. Wird ein Entwurf vom Bundesrat oder Mitgliedern des Bundestages eingebracht, entfällt dieser vorgelagerte Schritt.

In der ersten von drei öffentlichen Plenarsitzungen (Lesungen) im Bundestag erfolgt üblicherweise eine Überweisung des Entwurfs an die Fachausschüsse, die entsprechend den Mehrheitsverhältnissen des Bundestages mit Abgeordneten der einzelnen Fraktionen besetzt sind. Die Fachausschüsse beraten den Entwurf und führen ggf. eine Anhörung von Sachverständigen und Verbänden durch. Die Anhörungen sind zumeist öffentlich und sollen zu einer transparenten Meinungsbildung beitragen. Im Gegensatz zum Plenum als „Redeparlament" können die Ausschüsse als „Arbeitsparlament" gesehen werden, in denen inhaltliche Streitpunkte und rechtliche Details auszuarbeiten sind (Brocker 2016). Das „Redeparlament" ist hingegen weniger auf den Austausch inhaltlicher Argumente als auf signalhafte Aussagen der Parteien konzentriert. Die Ergebnisse des Fachausschusses werden in einer zweiten Lesung im Bundestag dem Plenum zur Diskussion gestellt. Bei Unstimmigkeiten in der Plenumsdebatte und konkreten Änderungsvorschlägen wird der Entwurf zurück an die Ausschüsse verwiesen. Ist der Text jedoch nicht weiter strittig, kann auf Antrag beschlossen werden, eine endgültige Abstimmung über den Entwurf direkt anzuschließen.

Kann eine mindestens einfache Mehrheit erzielt werden, wird das Gesetz an den Bundesrat weitergeleitet. Ausnahmen zu dieser Regel sind Verfassungsänderungen: Diese erfordern eine Zweidrittelmehrheit unter allen Mitgliedern des Bundestages. Im formellen Gesetzgebungsverfahren wird bei der Beteiligung des Bundesrates zwischen Zustimmungs- und Einspruchsgesetzen unterschieden. Zustimmungsbedürftig sind solche Gesetze, die die Angelegenheiten der Bundesländer in besonderem Maße betreffen, wie etwa Regelungen, welche deren Finanzen berühren (Art. 104a und 105 GG). Eine Möglichkeit der „Rettung" eines vom Bundesrat abgelehnten Beschlusses besteht in der Anrufung eines Vermittlungsausschusses, der aus Mitgliedern des Bundesrates und des Bundestages gebildet wird (Art. 77 Abs. 2 GG). Hier können Änderungen erarbeitet werden, die dem Bundesrat erneut zur Entscheidung vorgelegt werden. Bei einer negativen Entscheidung des Bundesrates nach einer Vermittlung ist der Gesetzentwurf jedoch endgültig gescheitert. Der Anteil der Zustimmungsgesetze liegt heute bei knapp 40 Prozent (Grasl 2016, S. 168). Bei Einspruchsgesetzen hingegen gibt es nur ein suspensives Veto des Bundesrates. Für die Überstimmung eines Einspruchs des Bundesrates muss der Bundestag eine dem Bundesratsentschluss entsprechende Mehrheit erreichen.

Ist ein Gesetz beschlossen, wird es üblicherweise ohne weitere Zwischenschritte vom Bundespräsidenten ausgefertigt und in dessen Auftrag im Bundesgesetzblatt verkündet. Auch wenn dies praktisch kaum eine Rolle spielt, besitzt der Bundespräsident jedoch noch eine letzte Vetoposition, die ein Gesetz scheitern lassen kann. Der Bundespräsident kann die Ausfertigung eines Gesetzes aus formellen sowie aus materiellen Gründen verweigern (Strohmeier 2008). Letzteres wird unter den Begriff „materielles Prüfungsrecht" gefasst, wobei umstritten ist, ob ihm ein solches zusteht. Mehrheitlich wird dies bejaht, jedoch an hohe Hürden gebunden: Eine Verweigerung aus materiellen Gründen steht dem Bundespräsidenten nur dann zu, wenn das betreffende Gesetz „zweifelsfrei und offenkundig" (Strohmeier 2008, S. 181) gegen das Grundgesetz, insbesondere gegen die Grundrechte, verstößt. In der Geschichte der Bundesrepublik ist eine Verweigerung der Unterschrift durch den Bundespräsidenten bisher achtmal vorgekommen.

Darüber hinaus gehen heute zahlreiche Gesetze auf Regelungen der Europäischen Union zurück, die in nationales Recht eingebracht werden müssen. Dabei gilt strikt der Grundsatz der begrenzten Einzelermächtigung: Die Mitgliedsstaaten – insbesondere die Parlamente – bleiben die „Herren der Verträge" (vgl. Grimm 2015, S. 21). Die Union darf nur diejenigen Kompetenzen ausüben, die ihr explizit in den Verträgen übertragen wurden und muss auch bei deren Ausgestaltung stets die Souveränität der Mitgliedsstaaten bedenken (Kneip 2016). Das EU-Recht beeinflusst inzwischen jedoch nicht nur einen ganz erheblichen Teil national relevanter Rechtsgebiete, sondern bietet nationalen Akteuren auch die Möglichkeit, strategisch zu agieren und so abseits des rein nationalen Verfahrens Vorhaben durchzusetzen. Die Europäisierung hat damit das Kräfteverhältnis zwischen Exekutive und Legislative klar zugunsten der Erstgenannten verschoben (Sturm und Pehle 2001): Bundesministerinnen und Bundesminister sind über den Rat der Europäischen Union[1] maßgeblich an der europäischen Rechtsetzung beteiligt und können auf dieser Ebene Maßnahmen initiieren oder ausgestalten, die nicht direkt an das nationale Parlament rückgebunden sind.

4 Das nachparlamentarische Verfahren: Vollzug, Evaluation und gerichtliche Kontrolle

Der Gesetzgebungsprozess im engeren Sinne ist mit der Ausfertigung des Gesetzes durch den Bundespräsidenten und Verkündung im Bundesgesetzblatt abgeschlossen. Dies bedeutet jedoch nicht, dass ein Gesetz unveränderbar feststeht. Im Anschluss

---

[1] Dieser setzt sich aus den für ein Politikfeld zuständigen Ministern der Mitgliedsstaaten zusammen.

finden in der Exekutive und Judikative die Umsetzung, Konkretisierung und ggf. Nachbesserung der Gesetze statt. Dies geschieht im Rahmen des Gesetzesvollzuges, durch den die Gesetze erst ihre tatsächliche Wirkung entfalten (Treiber 2010). Der Vollzug liegt formal in den Händen der Verwaltung als Teil der ausführenden Gewalt.

Orientiert man sich am Idealmodell der parlamentarischen Demokratie, muss jeder Vollzugsakt an die Volksvertretung zurückgebunden werden (Frevel und Voelzke 2017, S. 75). Dies ist praktisch jedoch weder möglich noch sinnvoll; sollte jede Entscheidung vom Parlament getroffen werden, müsste dieses jede denkbare Situation antizipieren. Stattdessen werden häufig Delegationsnormen erlassen und der Verwaltung ein Ermessen eingeräumt (Jestaedt 2016). Dies widerspricht einer streng verstandenen Inputlegitimation, stattdessen rechtfertigt sich eine exekutive Maßnahme vor allem über das Ergebnis (Output-Legitimation) (Braun und Schmitt 2009, S. 63): Damit zeitnah passende Einzelfallentscheidungen getroffen werden können, überträgt das Parlament einen Teil seiner Regelungshoheit auf die Exekutive, indem es dieser die Befugnis zum Erlass von Rechtsverordnungen durch ein Ermächtigungsgesetz erteilt (Art. 80 Abs. 1 GG). Im Sinne dieser „kooperative[n] Rechtsetzungszuständigkeit" (Ziekow 2016, S. 328) werden die per definitionem allgemeinen Gesetze ausgestaltet und in den Alltag übersetzt. Dabei muss jedoch alles „Wesentliche" in den Händen des Gesetzgebers bleiben. Was genau „wesentlich" ist, ist nicht immer leicht zu bestimmen und bietet einen erheblichen Auslegungsspielraum, trifft aber laut ständiger Rechtsprechung des Bundesverfassungsgerichts (BVerfG) mindestens auf Entscheidungen zu, die in Grundrechte eingreifen (Baader 1992).

Im exekutivföderalistischen System der Bundesrepublik obliegt der Gesetzesvollzug nicht primär der Bundesverwaltung. Der überwiegende Teil erlassener Normen wird von den Bundesländern und Kommunen ausgeführt. Vorgesehen ist zuvorderst die Ausführung der Bundesgesetze durch die Länder in eigener Angelegenheit (Art. 83 GG), innerhalb derer die Länder autonom handeln und sich der Bund mit der Rechtsaufsicht begnügt. Im Gegensatz dazu sieht die seltenere Bundesauftragsverwaltung neben der Rechts- auch eine Fachaufsicht des Bundes gegenüber der Landesverwaltung vor, wodurch oberste Bundesbehörden ein umfangreiches inhaltliches Weisungsrecht erhalten (Trute 2012, S. 44ff.). Nur in wenigen Bereichen werden Bundesgesetze durch die bundeseigene Verwaltung vollzogen, ein Beispiel ist die Wasserstraßen- und Schifffahrtsverwaltung.

Erst mit dem Vollzug von Gesetzen wird deren effektive Evaluation möglich. Zwar kommen auch in der vorparlamentarischen Phase Verfahren der Evaluation in Form der Gesetzesfolgenabschätzung zur Anwendung (Veit 2010), diese müssen aber zwangsläufig auf hypothetische Annahmen zurückgreifen (Konzendorf 2011). Eine tatsächliche Bewertung beschlossener Maßnahmen ist erst nach ihrer Umsetzung möglich. Ein Weg, eine regelmäßige Evaluation von Gesetzen – zumindest in der Theorie – zu garantieren, ist die sogenannte „Sunset Legislation". Unter diesem Begriff ist eine Befristung von Gesetzen zu verstehen, die mit einer Evaluationspflicht verknüpft wird: Ein Gesetz wird nur für einen festgelegten Zeitraum erlassen, an dessen Ende, wenn die Wirkung der Norm zuverlässig eingeschätzt werden kann, erneut über seine weitere Geltung entschieden wird (Veit und Jantz 2011). Die Wirksamkeit des Instrumentes ist jedoch fraglich, da die Empirie zeigt, dass auslaufende Gesetze häufig im Paket ohne eine fundierte Wirkungsbeurteilung verlängert werden (Veit und Jantz 2013, S. 276ff.). Generell können Gesetzesevaluationen auch eine taktische oder dekorative Funktion übernehmen, indem sie das Handeln des Gesetzgebers (nachträglich) legitimieren (Kuhlmann und Veit 2015; siehe auch Schlepper in diesem Band).

Schließlich erfolgt eine Aus- und Umgestaltung von Gesetzen durch die Judikative, deren Urteile Interpretationsgrenzen und Nachbesserungsbedarf aufzeigen. Gerichte treten dann in Erscheinung, wenn Zweifel an der Rechtmäßigkeit eines Rechtsaktes bestehen. Der zentralste Akteur ist hier das BVerfG, dessen Verdikte für alle nachgeordneten Gerichte zwingend bindend sind (Hensel 2011). Das BVerfG ist erstens Anlaufstelle für Bürger, die sich durch staatliches Handeln in ihren Grundrechten verletzt sehen (Verfassungsbeschwerde). Zweitens können Richter nachgeordneter Gerichte mit einer Vorlage einer in einem laufenden Verfahren entscheidenden Norm die Verfassungswidrigkeit dieser Vorschrift prüfen lassen (konkrete Normenkontrolle). In diesen Fällen werden bereits bestehende Normen oder eine entsprechende Auslegungspraxis für nichtig erklärt, was zur Einengung von Gesetzen führen kann, die in der Zukunft für alle ähnlichen Fälle verbindlich ist; das BVerfG betreibt hier eine „fallbezogene Gesetzgebung" (Wagner 2013, S. 70). Gleichzeitig zeigt das BVerfG Nachbesserungsbedarf auf, was zu einer Re-Evaluation von Gesetzen führen kann.

Eine wichtige Rolle im Gesetzgebungsprozess spielt das BVerfG aber vor allem, weil es – etwa auf Antrag eines Viertels der Mitglieder des Bundestages – unabhängig von einem konkreten Fall die Verfassungsmäßigkeit einer Norm prüfen kann. In diesem Rahmen spielt das Gericht bereits während des Gesetzgebungsprozesses eine Rolle (Wagner 2013). Während der vorparlamentarischen Phase kann „die Antizipation *möglicher* juristischer Entscheidungen" (Engst 2017, S. 284, Hervorhebung im Original) die Formulierung eines Gesetzes maßgeblich beeinflussen. Im Laufe der Aushandlungen im Parlament ist die Drohung des „Gang[s] nach Karlsruhe" (Stüwe 1997) ein Weg für die Opposition, ihre Position in den Verhandlungen mit der Regierungsmehrheit zu stärken. Wird schließlich eine verfassungswidrige Norm aufgehoben, kann das BVerfG bindende Ersatz- und Übergangsbestimmungen erlassen, die bis zum Erlass eines neuen Gesetzes

Normcharakter haben, oder in seinem Urteil teils sehr detaillierte Vorschläge dazu machen, wie ein verfassungsmäßiges Gesetz auszusehen habe und damit als „Ersatzgesetzgeber" auftreten (Kranenpohl 2013, S. 260). Diese Funktion des BVerfG wird dabei hinsichtlich ihrer Legitimität und ihrer Vereinbarkeit mit dem Grundsatz der parlamentarischen Demokratie häufig kritisiert (vgl. Kneip 2009).

5 Fazit

Obwohl das formale Verfahren zur Verabschiedung von Gesetzen klar geregelt ist, haben die Ausführungen in diesem Kapitel gezeigt, dass Gesetzgebung im politischen System der Bundesrepublik ein äußerst komplexer Prozess ist, in den vielfältige Akteure eingebunden sind. Vor diesem Hintergrund ist es wenig verwunderlich, dass ein Gesetzgebungsverfahren durchschnittlich 250 Tage dauert – und dies bezieht sich nur auf das parlamentarische Verfahren und lässt die aufwändigen Vorarbeiten außer Acht (Manow und Burkhart 2009, S. 60). Pro Legislaturperiode des Deutschen Bundestages werden durchschnittlich gut 530 Gesetze verabschiedet.[2] Dabei handelt es sich meist nicht um komplett neuartige Regelungsmaterien, sondern häufig um Änderungsgesetze zu bereits bestehenden Regelungen.

Gesetze sind weder nur das Ergebnis von politischen Verhandlungen, in denen verschiedene Akteure versuchen, ihre Interessen durchzusetzen, noch sind sie ausschließlich das Resultat eines rationalen Entscheidungsprozesses, in welchem die optimale Lösung für ein politisch zu definierendes Ziel ausgearbeitet wird. Stattdessen spielen beide Aspekte in allen Phasen der Gesetzgebung eine Rolle und vermischen sich: So werden formale und rationale Argumente genutzt, um eigene politische Interessen zu untermauern. Das „law in the books" wird so zur interpretations- und ergänzungsoffenen Grundlage für das entstehende und gelebte Recht. Zu beobachten ist, dass die „Output-Legitimation" von Gesetzen in den letzten Jahren an Bedeutung gewonnen hat. Dies spiegelt sich beispielsweise in der Idee einer evidenzbasierten Politik (Sanderson 2002), der Popularität von Verfahren der Gesetzesfolgenabschätzung (Radaelli 2010, S. 90), der Zunahme an wissenschaftlicher Politikberatung und in der wachsenden Verbreitung von Gesetzesevaluationen wider.

Ursächlich hierfür sind mindestens drei Faktoren: Erstens führt die Notwendigkeit der Haushaltskonsolidierung dazu, dass die Folgekosten von Gesetzen genauer bedacht werden: Dies spiegelt sich etwa in der Einrichtung des NKR (2006) wider.

---

2   Durchschnittswert der Legislaturperioden 12 bis 17.

Zweitens hat die Komplexität vieler Regelungsmaterien auch objektiv zugenommen. Und drittens führt der zunehmende Einfluss der Europäischen Union dazu, dass Bürgerinnen und Bürger die demokratische Legitimation vieler Gesetze in Frage stellen. Verbunden mit weiteren Entwicklungen wie der sinkenden Parteibindung vieler Wählerinnen und Wähler und der wachsenden Politikverdrossenheit wird die Legitimation politischer Entscheidungen durch Sachargumente und Wirksamkeit deshalb wichtiger, um deren Akzeptanz sicherzustellen.

Literatur

Baader, E. (1992). Parlamentsvorbehalt, Wesentlichkeitsgrundsatz, Delegationsbefugnis – Eine normanalytische Untersuchung zur Normsetzungsbefugnis und zur Ermächtigung von Selbstverwaltungsorganen. *Juristenzeitung*, 47, S. 394–401.

Braun, D., & Schmitt, H. (2009). Politische Legitimität. In V. Kaina & A. Römmele (Hrsg.), *Politische Soziologie. Ein Studienbuch* (S. 53–81). Wiesbaden: VS Verlag für Sozialwissenschaften / GWV Fachverlage GmbH Wiesbaden.

Brocker, L. (2016). Plenaröffentlichkeit und nichtöffentliche Ausschussberatung: Das arbeitsteilige Konzept des Art. 42 Abs. 1 Satz 1 GG. *Zeitschrift für Parlamentsfragen*, 47, S. 50–57.

Bukow, S., Jun, U., Niedermayer, O. (Hrsg.). (2016). *Parteien in Staat und Gesellschaft. Zum Verhältnis von Parteienstaat und Parteiendemokratie*. Wiesbaden: Springer VS.

Czada, R. (2014). Informalität und Öffentlichkeit in politischen Aushandlungsprozessen. *Zeitschrift für vergleichende Politikwissenschaft*, 8, S. 115–139.

Döhler, M. (2012). Gesetzgebung auf Honorarbasis: Politik, Ministerialverwaltung und das Problem externer Beteiligung an Rechtsetzungsprozessen. *Politische Vierteljahresschrift*, 53, S. 181–210.

Engst, B. (2017). Die vierte Gesetzeslesung. Verfassungsgerichte des deutsch-österreichischen Modells als Vetospieler. In V. Frick, O. W. Lembcke & R. Lhotta (Hrsg.), *Politik und Recht. Umrisse eines politikwissenschaftlichen Forschungsfeldes* (S. 281–301). Baden-Baden: Nomos.

Frevel, B. & Voelzke, N. (2017). *Demokratie. Entwicklung – Gestaltung – Herausforderungen*. Wiesbaden: Springer VS.

Grasl, M. (2016). Neue Möglichkeiten: Die Bundes- und Europapolitik der Länder. In A. Hildebrandt & F. Wolf (Hrsg.), *Die Politik der Bundesländer. Zwischen Föderalismusreform und Schuldenbremse* (S. 161–182). Wiesbaden: Springer VS.

Grimm, D. (2015). Zum Stand der demokratischen Legitimation der Europäischen Union nach Lissabon. In N. Abbas, A. Förster & E. Richter (Hrsg.), *Supranationalität und Demokratie. Die Europäische Union in Zeiten der Krise* (S. 17–36). Wiesbaden: Springer VS.

Hensel, R. (2011). Bindungswirkung und Verfahren. Zur Bindungswirkung verfassungsgerichtlicher Entscheidungen durch das Verfahren der Urteilsverfassungsbeschwerde. *Der Staat*, 50, S. 581–607.

Hönnige, C. (Hrsg.) (2007). *Verfassungsgericht, Regierung und Opposition. Die vergleichende Analyse eines Spannungsdreiecks.* Wiesbaden: VS Verlag für Sozialwissenschaften / GWV Fachverlage GmbH Wiesbaden.
Hustedt, T. et al. (2010). Wissen ist Macht? Wissenschaftliche Politikberatung der Bundesregierung. *Politik und Zeitgeschichte,* 60, S. 15–21.
Ismayr, W. (2008). Gesetzgebung im politischen System Deutschlands. In W. Ismayr (Hrsg.), *Gesetzgebung in Westeuropa. EU-Staaten und Europäische Union* (S. 383–430). Wiesbaden: VS Verlag für Sozialwissenschaften.
Ismayr, W. (2009). Das politische System Deutschlands. In W. Ismayr (Hrsg.), *Die politischen Systeme Westeuropas* (S. 515–565). Wiesbaden: VS Verlag für Sozialwissenschaften.
Jestaedt, M. (2016). Das doppelte Ermessensantlitz. Eine rechtstheoretische Vermessung des administrativen Entscheidungsfreiraums. *Osaka University Law Review,* 63, S. 190–209.
Kluth, W., & Augsberg, S. (Hrsg.) (2014). *Gesetzgebung. Rechtsetzung durch Parlamente und Verwaltungen sowie ihre gerichtliche Kontrolle.* Heidelberg, Hamburg: Müller Verl.-Gruppe Hüthig Jehle Rehm.
Kneip, S. (2009). *Verfassungsgerichte als demokratische Akteure. Der Beitrag des Bundesverfassungsgerichts zur Qualität der bundesdeutschen Demokratie.* Baden-Baden: Nomos Verlag.
Kneip, S. (2016). Mehr (nationale) Demokratie wagen? Die Europarechtsprechung des Bundesverfassungsgerichts im Lichte des Demokratie- und Gewaltenkontrolldefizits im EU-Mehrebensystem. *Zeitschrift für Politikwissenschaft,* 26, S. 131–147.
Konzendorf, G. (2011). Gesetzesfolgenabschätzung. In B. Blanke, F. Nullmeier, C. Reichard & G. Wewer (Hrsg.), *Handbuch zur Verwaltungsreform* (S. 135–143). 2. Aufl., Wiesbaden: VS Verlag für Sozialwissenschaften.
Kranenpohl, U. (2013). Verfassungsrechtsprechung. Regieren mit Richtern. In K.-R. Korte & T. Grunden (Hrsg.), *Handbuch Regierungsforschung* (S. 257–266). Wiesbaden: Springer Fachmedien Wiesbaden.
Kuhlmann, S., & Veit, S. (2015). Politikevaluation/Evaluationsforschung. In D. Nohlen & F. Grotz (Hrsg.), *Kleines Lexikon der Politik* (S. 480–483). München: C. H. Beck.
Lauth, H.-J. (Hrsg.) (2014). *Politische Systeme im Vergleich. Formale und informelle Institutionen im politischen Prozess.* München: De Gruyter Oldenbourg.
Lindblom, C. E. (1959). The Science of Muddling Through. *Public Administration Review,* 19, S. 79–88.
Manow, P., & Burkhart, S. (2009). Die Dauer der Gesetzgebungstätigkeit und die Herrschaft über den parlamentarischen Zeitplan – eine empirische Untersuchung des Legislativprozesses in Deutschland. In S. Ganghof, C. Hönnige & C. Stecker (Hrsg.), *Parlamente, Agendasetzung und Vetospieler. Festschrift für Herbert Döring* (S. 53–67). Wiesbaden: VS Verlag für Sozialwissenschaften / GWV Fachverlage GmbH Wiesbaden.
Radaelli, C. (2010). Regulating Rule-Making via Impact Assessment. *Governance,* 23, S. 89–108.
Rudzio, W. (2015). *Das politische System der Bundesrepublik Deutschland.* Wiesbaden: Springer VS.
Sanderson, I. (2002). Evaluation, Policy Learning and Evidence-Based Policy Making. *Public Administration,* 80, S. 1–22.
Scharpf, F. W. (1972). Komplexität als Schranke der politischen Planung. *Politische Vierteljahresschrift,* 13, S. 168–192.
Schmidt, M. G. (2010). *Das politische System Deutschlands. Institutionen, Willensbildung und Politikfelder.* Bonn: BpB.

Schulze-Fielitz, H. (2000). Gesetzgebungslehre als Soziologie der Gesetzgebung. In H. Dreier (Hrsg.), *Rechtssoziologie am Ende des 20. Jahrhunderts. Gedächtnissymposion für Edgar Michael Wenz* (S. 162–179). Tübingen: Mohr Siebeck.

Schulze-Fielitz, H. (2017). Der politische Kompromiß als Chance und Gefahr für die Rationalität der Gesetzgebung. In V. Frick, O. W. Lembcke & R. Lhotta (Hrsg.), *Politik und Recht. Umrisse eines politikwissenschaftlichen Forschungsfeldes* (S. 325–375). Baden-Baden: Nomos.

Strohmeier, G. (2008). Der Bundespräsident: Was er kann, darf und muss bzw. könnte, dürfte und müsste. *Zeitschrift für Politikberatung,* 55, S. 175–198.

Sturm, R., & Pehle, H. (2001). *Das neue deutsche Regierungssystem. Die Europäisierung von Institutionen, Entscheidungsprozessen und Politikfeldern in der Bundesrepublik Deutschland.* Wiesbaden: VS Verlag für Sozialwissenschaften.

Stüwe, K. (1997). Der „Gang nach Karlsruhe". Die Opposition im Bundestag als Antragsstellerin vor dem Bundesverfassungsgericht. *Zeitschrift für Parlamentsfragen,* 28, S. 545–557.

Treiber, H. (2010). Wie wirkt Recht? Methodische Aspekte bei der Erforschung von Wirkungszusammenhängen. In G. Wagner (Hrsg.), *Kraft Gesetz. Beiträge zur rechtssoziologischen Effektivitätsforschung* (S. 119–144). Wiesbaden: VS Verlag für Sozialwissenschaften / GWV Fachverlage GmbH Wiesbaden.

Trute, H.-H. (2012). § 28 Verwaltungskompetenzen im deutschen Bundesstaat. In I. Härtel (Hrsg.), *Handbuch Föderalismus. Föderalismus als demokratische Rechtsordnung und Rechtskultur in Deutschland, Europa und der Welt. Band II: Probleme, Reformen, Perspektiven des deutschen Föderalismus* (S. 39–77). Heidelberg: Springer.

Veit, S. (2010). *Bessere Gesetze durch Folgenabschätzung? Deutschland und Schweden im Vergleich.* Wiesbaden: VS Verlag für Sozialwissenschaften.

Veit, S., & Jantz, B. (2011). Sunset Legislation als Instrument der besseren Rechtsetzung. Wunderwaffe oder stumpfes Schwert?. *Schweizer Jahrbuch der Verwaltungswissenschaften,* 2, S. 167–180.

Veit, S., & Jantz, B. (2013). Sunset Legislation. Theoretical Reflections and International Experiences. In A. Alemanno, F. A. G. den Butter, A. Nijsen & J. Torriti (Hrsg.), *Better Business Regulation in a Risk Society* (S. 267–282). New York: Springer.

Wagner, S. (2013). *Ersatzgesetzgeber oder nicht? Die problematische Stellung des Bundesverfassungsgerichts im politischen System der Bundesrepublik Deutschland.* Hamburg: Diplomica Verlag GmbH.

Wegrich, K. (2011). *Das Leitbild „Better Regulation": Ziele, Instrumente, Wirkungsweise.* Berlin: edition sigma.

Winter, T., & Blumenthal, J. (Hrsg.) (2014). *Interessengruppen und Parlamente.* Wiesbaden: Springer VS.

Ziekow, J. (2016). Exekutive Entscheidungen und Partizipation: Verbesserung der Steuerungsfähigkeit des Staates und der Legitimität staatlichen Handelns. In H. Botha, N. Schaks & D. Steiger (Hrsg.), *Das Ende des repräsentativen Staates? Demokratie am Scheideweg* (S. 311–336). Baden-Baden: Nomos.

IV
Anwendung und Durchsetzung

Die Soziologie juristischer Wissensproduktion
Rechtsdogmatik als soziale Praxis

Christian Boulanger[1]

1 Einleitung: Warum juristische Dogmatik auch für Nicht-Juristinnen wichtig ist

In seinem bekannten Aufsatz zur „herrschenden Meinung" in der Rechtswissenschaft aus den 1980er Jahren erzählt Uwe Wesel die Vorgeschichte einer Entscheidung des Bundesgerichtshofs (BGH), die Juristinnen und Juristen unter dem Namen „Herrenreiter" bekannt ist.[2] Dort geht es um einen Brauereidirektor, dessen Bild ungefragt in einer Werbung für ein Potenzmittel verwendet wurde. Wesel schreibt:

> „Er geht zu einem Rechtsanwalt, der ihm sagt, er könne gegen die Firma auf Unterlassung klagen. Wieso, fragt der Mann, im Bürgerlichen Gesetzbuch habe er davon nichts gefunden. Der Anwalt erklärt, das ergebe sich aus § 823. Dort sei zwar nur die Rede von Schadensersatz, den man verlangen kann, wenn man in seinen Rechten verletzt wird. Und Schadensersatz könne er im Grunde verlangen, aber er habe ja keinen materiellen Schaden. Nach herrschender Meinung könne man allerdings auch auf Unterlassung klagen, wenn man an sich das Recht auf Schadensersatz habe und weitere Verletzungen zu befürchten seien. Nach herrschender Meinung. Im Gesetz steht ‚Schadensersatz'." (Wesel 1988, S. 14)

Das hier am Beispiel des Zivilrechts aufscheinende Missverständnis findet sich in allen Rechtsgebieten. Es besteht darin zu meinen, „die Arbeit des Juristen bestehe darin, daß er[3] angesichts eines vor Gericht gebrachten Falles im Gesetz nachschlüge

---

1 Ich danke Stefan Machura, Julika Rosenstock und Michael Wrase für Hinweise.
2 Entscheidungen des Bundesgerichtshofes in Zivilsachen (BGHZ), Band 26, S. 349ff.
3 Während 1976 noch selbstverständlich von „dem Juristen" und „er" gesprochen wurde, wird im Folgenden das generische Femininum verwendet. Männer sind selbstverständlich mitgemeint.

und dort die Lösung finde" (E. von Savigny 1976, S. 100). Wenn aber der Gesetzestext allein keine Antwort auf die Rechtslage gibt, ist es notwendig zu klären, wie das Wissen darüber zustande kommt, welches Recht eigentlich gilt. Diese Klärung ist nicht allein eine wissens- oder professionssoziologische Spezialfrage, sondern betrifft Probleme der Demokratietheorie (Mattutat 2016). Sie führt am Ende zur Frage, wie viel Einfluss die Berufsgruppe der Juristinnen auf zentrale gesellschaftliche Entscheidungen hat, und wie dieser Einfluss gerechtfertigt werden kann. Nicht nur das vom Parlament gesetzte Recht entscheidet über die Zuteilung materieller und symbolischer Güter. Die konkrete Entscheidung erfolgt erst vor Gericht: wenn nämlich darüber gestritten wird, welches Recht im konkreten Fall gilt. Das fängt beim Streit über Sozialleistungen und Unterhaltszahlungen vor den Untergerichten an und endet bei höchstrichterlichen Entscheidungen etwa darüber, in welcher Höhe der Staat die Bürgerinnen besteuern oder ob und wie lange er ihnen die Freiheit entziehen darf. Gerichte urteilen aber nicht nach freier Interpretation der Rechtslage, sondern sind auf Rechtsdogmatik angewiesen: diese muss „die Regeln bereitstellen, die die Gerichte zum rechtlichen Entscheiden benötigen und die der Gesetzgeber nicht bereitstellt" (Harenburg 1986, S. 6). Das Produkt der Rechtsdogmatikerinnen soll es „der Rechtspraxis ermöglichen, unter ihren restriktiven Bedingungen rechtlich zu entscheiden" (ebd.).

Trotz der großen Bedeutung der Dogmatik zumindest in der deutschen Rechtswissenschaft existiert über einzelne Studien hinaus noch keine, schon gar nicht komparativ angelegte interdisziplinäre Forschung zu juristischer Wissensproduktion.[4] Am Befund von Harenburg (1986, S. 1), dass „eine umfassende nichtdogmatische, insbesondere eine empirische Theorie der Rechtsdogmatik" bisher nicht entwickelt worden ist, hat sich also nicht viel geändert. Für Bumke (2017, S. 2) ist Rechtsdogmatik eine „black box" geblieben, „über deren Inhalt im Wesentlichen nur implizites Wissen existiert". Dafür gibt es Gründe: Die Rechtswissenschaft ist in überwiegendem Maße auf die Praxis ausgerichtet, für die dieses implizite Wissen ausreicht, das über die Tätigkeit in Justiz und Anwaltschaft erlernt wird. Im Gegenteil war die Offenlegung von Wissen über die Produktion von Recht lange Zeit unerwünscht.[5] Aber auch die Sozialwissenschaften haben sich bisher mit

---

4 Vergeblich sucht man etwa im Band „Comparative Law and Society" (Clark 2012) nach Kapiteln oder sogar nur Registereinträgen zu „doctrine" oder „scholarship". Siehe aber schon Martiny 1980.

5 Siehe nur den Skandal, den die Veröffentlichung des Buches „Justiz – die stille Gewalt" von Rüdiger Lautmann (1972) verursacht hat. Lautmann hatte den Alltag richterlicher Entscheidungsfindung im Wege einer ethnografischen Analyse offengelegt, was in der Justiz auf wenig Gegenliebe stieß (vgl. Struck 2011, S. 138–139 und die Einleitung der Wiederveröffentlichung von 2011).

dem Recht wenig, und mit der Rechtsdogmatik fast gar nicht beschäftigt. Wie Ingo Schulz-Schaeffer (2004) festgestellt hat, ist die Rechtsdogmatik von der (Rechts-)Soziologie bisher stiefmütterlich behandelt worden[6]; für die übrigen Sozialwissenschaften trifft diese Feststellung ebenfalls immer noch zu.[7] Eine „Soziologie der Dogmatik" existiert bisher jedenfalls nicht (so zuletzt auch Lennartz 2017, S. 2 und Schweitzer 2018, S. 214). Die vorhandene Forschung hat sich vor allem auf richterliches Handeln konzentriert (vgl. Wrase 2017, S. 70). Die Produktionsbedingungen und -mechanismen dogmatischer Rechtsarbeit sind hingegen noch kaum erforscht.

Dieser Beitrag kann nur einige Forschungsfragen anreißen, die sich in diesem Feld auftun. Er versteht sich als Einladung, das Forschungsfeld zu betreten und sich – im Dialog zwischen Rechts- und Sozialwissenschaftlerinnen mit juristischer Dogmatik zu befassen. Nur eine solche Zusammenarbeit kann den Gegenstand adäquat erfassen und beschreiben. Eine disziplinübergreifende Perspektive auf die Frage, wie juristisches Wissen produziert (und konsumiert) wird, erlaubt es, im empirischen Einzelfall zu zeigen, welche Rolle das Recht als eigener Wissensbestand (und nicht als bloßer Ausfluss anderer – ökonomischer, politischer, kultureller – Faktoren) spielt. Sie kann auch auf innerjuristische Methoden und Theorien zurückwirken (Morlok et al. 2000; Neumann 2001). Das Kapitel ist in drei Teile gegliedert. Im ersten Teil werden – sehr selektiv – einige Überlegungen zur Dogmatik aus der rechtssoziologischen Theoriegeschichte vorgestellt. Der zweite Teil untersucht, welche konkreten empirischen Phänomene gemeint sind, wenn aus der innerjuristischen sowie aus der beobachtenden Perspektive von „Rechtsdogmatik" gesprochen wird. Der dritte Teil fragt danach, wie eine gemeinsame Forschungsperspektive aussehen könnte, die Juristinnen und Sozialwissenschaftlerinnen gleichermaßen interessiert, und schlägt einen funktionalen Ansatz vor, der in vielen rechtswissenschaftlichen Definitionen der Dogmatik schon angelegt ist, aber dort nicht theoretisch unterfüttert wird.

---

6 Das von Ekkehard Klausa (1975) erklärte „Programm einer Wissenschaftssoziologie der Jurisprudenz" fand keinen Widerhall.

7 Siehe aber von Steinsdorff in diesem Band und die Beiträge von Gröschner und Wrase in Frick et al. 2017.

2 Rechtsdogmatik in der rechtssoziologischen Forschung

Deutschsprachige Juristinnen verstehen unter „Dogmatik" vor allem Texte, d. h. Aufsätze, Kommentarliteratur oder Monographien. Dogmatik, so Christian Bumke (2014, S. 641), „bemüht sich darum, die Vorstellungen und Einsichten über das Recht zu sichten und zu sichern. Dazu formt sie Begriffe, erarbeitet Figuren oder Prinzipien und ordnet den Stoff." Nicht zufällig hat die „Dogmatik" hier Subjektqualität: „Die" Dogmatik „bemüht sich", „sichtet" und „sichert". Tatsächlich ist „Dogmatik" in dieser Formulierung die Beschreibung einer institutionalisierten Praxis. Rechtsdogmatik ist im Regelfall zumindest darauf gerichtet, Teil des juristischen Wissens zu werden, d. h. von Juristinnen gelesen und zitiert zu werden. Dogmatische Texte sind kommunikative Vehikel für normative Aussagen, die darauf abzielen, am Ende in einer (höchst-)richterlichen Entscheidung Berücksichtigung zu finden. Damit entfalten dogmatische Texte in ganz anderer Art soziale Wirksamkeit als etwa ein politikwissenschaftlicher Fachaufsatz. Dieser Machtaspekt bleibt in der juristischen Reflexion zumeist ausgeklammert. In der empirischen Forschung kommt ihm dagegen große Bedeutung zu.

Bei dieser Untersuchung müssen zwei Beobachtungsperspektiven auseinander gehalten werden: die Binnenperspektive der Beteiligten am juristischen Diskurs[8] und die externe beobachtende Perspektive, die diesen Diskurs und die damit zusammenhängende Praxis untersucht.[9] Die Binnen- oder Teilnehmendenperspektive wendet sich an die Produzentinnen und Konsumentinnen von dogmatischer Literatur und verwendet einen Begriff der Rechtsdogmatik, der sich für die juristische Arbeit und Ausbildung eignet. Die externe Perspektive interessiert sich für Rechtsdogmatik aus analytischer Sicht, etwa um Funktion und Entstehung der Dogmatik zu erklären und mit anderen Rechtssystemen zu vergleichen. Was als „rechtsdogmatisch" gilt und was nicht, kann nur aus der Binnenperspektive (d. h. dogmatisch) entschieden werden. Die beobachtende Perspektive (wissenschaftlich, z. B. rechtstheoretisch oder soziologisch) kann nur die Entscheidung selbst beobachten, aber selbst keine Aussage über deren Richtigkeit treffen.

---

8   Siehe zum Beispiel Bumke 2014, S. 642–646. Esser (1974, S. 518) differenziert auf der Teilnehmendenperspektive noch einmal zwischen „Arbeit an" vs. „Arbeit mit" Dogmatik. Erstere bezeichnet die rechtswissenschaftliche und (höchst-)richterliche Praxis, die Dogmatik auch hervorbringt, letztere die Sicht der Anwendenden, für die Dogmatik ein Mittel zum Zweck ist. Siehe auch die Unterscheidung von „emischer" und „etischer" Perspektive in der Anthropologie bei Beyer in diesem Band.

9   Luhmann (1993, S. 70–71) unterscheidet hier „Beobachter erster und zweiter Ordnung". Hierzu ausführlicher Abschnitt 3 des Einleitungsbeitrags.

Bei der Frage, wie Rechtsdogmatik empirisch konzeptualisiert werden kann, lassen sich zwei sehr unterschiedliche Herangehensweisen feststellen: Auf der einen Seite betrachten handlungs- und praxistheoretische Ansätze[10] Recht als ein epistemisches *Objekt*. Rechtliches Wissen besteht in dieser Perspektive aus Informationen, Praxen, Diskursen etc., die von Akteurinnen als „rechtlich" betrachtet, gewusst und (re-) produziert werden. Die handelnden Personen (zum Beispiel Richterinnen, Anwältinnen, Klientinnen, Unternehmerinnen oder Privatleute) stehen dem rechtlichen Wissen mit empirisch zu bestimmenden, oftmals antagonistischen Interessen und Weltsichten gegenüber. Klassische akteurszentrierte Theorieansätze finden sich etwa in den rechtssoziologischen Überlegungen im Werk von Max Weber (1990 [1921–22], Kap. VII) und Pierre Bourdieu.[11] Beide zeichnen sich dadurch aus, dass sie die handelnden Personen und Personengruppen in den Vordergrund stellen, die sich in einem „Kampf ums Recht" (Jhering 1992 [1872]) befinden. Gemeint ist der Kampf um Machtpositionen, die darüber mitbestimmen, welches Recht gilt, d. h. welche dogmatischen Aussagen über das Recht als „richtig" und welche als „falsch" gelten sollen. Rechtsdogmatik ist in dieser Perspektive eine zumindest teilweise abgeleitete Variable, auch wenn beide Autoren (Weber noch stärker als Bourdieu) die Autonomie des Rechtsdiskurses betonen, im Gegensatz etwa zu Marx.[12] Bei Bourdieu wird die Konflikthaftigkeit des rechtlichen Feldes besonders stark betont: Es geht um Kämpfe um Symbole und Interpretationen, aber auch um institutionelle Hierarchien und finanzielle Ressourcen. Dabei ringen Personen und Personengruppen mit unterschiedlichem „juristischen Kapital" (Bourdieu 1987, S. 823) um rechtsdogmatische Meinungshoheit. In seinem Aufsatz zur „Force du droit" von 1987, hier in englischer Übersetzung, schreibt Bourdieu:

"The juridical field is the site of a competition for monopoly of the right to determine the law. Within this field there occurs a confrontation among actors possessing a technical competence which is inevitably social and which consists essentially in the socially recognized capacity to interpret a corpus of texts sanctifying a correct or legitimized vision of the social world. It is essential to recognize this in order to take account both of the relative autonomy of the law and of the properly symbolic effect of ‚miscognition' that results from the illusion of the law's absolute autonomy in relation to external pressures." (Bourdieu 1987, S. 187)

---

10 Zu Handlungstheorien allgemein siehe Miebach 2010, zu Weber auch W. Fuchs in diesem Band.
11 Siehe zur Rechtssoziologie Bourdieus z. B. Kretschmann 2018 oder Wrase 2010.
12 Nach dem klassischen marxistischen Ansatz bilden die gesellschaftlichen Produktionsverhältnisse die „reale Basis, worauf sich ein juristischer und politischer Überbau erhebt" (Marx: Zur Kritik der politischen Ökonomie (1859), Vorwort, MEW Bd.13, S. 8).

Zuvor hatte Max Weber schon Anfang des 20. Jahrhunderts mit seinem Begriff des „Rechtsdenkens" auf die soziale, institutionelle und kulturelle Einbettung des Rechts- und Verwaltungsstabs und insbesondere der „Rechtshonoratioren" (Weber 1990, S. 456ff) hingewiesen. Dieser Kontext ist entscheidend, um Webers Verständnis der Rechtsdogmatik zu verstehen, der in seiner bekannten „Unterscheidung juristischer und soziologischer Betrachtungsweise" (Weber 1990, S. 181) zum Ausdruck kommt:

> „Die [juristische Betrachtungsweise] fragt: was als Recht ideell gilt. Das will sagen: welche Bedeutung, und dies wiederum heißt: welcher normative Sinn einem als Rechtsnorm auftretenden sprachlichen Gebilde logisch richtigerweise zukommen sollte. [...] Die juristische, genauer: die rechtsdogmatische, Betrachtung stellt sich die Aufgabe: Sätze, deren Inhalt sich als eine Ordnung darstellt, welche für das Verhalten eines irgendwie bezeichneten Kreises von Menschen maßgebend sein soll, auf ihren richtigen Sinn [...] zu untersuchen. Dabei verfährt sie in der Weise, daß sie die verschiedenen einzelnen Sätze jener Art, ausgehend von ihrer unbezweifelten empirischen Geltung, ihrem logisch richtigen Sinn [nach] dergestalt zu bestimmen trachtet, daß sie dadurch in ein logisch in sich widerspruchsloses System gebracht werden."

Weber beschreibt hier nicht, was Dogmatik „wirklich" tut, behauptet also nicht, die Dogmatik würde Rechtssätze unter Anwendung der juristischen Methode(n) tatsächlich in ein logisch stimmiges System bringen. Nach seiner soziologischen Analyse handelten die Juristen in dem von ihm beschriebenen kontinentaleuropäischen Rechtssystem so, als ob dies der Fall sei. Diese regulative Idee[13] ermöglicht es nach Weber, dass (vor allem) ökonomische Akteurinnen sich so verhalten können, als ob im bürokratischen Staat die Richterin ein „Paragraphen-Automat ist, in welchen man oben die Akten nebst den Kosten und Gebühren hineinwirft, auf daß er unten das Urteil nebst den mehr oder minder stichhaltigen Gründen ausspeie, – dessen Funktionieren also jedenfalls im großen und ganzen kalkulierbar ist" (Weber 1990, S. 826).

Weber und Bourdieu unterscheiden sich mit ihrer genauen Beobachtung des juristischen Feldes von zwei weiteren individualistischen Handlungstheorien, die vor allen in der amerikanischen Theorietradition vorherrschend sind, den Einfluss von Dogmatik auf das Recht jedoch als gering einschätzen und auf die deswegen hier nicht näher eingegangen wird: einerseits Ansätze, die Juristinnen vor allem als rationale Nutzenmaximiererinnen verstehen; andererseits solche, welche die

---

13 Bei Kant sind regulative Prinzipien oder Ideen (wie „Gott" oder „Seele") solche, die unabhängig von ihrer „Wahrheit" Erkenntnisse bringen oder praktisches Handeln anleiten können.

Entscheidungen (vor allem im Supreme Court) als den Ausfluss der politischen Überzeugungen der einzelnen Richterinnen verstehen.[14]

Radikal entgegengesetzt zu den individualistischen Handlungstheorien ist die systemtheoretische Perspektive im Anschluss an Niklas Luhmann und Gunter Teubner (1990, siehe auch W. Fuchs in diesem Band, Abschn. 4). Solche Ansätze begreifen das Recht als epistemisches *Subjekt*. Aus dieser Perspektive ist Recht ein kommunikatives System[15], das seine eigene Wirklichkeit erst erzeugt, inklusive der von der Theorie in Anführungszeichen gesetzten „Personen", die nur als vom Recht definierte Rollen auftauchen. Das Recht erkennt die Welt – nicht die Welt das Recht (vgl. Teubner 1990, S. 128). Systemtheoretische Analysen analysieren das Rechtssystem und damit auch den juristischen Diskurs als Kommunikationen, die sich durch die Unterscheidung von „Recht" und „Unrecht" von anderen Kommunikationen unterscheiden (Luhmann 1993a, Kapitel 4). Aus dieser Perspektive ist die selbstreferenzielle Definition der Dogmatik (Nur Dogmatik kann festlegen, was Dogmatik ist) nicht problematisch. Im Gegenteil ist diese Art von Selbstbezüglichkeit eine grundlegende Eigenschaft jedes sozialen Systems, das seine Grenzen über aneinander anschließende Kommunikationen selbst festlegt. Damit ist die Systemtheorie anschlussfähig an die juristische Binnenperspektive. Dort ist, wie wir gesehen haben, oftmals von „dem Recht" oder „der Dogmatik" die Rede, das oder die bestimmte Dinge „tut". Die systemtheoretische Rechtsanalyse ist vielfach dafür kritisiert worden, dass sie nur über gewundene Umwege thematisiert, dass „Interpretationsfragen Macht- und Souveränitätsfragen sind" (Bolsinger 2001, S. 21). Dagegen argumentiert die „Kritische Systemtheorie" (Amstutz und Fischer-Lescano 2014; Osrecki 2016), dass diese Blindstellen über eine dekonstruktive Weiterentwicklung der Systemtheorie selbst korrigiert werden können.

Jenseits von großen Theorieentwürfen lässt sich die Produktion von Dogmatik auch auf einer mikrosoziologischen Ebene beobachten. Ethnomethodologische Ansätze etwa untersuchen, wie das Handeln rechtlicher Akteure in Justiz und Verwaltung im Detail abläuft oder beschäftigen sich zum Teil mit kleinsten kommunikativen Interaktionen, etwa im Gerichtssaal (Latour 2016; Scheffer 2016; Stegmaier 2009; Morlok und Kölbel 2000; siehe auch Kolanoski in diesem Band). Diese Studien zielen im Regelfall nicht auf Verallgemeinerbarkeit, sondern betonen die Bedeutung von Zeit, Ort und Kontext.

Insgesamt lässt sich feststellen, dass eine kohärente und umfassende sozialwissenschaftliche Theorie der Rechtsdogmatik noch nicht existiert und ihre Entstehung

---

14 Siehe die zusammenfassende Darstellung bei Lembcke 2013, S. 39–43.
15 „Recht ist Kommunikation und nichts als Kommunikation!", schreibt Teubner (1990, S. 127).

angesichts der Theorievielfalt auch unwahrscheinlich ist. Für die empirisch interessierte interdisziplinäre Kommunikation über „Dogmatik im Kontext" (Lennartz 2017:149) ist eine eklektisch vorgehende Theoriebildung mittlerer Reichweite (Merton 1957, S. 39)[16], die sich zwischen „grand theory" und den Details genauer empirischer (oder historischer) Studien bewegt, wohl am besten geeignet.

3 Die Empirie der Rechtsdogmatik

Welche empirischen Phänomene (über juristische Texte hinaus) sind von Bedeutung, wenn wir „Rechtsdogmatik" untersuchen? Besonders wichtig sind zunächst die Beachtung des raumzeitlichen Kontexts, die Einbeziehung der institutionellen Rahmenbedingungen und der Blick auf die Produzentinnen der Rechtsdogmatik.

Zum Kontext: „Rechtsdogmatik" ist ein integraler Bestandteil der juristischen Wissensordnung in Deutschland und anderen Ländern, die der deutschen Rechtstradition ähneln. Der spezifisch deutsche Inhalt kann jedoch nicht verallgemeinert werden. Schon etwa österreichische oder schweizerische Rechtsdogmatik unterscheidet sich in Produktionsbedingungen, Stil und Argumentationsweisen von der deutschen, Rechtswissenschaft wird in Frankreich fundamental anders betrieben als in deutschsprachigen Ländern und „Legal Dogmatics/doctrine/jurisprudence" und andere Übersetzungen bezeichnen je nach nationalem Kontext sehr unterschiedliche Praxen.[17] Dazu kommen noch inter- und supranationale sowie transnationale Dogmatiksysteme wie das Völkerrecht, das Recht der EU sowie von Handelsregimen wie der WTO oder regionalen Menschenrechtsregimen etc.[18] Die spezifische Form, wie sich eine Praxis der Rechtsdogmatik in einem bestimmten Rechtssystem und -gebiet beobachten lässt, ist somit eine Folge langer historischer Entwicklungen und Pfadabhängigkeiten, die Diskurse und Denkmuster prägen. So ist etwa die deutsche Form des Gesetzgebungsstaates von „einem hohen Vertrauen des Gesetzgebers in die Leistungen des Richterrechts und der Rechtsdogmatik" (Würtenberger 2010,

---

16 Siehe für eine Adaption des Begriffs in der Rechtswissenschaft Lepsius 2014.
17 Siehe etwa die Beiträge in Schönberger et al. 2015 oder Stürner 2010. Caenegem (1987) hat „der jeweiligen Rechtstradition eine prägende juristische Figur zugeordnet" – „für England [den] Richter, für Frankreich [den] Gesetzgeber und für Deutschland [den] Professor". Siehe auch Lepsius 2012, S. 47. Diese Kontextgebundenheit wird oftmals mit dem Begriff Rechtskultur (vgl. Würtenberger 2010, S. 8) umschrieben, allerdings ist auch in der empirisch orientierten Literatur bisher noch kein Konsens darüber gefunden worden, was der Begriff genau bezeichnet (vgl. Nelken 2016).
18 Siehe den Beitrag von Riegner in diesem Band.

S. 8) geprägt, d. h. die Gesetzgebung begrenzt sich auf die Regelung von allgemeinen Normen in der Erwartung, dass die Rechtswissenschaft und die Justiz (oft über den Umweg über die Verwaltungen) die Konkretisierung der Normen im Einzelfall übernehmen und das Recht auch sachgerecht weiterentwickeln. Das ist in anderen Rechtsordnungen nicht immer der Fall (Wahl 2010, S. 133). Die soziale Praxis der Rechtsdogmatik ist dabei ständigem Wandel unterworfen (Lepsius 2012, S. 48–52), wobei die interessante Frage ist, welche Elemente über lange Zeit konstant bleiben, und welche an gesellschaftliche Entwicklungen angepasst werden (müssen).

Rechtsdogmatische Textproduktion ist wie die richterliche Entscheidung eine institutionelle gerahmte Praxis, die vorwiegend in Universitäten und Gerichtsgebäuden vor sich geht. Formale gesetzliche Vorschriften zur Dogmatik gibt es kaum, wenn man von den historischen Auslegungsverboten absieht (hierzu H. C. Röhl und Röhl 2008, §12 III-IV). Jedoch strukturiert die institutionelle Form, in denen rechtliche Normen auf bestimmte Sachverhalte hin konkretisiert werden und Entscheidungen bzw. Entscheidungsvorschläge produziert werden, deren Inhalt immer schon zu einem bestimmten Grad vor. So macht es z. B. einen Unterschied, ob ein Verfassungsgericht auf die abstrakte Interpretation von Gesetzen festgelegt ist, wie etwa das ungarische Verfassungsgericht vor 2011, oder wie das Bundesverfassungsgericht vor allem die Anwendung der Gesetze in konkreten Verfassungsbeschwerden prüft. Während im ersten Fall ein Gericht in den direkten Gegensatz zum Gesetzgeber gebracht wird, wird der Konflikt im zweiten Fall vor allem mit der Fachgerichtsbarkeit ausgetragen (vgl. Boulanger 2013, S. 319–323). Dies hat direkte Auswirkungen auf die aus dieser Konfliktdynamik resultierende Dogmatik. Weiterhin unterliegt die rechtsdogmatische Produktionspraxis, wie der soziologische Institutionalismus (Hasse und Krücken 2005) betont, informellen Regeln, die in der Regel nur Insidern kennen. Dies lässt sich exemplarisch in der Studie von Kranenpohl (2010) zum Beratungsverfahren im Bundesverfassungsgericht sehen. Kranenpohl zeigt, wie sich innerhalb der Senate ungeschriebene Verhaltensnormen ausgebildet haben, die einen starken Einfluss auf den Stil und die Entscheidungspraxis der dogmatisch äußerst einflussreichen Rechtsprechung des Gerichts haben.[19]

Die Soziologie der Rechtsdogmatik fragt nach Produzentinnen und den Produktionsbedingungen. Dies betrifft einerseits Einzelbeobachtungen zur Bedeutung von Autoritäten, „Zitierkartellen" und Lehrer-Schülerverhältnissen (siehe z. B. Günther 2004). Andererseits können allgemeinere Mechanismen herausgearbeitet werden. Nach der Beobachtung von Lepsius (2012, S. 43–45) verschafft

---

19 Hierzu der bekannte Aufsatz von Schlink (1989) zur „Entthronung der Staatsrechtswissenschaft durch die Verfassungsgerichtsbarkeit".

die Rechtsdogmatik Akteurinnen in Wissenschaft und Praxis „Vorteile, die sie aber nur aus einer symbiotischen Beziehung ziehen können": Die Praxis habe ein „Kompetenzproblem", denn sie darf zwar entscheiden, aber nach dem Prinzip der demokratischen Gewaltenteilungslehre keine neuen Normen schaffen, die „über das zur Falllösung Erhebliche hinausgehen". Die Wissenschaft dagegen habe ein „Geltungsproblem", denn ihr Produkt besteht aus unverbindlichen Vorschlägen. Mit Hilfe von Dogmatik gelinge beiden eine Bedeutungserhöhung, die Lepsius auch als „Strategie zur Selbstermächtigung" bezeichnet, die „die aber nur im Zusammenwirken funktioniert": Im Wege der Rechtsdogmatik verschafft die Wissenschaft der Praxis durchdachte Begründungen, die Praxis wiederum verschafft diesen normative Verbindlichkeit. In der Politikwissenschaft hat sich in letzter Zeit vor allem Britta Rehder (2007, 2011) Gedanken über die Bedeutung juristischer Akteure für die Veränderung dogmatischer Diskurse gemacht. Am Beispiel des deutschen Systems der Arbeitsbeziehungen untersucht sie juristisch-politische Netzwerke als *epistemische Gemeinschaften*, d. h. soziale Gruppen mit geteiltem Wissen, Methoden, Selbstverständnissen und Zielsetzungen, die innerhalb und außerhalb der Justiz operieren, oftmals quer zu der berufsständigen Binnendifferenzierung in den Gerichten, den Anwaltskanzleien und den juristischen Fakultäten.

Schließlich ist es auch wichtig, die Transmissionsriemen und die Ökonomie der Rechtsdogmatik in den Blick zu nehmen. Auf welche Weise wird rechtsdogmatisches Wissen von den Produzentinnen zu den Rezipientinnen transportiert, wer sind die Gatekeeper, die den Zugang zu diesen Kanälen (Buchveröffentlichungen, Zeitschriften, neuerdings auch Blogs) kontrollieren, und welche inhaltlichen und formalen Einschränkungen legen diese Kanäle ihrer Botschaft auf? Eine Besonderheit der deutschen Rechtsdogmatik ist z. B. die extensive Kommentar-Literatur (Würtenberger 2010, S. 8), die Standard- und „Alternativkommentare" hervorgebracht hat. Entscheidender ist aber die Praxis und Wirksamkeit des Wissenstransfers: Wer liest welche Literatur und auf welche Weise wird Rechtsdogmatik in tatsächliche Entscheidungen der Gerichte transformiert, bzw. deren Entscheidungen wiederum in Rechtsdogmatik? Historische Fallstudien – wie etwa von Henne und Riedlinger (2005) zur „Lüth"-Entscheidung des Bundesverfassungsgericht, die die Entstehung der Dogmatik zur „Drittwirkung der Grundrechte" vor dem zeitgeschichtlichen und biographischen Kontext des Gerichts und seiner Richter analysieren (siehe auch Lembcke 2007) – sind bisher noch rar. Die Frage der Transmissionsriemen führt schließlich zum Thema des Nachfragemarktes für die Rechtsdogmatik, der sich mit Rational Choice Ansätzen[20] gut analysieren lässt: Dogmatikproduktion

---

20 „Rational Choice" ist der Sammelbegriff für Theorien, die auf der Prämisse basieren, dass Handelnde ihren Nutzen maximieren, d. h. bei bestimmbaren Präferenzen immer

ist wie jede Produktion den Regeln von Angebot und Nachfrage unterworfen. Bestimmte Arten von Dogmatik „lohnen" sich je nach Kontext mehr als andere, einerseits finanziell (Lehrbücher, Kommentare, Gutachten), andererseits aber auch als Gewinn an Reputationskapital, politischem Einfluss oder Karrierechancen.

4 Funktionen der Rechtsdogmatik als interdisziplinäres Forschungsprogramm

Bumke (2017, S. 1) beschreibt in seinem Überblickswerk zur Rechtsdogmatik diese als eine „Disziplin […], die das positive Recht durchdringen und ordnen will, um die rechtliche Arbeit anzuleiten, und jene Fragen zu beantworten sucht, die die Rechtspraxis aufwirft.". Sie hält ein „Wissensreservoir für die Praxis vor, trägt zur Erlernbarkeit der praktischen Rechtsarbeit bei und leistet einen Beitrag zur Rationalisierung und damit auch zur Legitimierung des Rechts." Er liefert somit eine Funktionsbeschreibung in Form eines normativen Programms („… ordnen will", „… zu beantworten sucht"). Dass solche Definitionen aus der Binnenperspektive viele normative Elemente aufweisen, die einer präzisen empirischen Operationalisierung entgegenstehen, scheint zunächst ein Hindernis für die Zusammenarbeit zwischen Dogmatikerinnen und Nicht-Dogmatikerinnen zu sein. Jedoch ist empirische Analyse nicht auf eine rein kausalwissenschaftliche Vorgehensweise festgelegt, die abhängige und unabhängige Variablen definiert, die dann in ein bestimmtes Kausalitätsverhältnis gebracht werden. In einer funktionalen Analyse kommt es, wie Luhmann (1970, S. 13) es ausdrückt, nicht „auf eine gesetzmäßige oder mehr oder weniger wahrscheinliche Beziehung zwischen bestimmten Ursachen und bestimmten Wirkungen" an, sondern „auf die Feststellung der funktionalen Äquivalenz mehrerer möglicher Ursachen" unter dem Gesichtspunkt einer Wirkung. „Die Funktion ist keine zu bewirkende Wirkung, sondern ein regulatives Sinnschema, das einen Vergleichsbereich äquivalenter Leistungen organisiert" (ebd.). Im Fall der Rechtsdogmatik wäre also danach zu fragen, welche Leistungen sie für das Rechtssystem erbringt.[21] Diese Leistungen sind dann der Vergleichsmaßstab, nicht

---

dasjenige Mittel wählen, das diesen Präferenzen am besten entspricht. Siehe Miebach 2010, Kap. 6.
21 Vergleiche zum Funktionsbegriff auch Schlepper in diesem Band, Abschnitt 1. Luhmann selbst sieht die Funktion des Rechts in der Stabilisierung normativer Erwartungen (1993a, Kapitel 3) und hat die Funktion der Dogmatik darin gesehen, das Rechtssystem zu steuern (Luhmann 1974, S. 24).

die (historisch zufälligen) konkreten empirischen Ausprägungen. Es lässt sich in einer disziplinübergreifenden Perspektive danach fragen, ob die Dogmatik in der konkret beobachteten Ausformung die behaupteten Funktionen tatsächlich erfüllt, welche funktionalen Äquivalenzen etwa in anderen Rechtsordnungen bestehen,[22] und welche Funktionen der Dogmatik vom Binnendiskurs nicht thematisiert werden. Eine solche Analyse steht handlungszentrierten Ansätzen nicht entgegen: die Frage, von wem diese Leistungen erbracht werden, auf welche Art und zu wessen Nutzen, bleibt von einer funktionalen Analyse unberührt.

Aus der Literatur lassen sich die unterschiedlichsten Funktionen zusammentragen, die der Rechtsdogmatik zugeschrieben werden. Vier davon sollen im Folgenden kurz diskutiert und auf ihre empirischen Potentiale hin untersucht werden: Die Dogmatik trage zur Berechenbarkeit des Rechts bei und stabilisiere so eine normative Ordnung (4.1). Gleichzeitig determiniere sie das „juristisch Mögliche" aber nicht, sondern halte die Instrumente bereit, welche eine Veränderung des geltenden Rechts aus dem Recht selbst heraus ermöglichen (4.2). Die Rechtsdogmatik habe ebenfalls die Funktion, unter günstigen Umweltbedingungen das Recht von äußeren Einflüssen abzuschirmen (4.3) und biete schließlich eine Form der kognitiven Entlastung (4.4).

4.1 Stabilisierung durch Berechenbarkeit

Wie oben ausgeführt, war für Max Weber eines der wesentlichen Merkmale des modernen rationalen Rechts dessen „Berechenbarkeit" für ökonomische Akteure (Weber 1990, S. 184). Normativ gewendet erscheint das Prinzip der Berechenbarkeit in der Form der „Rechtssicherheit" (Schuhr 2014; Würtenberger 2010, S. 5). In dieser Perspektive dient die Dogmatik dazu, die Auslegung des Rechts zu kontrollieren, indem sie die „Bedingungen des juristisch möglichen" (Luhmann 1974, S. 19) definiert und damit die Räume für willkürliches Entscheiden einschränkt. Bestimmte Auslegungsweisen des positiven Rechts werden gegen Kritik immunisiert, die Dogmatik errichtet ein „Negationsverbot", d. h. „die Nichtnegierbarkeit der Ausgangspunkte von Argumentationsketten" (Luhmann 1974, S. 15). Weil Texte ihre Auslegung nicht kontrollieren können, geschieht dies nur sekundär über Hermeneutik oder Logik. Negationsverbote und Deutungsvorschriften müssen durch institutionelle Praktiken eingeübt, überwacht und schlussendlich erzwungen werden. Hierfür schreiben Jurastudierende an den Universitäten und in den Repetitorien unzählige mehrstündige Klausuren. In den Amtsgerichten werden hunderttau-

---

22 Siehe hierfür den Beitrag von Cottier in diesem Band.

sende von Fällen größtenteils gleichförmig (mit starken Unterschieden im Detail) abschließend entschieden oder von den höheren Instanzen aufgehoben. Während die demokratische Gesetzgeberin aus diesen Gründen die Auslegung der von ihr produzierten Rechtsnormen nur wenig beeinflussen kann,[23] trägt vor allem die Rechtsdogmatik (als soziale Praxis) zusammen mit einem hierarchisch gegliederten Gerichtssystem zur Vereinheitlichung der Rechtsanwendung bei. Ein Spezifikum dabei ist, dass im Unterschied zu Gesetzen, Urteilen oder Verwaltungsakten der Rechtsdogmatik zwar keine Verbindlichkeit zukommt (Bumke 2014, S. 646), sie aber trotzdem eine Steuerungswirkung entfalten will und das auch tut (Grzeszick 2012). Dies erzeugt ein Legitimationsproblem (siehe 4.3) und funktioniert auch deswegen, weil Rechtsdogmatik auch eine kognitive Entlastungsfunktion erfüllt (siehe 4.4). Gleichzeitig zeigt das Beispiel anderer Rechtsordnungen, dass es keiner Dogmatik deutscher Prägung bedarf, um Rechtssicherheit herzustellen.

4.2 Anpassung und Transformation

Rechtsdogmatik wird demnach vor allem als „eine kohärenzsichernde, operationalisierende Zwischenschicht zwischen den Rechtsnormen und der Rechtsanwendung im Einzelfall" (Eifert 2012, S. 81) verstanden. Luhmann (1975, S. 18–19) macht darauf aufmerksam, dass die Funktion der Rechtsdogmatik aber nicht auf die „juristische Konstruktion von Sachverhalten zum Zwecke der Herstellung ihrer Subsumptionsfähigkeit" beschränkt werden darf. Ihre Funktion liegt, so Luhmann „quer dazu in einer Konsistenzkontrolle im Hinblick auf die Entscheidung anderer Fälle". Dogmatik kann, so Luhmann, die Unbestimmtheit gesetzlicher Regeln nicht nur reduzieren, sondern im Gegenteil steigern. Indem eine Norm oder ein Netzwerk an Normen neu gelesen werden, wird der Spielraum für Interpretationen erweitert. Insbesondere das Verfassungsrecht liefert zahlreiche Beispiele (Verhältnismäßigkeitsprinzip, Drittwirkung der Grundrechte, Allgemeine Handlungsfreiheit, etc.). Statt als ein Instrument zur Stabilisierung normativer Erwartungen kann die Dogmatik in diesem Modus zur *Veränderung* der normativen Ordnung dienen. Konkret äußert sich dies etwa im „Richterrecht" (Bumke 2012). In der deutschen Rechtswissenschaft anerkannt ist die „Fortbildung des Rechts zur angemessenen Bewältigung gesellschaftlichen Wandels" (Bumke 2014, S. 649). Die Grenzen „legitimer" Um- und Ausdeutung des positiven Rechts sind jedoch umstritten.

---

23 „Der Subsumtionsakt erzeugt Gestaltungsfreiheit, die nicht-subsumierende Normerzeuger nicht besitzen" (Lepsius 2012, S. 55).

Sie sind auch aus Gründen, die in der Sprache selbst liegen, nicht bestimmbar.[24] In wieweit rechtsdogmatische und rechtsmethodische Praxen der (richterlichen) Auslegungswillkür tatsächlich Grenzen setzen, kann letztendlich nicht theoretisch abgeleitet werden, sondern muss im jeweiligen institutionellen und rechtskulturellen Kontext empirisch untersucht werden (Wrase 2017). Die Flexibilität der Dogmatik ist ein strukturelles Gegenstück zur Uneindeutigkeit von Rechtsnormen. Sie ist gleichzeitig aber auch eine Voraussetzung dafür, „dass rechtliche Institutionen über lange historische Phasen hinweg Geltung beanspruchen können" (Rehder 2006, S. 171 mit Verw. auf C. Starck).

4.3 Erhaltung der Autonomie des Rechtssystems

Eine dritte wichtige Funktion der Dogmatik ist die Abschottung des Rechtsdiskurses von äußeren Einflüssen. Für Luhmann (1974, S. 22) ist „eine leistungsfähige Rechtsdogmatik vor allem in ihrer Funktion für die Erhaltung der Ausdifferenzierung des Rechtssystems von Bedeutung", unter der „gesellschaftlich höchst unwahrscheinliche[n]" Intention, dass das Recht nur nach „rechtseigenen Kriterien" zu behandeln sei.[25] Wie oben beschrieben, entscheidet der rechtsdogmatische Diskurs selbst darüber, ob eine Äußerung zum Recht rechtlich relevant ist oder nicht. Unter der Voraussetzung von Rechtsstaatlichkeit, das heißt der weitgehenden Ausdifferenzierung zwischen Politik und Recht, kann das Rechtssystem so Versuche abwehren, durch politische Akteure beeinflusst oder gesteuert zu werden. Soweit diese Ausdifferenzierung nicht gelungen oder zusammengebrochen ist, kann die Fernsehansprache des Präsidenten vom Vortag die Verurteilung des Angeklagten bedingen.[26] Doch auch das Gegenteil – eine hypertrophe Abschottung der Rechtsdogmatik – kann beobachtet werden. So findet man in der deutschen Privatrechtswissenschaft „Aussagen wie die, dass die Begriffe der Rechtsdogmatik das Ergebnis rechtswissenschaftlicher Einsicht seien und nicht zur Disposition des Gesetzgebers stünden" (Bumke 2014, S. 648). In Bezug auf die Gerichte spricht

---

24 Vgl. Müller und Christensen 2009. Der Versuch, den „Wortlauts als Grenze" (Depenheuer 1988) zu etablieren, muss daher letztendlich scheitern.

25 Diese Idee hat Luhmann in späteren Arbeiten zur Theorie der Autopoiesis und der damit einhergehenden kognitiven Schließung des Rechtssystems allgemeiner ausgearbeitet (1993, Kapitel 2).

26 Siehe etwa die aktuellen Zustände der Justiz in der Türkei.

Lepsius (2012, S. 43) von der „Selbstermächtigungsfunktion" der Dogmatik, die es erlaubt, die Entscheidungskompetenzen gerade der Obergerichte auszudehnen.[27]

Der Ausdeutungs- und Gestaltungsanspruch der Dogmatik ist nicht selbstverständlich, sondern muss legitimiert werden. Zur Legitimation wird im juristischen Diskurs vor allem die Begründung vorgetragen, dass „durch die dogmatische Arbeit eine Objektivierung und Wertneutralität erreicht werden kann und soll" (Wahl 2010, S. 129). Das Versprechen der Dogmatik, eine „Transformation der Wertung in Erkenntnis- und Wahrheitsfragen" (Esser 1972, S. 98) zu ermöglichen, muss zwar empirisch als uneinlösbar eingestuft werden. Normativ hat sich diese Erwartung an die Dogmatik als regulative Idee, empirisch als idealtypisches Rechtsdenken, insgesamt aber als leistungsfähig erwiesen. Lepsius (2012, S. 59) macht aber auf die Schattenseite des Objektivierungszwangs aufmerksam: „Anstatt offen für die Verfolgung bestimmter Ziele einzutreten, eine neue Staatsaufgabenlehre zu propagieren oder rechtspolitische Anstöße zu geben, muss eine dogmatisch vorgehende Wissenschaft einen anderen Weg wählen, nämlich das subjektive Wertungselement dadurch ausblenden, dass das Gewollte als Ergebnis einer dogmatischen Deduktion präsentiert wird".

4.4 Entlastung

Der Rechtsdogmatik kommt schließlich noch eine „unschätzbare Entlastungsfunktion" (Brohm 2001, S. 1083) zu, die sich in systemtheoretischer Sprache als Komplexitätsreduktion beschreiben lässt. „Die juristische Praxis arbeitet mit dogmatischen Figuren, die als fertige Versatzstücke dem einzelnen Rechtsanwender die Auslegung ‚von der grünen Wiese' ersparen" (Lennartz 2017, S. 1). Die oben erwähnten Negationsverbote können funktional als eine Technik verstanden werden, mit dem unüberblickbaren Bestand an Normen, Gerichtsentscheidungen und Einzelmeinungen umzugehen. Die Rechtsdogmatik hilft, für eine bestimmte Zeit den Meinungsstand zu fixieren, so dass, wie Esser (1974, S. 524) es formuliert, „im laufenden Entscheidungsbereich der Großteil der Urteilsobersätze nicht ständig neu in Frage gestellt werden kann" bzw. „nicht in Frage gestellt werden braucht." In Standardfällen ersetzt die Dogmatik „eine Auseinandersetzung mit den Sachargumenten" (ebd., S. 527). Bei den „Hard Cases" (Dworkin 1975), bei denen weder Gesetzestext noch eine etablierte Entscheidungspraxis eine Lösung nahelegen, funktioniert dies nicht. Auch wenn Rechtsdogmatik nicht immer bei der

---

[27] In der deutschen Politikwissenschaft wird dies unter dem Begriff „Deutungsmacht" diskutiert (Vorländer 2006).

Herstellung der normativen Substanz von Entscheidungen maßgeblich ist, werden Auslegungsspielräume und richterliche Vorverständnisse durch die rechtsdogmatisch definierten Erfordernisse ihrer *Darstellung* und Begründung eingehegt.[28]

5 Ausblick: Funktionale Analyse der Rechtsdogmatik und Rechtskritik

Ich habe argumentiert, dass ein funktionaler Ansatz dabei helfen könnte, in Zusammenarbeit zwischen Forschenden aus den Sozialwissenschaften und der Rechtswissenschaft auch über den engen Kreis der nationalen Rechtsordnung hinaus zu identifizieren, woran man Rechtsdogmatik und ihre Äquivalenten erkennt und dabei, diese sozialen Praktiken zu analysieren und zu vergleichen. Dabei geht es nicht darum, möglichst weit zu abstrahieren, sondern den juristischen Binnendiskurs zur Rechtsdogmatik ernst zu nehmen: als einen Diskurs, der – auch wenn er als „unverbindlicher Vorschlag zur Deutung und Systematisierung des geltenden Rechts" (Schönberger 2015, S. 47) bezeichnet wird – auf rechtliche Geltung gerichtet ist und diese Geltung unter bestimmten Umständen auch erreicht, je nach Kontext des jeweiligen Rechtssystems zu unterschiedlichem Maße. Dabei kann man die Theoriegeschichte des Funktionalismus allerdings nicht übergehen. So ist dem soziologischen Funktionalismus des 20. Jahrhunderts vorgeworfen worden, für Konflikte und Machtungleichgewichte blind zu sein (vgl. etwa Dahrendorf 1958). Der Gefahr, alles Vorgefundene „funktional" zu erklären (und damit auch zu legitimieren), entgeht man, wenn man Funktionen nicht als naturgegeben voraussetzt, und die Interessen der Handelnden im Blick behält. Dogmatik ist – ebenso wie richterliches Entscheiden – kein ausschließliches Ergebnis abstrakt-logischer Denkoperationen, sondern ist immer das Ergebnis eines Netzwerks von aufeinanderfolgenden Handlungen von konkreten Personen in einem bestimmten raumzeitlichen Zusammenhang (siehe hierzu auch Kolanoski in diesem Band).

In einem vielzitierten Aufsatz von 1930 hat der amerikanische Jurist (und „legal realist") Felix Cohen Rechtsdogmatik als „Transcendental Nonsense" bezeichnet (Cohen 1935). Statt sich mit „word jugglery" aufzuhalten, sollten Gerichte unter Offenlegung ihrer politischen Präferenzen und Anwendung von empirisch-wissenschaftlichen Methoden zu Ergebnissen kommen, die gesellschaftlich nützlich sind (vgl. Waldron 2000). Cohens Ansatz krankt unter anderem daran, dass sich damit die Diskussion einfach von der Frage, welches Recht gilt, verschiebt zur Frage, was

---

28 Siehe zu diesem Thema den Blogeintrag von Röhl 2011.

gesellschaftlich nützlich ist. Die regulative Idee, den „Willen des Gesetzgebers" aus Normtexten und Gerichtsentscheidungen jeweils neu zu bestimmen, wird eine demokratisch-rechtsstaatliche Dogmatik nicht aufgeben können. Die Soziologie der Dogmatik hat dabei die Aufgabe zu untersuchen, wie das im Einzelnen geschieht.

Literatur

Amstutz, M., & Fischer-Lescano, A. (2014). *Kritische Systemtheorie, Zur Evolution einer normativen Theorie*. Berlin, Boston: transcript Verlag.
Bolsinger, E. (2001). Autonomie des Rechts? Niklas Luhmanns soziologischer Rechtspositivismus — Eine kritische Rekonstruktion. *Politische Vierteljahresschrift*, 42(1), 3–29. doi:10.1007/s11615-001-0002-4
Boulanger, C. (2013). *Hüten, richten, gründen: Rollen der Verfassungsgerichte in der Demokratisierung Deutschlands und Ungarns*. Berlin: epubli.
Bourdieu, P. (1987). The Force of Law: Towards a Sociology of the Juridical Field. *Hastings Law Journal*, 38(5), 814–853.
Brohm, W. (2001). Kurzlebigkeit und Langzeitwirkung der Rechtsdogmatik. In M.-E. Geis & D. Lorenz (Hrsg.), *Staat, Kirche, Verwaltung – Festschrift für Hartmut Maurer zum 70. Geburtstag* (S. 1079–1090). München: Beck.
Bumke, C. (Hrsg.). (2012). *Richterrecht zwischen Gesetzesrecht und Rechtsgestaltung*. Tübingen: Mohr Siebeck.
Bumke, C. (2014). Rechtsdogmatik: Überlegungen zur Entwicklung und zu den Formen einer Denk- und Arbeitsweise der deutschen Rechtswissenschaft. *JuristenZeitung*, 69(13), 641–650. doi:10.1628/002268814X14017259443775
Bumke, C. (2017). *Rechtsdogmatik: Eine Disziplin und ihre Arbeitsweise*. Tübingen: Mohr Siebeck.
Clark, D. S. (Hrsg.). (2012). *Comparative Law and Society*. Cheltenham, UK ; Northampton, MA: Edward Elgar.
Cohen, F. S. (1935). Transcendental Nonsense and the Functional Approach. *Columbia Law Review*, 35(6), 809–849. doi:10.2307/1116300
Dahrendorf, R. (1958). Out of Utopia: Toward a Reorientation of Sociological Analysis. *American Journal of Sociology*, 64(2), 115–127. https://doi.org/10.1086/222419
Depenheuer, O. (1988). *Der Wortlaut als Grenze: Thesen zu einem Topos der Verfassungsinterpretation*. Heidelberg: v. Decker & Müller.
Dworkin, R. (1975). Hard Cases. *Harvard Law Review*, 88(6), 1057–1109. https://doi.org/10.2307/1340249
Eifert, M. (2012). Zum Verhältnis von Dogmatik und pluralisierter Rechtswissenschaft. In G. Kirchhof, S. Magen, & K. Schneider (Hrsg.), *Was weiß Dogmatik?* (S. 79–96). Tübingen: Mohr Siebeck.
Esser, J. (1972). Möglichkeiten und Grenzen des dogmatischen Denkens im modernen Zivilrecht. *Archiv für die Civilistische Praxis*, 52, 97–130.

Esser, J. (1974). Dogmatik zwischen Theorie und Praxis. In F. Baur & J. Esser (Hrsg.), *Funktionswandel der Privatrechtsinstitutionen – Festschrift für Ludwig Raiser zum 70. Geburtstag* (S. 517–539). Tübingen: Mohr.
Frick, V., Lembcke, O. W., & Lhotta, R. (2017). Politik und Recht – Perspektiven auf ein Forschungsfeld. In V. Frick, O. W. Lembcke, & R. Lhotta (Hrsg.), *Politik und Recht: Umrisse eines politikwissenschaftlichen Forschungsfeldes* (S. 17–40). Baden-Baden: Nomos.
Grzeszick, B. (2012). Steuert die Dogmatik? Inwiefern steuert die Dogmatik des Öffentlichen Rechts? Gibt es eine rechtliche Steuerungswissenschaft jenseits der Rechtsdogmatik? In G. Kirchhof, S. Magen, & K. Schneider (Hrsg.), *Was weiß Dogmatik?* (S. 97–110). Tübingen: Mohr Siebeck.
Günther, F. (2004). *Denken vom Staat her : die bundesdeutsche Staatsrechtslehre zwischen Dezision und Integration 1949–1970*. München: Oldenbourg.
Harenburg, J. (1986). *Die Rechtsdogmatik zwischen Wissenschaft und Praxis – ein Beitrag zur Theorie der Rechtsdogmatik*. Stuttgart: Steiner-Verlag-Wiesbaden-GmbH.
Hasse, R., & Krücken, G. (2005). *Neo-Institutionalismus* (2. Aufl.). Bielefeld: Transcript-Verlag.
Henne, T., & Riedlinger, A. (Hrsg.). (2005). *Das Lüth-Urteil aus (rechts-)historischer Sicht: Die Konflikte um Veit Harlan und die Grundrechtsjudikatur des Bundesverfassungsgerichts* (1. Aufl). Berlin: BWV, Berliner Wissenschafts-Verlag.
Jhering, R. von. (1992). *Der Kampf ums Recht*. (H. Klenner, Hrsg.) (Neudruck nach der Erstauflage von 1872). Freiburg: R. Haufe.
Klausa, E. (1975). Programm einer Wissenschaftssoziologie der Jurisprudenz. In N. Stehr & R. König (Hrsg.), *Wissenschaftssoziologie* (S. 100–121). Wiesbaden: VS Verlag für Sozialwissenschaften. doi:10.1007/978-3-322-94332-3_6
Kranenpohl, U. (2010). *Hinter dem Schleier des Beratungsgeheimnisses: der Willensbildungs- und Entscheidungsprozess des Bundesverfassungsgerichts*. Wiesbaden: VS Verlag für Sozialwissenschaften.
Kretschmann, A. (Hrsg.). (2018). *Das Rechtsdenken Pierre Bourdieus*. Weilerswist-Metternich: Velbrück.
Latour, B. (2016). *Die Rechtsfabrik: Eine Ethnographie des Conseil d'État*. (C. Brede-Konersmann, Übers.). Konstanz: Konstanz University Press.
Lautmann, R. (1972). *Justiz – die stille Gewalt: Teilnehmende Beobachtung und entscheidungssoziologische Analyse*. Frankfurt am Main: Athenäum-Fischer-Taschenbuch-Verl.
Lembcke, O. W. (2007). *Hüter der Verfassung: Eine institutionentheoretische Studie zur Autorität des Bundesverfassungsgerichts*. Tübingen: Mohr Siebeck.
Lembcke, O. W. (2013). Autorität der Verfassungsgerichtsbarkeit – Eine Skizze in vergleichender Absicht. In M. Wrase & C. Boulanger (Hrsg.), *Die Politik des Verfassungsrechts: interdisziplinäre und vergleichende Perspektiven auf die Rolle und Funktion von Verfassungsgerichten* (S. 37–65). Baden-Baden: Nomos.
Lennartz, J. (2017). *Dogmatik als Methode*. Tübingen: Mohr Siebeck.
Lepsius, O. (2012). Kritik der Dogmatik. In G. Kirchhof, S. Magen, & K. Schneider (Hrsg.), *Was weiß Dogmatik?* (S. 39–62). Tübingen: Mohr Siebeck.
Lepsius, O. (2014). The Quest for Middle-Range Theories in German Public Law. *International Journal of Constitutional Law, 12*(3), 692–709.
Luhmann, N. (1970). Funktion und Kausalität. In *Soziologische Aufklärung 1* (S. 9–30). Opladen: VS Verlag für Sozialwissenschaften. doi:10.1007/978-3-322-96984-2_1
Luhmann, N. (1974). *Rechtssystem und Rechtsdogmatik*. Stuttgart [u. a.]: Kohlhammer.
Luhmann, N. (1993). *Das Recht der Gesellschaft*. Frankfurt am Main: Suhrkamp.

Martiny, D. (1980). Rechtsvergleichung und vergleichende Rechtssoziologie. *Zeitschrift für Rechtssoziologie,* 1(1), 65–84.

Mattutat, L. (2016). Das Problem der Unbestimmtheit des Rechts – Konsequenzen für die theoretische und die praktische Rechtskritik. *Kritische Justiz,* 49(4), 496–508. doi:10.5771/0023-4834-2016-4-496

Merton, R. K. (1957). *Social Theory and Social Structure* (2. Aufl.). Glencoe, Ill.: The Free Press.

Miebach, B. (2010). *Soziologische Handlungstheorie – Eine Einführung.* Wiesbaden: VS Verlag für Sozialwissenschaften.

Morlok, M., & Kölbel, R. (2000). Zur Herstellung von Recht: Forschungsstand und rechtstheoretische Implikationen ethnomethodologischer (Straf-)Rechtssoziologie. *Zeitschrift für Rechtssoziologie,* 21(2), 387–418. doi:10.1515/zfrs-2000-0205

Morlok, M., Kölbel, R., & Launhardt, A. (2000). Recht als soziale Praxis. Eine soziologische Perspektive in der Methodenlehre. *Rechtstheorie,* 31(1), 15–46.

Müller, F., & Christensen, R. (2009). *Juristische Methodik. Bd. 1: Grundlegung für die Arbeitsmethoden der Rechtspraxis* (10. Aufl.). Berlin: Duncker & Humblot.

Nelken, D. (2016). Comparative Legal Research and Legal Culture: Facts, Approaches, and Values. *Annual Review of Law and Social Science,* 12(1), 45–62. doi:10.1146/annurev-lawsocsci-110615-084950

Neumann, U. (2001). Juristische Methodenlehre und Theorie der juristischen Argumentation. *Rechtstheorie,* 32(2–3), 239–258.

Osrecki, F. (2016). Kritischer Funktionalismus: Über die Grenzen und Möglichkeiten einer kritischen Systemtheorie. *Soziale Systeme,* 20(2). doi: 10.1515/sosys-2015-0013

Rehder, B. (2006). Recht und Politik beim Wandel des deutschen Flächentarifs. Juristen als politische Akteure im System der Arbeitsbeziehungen. *Politische Vierteljahresschrift,* 47(2), 169–192. doi:10.1007/s11615-006-0035-9

Rehder, B. (2007). Der Richter und seine (Vor-)Denker: Juristen als Wegbereiter der Dezentralisierung im deutschen Tarifsystem. In M. Stolleis & W. Streeck (Hrsg.), *Aktuelle Fragen zu politischer und rechtlicher Steuerung im Kontext der Globalisierung* (S. 259–283). Baden-Baden: Nomos.

Rehder, B. (2011). *Rechtsprechung als Politik: der Beitrag des Bundesarbeitsgerichts zur Entwicklung der Arbeitsbeziehungen in Deutschland.* Frankfurt am Main: Campus-Verlag.

Röhl, H. C., & Röhl, K. F. (2008). *Allgemeine Rechtslehre: ein Lehrbuch* (3. Aufl.). Köln: Heymanns.

Röhl, K. F. (2011). Herstellung und Darstellung juristischer Entscheidungen.,http://www.rsozblog.de/?p=1911#identifier_1_1911 Zugegriffen: 10. Oktober 2011

Scheffer, T. (2016). Diskurspraxis in Recht und Politik. Trans-Sequentialität und die Analyse rechtsförmiger Verfahren. *Zeitschrift für Rechtssoziologie,* 35(2), 223–244. doi:10.1515/zfrs-2015-0204

Schlink, B. (1989). Die Entthronung der Staatsrechtswissenschaft durch die Verfassungsgerichtsbarkeit. *Der Staat,* 28(2), 161–173.

Schönberger, C. (2015). Der „German Approach": Die deutsche Staatsrechtslehre im Wissenschaftsvergleich. In C. Schönberger, A. Takada, & A. Jakab (Hrsg.), *Der „German Approach": Die deutsche Staatsrechtslehre im Wissenschaftsvergleich.* Tübingen: Mohr Siebeck.

Schuhr, J. C. (Hrsg.). (2014). *Rechtssicherheit durch Rechtswissenschaft.* Tübingen: Mohr Siebeck.

Schulz-Schaeffer, I. (2004). Rechtsdogmatik als Gegenstand der Rechtssoziologie: Für eine Rechtssoziologie „mit noch mehr Recht". *Zeitschrift für Rechtssoziologie,* 25(2), 141–174.

Schweitzer, D. (2018). Rechtssoziologie versus ‚Recht in der Soziologie': Anmerkungen zum Verhältnis von Rechtswissenschaft und Soziologie aus soziologiegeschichtlicher Perspektive. *Juridicum* 2018 (2), 210–221.

Stegmaier, P. (2009). *Wissen, was Recht ist: Richterliche Rechtspraxis aus wissenssoziologisch-ethnografischer Sicht.* Wiesbaden: VS Verlag für Sozialwissenschaften.

Struck, G. (2011). *Rechtssoziologie: Grundlagen und Strukturen* (1. Aufl.). Baden-Baden: Nomos.

Stürner, R. (Hrsg.). (2010). *Die Bedeutung der Rechtsdogmatik für die Rechtsentwicklung: Ein japanisch-deutsches Symposium.* Tübingen: Mohr Siebeck.

Teubner, G. (1990). Die Episteme des Rechts. Zu erkenntnistheoretischen Grundlagen des reflexiven Rechts. In D. Grimm (Hrsg.), *Wachsende Staatsaufgaben – sinkende Steuerungsfähigkeit des Rechts* (S. 114–155). Baden-Baden: Nomos.

von Savigny, E. (1976). Die Rolle der Dogmatik – wissenschaftstheoretisch gesehen. In E. von Savigny, U. Neumann, & J. Rahlf (Hrsg.), *Juristische Dogmatik und Wissenschaftstheorie* (S. 100–109). München: Beck.

Vorländer, H. (Hrsg.). (2006). *Die Deutungsmacht der Verfassungsgerichtsbarkeit.* Wiesbaden: VS Verlag für Sozialwissenschaften.

Wahl, R. (2010). Rechtsdogmatik und Rechtspolitik im Öffentlichen Recht. In R. Stürner (Hrsg.), *Die Bedeutung der Rechtsdogmatik für die Rechtsentwicklung: Ein japanisch-deutsches Symposium* (S. 121–136). Tübingen: Mohr Siebeck.

Waldron, J. (2000). „Transcendental Nonsense" and System in the Law. *Columbia Law Review*, 100(1), 16–53. doi:10.2307/1123555

Weber, M. (1990). *Wirtschaft und Gesellschaft: Grundriss der verstehenden Soziologie.* 5. Aufl., Tübingen: Mohr.

Wesel, U. (1981). hM. In U. Wesel *Aufklärung über Recht. Zehn Beiträge zur Entmythologisierung* (S. 14–40). Frankfurt a. M.: Suhrkamp.

Wrase, M. (2010). Recht und soziale Praxis: Überlegungen für eine soziologische Rechtstheorie. In M. Cottier, J. Estermann, & M. Wrase (Hrsg.), *Wie wirkt Recht?* (S. 113–146). Baden-Baden: Nomos.

Wrase, M. (2017). Rechtsinterpretation als soziale Praxis – eine rechtssoziologische Perspektive auf juristische Methodik. In V. Frick, O. W. Lembcke, & R. Lhotta (Hrsg.), *Politik und Recht: Umrisse eines politikwissenschaftlichen Forschungsfeldes* (S. 63–84). Baden-Baden: Nomos.

Würtenberger, T. (2010). Grundlagenforschung und Dogmatik aus deutscher Sicht. In R. Stürner (Hrsg.), *Die Bedeutung der Rechtsdogmatik für die Rechtsentwicklung: Ein japanisch-deutsches Symposium* (S. 3–21). Tübingen: Mohr Siebeck.

Juristische Sozialisation

Anja Böning und Ulrike Schultz

1 Einleitung

Die Aufnahme eines Studiums führt zu tiefgreifenden biographischen Umbruchserfahrungen, die von Studierenden bewältigt werden müssen. In der Regel wird, verbunden mit einem Auszug aus dem elterlichen Haushalt, die vertraute Umwelt verlassen. Die Studierenden müssen sich in einer ihnen zunächst fremden Umgebung orientieren, sich in den universitären Gegebenheiten zurechtfinden und sich ungewohnte Denkstrukturen und Alltagspraxen zu eigen machen. In der Sozialisationsforschung wird die Studienphase als tertiäre Sozialisation[1] gefasst, die eine der Zäsuren im Vergesellschaftungsprozess (d. h. in der Sozialisation) eines Individuums markiert (Pollmanns 2015).

Diese sich in der Studienphase vollziehenden Prozesse der Sozialisation und Akkulturation (der Anpassung an kulturelle Normen, Werte und Praxen) werden in der Bildungs- und Hochschulforschung häufig im Kontext fachkultureller Fragestellungen thematisiert. Die Fachkulturforschung hat den Fokus vor allem auf der historisch gewachsenen Identität der einzelnen akademischen Disziplinen, ihren erkenntnistheoretischen Merkmalen und Paradigmen, ihren wissensgenerierenden Praxen und pädagogischen Codes sowie ihren Positionen im Hierarchiegefüge der Universität (Multrus 2004). Disziplinen als stetig in Veränderung begriffene, dynamische soziale Felder, die gesellschaftliche Macht- und Ungleichheitsstrukturen ebenso reflektieren wie reproduzieren, werden ferner im Hinblick auf ihre soziale

---

[1] Die primäre Sozialisation meint die Prägung durch familiäre Rahmenbedingungen und das innerfamiliäre Interaktionsgefüge, die sekundäre Sozialisation umfasst das Sozialisationsgeschehen durch die peer group und die Sozialisationsinstanz Schule. Die tertiäre Sozialisation bezieht sich auf die Einmündung in die Erwachsenenphase und das Erwerbsleben (dazu etwa Bauer und Hurrelmann 2007).

Durchlässigkeit (Möller 2015) und die Relevanz der Kategorie Geschlecht (Vogel und Hinz 2004) untersucht. Diese Perspektivierungen werden mit verschiedenen theoretischen Konzepten und analytischen Annahmen verbunden, die zur Beleuchtung und Rekonstruktion der sozialen Prozesse und strukturellen Gegebenheiten des „Soziotops Universität" (Berdjas 2017) herangezogen werden.

Der vorliegende Beitrag knüpft an die Bildungs- und Fachkulturforschung an. Er geht davon aus, dass zentraler Effekt der Hochschulsozialisation die Aneignung des Fachhabitus ist (Horstkemper und Tillmann 2008). Der Fachhabitus „lässt sich beschreiben als Synthese aus biographisch erworbenen Dispositionen der Studierenden, studentischem Lebensstil, akademischem Selbstverständnis, in dem gesellschaftliche Positionierungen und Zustände präsent sind" (Friebertshäuser 2013, S. 262).

Zunächst wird im Folgenden das formale System der juristischen Ausbildung vorgestellt, das sich in einigen organisationalen und sozialisationsrelevanten Aspekten von anderen Studiengängen unterscheidet und insofern eine eigene edukative Programmatik aufweist, die als „heimlicher Lehrplan" (Huber et al. 1983; Schütte 1982) charakterisiert werden kann (2.). Daran anschließend (3.) wird das Lehr-Lernsetting betrachtet und mit Blick auf Fragen der Sozialisation thematisiert. Abschnitt 4 knüpft an diese Überlegungen an und nimmt den Studienwahlprozess sowie die soziale Herkunft von Jurist*innen in den Blick. Abschnitt 5 geht der Frage nach, welche Rolle Geschlecht in der juristischen Ausbildung und Fachsozialisation spielt. Ein Ausblick (6.) identifiziert weitere Problem- und Fragestellungen im Themenkontext des Jurist*in-Werdens und -Seins.

2 Die organisationale Struktur der juristischen Ausbildung als sozialisatorische Determinante

In Deutschland schließt sich an das vier- bis sechsjährige Universitätsstudium die zweijährige praktische Referendariatszeit mit Ausbildungsstationen in Gerichten, bei der Staatsanwaltschaft, der Anwaltschaft und der öffentlichen Verwaltung an, die von den Oberlandesgerichten organisiert und betreut wird. In der Rechtswissenschaft entscheiden nicht die Fakultäten über die Curricula, die Prüfungsinhalte sind in § 5a des Deutschen Richtergesetzes und den Juristenausbildungsgesetzen der Länder normiert. Die Staatsexamina, mit denen die Ausbildungsphasen Studium und Referendariat abschließen, werden von den Justizministerien und Oberlandesgerichten organisiert. Die Abschlussprüfungen geben die Befähigung zum Richteramt, die ihrerseits Voraussetzung für die Einstellung bei der Staatsanwaltschaft (§ 122 Abs.

1 DRiG), die Zulassung zur Rechtsanwaltschaft (§ 4 BRAO) und die Zulassung als Notar*in (§ 5 Bundesnotarordnung) ist. Das heißt, alle in juristischen Positionen Tätigen durchlaufen dieselbe bürokratiegeprägte, justizlastige Ausbildung zu „Volljurist*innen". Dieses Modell des Einheitsjuristen gibt es nur in Deutschland (kritisch Loo und Stehmeier 2013).[2]

Der Staat und vor allem die Justizministerien reglementieren die juristische Ausbildung und versehen sie mit einem „staatlichen Gütesiegel". Dies hat positive Effekte auf die Verwertbarkeit juristischer Abschlüsse auf dem Arbeitsmarkt und dient aber vor allem der Legitimierung von Herrschaftsausübung. Juristen*innen besetzen als Funktionselite nach wie vor Schlüsselpositionen der Gesellschaft, wobei ihnen durch die staatlich organisierte Ausbildung nicht nur eine formale Generalqualifikation für diese Positionen zuteilwird. Die juristischen Abschlüsse fungieren auch als informelle Nachweise für Leistungsbereitschaft, Belastbarkeit und die Fähigkeit, anspruchsvollen Aufgaben unter enormem Handlungs- und Zeitdruck nachzukommen (Böning 2017a; Schultz et al. 2018).

Die Rechtswissenschaft hat einen macht- und herrschaftsnahen, gesellschaftliche Verhältnisse stabilisierenden Charakter (vgl. Liebau und Huber 1995, S. 330). Die juristische Ausbildung lässt sich insofern als intermediär begreifen, als sie zwischen Bildungssystem und staatlicher Regulierung situiert ist. Das entspricht auch dem Wesen der Rechtswissenschaft, die an das Feld staatlicher Macht angeschlossen ist und das juristische Feld ihrerseits konstituiert; in ihr verschmelzen Wissenschaft und Herrschaftsarbeit (Böning 2017a, S. 153).

Die Organisation der juristischen Ausbildung mit ihren Anforderungen der Staatsprüfungen ist für die Subjektivierungsprozesse[3] und Erfahrungshorizonte der Studierenden bedeutungsvoll. An allen 42 juristischen Fakultäten wird unter ähnlichen institutionell gesetzten Studienbedingungen ausgebildet. Dadurch werden Wahrnehmungs-, Orientierungs- und Einstellungsmuster stark homogenisiert und

---

2   Die staatliche Regulierung hat ihre Wurzeln in der Genese des modernen Staates (dazu auch Böning 2014) und der Geschichte der juristischen Berufe. Im 18. Jahrhundert hatten die preußischen Könige den Juristenstand vor allem aus Gründen der Qualitätskontrolle verstaatlicht (dazu Blankenburg und Schultz 1988, S. 125ff.). Als 1871 das Deutsche Reich unter Hegemonie von Preußen gegründet wurde, flossen Elemente dieser staatlichen Gebundenheit in die juristische Ausbildung ein (Bleek 1978; Schultz 2003).

3   Der Begriff der Subjektivierung findet sich vornehmlich in der poststrukturalistischen Theoriefamilie, die jene Imperative, Technologien und Prozesse in den Blick nimmt, die dazu führen, dass Individuen sich in soziale Ordnungen einfinden. Die aktive Arbeit am Selbst, die zu einer bestimmten normativ gewünschten Konfiguration des Selbst führt, nimmt als Technologie der Subjektivierung einen zentralen Stellenwert ein (dazu Gelhard et al. 2013).

der Aufbau einer professionsspezifischen Identität und das Erlernen fachkultureller Codes gefördert. Dies geschieht zwar ungeplant, aber keinesfalls zufällig. Das Erleben ähnlicher Erfahrungen fördert den sozialen Zusammenhalt innerhalb der Profession und konstituiert ein professionelles Handlungsgefüge, so dass Jurist*innen darauf vertrauen können, dass ihre Denkweisen und Arbeitspraktiken trotz teils widersprüchlicher Handlungsanforderungen kohärent sind und eine einheitliche Rechtsanwendung und damit Stabilisierung des Rechts gewährleisten (dazu auch Maiwald 2017). Angesichts der Bedeutung des Rechtssystems für die Gesellschaft erscheinen derartige Prozesse hochgradig funktional. Das Gefühl, eine *Ingroup* zu bilden und sich von anderen Fächern und ihren Studienbedingungen zu unterscheiden[4], wird durch das Prüfungssystem, das als in seinen Maßstäben intransparent und übermächtig empfunden wird (Böning 2014; 2017a), zusätzlich aktiviert.[5] Vor allem die erste juristische Staatsprüfung als gesonderter Bildungsabschnitt nach dem Studium an der Universität (Böning 2017a, S. 143ff.) hat aufgrund der unspezifischen Prüfungsanforderungen und ihrer Unwägbarkeiten die Funktion eines klassischen Initiations- oder Übergangsrituals („rite de passage"; Kvale 1972; Prahl 1996). Die Prüfungen weisen nicht nur eine fachlich-inhaltliche Komponente auf, sondern stellen sozialisatorisch einen Konformitätstest dar (Portele und Schütte 1983, S. 32; Schütte 1982).

3 Gesetzlicher Prüfkatalog, Fälle und „herrschende Meinung" als Determinanten des juristischen Sozialisationsprozesses

In der Ausbildung steht die Vermittlung und der Erwerb von Kenntnissen des positiven (geschriebenen) Rechts in den drei großen Feldern Öffentliches Recht, Strafrecht und Zivilrecht, seine Anwendung im Einzelfall und rechtspolitisch

---

4   Dies lässt sich auch als ein Bewusstsein für soziale Distinktion fassen (für den Schulbereich Helsper et al. 2018).

5   Die Anforderungen des Studiums sind nicht klar definiert, in den gesetzlichen Regelungen findet sich nur eine Auflistung von Inhalten, die in den Examina beherrscht werden sollen. Dies führt zu einer erheblichen Orientierungslosigkeit, die u. a. für die hohen Drop-out-Quoten verantwortlich ist. Bis zum Studienende brechen mehr als 50 % das Studium ab, weitere 10 % nehmen den Vorbereitungsdienst nicht auf (dazu auch Heublein et al. 2017).

seine Veränderung im Vordergrund (Wissenschaftsrat 2012, S. 28).[6] Jurist*innen erlernen im Studium das hoch formalisierte Schreiben von Rechtsgutachten, in der Referendarzeit zusätzlich das von Relationen, Urteilen und Anklageschriften. Sie werden damit vor allem auf eine Tätigkeit in der Justiz vorbereitet, obwohl seit Jahrzehnten der Großteil der Absolvent*innen später als Anwältin oder Anwalt praktiziert (Schultz 2011).

Die Ausbildung zum/zur Berufsrichter*in prägt das Bildungsprogramm der juristischen Ausbildung und ihre didaktischen Verfahren. Vor allem im universitären Ausbildungsabschnitt wird das „Denken im Fach" (Schütte 1985, S. 223), das gerichtliche Entscheidungsverfahren, anhand von juristischen Fällen über Jahre eingeübt und habitualisiert, um professionsspezifisches Handeln zu ermöglichen. Methodische Rechtsanwendung ist demnach nicht nur ein bewusstes Vorgehen nach bestimmten Regeln, sondern kann auch als eine (habitualisierte) Gleichförmigkeit erzeugende intuitive soziale Praxis verstanden werden (Böning 2014; Morlok und Kölbel 2001; Morlok et al. 2000; Wrase 2017; auch Stegmaier 2009). Die juristische Fachsozialisation lässt sich so als eine Serie kognitiver und sozialer Übungseinheiten konzeptualisieren, in deren Verlauf sich mentale Veränderungsprozesse vollziehen und neue Routinen allmählich einschleifen (Böning 2017a). Werte und Normen des Faches, aber auch Arbeitspraktiken im Umgang mit dem Recht werden erlernt. Diese Veränderungen führen zu einer Neujustierung des Selbst. Neue Denkkategorien und Klassifikationssysteme werden aufgebaut und ein „juristischer Blick" auf die Welt geschult (dazu auch Mertz 2007; Schütte 1982). Die Rechtswissenschaft ist mit ihrem Curriculum dem sogenannten Kollektions-Code (Bernstein 1977) zuzuordnen. Das bedeutet, dass das rechtswissenschaftliche Curriculum wenig Raum für das Einbringen subjektiver Elemente und Erfahrungen lässt, sondern mit einem hierarchisch organisierten, strukturierten und wenig diskursiven Wissensvermittlungsstil arbeitet (Böning 2016). In der Folge ist das Studienerleben in der Rechtswissenschaft oftmals durch Entfremdungsprozesse geprägt (Portele und

---

6   Eine Ausbildungsreform in den 1970er Jahren, die in Modelle einer einstufigen Juristenausbildung mündete, die Theorie und Praxis in wechselnden Unterrichtsblöcken miteinander verband, stärkte die Grundlagenfächer. Das erklärte Ziel war, Juristen*innen zu Kritikfähigkeit zu erziehen – als Reaktion auf die Erfahrungen mit den „furchtbaren Juristen" der Nazizeit (Müller 1987), die in rechtstechnisch sauberer Anwendung der Nazigesetzgebung Unrechtsurteile gefällt hatten. Die Reformfakultäten haben nach zwei Jahrzehnten vor allem aus Kostengründen die herkömmliche zweiphasige juristische Ausbildung übernehmen müssen. Aber auch politisch war die Reform umstritten. Die CDU/CSU ließ das Ausbildungsmodell mehrfach durch das BVerfG überprüfen und erklärte 1973: „Wer in Bremen Jura studiert, wird nach Abschluss seiner Ausbildung aller Voraussicht nach keine Anstellung im öffentlichen Dienst der CDU/CSU regierten Bundesländer finden" (Bauer 2009, S. 3).

Schütte 1983; Schultz 1990, S. 331f.). Entsprechend geht es bei den Falllösungen, die im Studium zu erarbeiten sind, weniger um klassische Forschungsfertigkeiten, Innovation und Kreativität, sondern um die Verinnerlichung der positiven Rechtsordnung, derzeit geltender Lehrmeinungen („herrschende Meinung") und der Rechtsprechungslinien der Obergerichte. Das Recht eignet sich die Akteure auf diese Weise gewissermaßen an und entfaltet eine dauerhafte innere Präsenz in den Lernenden, die ein Effekt von Gewöhnung ist (Böning 2017a, S. 170f.).

Subjektivierungsprozesse, die aus Schülern*innen Jurist*innen werden lassen, sind aber nicht passiv, sie setzen Eigenaktivität und Selbstbildungsarbeit voraus. „Studieren" wird durch die Praktiken der Studierenden realisiert, in denen sie ihr Denken, Verhalten und Handeln an fachkulturellen Regeln ausrichten und hierdurch ein juristisches Selbst generieren.

Die Integration in das Fach und der Aufbau einer Identität als Jurist*in verlaufen indessen nicht immer spannungs- und krisenfrei. Von den Studierenden mitgebrachte Dispositionen und Weltverständnisse werden während der Fachsozialisation immer wieder gestört und symbolisch attackiert; diese Attacken (etwa in Form der Notenskala[7] und einer vergleichsweise rigiden, wenig persönlichen und wertschätzenden Beurteilungskultur) ermöglichen es, Zugänge zur Welt zu modifizieren (Böning 2017a). Je nach biographischem Erfahrungshintergrund fällt die habituelle „Passungsarbeit" leichter oder aber schwerer und geht mit unterschiedlichen Bewältigungsmustern und -strategien einher. Untersuchungen, die diese habituellen Transformationsprozesse für die Rechtswissenschaft feiner nachzeichnen, stehen bislang noch aus (instruktiv El-Mafaalani 2012; für das Wissenschaftsfeld Blome 2017).

4 Soziale Herkunft und Studienmotivation

Die soziale Herkunft von Jurist*innen stellt einen traditionellen Untersuchungsbereich rechtssoziologischer Forschung dar (grundlegend Dahrendorf 1961; Heldrich und Schmidtchen 1982; Kaupen 1971; Richter 1960). Auch die Elitenforschung hat

---

7 Das Notensystem in der Rechtswissenschaft weicht von den konventionellen Beurteilungsskalen ab. Es gibt eine eigene Note „vollbefriedigend" („vb"), auch Staatsnote genannt, die der Freifahrtschein für eine juristische Karriere ist, sowohl als Eintrittskarte in die Justiz wie für Großkanzleien. In beiden Staatsexamina erzielen nur etwa 2 % ein „gut" oder „sehr gut", und rd. 15 % im ersten, im zweiten Examen etwas mehr, das heiß ersehnte „vb". Die Durchfallquote liegt seit Jahren recht konstant bei rund 30 % in der ersten Prüfung. Im zweiten Staatsexamen liegt die Durchfallquote bei etwa 14 % (Roloff und Schultz 2016, S. 21ff.).

die soziale Struktur der juristischen Profession immer wieder in den Blick genommen (Hartmann 2002; 2013).

Festhalten lässt sich, dass die akademische Reproduktionsquote („Bildungsvererbung") in der Rechtswissenschaft noch immer sehr hoch ist (Ramm et al. 2014), auch wenn sie zunehmend absinkt und die Rechtswissenschaft sozial durchlässiger zu werden scheint (Böning 2017b). Insgesamt führen sozialstrukturelle oder schichtspezifische Disparitäten zu unterschiedlichen Sozialisationsverläufen und -erfahrungen, die für den juristischen Bereich in ihrer Varianz noch wenig erforscht sind. Im Fächergefüge – bemessen anhand des Merkmals der sozialen Herkunft der Professorenschaft – gilt die Rechtswissenschaft noch immer als sozialexklusivste Disziplin (Möller 2014; Böning 2017b). Das heißt, je höher die formale Bildungsstufe, desto geringer wird der Anteil von Bildungsaufsteiger*innen. Soziale Ungleichheiten lassen sich damit nicht nur bei der Aufnahme des Jurastudiums beobachten, sie setzen sich bis zur Universitätskarriere und den höchsten Positionen der Justiz fort.

Im Studienwahlprozess spielen dabei einerseits Prestigedenken und der Wunsch nach Statuserhalt eine Rolle, andererseits vermittelt das Elternhaus den intellektuellen und habituellen Zugang zum Fach, der erleichtert, sich für das Studium zu entscheiden und sich darin zurechtzufinden (Schölling 2005; vgl. auch Ruhr-Universität Bochum 2012, S. 18). Jura wird jedoch häufig auch als Verlegenheitsstudium oder Ausweichmöglichkeit gewählt oder positiv formuliert: wegen der vielfältigen Möglichkeiten, die es bietet (Schultz et al. 2018).

Jurastudierende haben eine besonders hohe Studienmotivation, die über dem universitätsweiten Durchschnitt liegt, wie eine Studieneingangsuntersuchung der Ruhr-Universität Bochum (2012) gezeigt hat. Die Rechtswissenschaft ist, wie die Medizin, von hohen Leistungsanforderungen gekennzeichnet (Multrus et al. 2010, S. 12, 17). Dabei geht es Studierenden vor allem um einen guten Studienabschluss (Multrus et al. 2010, S. 19). Probleme, die von Studierenden hervorgehoben werden, sind mangelnder Kontakt zu den Lehrenden und Konkurrenz unter den Studierenden. Jeder dritte Studierende sieht sich mit dem Lehrstoff überfordert, entsprechend haben Studierende der Rechtswissenschaft besonders häufig Zweifel an ihrer eigenen Studierfähigkeit (42 %). Zusammen mit ihren Kommilitonen*innen aus den Wirtschaftswissenschaften berichten sie auch am häufigsten von Problemen mit den bevorstehenden Prüfungen, der eigenen Orientierung im Studium und den Reglementierungen im Fach (Multrus et al. 2010, S. 16). Nach den Ergebnissen des 11. Studierendensurvey an Universitäten und Fachhochschulen 2010 besuchten 41 % der Jurastudierenden weniger Lehrveranstaltungen als laut Studienordnung vorgesehen (Multrus et al. 2010, S. 7), was auf die inhaltliche und methodische Diskrepanz zwischen Lehrangeboten und Examenserfordernissen hinweist. Lehrformen und -praktiken sind nach wie vor durch einen traditionellen

Lehrstil geprägt. Frontalunterricht, häufig in Großvorlesungen, in denen die Gesetzesmaterie systematisch behandelt wird und die Lehrenden sich „Hörer*innen" präsentieren, ist noch immer die Regel.

5 Geschlechterstruktur und Feminisierung

Bis in die 1970er Jahre war Jura ein Männerfach. Bis zum Beginn des 20. Jahrhunderts war Frauen der Zugang zu juristischen Fakultäten verwehrt gewesen, erst ab 1922 konnten die ersten an den juristischen Prüfungen teilnehmen. Im Dritten Reich wurde ihnen ab 1935 der Zugang zu den Ämtern und Berufen der Rechtspflege wieder verschlossen. Erst im Zuge der Öffnung des Bildungssystems und der Verfügbarkeit verlässlicher Methoden der Geburtenkontrolle nahm der Frauenanteil in der Ausbildung generell zu, in der Rechtswissenschaft stärker noch als in anderen Fächern und hat hier seit der Jahrtausendwende den Anteil männlicher Studierender überholt. Es scheiden auch nicht wie vor Jahrzehnten mehr Frauen während der Ausbildung aus, so dass sich der Frauenanteil in der Justiz der 50 %-Marke genähert hat und in der Anwaltschaft bei 35 % liegt. Bei den Lehrenden ist der Frauenanteil mit 16 % W2- und W3-Professorinnen aber nach wie vor gering und steigt nur sehr langsam. Die Lehre ist nach wie vor sehr männlich dominiert. Die Qualifikation zur Professur folgt unverändert dem traditionellen Muster von Dissertation und Habilitation; Hausberufungen sind tabu, Juniorprofessuren haben keinen Tenure Track[8]. Für junge Juristinnen gibt es kaum Rollenmodelle in der Lehre, entscheidend für die Karriere ist aber ein starker Mentor bzw. eine starke Mentorin (Schultz et al. 2018).

Eingebettet in die jahrhundertealten Traditionen wird Juristen*innen ein konservatives Gesellschaftsbild vermittelt, das in den beschriebenen Prägeprozessen verinnerlicht wird. Die konservative Prägung lässt sich insbesondere anhand des Frauenbilds, das sich in juristischen Lehrmaterialien findet, exemplarisch aufzeigen (Schultz 2003; Schultz et al. 2018; Valentiner 2017). Es kann in den weiteren Kontext sexistischer Praktiken in der juristischen Ausbildung gestellt werden (Chebout et al. 2016, S. 190). Untersuchungen zeigen geschlechts- und auch migrationsbezogene Benachteiligungseffekte in juristischen Staatsexamensprüfungen (Glöckner et al. 2017; Towfigh et al. 2014). Es gibt auch noch immer erhebliche Defizite bei der Verwendung der geschlechtergerechten Sprache in der juristischen Ausbil-

---

8   Die Tenure-Track-Professur sieht nach erfolgreicher Bewährungsphase den unmittelbaren Übergang in eine Lebenszeitprofessur vor.

dung: „Die Rechtswissenschaft tut sich schwer damit, was gerade angesichts ihrer Sprach- und Textbasiertheit verwundert" (Chebout et al. 2016, S. 191; Grabrucker 1993). Gender- und Diversityperspektiven finden sich in der Lehre kaum (dazu aber Schultz 2006/2012).

6 Perspektiven und thematischer Horizont

Die Rechtswissenschaft zählt im deutschen Hochschulsystem zu den quantitativ gewichtigen Fächern (WR 2012, S. 11). Zwar ist das gesetzliche „Juristenmonopol" (Dahrendorf 1962, S. 15 ff.) mittlerweile durchbrochen, dennoch kann die Rechtswissenschaft auch heute noch als Leitdisziplin bezeichnet werden. Juristen*innen sind nach wie vor als Elite in hohen Positionen tätig, auch ein erheblicher Teil der Parlamentarier*innen hat eine juristische Ausbildung.

Die staatliche Reglementierung und Justizorientierung bergen allerdings mit den Disziplinierungsmechanismen der Ausbildung die Gefahr, „Untertanengeist" zu stärken; das emanzipatorische Potential akademischer Bildung scheint zu wenig ausgeschöpft. Hier bedarf es weiterer Analysen, die habituelle Orientierungsmuster und Transformationsprozesse von Studierenden in den Blick nehmen. Idealerweise sollten sie sensibel für biographische Entwicklungsmöglichkeiten und -risiken sein sowie für erhöhte Akkulturations-, also Anpassungsleistungen, die mit Bildungsaufstiegen verbunden sind.

Dies gilt auch für den zweiten Ausbildungsabschnitt, das Referendariat, für das bislang keinerlei Untersuchungen vorliegen und das als Sozialisationsraum insofern noch immer eine Black Box darstellt. Ist es eine sozialisatorische Phase, die angesichts neuer Anforderungen transitorisch (d. h. vorübergehend) und krisenvoll ist, oder lässt sich hier bereits ein Selbsterleben beobachten, das auf Zugehörigkeit und professionelle Identifikation verweist?

Analyseperspektiven, die juristische Sozialisationsprozesse systematischer vor dem Hintergrund von Differenzkategorien wie soziale Herkunft, Geschlecht, aber auch ethnischer bzw. kultureller Merkmale beleuchten, können Diskriminierungsphänomene sichtbar machen. Dabei sind auch Veränderungen der Hochschullandschaft und ihre Diversifizierung zu berücksichtigen, die zur Herausbildung unterschiedlicher sozialisatorischer Erfahrungsräume führen (Eliteuniversitäten, private Hochschulen mit unterschiedlichen Studienformen wie dem Vollzeit- oder Teilzeitstudium, Fernstudium usw.) sowie den damit einhergehend variantenreichen Sozialisationsprozessen, die im Zeitverlauf zwangsläufig Auswirkungen auf das Selbstverständnis der juristischen Profession haben müssen.

Literatur

Bauer, F. (2009). Rote Richter in schwarzen Roben? Die einstufige Juristenausbildung im Parteien-Clinch. *Bremer Uni-Schlüssel*, 180, S. 3.
Bauer, U., & Hurrelmann, K. (2007). Sozialisation. In H.-E. Tenorth & R. Tippelt (Hrsg.), *Lexikon Pädagogik* (S. 672–675). Weinheim, Basel: Beltz.
Berdjas, N. (2017). Die Universität als Soziotop. In J. Pfaff-Czarnecka (Hrsg.), *Das soziale Leben der Universität. Studentischer Alltag zwischen Selbstfindung und Fremdbestimmung* (S. 43–60). Bielefeld: transcript.
Bernstein, B. (1977). *Beiträge zu einer Theorie des pädagogischen Prozesses*. Frankfurt a. M.: Suhrkamp.
Blankenburg, E., & Schultz, U. (1995). German Advocates: A Highly Regulated Profession. In R. L. Abel & P. S. Lewis (Hrsg.), *Lawyers in Society. An Overview* (S. 92–127). Berkeley, Los Angeles, London: University of California Press.
Bleek, W. (1972). *Von der Kameralausbildung zum Juristenprivileg*. Berlin: Colloquium.
Blome, F. (2017). „Da kann man auch gleich Künstler werden." Selbstausschluss und habituelle Verläufe von Personen aus hochschulfernem Elternhaus in akademischen Karrieren. In J. Pfaff-Czarnecka (Hrsg.), *Das soziale Leben der Universität. Studentischer Alltag zwischen Selbstfindung und Fremdbestimmung* (S. 323–351). Bielefeld: transcript.
Böning, A. (2014). Rechtswissenschaft, juristische Ausbildung und soziologische Praxistheorie – Eine Theorieübung mit Bourdieu. *Zeitschrift für Didaktik der Rechtswissenschaft*, 3, S. 195–211.
Böning, A. (2016). Das Lehrbuch (nicht nur) im Staatsorganisationsrecht – Eine fachdidaktische Notiz. In J. Krüper & A. Pilniok (Hrsg.), *Staatsorganisationsrecht lehren. Beiträge zu einer Wissenschaftsdidaktik des Verfassungsrechts* (S. 131–144). Baden-Baden: Nomos.
Böning, A. (2017a). *Jura studieren. Eine explorative Untersuchung im Anschluss an Pierre Bourdieu*. Weinheim: Beltz.
Böning, A. (2017b). Gleiches Recht für alle? Juristische Profession und soziale Herkunft. In A. Pilniok & J. Brockmann (Hrsg.), *Die juristische Profession und das Jurastudium* (S. 59–83). Baden-Baden: Nomos.
Chebout, L., Gather, S., & Valentiner, D. (2016). Sexismus in der juristischen Ausbildung. Ein #Aufschrei dreier Nachwuchsjuristinnen. *Zeitschrift des Deutschen Juristinnenbundes*, 19, S. 190–193.
Dahrendorf, R. (1961). *Gesellschaft und Freiheit*. München: Piper.
Dahrendorf, R. (1962). Ausbildung einer Elite. Die deutsche Oberschicht und die juristischen Fakultäten. Der Monat, 166, S. 15–26.
El-Mafaalani, A. (2012). *BildungsaufsteigerInnen aus benachteiligten Milieus. Habitustransformation und soziale Mobilität bei Einheimischen und Türkeistämmigen*. Wiesbaden: Springer VS.
Friebertshäuser, B. (2013). Denken, Forschen, Verstehen mit Bourdieu. In A. Brake, H. Bremer & A. Lange-Vester (Hrsg.), *Empirisch arbeiten mit Bourdieu. Theoretische und methodische Überlegungen, Konzeptionen und Erfahrungen* (S. 255–277). Weinheim, Basel: Beltz Juventa.
Grabrucker, M. (1993). *Vater Staat kennt keine Muttersprache*. Hamburg: Fischer.
Gelhard, A., Alkemeyer, T., & Ricken, N. (Hrsg.). *Techniken der Subjektivierung*. München: Wilhelm Fink.

Glöckner, A., Towfigh, E., & Traxler, C. (2017). *Empirische Untersuchung zur Benotung in der staatlichen Pflichtfachprüfung und in der zweiten juristischen Staatsprüfung in Nordrhein-Westfalen von 2006 bis 2016*. Projektbericht. https://www.justiz.nrw/JM/schwerpunkte/juristenausbildung/180331-v_fin-Abschlussbericht-korr1.pdf. Zugegriffen: 28. April 2018.

Hartmann, M. (2002). *Der Mythos von den Leistungseliten. Spitzenkarrieren und soziale Herkunft in Wirtschaft, Politik, Justiz und Wissenschaft*. Frankfurt a. M., New York: Campus.

Hartmann, M. (2013). *Soziale Ungleichheit – Kein Thema für die Eliten?* Frankfurt a. M., New York: Campus.

Heldrich, A., & Schmidtchen, G. (1982). *Gerechtigkeit als Beruf. Repräsentativumfrage unter jungen Juristen*. München: Beck.

Helsper, W., Dreier, L., Gibson, A., Kotzyba, K., & Niemann, M. (2018). *Exklusive Gymnasien und ihre Schüler. Passungsverhältnisse zwischen institutionellem und individuellem Schülerhabitus*. Wiesbaden: Springer VS.

Heublein, U., Hutzsch, C., Kracke, N. & Schneider, C. (2017). *Die Ursachen des Studienabbruchs in den Studiengängen des Staatsexamens Jura. Eine Analyse auf Basis einer Befragung der Exmatrikulierten vom Sommersemester 2014*. DZHW-Projektbericht. Hannover.

Horstkemper, M., & Tillmann, K. (2008). Sozialisation in Schule und Hochschule. In K. Hurrelmann, M. Grundmann & S. Walper (Hrsg.), *Handbuch Sozialisationsforschung* (S. 290–305). 8. Aufl., Weinheim: Beltz.

Huber, L., Liebau, E., Portele, G., & Schütte, S. (1983). Fachcode und studentische Kultur: Zur Erforschung der Habitusausbildung in der Hochschule. In E. Becker (Hrsg.), *Reflexionsprobleme der Hochschulforschung. Blickpunkt Hochschuldidaktik* 75 (S. 144–170). Weinheim: Beltz.

Kaupen, W. (1971). *Die Hüter von Recht und Ordnung. Die soziale Herkunft, Erziehung und Ausbildung der deutschen Juristen – Eine soziologische Analyse*. Neuwied, Berlin: Luchterhand.

Kvale, S. (1972). *Prüfung und Herrschaft. Hochschulprüfungen zwischen Ritual und Rationalisierung*. Weinheim, Basel: Beltz.

Liebau, E., & Huber, L. (1985). Die Kulturen der Fächer. *Neue Sammlung*, 25, S. 314–339.

Müller, Ingo (1987): *Furchtbare Juristen*. München: Kindler.

Multrus, F. (2004). *Begriffsbestimmung, Herleitung und Analysen. Eine empirische Untersuchung über Studierende deutscher Hochschulen*. (Dissertation, Universität Konstanz).

Loo, J., & Stehmeier, M. (2013). Wieso, weshalb, warum – bleibt Jura dumm? Perspektiven eines Leitbildes. *Kritische Justiz*, 46, S. 383–395.

Maiwald, K. (2017). Warum ist die Herstellung von Recht professionalisierungsbedürftig? Überlegungen zum Habitus von JuristenInnen. In A. Pilniok & J. Brockmann (Hrsg.), *Die juristische Profession und das Jurastudium* (S. 11–40). Baden-Baden: Nomos.

Mertz, E. (2007). *The Language of Law School. Learning to „Think Like a Lawyer"*. New York: Oxford University Press.

Möller, C. (2015). *Herkunft zählt (fast) immer. Soziale Ungleichheiten unter Universitätsprofessorinnen und -professoren*. Weinheim, Basel: Beltz Juventa.

Morlok, M., & Kölbel, R. (2001). Rechtspraxis und Habitus. *Rechtstheorie*, 32, S. 289–304.

Morlok, M., Kölbel, R., & Launhardt, A. (2000). Recht als soziale Praxis. Eine soziologische Perspektive in der Methodenlehre. *Rechtstheorie*, 31, S. 15–46.

Multrus, F., Ramm, M., & Bargel, T. (2010). *Studiensituation und studentische Orientierungen. 11. Studierendensurvey an Universitäten und Fachhochschulen*. Berlin: BMBF. https://

www.bmbf.de/pub/Studierendensurvey_Ausgabe_11_Langfassung.pdf. Zugegriffen: 19. April 2018.

Pollmanns, C. (2015). Zum Subjekt der Arbeit geformt. Die Universität als Zentralort der Selbst-Vergesellschaftung. *Soziologiemagazin*, 2, S. 39–54.

Portele, G., & Schütte, W. (1983). *Juristenausbildung und Beruf, Berufswahl und Bildungsbiographie bei Absolventen der einstufigen und der zweistufigen Juristenausbildung in Hamburg*. Interdisziplinäres Zentrum für Hochschuldidaktik der Universität Hamburg, Hochschuldidaktische Arbeitspapiere 16.

Prahl, H. (1976). *Hochschulprüfungen – Sinn oder Unsinn? Sozialgeschichte und Ideologiekritik der akademischen Initiationskultur*. München: Kösel.

Ramm, M., Multrus, F., Bargel, T., & Schmidt, M. (2014). *Studiensituation und studentische Orientierungen. 12. Studierendensurvey an Universitäten und Fachhochschulen*. Berlin.

Richter, W. (1960). Die Richter der Oberlandesgerichte der Bundesrepublik: Eine berufs- und sozialstatistische Analyse. *Hamburger Jahrbuch für Wirtschafts- und Gesellschaftspolitik*, 5, S. 241–259.

Roloff, J., & Schultz, U. (2016). *Vom Studium zur Juraprofessorin – Ein Werdegang aus statistischer Sicht*. Hamburg: Dashöfer Verlag.

Ruhr-Universität Bochum (2012). *Studierendenmonitoring. Steckbrief der juristischen Fakultät. Studieneingangsbefragung WS 11/12, März 2012*. http://www.zefir.ruhr-uni-bochum.de/mam/content/fakultaetsbericht_jura_ws_11_12.pdf. Zugegriffen: 8. Januar 2018.

Schölling, M. (2005). *Soziale Herkunft, Lebensstil und Studienfachwahl: eine Typologie*. Frankfurt a. M.: Peter Lang.

Schütte, W. (1982). *Die Einübung des juristischen Denkens. Juristenausbildung als Sozialisationsprozeß*. Frankfurt a. M., New York: Campus.

Schütte, W. (1985). Das heimliche Curriculum im Jurastudium. In Bundeszentrale für politische Bildung (Hrsg.), *Politische Sozialisation an Hochschulen* (S. 222–237). Bonn, Ulm: Spiegel.

Schultz, U. (1990). Wie männlich ist die Juristenschaft? In U. Battis & U. Schultz (Hrsg.), *Frauen im Recht* (S. 319–359). Heidelberg: C. F. Müller.

Schultz, U. (2003). Die deutsche Anwaltschaft zwischen staatlicher Gebundenheit und freiem Markt. In S. Machura & S. Ulbrich (Hrsg.), *Recht, Gesellschaft, Kommunikation. Festschrift für Prof. Dr. Klaus Röhl* (S. 103–117). Baden-Baden: Nomos.

Schultz, U. (2006/2012): Fachspezifische Lehrinhalte aus der Frauen- und Geschlechterforschung für das Fach Rechtswissenschaft. In R. Becker, B. Jansen-Schulz, B. Kortendiek & G. Schäfer (Hrsg.), *Gender-Aspekte bei der Einführung und Akkreditierung gestufter Studiengänge – Eine Handreichung. Studien Netzwerk Frauenforschung NRW Nr. 7* (S. 151155). https://www.netzwerk-fgf.nrw.de//fileadmin/media/media-fgf/download/publikationen/Studie-07_Netzwerk-FGF-Gender-Aspekte.pdf.pdf. Zugegriffen: 19. April 2018

Schultz, U. (2011). Legal Education in Germany – an Ever (Never?) Ending Story of Resistance to Change. *Revista de Educación y Derecho*, 4, S. 1–24.

Schultz, U., Böning, A., Peppmeier, I., & Schröder, S. (2018). *De jure und de facto: Professorinnen in der Rechtswissenschaft. Geschlecht und Wissenschaftskarriere im Recht*. Baden-Baden: Nomos.

Stegmaier, P. (2009). *Wissen, was Recht ist. Richterliche Rechtspraxis aus wissenssoziologisch-ethnografischer Sicht*. Wiesbaden: VS Verlag für Sozialwissenschaften.

Towfigh, E., Traxler, C., & Glöckner, A. (2014). Zur Benotung in der Examensvorbereitung und im ersten Examen. Eine empirische Analyse. *Zeitschrift für Didaktik der Rechtswissenschaft*, 1, S. 8–27.

Valentiner, D. (2017). *(Geschlechter)Rollenstereotype in juristischen Ausbildungsfällen. Eine hamburgische Studie*. Hamburg.

Vogel, U., & Hinz, C. (2004). *Wissenschaftskarriere, Geschlecht und Fachkultur: Bewältigungsstrategien in Mathematik und Sozialwissenschaften*. Bielefeld: Kleine.

Wissenschaftsrat (2012): *Perspektiven der Rechtswissenschaft in Deutschland – Situation, Analysen, Empfehlungen*. Drs. 2558–12. Hamburg. https://www.wissenschaftsrat.de/download/archiv/2558-12.pdf. Zugegriffen: 8. Januar 2018.

Wrase, M. (2017). Recht als soziale Praxis – eine Herausforderung für die juristische Profession?! In A. Pilniok & J. Brockmann (Hrsg.), *Die juristische Profession und das Jurastudium* (S. 41–58). Baden-Baden: Nomos.

(Verfassungs-)Richterliches Entscheiden

Silvia von Steinsdorff

1 Einführung: Wie RichterInnen entscheiden

Folgt man den Thesen über die Verrechtlichung moderner Gesellschaften (grundlegend hierzu Stone Sweet 2000; Hirschl 2008), spielen Gerichtsentscheidungen eine stetig wachsende Rolle bei der Regelung sozialer, politischer und wirtschaftlicher Probleme. Die Frage, wie RichterInnen entscheiden, ist deshalb keineswegs nur für die rechtswissenschaftliche Forschung von Bedeutung. Während die Interpretation und Kommentierung von Urteilen hier von jeher breiten Raum einnimmt, beschäftigen sich SozialwissenschaftlerInnen erst in jüngerer Zeit (wieder) vermehrt mit Gerichtsforschung. Im Zeichen des oft beschriebenen *judicial turn*, der sich insbesondere in der Politikwissenschaft in den vergangenen Jahrzehnten vollzogen hat, traten sowohl das individuelle und kollektive Verhalten von RichterInnen als auch die institutionelle Dimension von Gerichtsentscheidungen ins Blickfeld der Forschung. Für den deutschsprachigen Raum sei hier – stellvertretend für viele Veröffentlichungen, die sich diesen Themen aus interdisziplinärer Perspektive widmen – auf die richtungsweisenden Sammelbände „Wie wirkt Recht" (Cottier et al. 2010), „Die Politik des Verfassungsrechts. Interdisziplinäre und vergleichende Perspektiven auf die Rolle und Funktion von Verfassungsgerichten" (Wrase und Boulanger 2013a), „Politik und Recht. Umrisse eines politikwissenschaftlichen Forschungsfeldes" (Frick et al. 2017) sowie die beiden Bände „Die Sprache des Rechts: Recht verstehen" (Lerch 2004) und „Die Sprache des Rechts: Recht verhandeln" (Lerch 2005) verwiesen.

Diese Aufsatzsammlungen haben viel dazu beigetragen, „die scharfe disziplinäre Trennung" (Hirschl 2018, S. 23) zwischen juristischen und sozialwissenschaftlichen Forschungsansätzen aufzubrechen, die die wissenschaftliche Beschäftigung mit der Rechtsprechung nach wie vor mitunter kennzeichnen. Am ehesten wurde das interdisziplinäre Verständnis bisher mit Blick auf Verfassungsgerichte umgesetzt, die per definitionem im Grenzbereich zwischen Recht und Politik agieren (Wrase und Boulanger 2013b, S. 10). Gerade die sozialwissenschaftliche Gerichtsforschung konzentriert sich bislang weitgehend auf diesen fraglos besonders wichtigen und sichtbaren, aber extrem kleinen Ausschnitt der Rechtsprechung (Rensen 2017, S. 41). Aus diesem Grund beschränken sich auch die Aussagen des folgenden Kapitels im Wesentlichen auf Verfassungsgerichte, wobei rechtswissenschaftliche Aspekte nach Möglichkeit berücksichtigt werden. Gerichtsentscheidungen sind letztlich Rechtstexte, die sich ohne die Einbeziehung juristischer Argumentations- und Interpretationsmethoden nicht umfassend verstehen lassen. Auf diesem Feld haben VerfassungsrechtlerInnen „einen klaren und unangefochtenen Vorteil", denn sie sind traditionell damit vertraut, „die Rechtsprechung aus sich selbst heraus zu verstehen und richterliche Argumente und Interpretationen zu erklären" (Hirschl 2018, S. 21). Deshalb ermöglicht nur ein interdisziplinäres Herangehen, das von wechselseitigem Verständnis für die unterschiedlichen theoretischen wie methodischen Perspektiven gekennzeichnet ist, eine weitere Öffnung und Ausleuchtung der *black box*, als die Gerichte im Allgemeinen und Verfassungsgerichte im Besonderen (so z. B. Kranenpohl 2010, S. 20) nach wie vor oft wahrgenommen werden.

Dieser Beitrag beginnt mit einem kursorischen Überblick über die wichtigsten Erkenntnisse der sozialwissenschaftlichen *judicial behavior*-Forschung und konzentriert sich anschließend auf zwei Aspekte der verfassungsgerichtlichen Entscheidungsfindung im engeren Sinn: den unmittelbaren Entscheidungs*prozess* und die anschließende Entscheidungs*begründung*. Es liegt auf der Hand, dass dies rein analytische Unterscheidungsebenen sind, denn zwischen der Herstellung und der Darstellung der Entscheidung besteht in der Gerichtspraxis ein enger Zusammenhang. So antizipieren RichterInnen nachweislich schon während der Entscheidungsfindung – also während der Herstellung der Entscheidung – deren anschließende Darstellung in der Urteilsbegründung (Wrase 2010, S. 117). Ziel der interdisziplinären Gerichtsforschung ist es herauszufinden, wie genau die Wechselwirkung zwischen normativen Leitideen und den persönlichen und/oder kollektiven Handlungsmotiven der RichterInnen einerseits sowie den institutionellen, strukturellen oder individuellen Rahmenbedingungen der Urteilsfindung andererseits funktioniert.

2 Theoretische Erklärungsmodelle (verfassungs-)richterlichen Entscheidens

Der überwiegende Teil der sozialwissenschaftlichen Literatur zur richterlichen Entscheidungsfindung konzentriert sich auf die Rolle der RichterInnen als individuelle und/oder kollektive Akteure. Seit Mitte des 20. Jahrhunderts hat die Forschung unter dem Stichwort *judicial behavior* verschiedene Modelle entwickelt, um deren Verhalten zu erklären.[1] Sie alle basieren auf der zentralen Überzeugung, dass zum Prozess der Rechtsfindung mehr gehört als die regelrechte Anwendung verbindlicher Normen, die weitgehend unabhängig von den handelnden Personen und den jeweiligen Entscheidungsverfahren zu dem einzig möglichen, ‚richtigen' Ergebnis führt. In Ablehnung oder zumindest in Ergänzung eines solchen legalistischen Ansatzes werden vor allem die nicht-rechtlichen Faktoren (*extralegal factors*) untersucht, die die Urteilsfindung beeinflussen. In der Rechtsprechung von Verfassungsgerichten, die schon rein thematisch viele politische Bezüge aufweist, ist diese nicht-rechtliche Dimension besonders offensichtlich. Das ist ein wesentlicher Grund, warum sich die *judicial behavior*-Forschung bis heute meist auf Verfassungsgerichte konzentriert.[2]

Seinen Anfang nahm das nicht-juristische Forschungsinteresse am richterlichen Entscheiden vor über 60 Jahren in den USA im Zuge des behavioristischen Paradigmenwechsels in den Sozialwissenschaften. Das damals entwickelte *attitudinal model* postuliert einen direkt-kausalen Zusammenhang zwischen den individuellen Einstellungen (*attitudes*) der beteiligten RichterInnen und ihren Entscheidungen. Demnach lassen sich Gerichtsentscheidungen erklären, vorhersagen und somit auch beeinflussen, wenn man die individuellen politischen Überzeugungen der Handelnden analysiert. Wie stark sich – zumindest mit Blick auf den *US Supreme Court* – diese Erkenntnis seither verfestigt hat, belegt exemplarisch ein 2017 erschienener Beitrag im „Oxford Handbook on U.S. Judicial Behavior", der mit den Worten beginnt: „Does the law play a role in judges' decisions?" (Klein 2017, S. 236).

---

1   Grundlegend hierzu Baum 1997; Segal und Spaeth 2002. Sehr gute Überblicke über das Forschungsfeld finden sich in Dyevre 2010 sowie Wrase und Boulanger 2013b. Die vielfältigen Argumentationslinien lassen sich hier nicht im Einzelnen nachzeichnen; es werden lediglich wesentliche Ergebnisse rekapituliert, die den gegenwärtigen Stand der *judicial behavior*-Forschung maßgeblich prägen.

2   Zu den seltenen Beispielen für eine Ausweitung der *judicial behavior*-Perspektive auf Fachgerichte zählen die Arbeiten von James Gibson, der bereits in den 1980er Jahren die nicht-rechtlichen Motive von US-amerikanischen Strafrichtern erforschte. Er konnte zeigen, dass deren Urteile sich umso stärker an den vermeintlichen Erwartungen der Öffentlichkeit orientieren, je stärker sie von deren Wohlwollen – etwa für eine Wiederwahl – abhängen (Gibson 1980).

Statt nach Belegen für mögliche nicht-rechtliche Entscheidungsgründe zu suchen, gelten politische Motive ohne weitere Begründung als gesetzt. Der Verfasser hinterfragt vielmehr kritisch, ob Recht für Gerichtsentscheidungen überhaupt eine Rolle spielen könnte – und wie sich diese Annahme empirisch gegebenenfalls nachweisen ließe. In der europäischen und zumal deutschen *judicial behavior*-Forschung wird dem Recht bis heute eine wesentlich größere Rolle zugeschrieben. Ohnehin überließ man die Gerichtsforschung hier bis in die 1990er Jahre weitgehend den Rechtswissenschaften, die selbst Verfassungsgerichte überwiegend als unpolitische, vorrangig der Rechtsdogmatik verpflichtete Institutionen verstanden.

Obwohl diese vorgeblich objektive, politikferne „mythology of judging" (Dyevre 2010, S. 298) auch in der deutschsprachigen Literatur längst entzaubert wurde, *konzentriert* sich die empirische *judicial behavior*-Forschung nach wie vor oft auf den *US Supreme Court*. Zum einen dominierten lange Zeit US-amerikanische ForscherInnen das Feld, allen voran die einflussreichen *attitudinalists* Jeffrey Segal und Harold Spaeth (1992, 2002) sowie Lee Epstein und Jack Knight (1998). Zum anderen liegen über die politischen Einstellungen und das individuelle Abstimmungsverhalten der *US Supreme Court justices* mit Abstand die detailliertesten Daten vor.[3] Neben den Stellungnahmen und Stimmverhältnissen zu allen Entscheidungen des Gerichts können die Studien vielfach auf Erkenntnisse aus öffentlichen Anhörungen, politischen Stellungnahmen und sonstigen Veröffentlichungen der einzelnen RichterInnen zurückgreifen.

Derartige Informationen sind für Gerichte in den meisten anderen Ländern kaum verfügbar, weshalb viele Versuche scheiterten, höchstrichterliches Entscheiden mit Hilfe des *attitudinal model* vergleichend zu untersuchen.[4] Im europäischen Kontext erlangte dieser Erklärungsansatz deshalb nie eine ähnlich universelle Akzeptanz wie in der US-amerikanischen Politikwissenschaft. Seit Beginn der 2000er Jahre sind aber auch hier eine Reihe von Studien erschienen, die den *attitudinal approach* systematisch auf verschiedene europäische Verfassungsgerichte zu übertragen versuchen. Neben Untersuchungen, die den (un-)mittelbaren Einfluss der politischen

---

3   Eine wichtige Basis für diese Forschung legte Harold Spaeth, der seine umfassende Datenbank zum individuellen Abstimmungsverhalten am US Supreme Court in den 1980er Jahren öffentlich zugänglich machte (z. B. Spaeth 2001). Die *Supreme Court Data Base* wird heute von der Washington University School of Law (St. Louis, Missouri) weitergeführt (http://scdb.wustl.edu/about.php, zugegriffen am 15. Juni 2018).

4   Ein frühes, heute weitgehend vergessenes Beispiel hierfür bieten die Studien von Glendon Schubert, der bereits in den 1960er Jahren die politischen Einstellungen von Obersten Richtern in Korea, Japan, Australien, den Philippinen, Indien und Kanada mit Hilfe mathematischer Modelle zu aggregieren und analysieren versuchte (z. B. Schubert und Danelski 1969).

Überzeugungen der RichterInnen auf die Erfolgschancen von Normenkontrollklagen der parlamentarischen Opposition analysieren (z. B. Magalhes 2003; Hönnige 2006; 2007; Brouard und Hönnige 2017), gibt es beispielsweise auch Studien zu den individuellen Entscheidungsmotiven der RichterInnen des Europäischen Gerichtshofs für Menschenrechte (Carruba et al. 2008; Voeten 2007).

Insgesamt ist die These, wonach verfassungsgerichtliche Entscheidungen weitgehend ungefiltert als kollektives Ergebnis der individuellen *policy-seeker*-Positionen der RichterInnen zu interpretieren sind (so etwa Hönnige 2006, S. 210), so nicht haltbar. Zusätzlich zu den problematischen empirischen Grundlagen, auf denen der *attitudinal approach* gerade im europäischen Kontext oft beruht (z. B. Herrmann 2010, S. 413; Hüller 2014, S. 26; Kranenpohl 2010, S. 36ff.), wird auch die theoretische Grundannahme als zu eindimensional kritisiert: Politische Einstellungen und Interessen spiegeln demnach zwar „sicherlich eine Dimension richterlichen Verhaltens wider", werden aber „den komplexen Motivationslagen (…) keinesfalls gerecht", die (verfassungs-)richterlichem Entscheiden zugrunde liegen (Wrase und Boulanger 2013b, S. 9). Ähnlich argumentierte Lawrence Baum für den US-amerikanischen Kontext bereits 1997 in seinem grundlegenden Werk „The Puzzle of Judicial Behavior". So sei die liberale Abtreibungsrechtsprechung des *Supreme Court* seit 1973 mehrfach bestätigt worden, obwohl sich die politische Ausrichtung der Gerichtsmehrheit bis 1991 durch acht neue Richter mit teilweise dezidiert abtreibungsfeindlichen Überzeugungen entscheidend verändert habe. Diese Beobachtung habe ihm nicht nur gezeigt, „how little I understood about judicial behavior" (Baum 1997, S. IX), sondern ihn vor allem darin bestärkt, vermehrt auch andere Variablen zu erforschen, wie etwa die institutionellen Vorgaben des Entscheidungsverfahrens oder das Interesse an einer möglichst positiven Außenwahrnehmung des Gerichts (ebd., S. 55f.).

Inzwischen hat sich in der *judicial behavior*-Forschung allgemein die Erkenntnis durchgesetzt, dass Gerichtsentscheidungen aus einem komplexen Geflecht von Einflussfaktoren resultieren. Die politischen Präferenzen der RichterInnen spielen hierbei eine nicht unwichtige, aber keineswegs allein erklärende Rolle. Weitere wichtige *extralegal factors* sind beispielsweise die Erwartungen der Öffentlichkeit (z. B. Vanberg 2005; Giles/Blackstone/Vining 2008) oder die Einflussnahme externer Interessengruppen (z. B. Epstein und Knight 1998; Collins 2008). Vor allem institutionalistische Argumente haben zunehmend Eingang in die *political behavior*-Forschung gefunden.[5] Zum einen wird, oft aus vergleichender Perspektive,

---

5 Es ist hier nicht möglich, einen umfassenden Überblick über die zahlreichen (neo-)institutionalistisch inspirierten empirischen Studien zu verfassungsrichterlichem Entscheiden zu geben. Eine wichtige Vorreiterrolle spielten die US-amerikanischen

untersucht, wie sich die Stellung der Gerichte im Kontext des jeweiligen politischen Institutionensystems auf das Entscheidungsverhalten auswirkt (z. B. Ferejohn und Pasquino 2002; Ferejohn et al. 2009). Zum anderen rückten die interne Organisation und die institutionelle Ausgestaltung der Kompetenzen der Gerichte ins Zentrum des Interesses. So erschienen etwa Studien über den Zusammenhang zwischen den internen Entscheidungsstrukturen der Verfassungsgerichte und der inhaltlichen Positionierung seiner RichterInnen in politisch sensiblen Verfahren (z. B. Davis 1999; Magalhes et al. 2017) oder über die Auswirkungen unterschiedlicher Klagearten auf den Politisierungsgrad der Rechtsprechung (Hein und Ewert 2016; Ewert und Hein 2016). Auch die Verfahren der RichterInnen-Auswahl wurden mit Blick auf mögliche (De-)Politisierungseffekte untersucht (z. B. Steinsdorff 2009).

Arthur Dyevre (2010) hat einen innovativen Vorschlag gemacht, wie sich die vielschichtigen und teilweise eng miteinander verknüpften Faktoren, aus denen *judicial behavior* resultiert, theoretisch bündeln lassen. Er ordnet den zentralen Erklärungsmodellen – *attitudinal, institutionalist external, institutionalist internal* – drei Analyseebenen zu. Die individuellen Einstellungen der RichterInnen verortet er auf der Mikro-Ebene[6] und ergänzt sie um Meso-Faktoren, wie den Zugriff auf die Fallauswahl, die Amtsdauer und (nicht) mögliche Wiederwahl der RichterInnen, die Zulässigkeit von abweichenden Meinungen etc. Auf der Makro-Ebene schließlich spielen beispielsweise der Fragmentierungsgrad der Machtverhältnisse im politischen Institutionengefüge oder die öffentliche Unterstützung für das Gericht eine wichtige Rolle (ebd., S. 318). Entscheidend ist bei dieser Typologie, dass sich die Erklärungsansätze nicht gegenseitig widersprechen, sondern je nach Gericht, institutionellem Umfeld und politischem Kontext in variierenden Kombinationen zusammenwirken (ebd., S. 314). Der folgende Abschnitt konzentriert sich auf die Meso-Ebene; er nimmt den verfassungspolitischen Entscheidungsprozess im engeren Sinn in den Blick.

Politikwissenschaftler Cornell W. Clayton und Howard Gillman, die 1999 den Sammelband „Supreme Court Decision-Making. New Institutionalist Approaches" vorlegten.

6 Lawrence Baum (1994, S. 752) hat für die individuellen Ziele, die die RichterInnen verfolgen können, eine eigene Typologie vorgelegt. Neben dem individuellen Anspruch, die eigenen Präferenzen in den Urteilen zum Ausdruck zu bringen und dabei zugleich „accuracy, clarity, and consistency in interpretation of the law" zu erreichen (1), geht es ihnen laut Baum um ein harmonisches Arbeitsumfeld und günstige Jobbedingungen am Gericht (2), möglichst gute Karriereaussichten (3) sowie ein gutes „personal standing" innerhalb der Peergroup und persönliche Popularität (4).

3 Der Entscheidungsprozess: Die Herstellung der Entscheidung

Die Frage, wie Verfassungsgerichtsentscheidungen zustande kommen, ist nicht nur mit Blick auf die möglichen Motive und Einstellungen der beteiligten RichterInnen von zentraler Bedeutung. Vielmehr trägt das Verfahren der Entscheidungsfindung selbst erheblich zur Legitimation der gesamten Institution richterlicher Verfassungskontrolle bei. Das hängt mit dem speziellen Status von Verfassungsgerichten im Grenzbereich zwischen dem rechtlichen und dem politischen System zusammen: Sie sind organisiert wie ein Gericht, und sie entscheiden nur konkrete Fälle auf Antrag und nach prozessrechtlichen Regeln. Zugleich treffen sie jedoch weitreichende Entscheidungen im Grenzbereich zwischen Recht und Politik, die direkt auf den politischen Prozess wirken – bis hin zur Aufhebung vom Parlament mehrheitlich verabschiedeter Gesetze. Außerdem folgt die personelle Auswahl der RichterInnen (auch) den Regeln politischer Logik, wobei eine Legitimation durch direkte demokratische Wahl fehlt. Das aus dieser hybriden „Mischform" (Möllers 2011, S. 355) resultierende demokratietheoretische Legitimationsproblem wird in der Literatur unter dem Stichwort der *countermajoritarian difficulty* breit diskutiert.[7]

Vor diesem Hintergrund kann die Legitimation durch ein möglichst gerichtsförmiges Entscheidungsverfahren wesentlich zur Glaubwürdigkeit und Autorität der gesamten Institution beitragen. Dahinter steht die Annahme, dass die juristische Funktionslogik der Gerichte eine andere, stärker deliberativ orientierte Art der Entscheidungsfindung ermöglicht als die Mehrheitslogik „klassischer" politischer Institutionen. Verfassungsgerichte sind nach diesem Verständnis „model deliberative institutions" (Cohen 2014, S. 408). Je mehr sie auf die Kraft des argumentativen Überzeugens und konsensorientierten Verhandelns statt auf eine strategische Organisation von Mehrheiten setzen, so die These, die etwa Virgilio da Silva (2013; 2017) am Beispiel des brasilianischen *Supreme Court* untersucht hat, desto höher ist die Akzeptanz der schließlich nach außen kommunizierten Entscheidung. Der Schlüsselbegriff der „rational deliberation" (da Silva 2013, S. 559) beschreibt einen Gegenentwurf zur politischen Mehrheitslogik, der grundsätzlich in allen Gerichten mit kollektiven Spruchkörpern zum Tragen kommen kann. Conrado Hübner Mendes (2013, S. 107) definiert ein „deliberatives Gericht" als eines, „that maximizes the range of arguments from interlocutors by promoting public contestation at the pre-decisional phase; that energizes its decision-makers in a sincere process of collegial engagement at the decisional phase; and that drafts a deliberative written decision at the post-decisional phase". Neben dem Beratungsprozess und

---

[7] Stellvertretend für viele: Waldron 2006; Möllers 2011.

der Entscheidungsfindung im eigentlichen Sinn ist nach diesem Verständnis vor allem auch die Begründungspflicht der Entscheidung bedeutsam, auf die im vierten Abschnitt des Kapitels genauer eingegangen wird. Verfassungsgerichte sind durchweg große Kollegialgerichte, deren kollektive Entscheidungsfindung einen vergleichsweise hohen Organisationsgrad erfordert. Aus der sozialwissenschaftlichen und psychologischen Entscheidungstheorie ist bekannt, wie voraussetzungsvoll Gruppenentscheidungen sind (z. B. Csigo 2006; van Ginkel und van Knippenberg 2009; Saaty 2008). Sie erfordern klare, institutionalisierte Regeln, die den notwendigen Informationsaustausch, nachvollziehbare Argumentationsverläufe und letztlich ein geordnetes Abstimmungsverfahren ermöglichen. In jüngerer Zeit beschäftigt sich die Gerichtsforschung systematischer mit diesen institutionellen Stellschrauben, die verfassungsgerichtliche Entscheidungsprozesse beeinflussen. So hat Mathilde Cohen (2014) die unterschiedlichen „Organisationskulturen" von Obersten Gerichten bzw. Verfassungsgerichten vergleichend untersucht und dabei eine Wechselwirkung zwischen den internen Verfahrensregeln und dem Stil der Entscheidungsbegründungen konstatiert. Insbesondere die Regeln wann, wie ausführlich und in welcher personellen Zusammensetzung die RichterInnen ihre Urteile gemeinsam beraten und möglicherweise sogar kollektiv formulieren, haben demnach große Auswirkungen auf das Ergebnis. Cohen unterscheidet zwischen *ex ante-* und *ex post-*Gerichten, je nachdem, ob der formelle und informelle Abstimmungsprozess bzw. die Mehrheitsfindung hauptsächlich vor oder nach der Plenarberatung aller an der Entscheidung beteiligten RichterInnen stattfindet. Ausschlaggebend ist hierbei die interne Arbeitsorganisation. Existiert – wie am Bundesverfassungsgericht – ein Berichterstatterverfahren, bei dem ein(e) RichterIn einen Entscheidungsentwurf vorlegt, der anschließend mit dem Ziel einer möglichst einstimmigen Urteilsbegründung diskutiert wird, oder geben – wie beim *US Supreme Court* – alle Beteiligten unabhängige Voten ab, die erst ex post zu einer Mehrheitsentscheidung zusammengefügt werden? (Cohen 2014, S. 405)

In eine ähnliche Richtung gehen die Erkenntnisse von Katalin Kelemen (2016, 2018) und Gertrude Lübbe-Wolff (2016), die sich vergleichend mit den internen Entscheidungsprozessen an Verfassungsgerichten befassen. Kelemen hat die Kompetenzen und Einflussmöglichkeiten verschiedener Akteure innerhalb der Gerichte systematisch dokumentiert und mit dem Prozess und dem Ergebnis der Entscheidungsfindung in Beziehung gesetzt. Der Grad an Autonomie, über den GerichtspräsidentInnen bei der internen Arbeitsorganisation verfügen, sowie der Beitrag, den (wissenschaftliche) MitarbeiterInnen o. ä. bei der (Vor-)formulierung von Urteilstexten leisten, haben demnach unmittelbare Auswirkungen auf die Abfassung der Entscheidungen. Insbesondere die Frage, in welchem Umfang die heute fast in allen Verfassungsgerichten gestatteten abweichenden Meinungen verfasst und/oder veröffentlicht werden, hängt demnach ebenso stark von den internen Verfahrensregeln ab wie von den individuellen Positionen der beteiligten RichterInnen (Kelemen 2018, Haimerl 2018).

Das innovative Potential dieser (neo-)institutionalistisch inspirierten Forschung zur Meso-Ebene verfassungsrichterlichen Entscheidens liegt vor allem in der theoriegeleiteten, systematisch vergleichenden Herangehensweise. Sie geht über die nach wie vor oft eher episodisch-narrativen Beobachtungen zum Entscheidungsverhalten einzelner Gerichte hinaus, die die Forschung lange Zeit dominierten. Ein prominentes Beispiel hierfür sind zahlreiche Schilderungen der komplexen internen Abstimmungsprozesse, die sich „hinter dem Schleier des Beratungsgeheimnisses" (Kranenpohl 2010) am Bundesverfassungsgericht vollziehen. Nicht zuletzt (ehemalige) VerfassungsrichterInnen selbst haben dazu beigetragen, dieses Entscheidungsverfahren als Muster einer deliberativen, an höchsten juristischen und ethischen Standards ausgerichteten Suche nach der besten, im Konsens getragenen Problemlösung zu idealisieren. So lobte etwa Gertrude Lübbe-Wolff (2014, S. 509) bei ihrem Abschied aus Karlsruhe überschwänglich die konsensorientierte „Beratungskultur" des Gerichts, und auch Dieter Grimm hebt die hohe Qualität der Senatsberatungen hervor, bei denen politische und persönliche Standpunkte stets hinter dem besten juristischen Argument zurückträten (Grimm 2017, S. 217f.). Wolfgang Hoffmann-Riem (2006) schließlich attestiert sich und seinen Karlsruher KollegInnen rückblickend ein hehres „verfassungsrichterliches Ethos" (ebd., S. 13), das neben dem Bemühen um Konsens von „radikale(r) Sachlichkeit" und hoher Diskurskultur (ebd., S. 15) geprägt sei.

Alle derartigen Insider-Berichte aus dem Bundesverfassungsgericht beteuern einhellig, dass juristische Argumente bei der Entscheidungsfindung alle politischen oder sonstigen persönlichen Erwägungen dominieren (Kranenpohl 2010, S. 163ff.). Sie widersprechen somit den eingangs skizzierten Annahmen der *juridical behavior*-Forschung, die die Bedeutung der individuellen, zumal politischen Einstellungen der RichterInnen betonen. Selbst wenn das Bundesverfassungsgericht im Vergleich zu anderen Verfassungsgerichten einer untypisch starken dogmatischen Tradition folgen mag, bleibt doch „die Konkretisierung der meistens sehr knapp gefassten Aussagen des Grundgesetzes (…) eine besondere Herausforderung", bei der „man über vieles streiten" kann, wie es der gegenwärtige Gerichtspräsident Andreas Voßkuhle (2015) selbst formuliert. Die interdisziplinäre Forschung darüber, wie genau der (politische) Meinungsstreit letztlich in eine rechtsförmige, in der Regel konsensuale Argumentation überführt wird, steht noch weitgehend am Anfang.

Einen wichtigen Ansatz, die juristische Dimension der Entscheidungsfindung stärker in den Blick zu nehmen, bietet das politikwissenschaftliche Konzept der „Deutungsmacht" (Vorländer 2006), das vor allem in der Forschung zum Bundesverfassungsgericht auf breite Resonanz gestoßen ist. Der politische Einfluss der RichterInnen ergibt sich demnach weniger aus der Umsetzung ihrer individuellen oder kollektiven Präferenzen, als vielmehr aus ihrer Autorität, die unbestimmten Verfassungsinhalte mithilfe juristischer Verfahren zu konkretisieren. Als „autoritativer Interpret" deuten sie die konstitutionellen Normen anstelle des historischen Verfassungsgebers, wobei sie je nach Situation dessen ursprüngliche Intentionen oder eine „zeitbezogene Neuinterpretation" (ebd., S. 25) betonen. Problematisch ist allerdings die Vorstellung einer freien, allein an den politischen Machtverhältnissen ausgerichteten Deutung von (Verfassungs-)Recht. Diese Sichtweise vernachlässigt die faktische Bindungswirkung früherer Rechtsprechung sowie die Beschränkung auf konkrete Einzelfallentscheidungen (so auch Wrase und Boulanger 2013b, S. 12).

Eine stärkere Einbeziehung der spezifischen Wirkung von „Recht als Arsenal und Reservoir für Ordnungsideen, Werte und ‚belief systems'", das von VerfassungsrichterInnen „nicht nur strategisch eingesetzt" wird, forderte der Politikwissenschaftler Roland Lhotta (2003, S. 144) schon früh. Die richterliche Rechtsanwendung folgt demnach – auch an Verfassungsgerichten – einem professionellen Selbstverständnis, das die Präferenzen der RichterInnen mindestens so stark prägt wie individuelle politische Überzeugungen. Ähnlich argumentiert David Robertson (2010) in seiner richtungsweisenden Studie über die Verfassungsrechtsprechung in Deutschland, Frankreich, Südafrika, Kanada und einigen mittelosteuropäischen Ländern. In Anlehnung an Ronald Dworkins pragmatische Theorie versteht er Verfassungsrechtsprechung als „judicial creation of political theory" (ebd., S. 353): VerfassungsrichterInnen interpretieren Gesetze im Lichte abstrakter Verfassungsprinzipien, wobei es – anders als an Fachgerichten – nicht (nur) darum geht, die Anwendbarkeit einer Norm auf einen konkreten Fall zu prüfen, sondern vielmehr darum, die Norm ‚theoretisch' auf ihre Vereinbarkeit mit konstitutionellen Prinzipien zu hinterfragen. Dieses politisch-theoretische Interpretieren vollziehe sich jedoch in Formen, die den „technical aspects of judicial review" (ebd., S. 31) Rechnung tragen, wie der Arbeit am Rechtstext oder der Berufung auf bestehende Rechtsprechung. Selbst wenn die Mehrheitsfindung an Kollegialgerichten Aushandlungsprozesse erfordere, dienten nicht ideologische Positionen als „Währung" des Aushandelns, sondern juristische Argumente (ebd., S. 21).

Robertsons systematischer Blick auf die Herstellung verfassungsrichterlicher Entscheidungen anhand eines detaillierten Vergleichs der Rechtsprechungspraxis in verschiedenen Ländern belegt eindrucksvoll, wie unterschiedlich juristische Traditionen sind und wie sich diese Unterschiede auf die einzelnen Entscheidungen, auf das institutionelle Selbstverständnis und letztlich auf die politische Stellung der jeweiligen Verfassungsgerichte auswirken. Die Studie zeigt indes auch, dass die *judicial behavior*-Forschung einem lange Zeit vernachlässigten Aspekt größere

Aufmerksamkeit widmen sollte: Die Analyse der Entscheidungstexte selbst bietet eine zentrale Erkenntnisquelle, um die juristische Arbeitsweise und die politischen Motive der beteiligten RichterInnen sowie deren Interaktion besser zu verstehen.

4 Der Entscheidungstext: Die Darstellung der Entscheidung

Bis heute konzentriert sich die sozialwissenschaftliche Verfassungsgerichtsforschung weitgehend auf die Analyse von Entscheidungsergebnissen: Sie dokumentiert, ob eine überprüfte Norm als verfassungskonform oder verfassungswidrig eingestuft wird bzw. ob eine Verfassungsbeschwerde Erfolg hat oder nicht. Die damit fast immer verbundene Entscheidungsbegründung findet hingegen kaum Beachtung. Bedenkt man, wie stark die Wirkung von Recht an seine sprachliche Vermittlung in Entscheidungstexten gebunden ist (Kirchhof 1987, S. 15), bleibt hier eine große Ressource ungenutzt. Schließlich sind es gerade „die im Rahmen gerichtsförmiger juristischer Diskurse (…) kommunizierten inhaltlichen Positionen", die über die Argumente und (auch) politischen Einstellungen der Beteiligten Auskunft geben (Lhotta 2012, S. 49). Eine textanalytische Auseinandersetzung mit (Verfassungs-) Gerichtsurteilen ist deshalb auch aus nicht-juristischer Perspektive hilfreich, um anhand der Darstellung der Entscheidung zu rekonstruieren, welche Überlegungen die Herstellung geleitet haben. Schließlich unterscheidet sich die richterliche Entscheidungslogik in dieser Hinsicht zentral von derjenigen politischer Akteure: Während sich in der Politik der Diskussionsprozess vor der Entscheidung in der Regel gut verfolgen lässt, wird die Entscheidung selbst öffentlich meist kaum argumentativ untermauert. In der Rechtsprechung hingegen findet die ex ante-Beratung hinter verschlossenen Türen statt, aber die Entscheidung wird ex post ausführlich schriftlich begründet.

Zumal für juristische Laien ist es indes nicht immer leicht, den Entscheidungstext zu entschlüsseln. Klagen über die Unverständlichkeit der Rechtssprache gehören seit jeher zum gesellschaftlichen Konsens, der oft selbst von Juristen geteilt wird (Lerch 2004, S. XV). Umso wichtiger ist es deshalb für die sozialwissenschaftliche Gerichtsforschung, geeignete Interpretationsverfahren zu entwickeln; hier besteht großer Forschungsbedarf.

Einen guten Ausgangspunkt bietet die juristische Gerichtsforschung, die sich zunehmend selbstkritisch und differenziert mit den Methoden und den Zielen juristischen Argumentierens beschäftigt. So beklagt etwa Kent Lerch den „real existierende(n) Methodensynkretismus" als „unstrukturierte Sammlung von Instrumenten", die „gegenüber der Aufgabe einer Entscheidung sozialer Probleme unterkomplex" sei (Lerch 2005, S. XIX). Er schlägt stattdessen eine „Theorie der juristischen Argumentation" vor, die weniger „auf eine methodengerechte und in diesem Sinne ‚richtige' Entscheidungsfindung, sondern (vielmehr) auf die überzeugende Begründung der gefundenen Entscheidung" zielt (ebd., S. XXII). Einen möglichen Weg zur Umsetzung dieser Forderung hat Michael Wrase jüngst aufgezeigt. In seinem Beitrag „Rechtsinterpretation als soziale Praxis" (Wrase 2017) wendet er sich dezidiert auch an SozialwissenschaftlerInnen und spricht sich für eine Öffnung der juristischen Methodenlehre aus. Juristische (Gesetzes-)Interpretation und Entscheidungsbegründung sind demnach keine rein kognitiven „Vorgänge des (geistigen) Verstehens, sondern soziale Handlungen" (Wrase 2017, S. 76), die nur eine interdisziplinäre „Interpretations- und Argumentationsgemeinschaft" leisten könne (ebd., S. 77). Eine an der Rechts*wirklichkeit* interessierte Forschung, die weder die normativen und institutionellen Rahmungen noch die individuellen Interessen der Beteiligten negiere, müsse „die tatsächlichen Praktiken des juristischen Diskurses und dessen institutionelle Bedingungen genauer (...) unter die Lupe" nehmen (ebd., S. 79).

Sucht man nach Beispielen, wie sich dieser Auftrag zur Analyse des juristischen Diskurses konkret umsetzen lässt, dominieren bislang rechtswissenschaftliche Verfahren das Feld. Ausgangspunkt ist meist die klassische juristische Methodenlehre im engeren Sinne. So hat sich das Bundesverfassungsgericht selbst in seinen Entscheidungen wiederholt auf die „hergebrachten Methoden der Gesetzesauslegung" berufen, und zwar „die Auslegung aus dem Wortlaut der Norm (grammatische Auslegung), aus dem Zusammenhang (systematische Auslegung), aus ihrem Zweck (teleologische Auslegung) und aus den Gesetzesmaterialien und der Entstehungsgeschichte (historische Auslegung)" (BVerfGE 11, 126, S. 129f.). Eine ähnlich kanonische Wirkung entfalteten die „Methoden der Verfassungsinterpretation", die Ernst-Wolfgang Böckenförde seit den 1970er Jahren in verschiedenen Varianten vorgelegt hat (z. B. Böckenförde 1991, S. 53ff.). Allerdings zweifeln zahlreiche AutorInnen aus Wissenschaft und Praxis seit langem am Erklärungswert einer solch „mechanistischen" (verfassungs-)juristischen Methodenlehre.[8] Ulfrid Neumann, ein Spezialist für juristische Argumentationslehre, bringt die Kritik folgendermaßen auf den Punkt: „Rechtswissenschaft ist keine Mathematik. Das bedeutet: Juristisches Argumentieren ist etwas anderes als die stringente Ableitung unbezweifelbarer Ergebnisse aus einer Menge von Axiomen" (Neumann 2005, S. 379). Wie innovativ und interdisziplinär selbst Verfassungsrichterinnen der Theorie der juristischen

---

8 Einen guten Überblick über die Kritik gibt beispielsweise Christian Boulanger 2013, S. 40f.

Argumentation inzwischen gegenüberstehen, hat Susanne Baer jüngst unter Beweis gestellt. In einer retrospektiven Reflexion der „Kopftuch-Rechtsprechung" des Bundesverfassungsgerichts analysiert sie rechtliche Argumente als „frames", mit deren Hilfe der Schutz von Grundrechten in der sozialen Wirklichkeit verankert wird: „Understanding law as practices of regulation is, then, the starting point for empirical legals studies, including discourse analysis" (Baer 2017, S. 275).

Neben solchen avantgardistischen ‚Probebohrungen', die allerdings bislang keine konsolidierte empirische Methodik hervorgebracht haben, fragt die Textinterpretation von Verfassungsgerichtsentscheidungen zunehmend auch nach der Bedeutung vergleichender Argumentionsmuster. Unter der Überschrift „Comparative Constitutional Reasoning" untersucht beispielsweise Michal Bobek (2013) systematisch, inwiefern sich nationale Oberste Gerichte in ihren Entscheidungen auf „fremdes" Recht beziehen. Anhand der (Verfassungs-)Rechtsprechung in England und Wales, Frankreich, Deutschland, Tschechien und der Slowakei kann er zeigen, wie unterschiedlich die Einstellung nationaler RichterInnen zu einem internationalen Rechtsvergleich ist, und wie vorsichtig Verfassungsgerichte hier traditionell agieren. Insgesamt wird jedoch deutlich, dass die Bereitschaft, die eigene Argumentation durch Bezüge zu den Entscheidungen der KollegInnen in anderen Ländern zu untermauern, in den vergangenen 20 Jahren nicht nur generell gestiegen ist, sondern sich auch positiv auf die Qualität der Entscheidungen auswirkt. Eine ähnliche Einschätzung gibt auch Anna-Bettina Kaiser in ihrer Abwägung der Chancen und Risiken des Rechtsvergleichs durch Verfassungsgerichte. Sie legt einen starken Fokus auf die Rechtsprechung des Bundesverfassungsgerichts, die internationalen Bezügen bislang sehr reserviert gegenübersteht, und äußert grundsätzlich Verständnis für diese Zurückhaltung. Zugleich betont sie jedoch, dass eine „method of persuasive reasoning", die das fremde Recht nicht eins zu eins übernimmt, sondern es vielmehr als ein Mittel zur deliberativen Auseinandersetzung mit verschiedenen Argumentationsmustern verwendet, die Überzeugungskraft der jeweiligen Entscheidung durchaus verstärken könne (Kaiser 2017, S. 308).

Insgesamt legen die hier kursorisch skizzierten juristischen Ansätze zur Interpretation von Verfassungsgerichtsentscheidungen einen Schwerpunkt auf die theoretische Beschäftigung mit möglichen Argumentationsmustern, leisten aber meist keine methodisch fundierte Analyse. Eine Ausnahme bilden die Studien, in denen Katharina Sobota (1995) bzw. (nach ihrer Eheschließung) Katharina Gräfin von Schlieffen (2005) die rhetorischen Figuren in Gerichtsentscheidungen untersucht hat. In ihren empirischen Textanalysen „spektakuläre(r) und unauffällige(r)" Entscheidungen des Bundesverfassungsgerichts (Sobota 1995, S. 122) suchte sie systematisch nach den rhetorischen Elementen Logos, Ethos und Pathos. Sobota argumentierte, dass sich die RichterInnen keineswegs nur auf rationale, juristische

Argumente stützen, sondern gerade dann auf pathetische Formulierungen zurückgreifen, wenn sie ihrer Darstellung besonderen Nachdruck verleihen wollen. Zwar seien die Urteile prinzipiell „deutlich logos-orientiert", es handele sich aber um eine Mischung aus rationalen juristischen Argumenten und „moralischen Prinzipien, Allerweltsmaximen und Abwägungen" (ebd., S. 134). Grundsätzlich gelte: „Wenn es wichtig wird, wird es unjuristisch" (ebd., S. 129). Die Erkenntnisse dieser ersten qualitativen Textanalyse bildeten die Grundlage eines breit angelegten Projekts zur empirischen Rhetorikforschung (von Schlieffen 2005), das ein Messverfahren zur Verteilung von argumentativen Enthyemen (Logos und Ethos) und Stilmitteln (Pathos in Form von Metaphern, Emphasen etc.) in Gerichtsentscheidungen entwickelte. Nach dieser Methode analysierte von Schlieffen auch fachgerichtliche Urteile, v. a. in Verwaltungsgerichtsverfahren. Die Ergebnisse dieser aufwendigen Textanalysen fanden in der Gerichtsforschung insgesamt wenig Widerhall bzw. auf sehr massive Kritik (siehe etwa Wohlrapp 2005). Diese Ablehnung ist bedauerlich, da von Schlieffen – unabhängig von ihren sicher diskussionswürdigen inhaltlichen Schlussfolgerungen – methodisch höchst innovative Ideen verfolgte.

Erst in jüngster Zeit erlebt die empirische Analyse von Gerichtsentscheidungen eine wachsende Konjunktur, wobei die Impulse nun vornehmlich von sozialwissenschaftlichen ForscherInnen ausgehen.[9] Meist handelt es sich bislang eher um episodische Einzelstudien, die mithilfe qualitativer und deskriptiv-quantitativer Inhaltsanalysen bestimmte Muster in der Rechtsprechung eines Gerichts oder Spruchkörpers dokumentieren. Um nur ein aktuelles Beispiel zu nennen: Sebastian Wolf (2017) untersuchte den Anteil von Sondervoten in den Entscheidungen der Großen Kammer des Europäischen Gerichtshofs für Menschenrechte zwischen 2006 und 2008 mittels einer deskriptiv-quantitativen Inhaltsanalyse. Er konnte zeigen, dass das Abstimmungsverhalten und insbesondere die Bereitschaft zum Verfassen von *dissenting opinions* der beteiligten Richter zwar individuell stark variiert, es aber ein generelles Muster gibt, stets eher zugunsten des Herkunftslandes zu votieren. Die mit Abstand ambitionierteste empirische Dokumentation und Auswertung verfassungsgerichtlicher Argumentationsmuster haben Arthur Dyevre, Giulio Itzcovich und András Jakab 2017 vorgelegt. Der von ihnen edierte Band „Comparative Constitutional Reasoning" vereint textanalytische Studien zu den jeweils 40 „leading cases" (Jakab et al. 2017a, S. 27) in der Rechtsprechung von 18 Obersten Gerichten bzw. Verfassungsgerichten weltweit, die jeweils von LänderexpertInnen verfasst wurden. Das Besondere an diesem Design ist – neben

---

9 Einen guten Überblick über neue, vornehmlich US-amerikanische Studien auf diesem Gebiet geben Jakab et al. 2017a, S. 7ff. Hier kann aus Platzgründen nicht näher auf diese Forschungsergebnisse eingegangen werden.

der großen Menge an ausgewerteten Urteilen – ein systematisches Vergleichsschema, das auf einem Fragebogen mit insgesamt 37 Kategorien beruht. Diese „opinion characteristics", die alle AutorInnen zu jeder analysierten Entscheidung erhoben haben, umfassen Fragen nach Form und Sprache der Entscheidung, nach Argumentationsstrukturen, nach dem institutionellen Setting sowie nach dem politischen Umfeld des jeweiligen Gerichts (Jakab et al. 2017a, S. 31f.). Im Ergebnis erlaubt die Kodierung dieser Kategorien weitreichende Schlüsse darüber, wie nationale Gerichte in Verfassungsfragen argumentieren. Die Herausgeber haben in einem vergleichenden Schlusskapitel wesentliche Ergebnisse quantifiziert. Sie betonen jedoch selbst, dass die Fülle der zusammengetragenen Daten eine Reihe weiterer Analysen nahelegt, die detailliertere Erkenntnisse über Unterschiede und Gemeinsamkeiten im verfassungsrichterlichen Entscheiden weltweit ermöglichen (Jakab et al. 2017b, S. 796).

5 Fazit

Bereits dieser kursorische Überblick über wichtige Erklärungsansätze der *juidical behavior*-Forschung hat gezeigt, wie breit und teilweise unübersichtlich dieses Forschungsfeld inzwischen ist. Zwar wissen wir längst, dass Gerichte weder die von Montesquieu beschworene *bouche de la loi* sind, noch sich als Ansammlung politischer Akteure begreifen lassen, die ausschließlich an individueller Interessenmaximierung interessiert sind. Je differenzierter jedoch die Erklärungsansätze werden, die die viel zitierte *black box* richterlichen Entscheidens öffnen wollen, desto komplexer und teils widersprüchlicher erscheinen die Faktoren, die die Urteilsfindung tatsächlich beeinflussen. Diese Systematisierung der verschiedenen theoretischen Ansätze, Modelle und empirischen Studien schließt deshalb mit einem doppelten Plädoyer für ein zukünftiges Forschungsprogramm.

Erstens erscheint es wichtig, den Blick nicht zu stark auf die individuellen und/oder kollektiven Motive der RichterInnen zu konzentrieren. Mindestens ebenso bedeutsam sind institutionelle Faktoren, die ihr Entscheidungsverhalten prädisponieren, kanalisieren und letztlich auch inhaltlich prägen. Hierzu zählen die internen Organisationsstrukturen der Gerichte ebenso wie der externe politisch-institutionelle Rahmen, innerhalb dessen sie als kollektive Akteure agieren. Vor allem aber sollten die Entscheidungstexte selbst – also das Ergebnis richterlichen Entscheidens – viel stärker als bislang in die *judicial behavior*-Forschung einbezogen werden. Aus dem Text der Urteile lassen sich wichtige Rückschlüsse auf den Herstellungsprozess ziehen. Eine systematische Rekonstruktion der Argumentationsmuster, die in der ex post veröffentlichten Entscheidungsbegründung entwickelt werden, kann folglich einen wertvollen Beitrag zu einem differenzierten Verständnis des komplexen Motivbündels von *judicial behavior* leisten. Zweitens sind neue, weiterführende Erkenntnisse auf diesem Gebiet nur zu erwarten, wenn es künftig besser gelingt, sozialwissenschaftliche und juristische Forschungsperspektiven zu verbinden. Die Forderung nach interdisziplinärer Forschung ist wohlfeil, ihre Umsetzung ist voraussetzungsreich, aufwendig und mitunter beschwerlich. Dieser Beitrag hat jedoch gezeigt, in welche Richtung eine für beide Seiten ergiebige Zusammenarbeit gehen könnte: Die rechtswissenschaftliche Forschung beschäftigt sich seit langem intensiv und produktiv mit der Frage, wie RichterInnen argumentieren. Zudem ist es für JuristInnen selbstverständlich, nach diesen Argumenten in erster Linie in den Entscheidungstexten selbst zu suchen. Was bislang weitgehend fehlt sind methodische Zugänge, um aus dieser Suche generalisierbare Erkenntnisse zu generieren, die über deskriptive Einzelfallbetrachtungen hinausgehen. Genau hierin liegt die Stärke sozialwissenschaftlicher Gerichtsforschung.

Literatur

Baer, S. (2017). Speaking Law: Towards a Nuanced Analysis of 'Cases'. *German Law Journal*, 18(2), S. 271–292.
Baum, L. (1994). What Judges Want: Judges' Goals and Judicial Behavior. *Political Research Quarterly*, 47(3), S. 749–768.
Baum, L. (1997). *The Puzzle of Judicial Behavior*. Ann Arbor: University of Michigan Press.
Bobek, M. (2013). *Comparative Reasoning in European Supreme Courts*. Oxford: Oxford University Press.
Böckenförde, E.-W. (1991). *Staat, Verfassung, Demokratie. Studien zur Verfassungstheorie und zum Verfassungsrecht*. Frankfurt: Suhrkamp.
Boulanger, C. (2013). *Hüten, richten, gründen: Rollen der Verfassungsgerichte in der Demokratisierung Deutschlands und Ungarns*, Berlin: epubli.
Brouard, S. & Hönnige, C. (2017). Constitutional Courts as Veto Players: Lessons from the United States, France and Germany. *European Journal of Political Research*, 56(3), S. 529–552.
Carruba, C., Gabel, M. & Hankla, C. (2008). Judicial Behavior Under Political Constraints: Evidence from the European Court of Justice. *American Political Science Review*, 102(4), S. 435–452.
Clayton, C. W. & Gillman, H. (Hrsg.) (1999). *Supreme Court Decision-Making. New Institutionalist Approaches*. Chicago: University of Chicago Press.
Cohen, M. (2014). Ex Ante Versus Ex Post Deliberations: Two Models of Judicial Deliberations in Courts of Last Resort. *American Journal of Comparative Law*, 62(4), S. 401–458.

Collins, P. M. (2008). *Friends of the Supreme Court. Interest Groups and Judicial Decision Making*. Oxford: Oxford University Press.

Cottier, M., Estermann, J. & Wrase, M. (Hrsg.) (2010). *Wie wirkt Recht? Ausgewählte Beiträge zum ersten gemeinsamen Kongress der deutschsprachigen Rechtssoziologie-Vereinigungen, Luzern 2008*. Baden-Baden: Nomos.

Csigo, M. (2006). *Institutioneller Wandel durch Lernprozesse. Eine neo-institutionalistische Perspektive*. Wiesbaden: VS Verlag für Sozialwissenschaften.

Davis, S. (1999). The Chief Justice and Judicial Decision-Making: The Institutional Basis of Leadership on the Supreme Court. In C. W. Clayton & H. Gillman (Hrsg.), *Supreme Court Decision-Making. New Institutionalist Approaches* (S. 135–154). Chicago: University of Chicago Press.

Dyevre, A. (2010). Unifying the Field of Comparative Judicial Politics: Towards a General Theory of Judicial Behaviour. *European Political Science Review*, 2(2), S. 297–327.

Dyevre, A., Itzcovich, G. & Jakab, A. (Hrsg.). (2017). *Comparative Constitutional Reasoning*. Cambridge: Cambridge University Press.

Epstein, L. & Knight, J. (1998). *The Choices Justices Make*. Washington D. C.: Congressional Quarterly Press.

Ewert, S. & Hein, M. (2016). Der Einfluss der Verfahrensarten auf die Politisierung europäischer Verfassungsgerichte. Deutschland, Bulgarien und Portugal im Vergleich. *Politische Vierteljahresschrift*, 57(1), S. 53–78.

Ferejohn, J. & Pasquino, P. (2002). Constitutional Courts as Deliberative Institutions. In W. Sadurski (Hrsg.), *Constitutional Justice, East and West. Democratic Legitimacy and Constitutional Courts in Post-Communist Europe in a Comparative Perspective* (S. 21–36). The Hague: Kluwer Law International.

Ferejohn, J., Rosenbluth, F. & Shipan, C. (2009). Comparative Judicial Politics. In C. Boix & S. C. Stokes (Hrsg.), *Oxford Handbook of Comparative Politics* (S. 727–751). Oxford: Oxford University Press.

Frick, V., Lembcke, O. & Lhotta, R. (Hrsg.) (2017). *Politik und Recht. Umrisse eines politikwissenschaftlichen Forschungsfeldes*. Baden-Baden: Nomos.

Gibson, J. L. (1980). Environmental Constraints on the Behavior of Judges: A Representational Model of Judicial Decision Making. *Law and Society Review*, 14(2), S. 343–370.

Giles, M. W., Blackstone, B. & Vining, R. L. (2008). The Supreme Court in American Democracy: Unraveling the Linkage Between Public Opinion and Judicial Decision Making. *The Journal of Politics*, 70(2), S. 293–306.

Ginkel, P. van, & Knippenberg, D. van (2009). Knowledge About the Distribution of Information and Group Decision Making: When and Why Does It Work? *Organizational Behavior and Human Decision Processes*, 108, S. 218–229.

Grimm, D. (2017). „Ich bin ein Freund der Verfassung". Wissenschaftsbiographisches Interview von Oliver Lepsius, Christian Waldhoff und Matthias Roßbach. Tübingen: Mohr Siebeck.

Haimerl, M. (2018). *Wie Oberste Gerichte entscheiden. Das türkische Verfassungsgericht zwischen Mehrheitslogik und konsensualer Entscheidungsfindung*. Unveröffentlichtes Manuskript.

Hein, M. & Ewert, S. (2016). How Do Types of Procedure Affect the Degree of Politicization of European Constitutional Courts? A Comparative Study of Germany, Bulgaria, and Portugal. *European Journal of Legal Studies*, 9(1), S. 62–102.

Herrmann, D. (2010). Politikwissenschaftliche Forschung zum Bundesverfassungsgericht. In K. H. Schrenk & M. Soldner (Hrsg.), *Analyse demokratischer Regierungssysteme. Fest-*

schrift für Wolfgang Ismayr zum 65. Geburtstag (S. 401–426). Wiesbaden: VS Verlag für Sozialwissenschaften.

Hirschl, R. (2008). The Judicialization of Mega-Politics and the Rise of Political Courts. *Annual Review of Political Science*, 11, S. 93–118.

Hirschl, R. (2018). Verfassungsrecht und vergleichende Politikwissenschaft – an den Grenzen der Disziplinen. In M. Hein, F. Petersen & S. von Steinsdorff (Hrsg.), *Die Grenzen der Verfassung. Sonderband 9 der Zeitschrift für Politik* (S. 15–29). Baden-Baden: Nomos.

Hönnige, C. (2006). Die Entscheidungen von Verfassungsgerichten – ein Spiegel ihrer Zusammensetzung? In T. Bräuninger & J. Behnke (Hrsg.), *Jahrbuch für Handlungs- und Entscheidungstheorie Bd. 4.* (S. 179–214). Wiesbaden: VS Verlag für Sozialwissenschaften.

Hönnige, C. (2007). *Verfassungsgericht, Regierung und Opposition: die vergleichende Analyse eines Spannungsdreiecks*. Wiesbaden: VS Verlag für Sozialwissenschaften.

Hoffmann-Riem, W. (2006). Die Klugheit der Entscheidung ruht in ihrer Herstellung – selbst bei der Anwendung von Recht. In A. Scherzberg (Hrsg.), *Kluges Entscheiden. Disziplinäre Grundlagen und interdisziplinäre Verknüpfungen* (S. 3–23). Tübingen: Mohr Siebeck.

Hübner Mendes, C. (2013). *Constitutional Courts and Deliberative Democracy*. Oxford: Oxford University Press.

Hüller, T. (2014). Sind Bundesverfassungsrichter ‚rationale Trottel'? *Zeitschrift für Politikwissenschaft*, 24(1/2), S. 5–28.

Jakab, A., Dyevre, A. & Itzcovich, G. (2017a). Introduction. Comparing Constitutional Reasoning with Quantitative and Qualitative Methods. In A. Dyevre, G. Itzcovich & A. Jakab (Hrsg.), *Comparative Constitutional Reasoning* (S. 1–35). Cambridge: Cambridge University Press.

Jakab, A., Dyevre, A. & Itzcovich, G. (2017b). Conclusion. In A. Dyevre, G. Itzcovich & A. Jakab (Hrsg.), *Comparative Constitutional Reasoning* (S. 761–797). Cambridge: Cambridge University Press.

Kaiser, A.-B. (2017). 'It isn't True that England is the Moon': Comparative Constitutional Law as a Means of Constitutional Interpretation by the Courts? *German Law Journal*, 18(2), S. 293–308.

Kelemen, K. (2016). The Decision-Making Process of European Constitutional Courts. A Comparative Perspective. *Working Papers Diritti Comparati. Comparare i diritti fondamentali in Europa*, 2, S. 1–27.

Kelemen, K. (2018). *Judicial Dissent in European Constitutional Courts. A Comparative and Legal Perspective*. Abingdon / New York: Routledge.

Kirchhof, P. (1987). Die Bestimmtheit und Offenheit der Rechtssprache. Vortrag gehalten vor der Juristischen Gesellschaft zu Berlin am 29. April 1987. *Schriftenreihe der Juristischen Gesellschaft zu Berlin*, 107, Berlin/New York: de Gruyter.

Klein, D. (2017). Law in Judicial Decision-Making. In L. Epstein & S. A. Lindquist (Hrsg.), *The Oxford Handbook of U. S. Judicial Behavior* (S. 236–252). Oxford: Oxford University Press.

Kranenpohl, U. (2010). *Hinter dem Schleier des Beratungsgeheimnisses. Der Willensbildungs- und Entscheidungsprozess des Bundesverfassungsgerichts*. Wiesbaden: VS Verlag für Sozialwissenschaften.

Lerch, K. D. (Hrsg.) (2004). *Die Sprache des Rechts (Band 1), Recht verstehen. Verständlichkeit, Missverständlichkeit und Unverständlichkeit von Recht*. Berlin/New York: de Gruyter.

Lerch, K. D. (Hrsg.) (2005). *Die Sprache des Rechts (Band 2). Recht verhandeln. Argumentieren, Begründen und Entscheiden im Diskurs des Rechts*. Berlin/New York: de Gruyter.

Lerch, K. D. (2005). Recht verhandeln. Eine Vorbemerkung. In ders. (Hrsg.), *Die Sprache des Rechts (Band 2). Recht verhandeln. Argumentieren, Begründen und Entscheiden im Diskurs des Rechts* (S. XV-XXIV). Berlin/New York: de Gruyter.

Lhotta, R. (2003). Das Bundesverfassungsgericht als politischer Akteur: Plädoyer für eine neo-institutionalistische Ergänzung der Forschung. *Swiss Political Science Review,* 9(3), S. 142–153.

Lhotta, R. (2012). Die konstitutive Wirkung des Rechts und seiner Sprache. In C. Bäcker, M. Klatt & S. Zucca-Soest (Hrsg.), *Sprache – Recht – Gesellschaft* (S. 45–58). Tübingen: Mohr Siebeck.

Lübbe-Wolff, Gertrude (2014). Die Beratungskultur des Bundesverfassungsgerichts. Rede zur Verabschiedung aus dem Amt der Richterin des Bundesverfassungsgerichts. *Europäische Grundrechte-Zeitschrift,* 41(17–19), S. 509–512.

Lübbe-Wolff, Gertrude (2016). Cultures of Deliberation in Constitutional Courts. In P. Maraniello (Hrsg.), *La Justicia Constitucional en los diferentes ámbitos del derecho y sus nuevas tendencias,* Bd. 1 (Sammlung der Vorträge des Ersten Kongresses der Asociación Argentina de Justicia Constitucional) (S. 37–52). Chaco: Contexto.

Magalhes, P. (2003). *The Limits of Judicialization: Legislative Politics and Constitutional Review in the Iberian Democracies.* Dissertation. Columbus: Ohio State University.

Magalhes, P., Coroado, S. & Garoupa, N. (2017). Judicial Behavior Under Austerity: An Empirical Analysis of Behavioral Changes in the Portuguese Constitutional Court, 2002-2016. *Journal of Law and Courts,* 5(2), S. 289–311.

Möllers, C. (2011). Legalität, Legitimität und Legitimation des Bundesverfassungsgerichts. In M. Jestaedt, O. Lepsius, C. Möllers & C. Schönberger (Hrsg.), *Das entgrenzte Gericht. Eine kritische Bilanz nach sechzig Jahren* (S. 281–422). Berlin: Suhrkamp.

Neumann, U. (2005). Wahrheit statt Autorität. Möglichkeiten und Grenzen einer Legitimation durch Begründung im Recht. In K. D. Lerch (Hrsg.), *Die Sprache des Rechts (Band 2). Recht verhandeln. Argumentieren, Begründen und Entscheiden im Diskurs des Rechts* (S. 369–384). Berlin/New York: de Gruyter.

Rensen, H. (2017). Wie funktioniert die Interpretation des Rechts in der Praxis? In V. Frick, O. Lembcke & R. Lhotta (Hrsg.), *Politik und Recht. Umrisse eines politikwissenschaftlichen Forschungsfeldes* (S. 41–61). Baden-Baden: Nomos.

Robertson, D. (2010). *The Judge as Political Theorist. Contemporary Constitutional Review.* Princeton: Princeton University Press.

Saaty, T. (2008). Decision Making with the Analytic Hierarchy Process. *International Journal Services Science,* 1(1), S. 83–98.

Schlieffen, K. Gräfin von (2005). Zur topisch-pathetischen Ordnung juristischen Denkens. Resultate empirischer Rhetorik-Forschung. In K. D. Lerch (Hrsg.), *Die Sprache des Rechts (Band 2). Recht verhandeln. Argumentieren, Begründen und Entscheiden im Diskurs des Rechts* (S. 405–448). Berlin/New York: de Gruyter.

Schubert, G. & Danelski, D. (1969). *Comparative Judicial Behavior. Cross-Cultural Studies of Political Decision-Making in the East and West.* London/Toronto: Oxford University Press.

Segal, J. & Spaeth, H. (1992). *The Supreme Court and the Attitudinal Model.* Cambridge: Cambridge University Press.

Segal, J. & Spaeth, H. (2002). *The Supreme Court and the Attitudinal Model Revisited.* Cambridge: Cambridge University Press.

Silva, V. da (2013). Deciding Without Deliberating. *International Journal of Constitutional Law,* 11(3), S. 557–584.

Silva, V. da (2017). Do We Deliberate? If so, how? *European Journal of Legal Studies,* 9(2), S. 209–240.

Sobota, K. (1995). Argumente und stilistische Überzeugungsmittel in Entscheidungen des Bundesverfassungsgerichts. Eine Rhetorik-Analyse auf empirischer Grundlage. *Jahrbuch Rhetorik,* 15, S. 115–136.

Spaeth, H. (2001). *United States Supreme Court Judicial Data Base: 1953–2000 Terms.* East Lansing: Michigan University Press.

Steinsdorff, S. von (2009). Das Verfahren zur Rekrutierung der Bundesverfassungsrichter: Reformbedürftige Schwachstelle eines Grundpfeilers der politischen Ordnung. In A. Lorenz & W. Reutter (Hrsg.), *Ordnung und Wandel als Herausforderungen für Staat und Gesellschaft. Festschrift für Gert-Joachim Glaeßner* (S. 279–306). Opladen: Verlag Barbara Budrich.

Stone Sweet, A. (2000). *Governing with Judges: Constitutional Politics in Europe.* Oxford: Oxford University Press.

Vanberg, G. (2005). *The Politics of Constitutional Review in Germany.* Cambridge: Cambridge University Press.

Voeten, E. (2007). The Politics of International Judicial Appointments: Evidence for the European Court of Human Rights. *International Organization,* 61, S. 669–701.

Vorländer, H. (2006). Deutungsmacht – Die Macht der Verfassungsgerichtsbarkeit. In ders. (Hrsg.), *Die Deutungsmacht der Verfassungsgerichtsbarkeit* (S. 9–33). Wiesbaden: VS Verlag für Sozialwissenschaften.

Voßkuhle, A. (2015). Das kann keinen Politiker freuen. Spiegel-Gespräch. *Der Spiegel,* 47.

Waldron, J. (2006). The Core of the Case Against Judicial Review. *The Yale Law Journal,* 115(6), S. 1346–1406.

Wohlrapp, H. (2005). Argumente stehen in einem Text nicht wie Gänseblümchen in der Wiese herum. Eine Kritik an Katharina Sobotas empirischer Rechtstextanalyse. In K. D. Lerch (Hrsg.), *Die Sprache des Rechts (Band 2). Recht verhandeln. Argumentieren, Begründen und Entscheiden im Diskurs des Rechts* (S. 549–592). Berlin/New York: de Gruyter.

Wolf, S. (2017). Zur Interpretationsoffenheit europäischer Grundrechte. Sondervoten und Abstimmungsverhalten im Europäischen Gerichtshof für Menschenrechte. In V. Frick, O. Lembcke & R. Lhotta (Hrsg.), *Politik und Recht. Umrisse eines politikwissenschaftlichen Forschungsfeldes* (S. 303–321). Baden-Baden: Nomos.

Wrase, M. (2010). Recht und soziale Praxis – Überlegungen für eine soziologische Rechtstheorie. In M. Cottier, J. Estermann & M. Wrase (Hrsg.), *Wie wirkt Recht? Ausgewählte Beiträge zum ersten gemeinsamen Kongress der deutschsprachigen Rechtssoziologie-Vereinigungen, Luzern 2008* (S. 113–145). Baden-Baden: Nomos.

Wrase, M. (2017). Rechtsinterpretation als soziale Praxis – eine rechtssoziologische Perspektive auf juristische Methodik. In V. Frick, O. Lembcke & R. Lhotta (Hrsg.), *Politik und Recht. Umrisse eines politikwissenschaftlichen Forschungsfeldes* (S. 63–83). Baden-Baden: Nomos.

Wrase, M. & Boulanger, C. (Hrsg.) (2013a). *Die Politik des Verfassungsrechts. Interdisziplinäre und vergleichende Perspektiven auf die Rolle und Funktion von Verfassungsgerichten.* Baden-Baden: Nomos.

Wrase, M. & Boulanger, C. (2013b). Die Politik des Verfassungsrechts – Beiträge für ein Forschungsprogramm. In dies. (Hrsg.), *Die Politik des Verfassungsrechts. Interdisziplinäre und vergleichende Perspektiven auf die Rolle und Funktion von Verfassungsgerichten* (S. 7–18). Baden-Baden: Nomos.

Rechtsdurchsetzung durch die Polizei

Michael Jasch

1 Einleitung

Geht es um die Durchsetzung von Recht, so steht zumindest in der öffentlichen Wahrnehmung vor allem eine Institution im Mittelpunkt: Die Polizei als die quantitativ größte Trägerin des staatlichen Gewaltmonopols wird sowohl zur Verhinderung von Rechtsverletzungen als auch zur Ermöglichung ihrer Sanktionierung aktiv. Sie befasst sich mit Kriminalunrecht ebenso wie mit Ordnungsverstößen und leistet Vollzugshilfe, wenn es allein um die Durchsetzung zivilrechtlicher Ansprüche oder behördlicher Entscheidungen geht. Es ist wohl dieses breite Spektrum ihres Einsatzes, das sie als den Prototypen der exekutiven Seite des Rechtssystems erscheinen lässt, auch wenn es sich bei ihr nur um eine unter mehreren Instanzen der Rechtsdurchsetzung handelt und sie stets der Kontrolle durch Gerichte und Staatsanwaltschaften unterworfen ist.

Dennoch wird im rechtssoziologischen Schrifttum bislang eher wenig Augenmerk auf die Rolle der Polizei gelegt. Selbst wenn, was keineswegs selbstverständlich ist, in Standardwerken der Rechtssoziologie auf das Personal des Rechtsstabes eingegangen wird, so werden vor allem die Richter, seltener schon Staats- und Rechtsanwälte oder Laienrichter, nicht aber die Polizei thematisiert. Diese Enthaltsamkeit überrascht, da Walter Benjamin schon 1921 auf die duale Rolle der Polizei als eine rechtsdurchsetzende, in weiten Teilen aber zugleich rechtssetzende Institution hingewiesen hat (1965, S. 44). Zwar war in der Weimarer Republik die verordnende und sanktionierende Macht der Polizei wesentlich vielfältiger im positiven Recht festgeschrieben als es heute in der Bundesrepublik der Fall ist. Doch im Zuge der Präventions- und Sicherheitseuphorie seit der Jahrtausendwende hat sich auf den Gebieten des Kriminal- und Sicherheitsrechts eine deutliche Verschiebung von

Eingriffsbefugnissen und rechtlicher Definitionsmacht von den Juristen hin zur Polizei ergeben (Jasch 2014).

Insofern ist die Polizei als eine Institution, die sich das von ihr durchzusetzende Recht manchmal selbst schafft, für die rechtssoziologische Befassung mindestens ebenso interessant wie die klassischen juristischen Professionen. Die wenigen rechtssoziologischen Arbeiten über die Polizei thematisieren vor allem Fragen ihrer Organisationskultur (Schöne 2011) und den Wandel der Institution unter den Bedingungen einer multikulturellen Gesellschaft (Liebl 2009). Im Vordringen sind ethnographisch angelegte Studien, die sich qualitativ mit den Interaktionen sowohl innerhalb der Polizei als auch mit ihrer sozialen Umwelt befassen (siehe die Beiträge in Scheffer et al. 2017; sowie Howe und Ostermeier 2018).

2 Polizei als Institution der Rechtsdurchsetzung

Unabhängig davon, welche Eigenschaften und Funktionen dem Recht im Detail zugeschrieben werden, herrscht doch weitgehend Einigkeit über eine Frage: Recht muss (auch) durchgesetzt werden können, um zumindest eine gewisse Aussicht auf Wirksamkeit zu besitzen. Normative Geltung ohne Durchsetzungsmöglichkeit kann keine praktische Effektivität in einem sozialen System entfalten. Luhmann bringt diese nahezu sachlogische Einsicht trefflich auf den Punkt: „Das Recht kann nicht dauernd sagen: Du hast zwar recht, aber leider können wir Dir nicht helfen" (1995, S. 153).

Nicht gesagt ist damit allerdings, ob diese Durchsetzung vornehmlich mit den Mitteln des Zwanges durch einen etablierten Zwangsapparat geschehen muss (Geiger 1964, S. 139f.; Weber 1967, S. 76), um von Recht sprechen zu können. Obgleich dies in der Praxis häufig der Fall ist, sei es durch unmittelbare Zwangsanwendung oder auch nur durch implizite Zwangsandrohung im Hintergrund der Norm, so arbeitet Recht heute doch mit einem vielfältigeren Spektrum von Instrumenten, um der Norm zur Durchsetzung zu verhelfen. Positive Sanktionen, Anreize, Erlaubnisvorbehalte, Informationskampagnen, präventive Strategien und sogar die Schaffung reiner Symbole (Struck 2011, S. 175) sind heute Instrumente, derer sich ein dezent agierender Staat neben dem Mittel des Zwanges bedient. Auch diese Entwicklung spricht dafür, eher von einem Reaktionsapparat (Rehbinder 2014, S. 37) zu sprechen, der über vielfältige Möglichkeiten verfügt, um auf die Übertretung des Rechts zu reagieren. Dieser Rechtsstab, verstanden als Gesamtheit der Personen, die sich professionell mit der Aufstellung, Anwendung und Durchsetzung von Rechtsnormen befassen, umfasst auch das Exekutivorgan der Polizei.

Aus einer systemtheoretischen Perspektive heraus (siehe dazu auch den Beitrag von Fuchs in diesem Band) stellt das Recht nur ein Subsystem des Systems „Gesellschaft" dar, das sich aus der Gesamtheit aller rechtlichen Kommunikation permanent neu konstituiert. Entscheidende Bedeutung für die Polizei als Institution kann Luhmanns These von der primären Funktion des Rechts haben: Nicht in der Steuerung eines Verhaltens liege die zentrale Ordnungsfunktion des Rechts für die Gesellschaft, sondern in der Beseitigung von Erwartungsunsicherheit – oder anders gewendet: in der Stabilisierung von Erwartungen der Menschen (1995, S. 151). Welche Erwartungen als schützenswert auf die Ebene der Rechtsnorm gehoben werden, wird in einem weitgehend unberechenbaren Kommunikationsprozess innerhalb dieses Systems entschieden. Was die Polizei können und dürfen soll oder muss, welcher strategischen Ausrichtung sie zu folgen hat, welche Art von Außenwirkung sie anstrebt und welche Personalpolitik sie anzuwenden hat, sind Aspekte, die auf die Stabilisierung kollektiver Erwartungen abzielen.

3 Polizisten als Akteure der Rechtsdurchsetzung

Ganz andere Zugänge als bei der Betrachtung der Institution Polizei bieten sich für die Analyse des polizeilichen Alltagshandelns auf der Straße an. Die Erforschung dieser alltäglichen Interaktionen kann heute wohl am besten in der Tradition wissenssoziologischer Forschung geschehen, die sich grundlegend mit der Generierung von Wissen in sozialen Gefügen befasst. Speziell für den Bereich der Polizei ergibt sich die Frage, wie deren Beamte eine „gesellschaftliche Konstruktion von Wissen" (vgl. Berger und Luckmann 1969) für ihr eigenes Handlungsfeld vornehmen.

Der einzelne Beamte agiert wissenssoziologisch betrachtet als Handlungssubjekt inmitten von verschiedenen Arbeitsroutinen, Berufsrollenerwartungen und Deutungen von Situationen, die er sich zur Bewältigung seines Dienstes aneignen muss (siehe dazu auch den Beitrag von Boulanger). Gerade weil die vorgefundenen Situationen im polizeilichen Alltag oft unübersichtlich und mehrdeutig sind, ist der Praktiker auf die Beigabe von Interpretationshinweisen oder Deutungsvorschriften angewiesen (vgl. Soeffner 1989, S. 142ff.). Er wird entscheidend erst in der Praxis und durch die Praxis polizeilich sozialisiert und entwickelt dort Vorstellungen darüber, welches Recht in bestimmten Situationen auf welche Art durchzusetzen ist. Gleichzeitig werden die vorgefundenen Routinen und Deutungen in alltäglichen Arbeitsabläufen jedoch immer wieder neu ausgefüllt und ausgedeutet, wodurch neues „Wissen" entsteht, das in das Handlungsfeld erneut eingespeist wird (vgl. Ohlemacher 2003; Reichertz 2002, S. 17). Dieser Prozess stellt handelnde Polizisten in ein Spannungsfeld aus den vorgefundenen Traditionen und Routinen ihres Arbeitsfeldes und der Notwendigkeit, diese anhand neuer und vielfältiger Situationen immer wieder anzupassen (vgl. Schöne 2011, S. 12). Sozialwissenschaftliche Polizeiforschung steht hier vor der Aufgabe, die Determinanten des „individuellen und präkognitiven Wissensbestandes" (Behr 2017, S. 83), die für die Anwendung von Recht entscheidend sind, zu erhellen.

4 „Die Polizei"? – Welche Polizei?

Schaut man in die einschlägigen Gesetze, so erscheinen die Aufgaben der Polizei zunächst sehr klar: Die Polizeibehörden der Bundesländer haben Gefahren abzuwehren, drohende Straftaten zu verhüten und „vorbeugend zu bekämpfen" (§ 1 Abs. 1 PolG NRW)[1] sowie bereits begangene Straftaten zu erforschen und ihre Ermittlungen der Staatsanwaltschaft vorzulegen (§ 163 StPO). Diese Normen weisen der Polizei ihre Aufgaben zu und begrenzen sie zugleich. Die gesellschaftliche Rolle der Polizei ist mit diesen Stichworten jedoch nur unzureichend beschrieben. Hinter der gesetzlichen Bestimmung von Gefahrenabwehr und Strafverfolgung als den Arbeitsbereichen der Polizei verbirgt sich in der Realität des polizeilichen Alltags eine Vielzahl von kontrollierenden, helfenden, Konflikte regelnden, individuelle und kollektive Probleme lösenden Tätigkeiten, die vom Wortlaut des Gesetzes nicht hinreichend erfasst werden.

Von „der Polizei" zu sprechen, ist gerade in föderalen Staaten wie der Bundesrepublik Deutschland jedoch problematisch. Ungeachtet der einheitlichen Aufgabenzuweisungen differiert die Praxis der Polizei sowohl in örtlicher als auch in zeitlicher Hinsicht. Die Innenministerien der Länder geben die Grundzüge der Polizeipolitik in ihrem Zuständigkeitsbereich vor. Zwar ist fraglich, ob die tägliche Polizeipraxis wirklich nachhaltig und in wesentlichem Umfang von den Ministerien gelenkt werden kann. Doch durch legislative Reformen, personelle und inhaltliche Schwerpunktsetzungen oder die Ernennung von Polizeipräsidenten als politische Beamte sind die Administrationen zumindest in gewissem Maße zur Gestaltung einer Polizeipolitik in der Lage, die der politischen Couleur der jeweiligen Landesregierung entspricht.

---

1   Ähnlich formulierte Aufgabenzuweisungen finden sich in den Polizeigesetzen der anderen Bundesländer, siehe etwa für Berlin § 1 Abs. 3 ASOG oder für Niedersachsen § 1 Abs. 1 Nds. SOG.

Davon abgesehen verändert sich die polizeiliche Herangehensweise aber auch mit dem Ort der Einsatzsituation: Polizeiliches Verhalten ist in weiträumigen Regionen auf dem Land, in denen die Polizeidichte gering ist, ein ganz anderes als in einer Großstadt, in der binnen Minuten jederzeit zahlreiche Beamte zur Unterstützung gerufen werden können. Und in zeitlicher Hinsicht setzen Polizeipräsidien unterschiedliche Schwerpunkte für ihre Kontroll- und Ermittlungsarbeit, je nachdem ob gerade bestimmte Deliktsarten, Ordnungsstörungen oder Personengruppen im Fokus einer maßgeblich von Medien konstituierten öffentlichen Meinung stehen. Diese Unterschiede gilt es auch hier im Blick zu behalten, wenn von den Mechanismen der polizeilichen Rechtsdurchsetzung die Rede ist. Es wird zu den künftigen Herausforderungen für die rechtssoziologische Polizeiforschung gehören, die Konstanten polizeilichen Verhaltens von den Veränderungen zu unterscheiden, sie zu identifizieren und ihre Hintergründe aufzuspüren.

5   Strafverfolgung und Kriminalisierung

Theoretisch liegt die Sache einfach: Das Legalitätsprinzip (§§ 153 Abs. 2, 163 Abs. 1 StPO) verpflichtet die Polizei dazu, wegen jeder verfolgbaren Straftat einzuschreiten. In Bezug auf die Praxis der Strafverfolgung herrscht jedoch eine akzeptierende Einigkeit darüber vor, dass dieses Prinzip in der Rechtswirklichkeit nicht durchgängig umgesetzt wird (Blankenburg 1995, S. 9; Raiser 2013, S. 232; Steffen 1976 S. 40). Obgleich das Ermittlungsverfahren unter der Leitung der Staatsanwaltschaft steht, kommt der Polizei als der einzigen permanent in der Öffentlichkeit präsenten Strafverfolgungsbehörde die bedeutsamste Rolle im Ermittlungsverfahren zu. Zentral für die polizeiliche Durchsetzung von Recht ist hier der Begriff des Verdachts. Ist eine Person nicht bereit sich auszuweisen oder durchsuchen zu lassen, so steht den Beamten die zwangsweise Durchsetzung dieser Maßnahme nur zu, wenn sie einen Anfangsverdacht für das Vorliegen einer Straftat begründen kann. Verdachtsmomente dieser Art existieren jedoch nicht per se – nach ihnen kann aktiv gesucht, sie können konstruiert, aber auch ignoriert oder übersehen werden. Entscheidend für die Genese der gesellschaftlich wahrgenommenen Kriminalität ist folglich, nach welchen informellen Normen der Prozess der „Verdachtsschöpfung" funktioniert, wie diese rechtliche Kategorie in der Praxis also konstruiert und gefüllt wird.

5.1 Kontrollverhalten

Durch eigene Initiative entdecken Polizisten Straftaten naturgemäß nur dort, wo hin sie schauen. Dieses aktive Kontrollverhalten der Polizei ist aber nicht gleichmäßig auf Orte, Personen und Deliktsarten verteilt – und kann dies schon angesichts begrenzter Ressourcen auch nie sein. Das wirft die – in der Forschung schon seit langem bedeutsame (bereits Blankenburg und Feest 1969; heute Behr 2017) – Frage nach den Kriterien der polizeilichen Selektionspraxis auf.

5.1.1 Personale Kriterien

Nicht alle Personen werden unabhängig von ihrem Geschlecht, ihrem Alter und Aussehen mit gleicher Häufigkeit von Polizeibeamten angesprochen und kontrolliert (Reichertz 1990, S. 204). Das sowohl älteste (siehe bereits Albrecht und Pfeiffer 1979) als auch aktuell prominenteste Beispiel dafür sind gezielte Polizeikontrollen von Menschen mit einer (auch nur vermeintlich) von der weißen, deutschen Norm abweichenden ethnischen oder nationalen Herkunft. Unter dem Stichwort „Racial Profiling" wird in Deutschland seit 2012 wieder vermehrt darüber diskutiert,[2] ob und in welchem Umfang die Polizei in diskriminierender Weise mit (vermeintlich) von der Norm abweichenden Ethnien verfährt. Die spärlichen Forschungsbefunde zu dieser Frage sind oft wenig aussagekräftig. So ergab die Befragung von über 7000 Schülerinnen und Schülern in Köln und Mannheim, dass Jugendliche mit Migrationshintergrund sogar etwas weniger häufig von der Polizei kontrolliert werden als ihre deutschstämmigen Altersgenossen (Oberwittler et al. 2014, S. 29). Zugleich bescheinigten die Jugendlichen mit ausländischer Abstammung der Polizei einen überwiegend respektvollen und korrekten Umgang im persönlichen Kontakt. Dieser Befund liegt auf einer Linie mit einer ethnografischen Untersuchung, in der kein diskriminierendes Verhalten von Polizisten gegenüber ethnischen Minderheiten in einem großstädtischen Bezirk beobachtet wurde (Hunold 2015, S. 213).

Andererseits spricht einiges dafür, dass der ethnischen Selektivität des Polizeihandelns forschungsmethodisch nur schwer auf die Spur zu kommen ist. Offen teilnehmende Beobachtungen sind mit immanenten Problemen behaftet, wenn ein allgemein als illegitim angesehenes Verhalten beforscht werden soll. Und nicht jede Person mit Migrationshintergrund ist für Streifenbeamte als solche erkennbar. Wer heute vertraulich mit Polizeibeamten im Streifendienst spricht, hört immer wieder Alltagstheorien und Erfahrungen, nach denen ethnische Minderheiten überdurchschnittlich häufig

---

2 Den Anlass für die Debatten bildete eine später aufgehobene Entscheidung des VG Koblenz (Urteil v. 28.2.2012 – 5 K 1026/11.KO), mit der die gezielte Kontrolle eines dunkelhäutigen Mannes durch Bundespolizisten in einem Zug für rechtmäßig erklärt wurde.

im Fokus initiativer Kontrollen stehen. Ethnische Minderheiten zu den „üblichen Verdächtigen" zu zählen, hat in der deutschen Polizei eine Tradition, wie sich etwa an dem noch bis zum Beginn der 1980er Jahren üblichen Suchvermerk „Zigeunername" in den polizeilichen Datensystemen ablesen lässt (Feuerhelm 1988). Zum Teil ist es das Gesetz selbst, das die Polizisten gezielt zur Suche nach ausländerrechtlichen Verstößen auffordert. So sehen etwa der umstrittene § 22 Abs. 1a Bundespolizeigesetz (dazu Cremer 2013) und die landesrechtlichen Vorschriften über verdachtsunabhängige Kontrollen[3] besondere polizeiliche Befugnisse bei der Suche nach Verstößen gegen aufenthaltsrechtliche Bestimmungen vor.

Von gezielten Kontrollen derjenigen Personen, die nicht wie ein durchschnittlicher weißer Mitteleuropäer aussehen, wird so häufig und stabil berichtet, dass von Einzelfällen nicht mehr gesprochen werden kann. „Die Feinde sind immer die Linken und die Ausländer" berichtete erst kürzlich ein Polizeibeamter in einem Interview von seinen Erlebnissen im Streifendienst (Schlüter und Haunhorst 2017). Und doch kann wohl kaum von einem systematischen „Racial Profiling" der Polizei gesprochen werden. Vielmehr ist Polizeiarbeit von einem – weit umfassenderen – „Social Profiling" geprägt (so auch Behr 2017, S. 90), durch das leicht jeder zum Verdächtigen wird, der nicht in das Normalitätsraster der Beamten passt. Die (vermeintlich erkennbare) fremdländische Herkunft kann dabei zu den Kriterien zählen – aber nur in bestimmten Kontexten oder gemeinsam mit weiteren Faktoren wie dem Alter, dem Ort und der Uhrzeit des Antreffens sowie dem Erscheinungsbild, insbesondere der Kleidung. In dieser Logik ist der Ausländer, der zur „falschen" Zeit durch den „falschen" Park geht, für Polizisten nicht mehr oder weniger verdächtig als der deutsche Jugendliche, der im Hip-Hop-Stil gekleidet nachts in einem Szeneviertel angetroffen wird.

5.1.2 Sachliche Kriterien

Aus polizeilicher Sicht ist ein „guter" Fall ein aufgeklärter Fall. Geringe, möglicherweise im zeitlichen Vergleich sinkende Aufklärungsquoten klingen für die Öffentlichkeit nach unzureichender Polizeiarbeit und wirkungslosen Präventionskonzepten. Auf individueller Ebene stellt die Aufklärung eines Falles zudem ein berufliches Erfolgserlebnis für die Ermittler dar. Das legt nahe, die vorhandenen Ressourcen an Personal und Zeit bereits von Anfang an auf diejenigen Sachverhalte zu konzentrieren, die einen Aufklärungserfolg versprechen. Dass die Polizei ihren

---

3 § 12 Abs. 1 Nr. 2 PolG NRW, beispielhaft für gleichlautende Regelungen in den anderen Bundesländern: „Die Polizei kann die Identität einer Person feststellen, (…) wenn sie sich an einem Ort aufhält, von dem Tatsachen die Annahme rechtfertigen, dass (…) sich dort Personen treffen, die gegen aufenthaltsrechtliche Strafvorschriften verstoßen."

Ermittlungsaufwand an den prognostizierten Erfolgsaussichten ihrer eigenen Arbeit ausrichtet, kann heute als empirisch gesichert angesehen werden (Dölling 1987, S. 260). Verdachtsfälle im Hinblick auf den Besitz von und den Handel mit illegalen Drogen (Stock und Kreuzer 1996, S. 53) sind dabei ebenso dankbare Delikte wie strafbare Autofahrten unter Alkoholeinfluss oder Ladendiebstähle, die von den geschädigten Kaufhäusern stets schon gemeinsam mit einem Tatverdächtigen präsentiert werden. Denn fast jede registrierte Tat in diesen Deliktsbereichen ist zugleich auch eine aufgeklärte Tat für die Statistik.

Zudem ist es mittlerweile eine kriminologische Binsenweisheit, dass Polizeibeamte strafrechtlich relevante Sachverhalte zum Teil im Widerspruch zu Bewertungen des Gesetzgebers gewichten (Waldmann 1978, S. 31) und im Zweifel juristisch „hochdefinieren". Für Tötungsdelikte (Sessar 1981, S. 124), Raubdelikte (Förster 1986, S. 55) und sexuelle Gewalttaten (Steinhilper 1986, S. 275) konnte eine polizeiliche Tendenz dazu empirisch belegt werden, Sachverhalte strafrechtlich schwerwiegender einzustufen, als diese im weiteren Verfahrensverlauf von Staatsanwaltschaften und Gerichten bewertet werden. Beispielsweise stufen Polizisten einen Fall als versuchte Tötung ein, der sich im späteren Gerichtsverfahren strafrechtlich „nur" als Körperverletzungsdelikt erweist. Diese Lücke zwischen den rechtlichen Einschätzungen offenbart die unterschiedlichen Bezugsrahmen von Polizei und Justiz bei der Durchsetzung von Recht: Während rechtliche Bewertungen der Ermittler auf deren Eindrücken vom Geschehen und ersten Vernehmungen beruhen, ist die Justiz auf belastbare Beweise angewiesen.

Sowohl die Definition eines Sachverhaltes als auch der polizeiliche Ermittlungsaufwand determinieren zum Teil den späteren Verlauf des Verfahrens (so schon Kürzinger 1978, S. 247). Doch unabhängig von der endgültigen juristischen Bewertung eines Geschehens, kann die rechtliche Einschätzung durch die Polizei bereits für deren eigene Arbeit ausgesprochen bedeutsam sein: Nur mit dem Verdacht auf bestimmte schwere Straftaten können eingriffsintensive Ermittlungsmaßnahmen der Polizei gerechtfertigt werden.[4] Zwar ist die Anordnung dieser Maßnahmen überwiegend den Gerichten vorbehalten, doch in eilbedürftigen Fällen besitzen auch die Strafverfolgungsinstanzen Polizei und Staatsanwaltschaft selbst das Recht zur Entscheidung über deren Einsatz. Je schwerwiegender die Polizei ihre Verdachtsmomente in den Kategorien des Strafrechts definiert, umso mehr Befugnisse erhält

---

4 So sind unter anderem die Telekommunikationsüberwachung (§ 100a StPO), die Online-Durchsuchung (§ 100b StPO) oder die akustische Wohnraumüberwachung (§ 100c StPO) nur in Verfahren wegen des Verdachtes auf bestimmte, enumerativ aufgeführte Straftaten zulässig. Andere technische Observationsmittel sind zulässig, wenn Ermittlungen wegen einer Straftat von „erheblicher Bedeutung" geführt werden (§ 100h StPO).

sie in dem konkreten Fall. Aus kriminalistischer Sicht stellt diese Mechanik einen Anreiz zu einer (Über-)Interpretation des Rechts dar.

5.2 Ausbildung

Der Blick von Polizeibeamten auf Recht und Unrecht ist naturgemäß durch ihre Ausbildung mitbestimmt. Diese Ausbildung hat sich in Deutschland während der vergangenen 20 Jahre massiv verändert. In sechs Bundesländern muss ausnahmslos jeder künftige Polizeibeamte ein dreijähriges Bachelor-Studium erfolgreich abschließen, das an Fachhochschulen und Berufsakademien als dualer Studiengang absolviert wird. Akademisierung und Professionalisierung sind die Stichworte, mit denen sich die Tendenz der Ausbildung kennzeichnen lässt (dazu Kersten 2014). In erster Linie aber sollen diese Studiengänge für die Polizeiarbeit auf der Straße ausbilden, sie sind „praxisbezogen"[5] zu gestalten, wie es in den einschlägigen Studienordnungen heißt.

Doch welche „Praxis" ist damit eigentlich gemeint, die Orientierung geben soll? Durchforstet man die Lehrpläne der Ausbildungsgänge, so wird schnell klar, dass der Schwerpunkt der rechtlichen Ausbildung auf dem liegt, womit sich die „street cops" schon heute überwiegend beschäftigen. Das mag man als sachlogische Konsequenz der Berufspraxis ansehen. Es ist aber auch ein Garant dafür, dass auf dem Gebiet der polizeilich bearbeiten Kriminalität alles so bleibt, wie es ist. Diebstahl, Körperverletzung und Drogendelikte, die typischen kriminalisierten Handlungen marginalisierter Gesellschaftsgruppen, werden sogar mit höherem Zeitaufwand unterrichtet, als es in universitären Studiengängen für angehende Juristen üblich ist. Umweltdelikte und die Wirtschaftskriminalität spielen überhaupt keine, politische Propagandadelikte und Delikte im Urheberrecht allenfalls eine marginale Rolle. Durchschnittlichen Polizeibeamten könnte man stundenlang von Straftaten im Zusammenhang mit der Führung einer GmbH erzählen – sie würden den Rechtsbruch nicht einmal bemerken. Die Unterrichtsinhalte sind ebenso selbstreferentiell und zirkulär, wie die Kontrollpraxis von Polizeistreifen auf der Straße: In ausgewählten Ecken der Gesellschaft schaut man genauer nach als in anderen. Und wenn sich dann dort unausweichlich Normverletzungen finden, wird dies als Bestätigung der eingeübten Praxis und Ansporn zur Fortsetzung derselben gesehen.

---

5 § 10 Abs. 2 des Gesetzes über die Akademie der Polizei Hamburg. Ähnlich § 6 der Ausbildungs- und Prüfungsordnung für den gehobenen Polizeivollzugsdienst Brandenburg.

5.3 Gesetzgebung als „Türöffnung"

Seit dem Beginn des 21. Jahrhunderts ist ein grundlegender Strukturwandel in der Kriminalgesetzgebung feststellbar. Ein Charakteristikum dieses Wandels ist, dass Strafgesetze nicht mehr primär zu dem Zweck erlassen werden, Strafsanktionen verhängen zu können, sondern um als rechtlicher Anknüpfungspunkt für repressiv-präventive Maßnahmen zu dienen. Die Kriminalisierung von Stalking-Handlungen folgte schon 2005 diesem Muster. In ihrem Gesetzentwurf begründete die Bundesregierung die Schaffung eines neuen Straftatbestandes der Nachstellung unter anderem damit, dass die Norm „zu einem früheren Einschreiten der Strafverfolgungsbehörden" (BR-Drs. 617/05, S. 2) führen werde. Als dann zwölf Jahre später die Schwelle zur Strafbarkeit weiter abgesenkt wurde, ließ der Gesetzentwurf noch deutlicher erkennen, dass die Norm bereits auf die Kriminalisierung eines nur potentiell schädigenden Verhaltens abzielen soll. In ihrer Äußerung zu einem Vorschlag des Bundesrates machte die Bundesregierung deutlich, dass sie die Funktion einer ausgeweiteten Strafbarkeit auch in der Möglichkeit sieht, „bereits bei drohendem Verstoß, die Polizei hinzuzuziehen" (BT-Drs. 18/9946, S. 20). Strafrecht wird damit explizit in ein Gefahrenabwehrrecht als Handlungsermächtigung für die Polizei umgewandelt.

Die Funktion von Straftatbeständen hat sich verschoben. Der eigentliche Wert der Unrechtsdefinitionen liegt nicht in der Sanktionierung mit einer Kriminalstrafe – unabhängig davon, ob man diese vornehmlich durch ihren vergeltenden Schuldausgleich spezial- oder generalpräventiv legitimiert. Strafnormen werden vielmehr bedeutsam als Anknüpfungspunkte und „Türöffner" für polizeiliche Präventiv- und Überwachungsmaßnahmen. Dies trifft gleichermaßen auf ein breites Spektrum von normabweichendem Verhalten zu. Die polizeiliche Informationssammlung über Jugendliche, die in ihrem lokalen Freundeskreis illegale Drogen verkaufen, erfüllt denselben Zweck wie die Verbunddatei „Gewalttäter Sport", Datensammlungen über Globalisierungsgegner oder die Erkundung radikal-islamischer Netzwerke: Potentielle Täter sollen erkannt, ihre sozialen Beziehungen erfasst und verstanden werden. Diese Erkenntnisse können zu Interventionen und zur Sanktionierung genutzt werden, ohne auf die Instrumente des Strafrechts zurückzugreifen.

Das Jugend- und das Ausländerrecht, das Gewerberecht und das Passgesetz bieten Möglichkeiten der Reglementierung, die an den Tat- und Schuldnachweis des Strafrechts nicht gebunden sind und zudem noch schneller durchgesetzt werden können.

Der Umgang mit zwei in Niedersachsen verhafteten Männern, der im Frühjahr 2017 bundesweit für Aufsehen sorgte,[6] kann für diese Mechanik eines neuen Sicher-

---

6   Dazu Prantl 2017. Diese Verfahrensweise wurde wenige Wochen später vom Bundesverwaltungsgericht für rechtmäßig erklärt (BVerwG, Urteil v. 22.8.2017 – 1 A 2.17).

heitsrechts als archetypisch gelten: Die beiden in Deutschland geborenen Männer ausländischer Abstammung wurden unter dem Verdacht, eine staatsgefährdende Straftat vorzubereiten, von der Polizei festgenommen. Doch die Staatsanwaltschaft sah keinen hinreichenden Tatverdacht. Dennoch wurden die Betroffenen als „Gefährder" auf Grundlage des Ausländerrechts zwangsweise abgeschoben – in Länder, in denen sie zuvor noch nie gelebt hatten. Leider ist diese Rechtsentwicklung zugleich ein Beleg für die kriminalpolitische Wirkungslosigkeit wissenschaftlicher Kritik. Kriminalwissenschaftler warnen mit Blick auf rechtsstaatliche Bestimmtheits- und Verfahrensanforderungen seit Jahrzehnten vor dieser Entwicklung (Naucke 1999, S. 344; Prittwitz 1993, S. 368ff.; Singelnstein 2014, S. 322). Beeinflussen konnten sie sie kaum.

6 Gefahrenabwehr und Disziplinierung

Für die polizeiliche Rechts(durch)setzung noch bedeutsamer ist der Bereich der Gefahrenabwehr, zumal dieser Aufgabenbereich von deutlich mehr Ermessensspielräumen durchzogen ist als die Strafverfolgung. Im Selbstverständnis von Streifenbeamten gehört die Generalklausel der Polizeigesetze zu ihren zentralen Arbeitsgrundlagen. Das überrascht nicht, zumal ein hohes Maß an Unbestimmtheit und damit Anwendungsfreiheit bei diesem Normtypus gerade beabsichtigt ist (Röhl 1987, Kap. 6 § 25). Faktisch eröffnen Generalklauseln den Polizeibeamten auf der Straße die Möglichkeit, dem Bürger gegenüber Anordnungen zu treffen, die gerade nicht auf der Dichotomie von Recht und Unrecht, sondern lediglich auf moralisch-sittlichen Vorstellungen der Beamten beruhen. Wenn die Norm der Polizei gestattet, „die notwendigen Maßnahmen [zu] treffen, um eine Gefahr abzuwehren", so wird dies von Streifenbeamten als Blankoscheck für Maßnahmen zur Regelung jeglicher Einsatzsituationen in ihrem Sinne verstanden. Nach dem auf die polizeirechtliche Generalklausel verweisenden Leitsatz „§ 11 geht immer"[7] fühlen sie sich pauschal zu Verhaltensanweisungen gegenüber dem Bürger berechtigt. Doch auch bei den spezialgesetzlich geregelten Eingriffen wie Identitätsfeststellungen und Durchsuchungen wird der Begriff der „Gefahr" in der Praxis so weit ausgedehnt, dass es einer rechtlichen Prüfung oft nicht standhalten würde.

---

7   Der hier nur beispielhaft genannte § 11 Nds. SOG stellt die Generalklausel für Befugnisse der Polizei in Niedersachsen dar. In anderen Bundesländern finden sich inhaltsgleiche Vorschriften an anderer Stelle des jeweiligen Polizeirechts (z. B.: § 8 PolG NRW; § 13 SOG LSA).

6.1 Gefährliche Bürger, gefährliche Orte

Die Abwehr von Gefahren ist eine polizeiliche Aufgabe, solange es organisierte Polizei gibt. Ein bereits semantisch neues Phänomen ist jedoch die Konzentration auf sogenannte „Gefährder" (Böhm 2011), also auf als gefährlich eingestufte Personen anstelle von Handlungen oder Zuständen, die Rechtsgüter zu verletzen drohen. Längst zählt es zur Alltagspraxis der Polizei, auch in ubiquitären Deliktsbereichen als „Gefährder" angesehene Personen aufzusuchen und zu ermahnen (Jasch 2012, S. 140). In Deutschland hat sich damit das realisiert, was Garland (1996, S. 137) als „criminology of the other" identifiziert hat: ein kriminologischer Umgang mit bestimmten Personengruppen als gefährliche und unverbesserliche Außenseiter jenseits der Gesellschaft.

Die Definitionsmacht der Polizei erstreckt sich nicht nur auf gefährliche Personen, sondern auch auf gefährliche Orte. Nahezu jedes Polizeigesetz enthält eine Ermächtigung zur verdachtsunabhängigen Personenkontrolle an Orten, von denen „Tatsachen die Annahme rechtfertigen, dass Personen dort Straftaten verabreden, vorbereiten oder verüben" oder gegen aufenthaltsrechtliche Strafnormen verstoßen.[8] Die politische Brisanz und die erheblichen Grundrechtseingriffe für Bürger, die mit der Festlegung derartiger Orte in einem Stadtgebiet verbunden sind, wurden im Januar 2014 anhand der Auseinandersetzungen um die Hamburger Gefahrengebiete deutlich (Augustin 2014). Doch fern ab von diesem spektakulären Fall hat die Polizei in Städten schon immer von dieser Möglichkeit Gebrauch gemacht und sich mit der Ausweisung „gefährlicher Orte" praktisch selbst von dem Erfordernis befreit, einen konkreten Gefahrenverdacht begründen zu müssen. Die polizeiliche Festlegung dieser Bereiche ist zwar auf Tatsachen angewiesen und gerichtlich überprüfbar.[9] Doch zunächst schafft sich die Polizei ihr Recht selbst und segregiert den städtischen Raum zugleich in „gute und schlechte" Orte.

6.2 Kampf um das staatliche Gewaltmonopol

Seit einigen Jahren sehen sich die Instanzen der staatlichen Sozialkontrolle nach eigener Einschätzung[10] mit einem Verlust an Autorität in weiten Teilen der Gesellschaft konfrontiert. Das betrifft nicht nur die Polizei, sondern auch Ordnungsäm-

---

8   Siehe etwa § 13 Abs. 1 Nr. 2 Nds. SOG; § 21 Abs. 2 Nr. 1 ASOG Berlin.
9   Hamburgisches OVG DÖV 2015, S. 804.
10 Einen derartigen Respektverlust beklagen vor allem die Polizeigewerkschaften (siehe FAZ 2017).

ter und Rettungsdienste. Festgemacht wird dieser Befund an mehr oder weniger sporadischen, unwissenschaftlichen Berichten über eine Abnahme des Respektes vor Amtsträgern und der Verbindlichkeit ihrer Anordnungen oder eine steigende Zahl von Gewalthandlungen gegenüber den Vertretern dieser Institutionen.[11] Das staatliche Gewaltmonopol scheint zu bröckeln (Kraushaar und Behr 2014, S. 53; Steffesenn 2012).

Unabhängig davon, ob dieser Befund zutrifft oder vielmehr auf eine gestiegene Sensibilität der Amtsträger zurückzuführen ist, muss die Rechtsdurchsetzung durch die Polizei heute auch im Kontext dieses Diskurses betrachtet werden. Vollzugsbeamte setzen nicht nur bestimmte Anordnungen, sondern jedes Mal auch sich selbst und ihren individuellen Anspruch auf ihre staatliche Autoritätsstellung durch. Es geht um persönliche Dominanz und die Ehre des Berufes, in dem Vollzugsbeamte durch tägliche Ritualisierungen sozialisiert werden. Wenn somit in Alltagssituationen Maßnahmen gegen den Widerstand der Rechtsunterworfenen durchgesetzt werden sollen, handelt es sich zugleich um einen Aushandlungsprozess über künftige Formen von Staatlichkeit, in dem unausgesprochen höchst verschiedene Gesellschaftsverständnisse aufeinanderprallen, die nach neuen Formen der Autoritätsvermittlung verlangen (instruktiv vom Hau 2017).

7 Fazit

Die Praxis der polizeilichen Rechtsdurchsetzung ist geprägt von und stets auf der Suche nach Flexibilität für die Anwendung und Durchsetzung von Recht – sowohl im juristischen wie auch im sozialwissenschaftlichen Sinn. Dieses Bedürfnis nach Flexibilität folgt aus der alltäglichen Notwendigkeit, auf ein diffuses Konglomerat von Situationen reagieren und dabei das institutionelle Gewaltmonopol in die Praxis umsetzen zu müssen. Zugleich ist es gerade diese Flexibilität, die der Polizei die Stabilisierung von Erwartungen der Bürger auf Herstellung einer sozialen Ordnung ermöglicht. In Deutschland herrscht mit der strikten Gesetzesbindung von Polizeikräften, flankiert von Strafandrohungen sowie den Verpflichtungen aus dem Beamtenrecht und kontrolliert durch selbstbewusste Gerichte, zwar eine extrem hohe Übereinstimmung von formellem und exekutiertem Recht. Doch in der Praxis der Polizistenkultur entsteht daneben ein professionelles Wissen der Akteure, ein Repertoire von informellen Handlungsnormen, die nicht nur von offiziellen politischen und polizeilichen Leitbildern, sondern auch vom positiven

---

11 Siehe dazu ausführlich die Beiträge in Hermanutz 2015.

Recht abweichen können: „Über dem Recht stehen die Gerechtigkeitsvorstellungen der street cops" (Behr 2003, S. 188). Weder die Determinanten dieser Gerechtigkeitsvorstellungen noch ihre Inhalte sind bislang umfassend erforscht, auch wenn die Grundlagen dafür gelegt worden sind (Behr 2008). Plausibel ist, dass dabei eine Mischung aus zwei Faktoren wirksam wird: Einerseits aus den offiziell, durch die Kriminalpolitik ebenso wie die polizeilichen Hierarchien, vorgegebenen Bildern von „Sicherheit" und ihren „Gefährdern", und andererseits aus den persönlichen Wertorientierungen der eher autoritär sozialisierten Mittelschichtsangehörigen, die sich für den Polizeiberuf entscheiden und in ihn aufgenommen werden. Bedenklich ist dabei aber die gesetzgeberische Tendenz, der Exekutive schrittweise beständig mehr Ermessensräume einzuräumen. Denn Erwartungsstabilisierung im Luhmannschen Sinn kann sich nicht nur auf die Herstellung von Ordnung, sondern auch auf die für einen Rechtsstaat essentielle Berechenbarkeit und Gleichmäßigkeit der Administration von Recht beziehen. Diese Berechenbarkeit schwindet, wenn die Anwendung von Recht immer häufiger der professionellen Wissensproduktion der polizeilichen Akteure überlassen wird.

Literatur

Albrecht, P.-A., & Pfeiffer, C. (1979). *Die Kriminalisierung junger Ausländer: Befunde und Reaktionen sozialer Kontrollinstanzen.* München: Juventa.
Augustin, K. (2014). Juristen kritisieren Hamburger Gefahrenzone. *Die Zeit-online.* http://www.zeit.de/gesellschaft/zeitgeschehen/2014-01/hamburg-gefahrengebiet-juristisch-umstritten/komplettansicht. Zugegriffen: 30. Oktober 2017.
Behr, R. (2003). Polizeikultur als institutioneller Konflikt des Gewaltmonopols. In H.-J. Lange (Hrsg.), *Die Polizei der Gesellschaft* (S. 177–194). Wiesbaden: Springer VS.
Behr, R. (2008). *Cop Culture – Der Alltag des Gewaltmonopols.* Wiesbaden: Springer VS.
Behr, R. (2017). „Wir ermitteln in alle Richtungen" – Polizeiliche Verdachtsschöpfung zwischen Bauchgefühl, Diskriminierung und hierarchischer Wissensproduktion. In B. Frevel, H.-J. Asmus, R. Behr, H. Groß & P. Schmidt (Hrsg.), *Facetten der Polizei- und Kriminalitätsforschung* (S. 82–98). Frankfurt a. M.: Verlag für Polizeiwissenschaft.
Benjamin, W. (1971). *Zur Kritik der Gewalt.* 2. Aufl., Frankfurt a. M.: Suhrkamp.
Berger, P. L., & Luckmann, T. (1969). *Die gesellschaftliche Konstruktion der Wirklichkeit. Eine Theorie der Wissenssoziologie.* Frankfurt a. M.: S. Fischer.
Blankenburg, E., & Feest, J. (1969). Selektive Strafverfolgung durch die Polizei. *Kriminologisches Journal*, Heft 2, S. 30–35.
Blankenburg, E. (1995). *Mobilisierung des Rechts. Eine Einführung in die Rechtssoziologie.* Berlin: Springer.

Böhm, M. L. (2011). *Der 'Gefährder' und das 'Gefährdungsrecht': eine rechtssoziologische Analyse am Beispiel der Urteile des Bundesverfassungsgerichts über die nachträgliche Sicherungsverwahrung und die akustische Wohnraumüberwachung.* Göttingen: Universitäts-Verlag.

Cremer, H. (2013). „Racial Profiling" – Menschenrechtswidrige Personenkontrollen nach § 22 Abs. 1 a Bundespolizeigesetz. Berlin: Deutsches Institut für Menschenrechte.

Dölling, D. (1987). *Polizeiliche Ermittlungstätigkeit und Legalitätsprinzip. Eine empirische und juristische Analyse des Ermittlungsverfahrens unter besonderer Berücksichtigung der Aufklärungs- und Verurteilungswahrscheinlichkeit. Erster Halbband.* Wiesbaden: Bundeskriminalamt.

FAZ (2017). Polizeigewerkschaft beklagt mangelnden Respekt. *FAZ.net*, 08.02.2017. http://www.faz.net/-gpf-8unlr?GEPC=s5. Zugegriffen: 30. Oktober 2017.

Feest, J., & Blankenburg, E. (1972). *Die Definitionsmacht der Polizei: Strategien der Strafverfolgung und soziale Selektion.* Düsseldorf: Bertelsmann.

Feuerhelm, W. (1988). Die fortgesetzte „Bekämpfung des Landfahrerunwesens". Zur Struktur des polizeilichen Umgangs mit Sinti und Roma. *Monatsschrift für Kriminologie und Strafrechtsreform*, S. 219–314.

Förster, H.-J. (1986). *Der Täterschwund zwischen der polizeilichen Kriminalstatistik und der Strafverfolgungsstatistik am Beispiel der Raubkriminalität in Lübeck 1978 bis 1980.* Kiel: Diss. jur.

Garland, D. (2001). *The Culture of Control.* Oxford: Oxford University Press.

Geiger, T. (1964). *Vorstudien zu einer Soziologie des Rechts.* Neuwied: Luchterhand.

Hau, S. vom (2017). *Autorität reloaded.* Wiesbaden: Springer VS.

Hermanutz, M. (2015). *Gewalt gegen Polizisten – sinkender Respekt und steigende Aggression? Eine Beleuchtung der Gesamtumstände.* Frankfurt a. M.: Verlag für Polizeiwissenschaft.

Howe, C., & Ostermeier, L. (Hrsg.). (2018). *Polizei und Gesellschaft. Transdisziplinäre Perspektiven zu Methoden, Theorie und Empirie reflexiver Polizeiforschung.* Wiesbaden: Springer VS (im Erscheinen).

Hunold, D. (2015). *Polizei im Revier – Polizeiliche Handlungspraxis gegenüber Jugendlichen in der multiethnischen Stadt.* Berlin: Duncker & Humblot.

Jasch, M. (2012). Gefährderansprachen und Aufenthaltsverbote als Kontrollsanktionen der Polizei. In J. Estermann (Hrsg.), *Der Kampf ums Recht* (S. 137–149). Beckenried: Orlux.

Jasch, M. (2014). Neue Sanktionspraktiken im präventiven Sicherheitsrecht. *Kritische Justiz*, Heft 3, S. 237–248.

Kersten, J. (2014). Perspektiven der Polizeiausbildung und -wissenschaft. *Neue Kriminalpolitik*, Heft 1, S. 52–57.

Kraushaar, N., & Behr, R. (2014). „Was Gewalt ist, bestimmen wir!": Die Rolle der Polizei-Gewerkschaften bei der Konstruktion polizeilicher Wirklichkeit. In B. Frevel (Hrsg.), *Empirische Polizeiforschung XVII: Polizei und Politik* (S. 52–77). Frankfurt a. M.: Verlag für Polizeiwissenschaft.

Kürzinger, J. (1978). *Private Strafanzeige und polizeiliche Reaktion.* Berlin: Duncker & Humblot.

Liebl, K. (Hrsg.). (2009). *Polizei und Fremde – Fremde in der Polizei.* Wiesbaden: Springer VS.

Luhmann, N. (1995). *Das Recht der Gesellschaft.* Frankfurt a. M.: Suhrkamp.

Naucke, W. (1999). Konturen eines nach-präventiven Strafrechts. *Kritische Vierteljahresschrift für Gesetzgebung und Rechtswissenschaft*, S. 336–354.

Oberwittler, D., Schwarzenbach, A., & Gerstner, D. (2014). *Polizei und Jugendliche in multiethnischen Gesellschaften.* Freiburg: Max-Planck-Institut.

Ohlemacher, T. (2000). Diesseits von für und über? Verstehende Polizeiforschung verstehen. Kommentar zu Jo Reichertz und Norbert Schröer: Hermeneutisch-wissenssoziologische Polizeiforschung. In J. Reichertz (Hrsg.), *Hermeneutische Polizeiforschung* (S. 139–148). Opladen: Leske & Buderich.

Prantl, H. (2017). Und das Recht ist doch stark genug. *süddeutsche.de.* http://sz.de/1.3431034. Zugegriffen: 30. Oktober 2017.

Prittwitz, C. (1993). *Strafrecht und Risiko.* Frankfurt a. M.: Klostermann.

Raiser, T. (2013). *Grundlagen der Rechtssoziologie.* 6. Aufl., Tübingen: Mohr Siebeck.

Rehbinder, M. (2014). *Rechtssoziologie.* 8. Aufl., München: Beck.

Reichertz, J. (1990). „Meine Schweine erkenne ich am Gang": zur Typisierung typisierender Kriminalpolizisten. *Kriminologisches Journal,* Heft 3, S. 194–207.

Reichertz, J. (2002). Prämissen einer hermeneutisch wissenssoziologischen Polizeiforschung. *Forum Qualitative Sozialforschung,* Art. 17. http://dx.doi.org/10.17169/fqs-3.1.881 Zugegriffen: 22. März 2018.

Reiner, R. (2000). *The Politics of the Police.* 3. Aufl., Oxford: Oxford University Press.

Röhl, K. F. (1987). *Rechtssoziologie: Ein Lehrbuch.* Köln: Heymanns.

Scheffer, T., Howe, C., Kiefer, E., Negnal, D., & Porsché, Y. (2017). *Polizeilicher Kommunitarismus. Eine Praxisforschung urbaner Kriminalprävention.* Frankfurt a. M.: Campus.

Schlüter, N., & Haunhorst, C. (2017). „Die Feinde sind immer die Linken und die Ausländer". *jetzt.de.* www.jetzt.de/politik/rassismus-in-der-polizei-ein-junger-polizist-berichtet. Zugegriffen: 30. Oktober 2017.

Schöne, M. (2011). *Pierre Bourdieu und das Feld Polizei: Ein besonderer Fall des Möglichen.* Frankfurt a. M.: Verlag für Polizeiwissenschaft.

Sessar, K. (1981). *Rechtliche und soziale Prozesse einer Definition der Tötungskriminalität.* Freiburg: Max-Planck-Institut.

Singelnstein, T. (2014). Sieben Thesen zu Entwicklung und Gestalt des Strafrechts. *Zeitschrift für Rechtssoziologie,* Heft 1/2, S. 321–329.

Soeffner, H.-G. (1989). *Auslegung des Alltags – Der Alltag der Auslegung. Zur wissenssoziologischen Konzeption einer sozialwissenschaftlichen Hermeneutik.* Frankfurt a. M.: Suhrkamp.

Steffen, W. (1976). *Analyse polizeilicher Ermittlungstätigkeit aus der Sicht des späteren Strafverfahrens.* Wiesbaden: Bundeskriminalamt.

Steffes-enn, R. (2012). *Polizisten im Visier: Eine kriminologische Untersuchung zur Gewalt gegen Polizeibeamte aus Tätersicht.* Frankfurt a. M.: Verlag für Polizeiwissenschaft.

Steinhilper, U. (1986). *Definitions- und Entscheidungsprozesse bei sexuell motivierten Gewaltdelikten.* Konstanz: Universitäts-Verlag.

Stock, J., & Kreuzer, A. (1996). *Drogen und Polizei. Eine kriminologische Untersuchung polizeilicher Rechtsanwendung.* Bonn: Forum-Verlag.

Struck, G. (2011). *Rechtssoziologie. Grundlagen und Strukturen.* Baden-Baden: Nomos UTB.

Waldmann, P. (1978). Leichte-mittlere-schwere Kriminalität: Zur Gewichtung von Straftaten durch die Polizei im Ermittlungsverfahren. *Monatsschrift für Kriminologie und Strafrechtsreform,* S. 28–37.

Weber, M. (1967). *Rechtssoziologie.* 2. Aufl., Neuwied: Luchterhand.

Rechtsmobilisierung
Rechte kennen, Rechte nutzen und Recht bekommen

Gesine Fuchs

1 Recht als attraktives und umstrittenes Steuerungsmedium

Recht regelt nicht nur gesellschaftliches Zusammenleben und damit verbundene Konflikte verbindlich, sondern ist eine Ressource, derer sich Einzelpersonen und Akteur*innen gesellschaftlicher Auseinandersetzungen bedienen können, um ihre Ziele zu verfolgen. Recht als Regelungsinstanz ist aus einer Reihe von Gründen interessant. Unter den Bedingungen demokratischer Rechtsstaatlichkeit[1] ist Recht regelmäßig schriftlich fixiert und in einem transparenten demokratischen Entscheidungsprozess unter Beteiligung der Öffentlichkeit debattiert und verabschiedet worden. Insofern sind rechtliche Normen meist gut legitimiert, und der Rechtsweg ist bei einer unabhängigen Judikative ein Weg, Rechtsnormen auszulegen und umzusetzen (Baer 2004). Recht ist ein Mittel, um unausweichlich auftretende Konflikte gewaltfrei zu lösen. Rechtsprechung konkretisiert und präzisiert die Auslegung dieser Normen; damit prägt und konstruiert sie Realität mit. Strategische Prozessführung kann an solchen Auslegungen mitwirken.

Recht hat einen ambivalenten, unauflöslichen Doppelcharakter: Recht kann emanzipatorisch und ermächtigend oder unterdrückend, ausschließend und stigmatisierend sein. Durch Rechtsprechung werden verbindliche Entscheidungen getroffen. Grundsätzlich abstrahieren konkrete gesetzliche Regelungen vom Einzelfall, beziehen sich aber gleichzeitig auf das Individuum. Das führt dazu, dass strukturelle Probleme individualisiert werden. Darum sind mit Recht kaum systematische und strukturelle Veränderungen zu erreichen.: „The master's tools will never dismantle the master's house" (Lorde 1984). Rechtsmaterien und hegemoniale Rechtsauffas-

---

[1] Zum Begriff vgl. Piana 2011, zur Wichtigkeit der Rechtsstaatlichkeit O'Donnell 2004.

© Springer Fachmedien Wiesbaden GmbH, ein Teil von Springer Nature 2019
C. Boulanger et al. (Hrsg.), *Interdisziplinäre Rechtsforschung*,
https://doi.org/10.1007/978-3-658-21990-1_13

sungen orientieren sich an den Herrschenden. Recht war und ist zum Teil immer noch *nur vermeintlich universell*. Die Universalisierung des Rechts, wie etwa die Ausweitung des Wahlrechts auf alle Erwachsenen, war ein langer und umstrittener Prozess. Modernes liberal-individualistisches Recht trennt öffentliche und private Sphäre und deklariert, in die Privatsphäre nicht eingreifen zu wollen. Dabei litt der Schutz vor Gewalt im Privaten: Bis 1997 war Vergewaltigung in der Ehe nicht strafbar. Der Zugang zum Recht ist für diejenigen, die es am meisten brauchen, am schlechtesten; unterprivilegierte Gruppen wissen häufig nicht um ihre Rechte, haben wenig materielle und persönliche Ressourcen, ihre Interessen sind schwächer organisiert, um den Rechtsweg zu beschreiten und haben auch weniger Chancen, Recht zu bekommen (vgl. Abschnitt 2 sowie Galanter 1974; Marchiori 2016; Sandefur 2008). Zur Implementation von Recht und Gerichtsurteilen schließlich braucht es den politischen Willen, ein Umsetzungsprogramm und Bürokrat*innen vor Ort, welche dies tun oder die Einhaltung von Gesetzen kontrollieren. Ob Implementation gelingt, ist grundsätzlich immer offen.[2]

Kämpfe für die Gleichheit der Menschen sind auch immer Kämpfe ums Recht. Ein historischer Blick zeigt, dass Rechtsnormen als Ergebnis gesellschaftlicher Auseinandersetzungen, Wertverschiebungen und Kräfteverhältnisse zu sehen sind – beispielsweise bei der Ausweitung der Geltung der Grundrechte auf immer mehr Personengruppen. So hat die rechtliche Entwicklung im 20. Jahrhundert enorme Fortschritte z. B. für die Gleichstellung der Geschlechter gebracht. Recht verleiht Anerkennung, postuliert Gleichheit und hat befreienden Charakter: Es ist unmöglich, emanzipatorisches Recht nicht zu wollen (Brown 2000).

---

2 Stuart Scheingold (1974) und Gerald Rosenberg (1991) argumentierten für die USA überzeugend, dass Gerichtsurteile allenfalls als Katalysatoren des sozialen Wandels wirken könnten, und der Rechtsweg für soziale Bewegungen ein teurer, langsamer und kontraproduktiver Irrweg sein könne. Zahlreiche Studien haben allerdings gezeigt, dass die Mobilisierung des Rechts sehr reflektiert als Teilstrategie in das gesamte Handlungsrepertoire eingepasst wird und der Rechtsdiskurs verwendet wird, um eigenen Forderungen Nachdruck zu verleihen (z. B. Burstein 1991; Tushnet 1987). Die Untersuchung von Michael McCann (1994) zu ausgewählten Kämpfen um Lohngleichheit in den USA betont die wichtigen indirekten Effekte des Rechts. Gerichtsentscheidungen sind so eine potenzielle Ressource, die von sozialen Bewegungen genutzt werden können, den Status quo in Frage zu stellen, Interessen zu mobilisieren und Druck für den politischen Wandel zu generieren. Präzedenzurteile können zudem als Rahmen wirken, der die politischen Akteur*innen und die von ihnen vertretenen Policies im Laufe der Zeit prägt und verändert.

2 Individuelle Rechtsmobilisierung

Rechtsmobilisierung kann individuell oder kollektiv sein; die entsprechenden Forschungsfragen sind miteinander verknüpft. Unter welchen Umständen erkennen Personen Probleme in ihrem Leben als Rechtsprobleme, welche Lösungswege suchen sie und unter welchen Umständen beschreiten sie den Rechtsweg oder alternative rechtliche Lösungswege? Wann greifen soziale Bewegungen, Verbände oder Gewerkschaften auf das Recht zurück, um ihren Anliegen Gehör zu verschaffen oder zur Durchsetzung zu verhelfen? Rechtsmobilisierung kann in unterschiedlichen Formen auftreten und sie kann vornehmlich juristisch oder diskursiv sein: Eine direkte, juristische Mobilisierung bedeutet, Klage vor Gericht zu erheben oder eine vorgerichtliche Instanz anzurufen. Eine diskursive Mobilisierung bedeutet, dass mit dem Recht argumentiert wird, um Forderungen zu legitimieren oder Probleme anzuprangern.

Entsprechend ausdifferenziert sind verschiedene Formen der Rechtsmobilisierung; darunter fällt nicht nur die konkrete (strategische) Prozessführung, sondern auch die Verbreitung von Wissen über das Recht, die Schaffung von Rechtsbewusstsein und von Fähigkeiten, Recht zu gebrauchen – dies sind wichtige Strategien gesellschaftlicher Basis-Arbeit. Seit den 1990er Jahren haben immer mehr soziale Bewegungen ihre Forderungen legitimiert, indem sie diese in den Rahmen des internationalen Rechts gestellt haben. So können Unzulänglichkeiten, Rechtsverletzungen und Ungerechtigkeiten angeprangert und der eigene Standpunkt untermauert werden. Dies wird ermöglicht und unterstützt durch transnationale Netzwerke und die Kampagnenfähigkeit sozialer Bewegungen. Zudem können Bewegungen, Netzwerke, engagierte Anwält*innen strategische Prozesse führen (strategic litigation), um anhand eines Falles Rechtsauslegungen zu erreichen oder Gesetzesänderungen zu initiieren (vgl. Pkt. 3).

2.1 Individuelles Rechtsbewusstsein und der Umgang mit Recht: vom Naming zum Claiming

Das Recht zu mobilisieren und für eigene Anliegen zu klagen, ist ein komplexer Prozess. Zuerst muss ein Problem überhaupt als ein Rechtsproblem erkannt und definiert werden. Dafür braucht es Kenntnisse über bestehendes Recht. Wahrgenommene Rechtsverletzungen können zu außerrechtlicher, informeller, rechtlicher, quasirechtlicher (z. B. Schlichtungs- und Beschwerdeverfahren) und gar keiner Aktion führen. Personen können zwischen diesen Formen wechseln oder auf unterschiedlichen Ebenen gleichzeitig agieren. Bemerkenswert ist, dass zahlenmäßig nur wenige Rechtsprobleme vor Gericht landen (vgl. Morrill et al. 2015, S. 591). Zentrale Voraussetzungen für eine Klage ist auch die „Externalisierung" des Problems, also die Zuschreibung der Verantwortung an andere Personen oder Gruppen, die verklagt werden sollen (Naming, Blaming, Claiming, vgl. Felstiner et al. 1981, S. 631). Gegebenenfalls wird es möglich, einen Konflikt durch Interessensorganisationen oder soziale Bewegungen zu politisieren, also erfolgreich zu argumentieren, dass es sich um ein strukturelles Problem handelt, das (auch) politisch gelöst werden muss (Blankenburg 1995, S. 29f.).

Die bisher beschriebenen Hürden sind nicht für alle gesellschaftlichen Gruppen gleich. Unterprivilegierte Gruppen verfügen in der Regel über weniger Vertrauen ins Rechtssystem und versprechen sich von ihm weniger Lösungsmöglichkeiten (vgl. Ewick und Silbey 2008). Soziale Normen und Praxen prägen die Vorstellung, was (Un)-Recht bzw. was justiziabel ist (für ausbleibende Klagen bei sexueller Belästigung: Marshall 2003). Ute Gerhard stellte aufgrund ihrer Forschungen die These auf, geschlechtsspezifische Diskriminierungs- und Unrechtserfahrungen von Frauen kämen oft nicht zur Sprache, weil dies auf Seiten der Frauen die Aufkündigung eines typischen Geschlechterarrangements bedeuten würde. Frauen müssten aus der Rolle fallen, wollen sie sich wehren (Gerhard 2007). Neue Rechte in Gesetzen können Individuen aber auch umgekehrt einen Hebel bieten, soziale Praktiken und Normen herauszufordern (für unbezahlte Eltern- bzw. Pflegezeit in den USA: Albiston 2010).

2.2 Zugang zum Recht

Neben Rechtsbewusstsein braucht es Zugang zur Justiz. Damit ein Problem vom Rechtssystem bearbeitet werden kann, braucht es rechtlich-institutionelle Voraussetzungen, nämlich substantielle rechtliche Regelungen und adäquate Verfahren. Prozessrecht kann Rechtsmobilisierung behindern oder befördern, etwa durch Klagebefugnisse, Beweisanforderungen, Beibringungs- oder Untersuchungsgrundsätze und durch Kostenregelungen (Fuchs 2013a; Koch 2014). Access to Justice bedeutet auch, dass öffentliche Rechtshilfe und Rechtsbeistand für Menschen mit wenig Einkommen zur Verfügung stehen. Schließlich bedarf es rechtsstaatlicher Standards für ein faires Verfahren (Schläppi 2016, S. 6–9). Aussagekräftige Indikatoren und wissenschaftliches Wissen über den Zugang zum Recht sind nur teilweise vorhanden (vgl. Marchiori 2016).

Um den Zugang zum Recht zu verbessern, gibt es verschiedene kollektive Bemühungen zur Rechtsbildung und Rechtsberatung. Als „Legal Literacy" definieren Nina Eckstein und Ines Rössl (2017, S. 219) die „zielgruppengerechte Vermittlung von Wissen und Fähigkeiten, um die eigenen Rechte geltend machen zu können." Weniger strukturelle oder institutionelle Aspekte stehen im Vordergrund, sondern die „Erkenntnis, dass Menschen Wissen und Fähigkeiten benötigen, um besser von ihren Rechten Gebrauch zu machen" (Eckstein und Rössl 2017, S. 219). Dazu gehört v. a. eine Übersetzung der Rechts- und Behördensprache in alltagsverständliche Sprache: Rechtsunkundige Menschen verstehen oft nicht, was ihnen eine Behörde schreibt (Eckstein und Rössl 2017, S. 221f.). Bemühungen um „Legal Literacy" können im schlechtesten Fall jedoch dazu führen, die strukturelle Natur der zugrundeliegenden Probleme zu vernachlässigen.

Ein weiteres Instrument für den verbesserten Zugang zum Recht sind sog. Rechtskliniken (*Law Clinics*), die zuerst im angloamerikanischen Raum entstanden sind (Überblick zur weltweiten Bewegung bei Bloch 2011). Dort erteilen Studierende der Rechtswissenschaft unter fachlicher Anleitung und Supervision Rechtsauskünfte. Die Rechtskliniken stellen eine wichtige didaktische Innovation in der juristischen Ausbildung dar, weil dort Studierende an realen Fällen lernen (zu den verschiedenen Modellen vgl. Borkowski und Helmrich 2017; Hilb und vom Felde 2016, S. 222–224). Law Clinics müssen nicht immer einzelfallorientiert sein, wie die entsprechende Einrichtung an der Universität Genf zeigt. Hier sieht das Konzept vor, Rechtsinformationen für besonders verletzbare Gruppen zu erarbeiten und zu verteilen, z. B. für illegalisierte Ausländerinnen, für Roma oder für LGBT-Personen.[3]

3 Kollektive Rechtsmobilisierung

Kollektive diskursive und juristische Formen der Rechtsmobilisierung sind seit der amerikanischen Bürgerrechtsbewegung Teil des Aktions-Repertoires sozialer Bewegungen. Mit Klagen wird versucht, Grundrechtsinterpretationen vor nationalen und internationalen Gerichten zum Durchbruch zu verhelfen. Der Zugang zu juristischen Arenen hat sich in der zweiten Hälfte des 20. Jahrhunderts generell verbreitert und damit auch Möglichkeiten kollektiver Mobilisierung: In Deutschland sind Verfassungsbeschwerden möglich (zur Nutzung Schreier 2012; aktuelles Beispiel Helmrich 2017). Ist EU-Recht betroffen, können Gerichte in den Mitgliedsstaaten ein Vorabentscheidungsverfahren des Europäischen Gerichtshofes beantragen (manchmal inspiriert von Prozessparteien). Sind nationale Rechtswege ausgeschöpft, besteht in Mitgliedsstaaten des Europarats die Möglichkeit, die Klage

---

3 Vgl. www.unige.ch/droit/lawclinic.html (20. Oktober 2017).

vor den Europäischen Gerichtshof für Menschenrechte zu bringen; ähnliches gilt für den Interamerikanischen Gerichtshof für Menschenrechte. Zum Teil haben UNO-Konventionen wie die Frauenrechtskonvention (CEDAW) Möglichkeiten zur Individualbeschwerde eröffnet (Überblick bei Simmons 2009 sowie Joachim/ Locher 2011).

3.1 Strategische Prozessführung

Strategische Prozessführung umfasst eine große Bandbreite von Themen, Motiven, Vorgehensweisen und Zielen. Dazu kann man „Testfälle" konstruieren, meist aber zeigt ein realer Fall exemplarisch ein rechtspolitisches Problem auf, weswegen er durch die Instanzen verfolgt wird. Dabei kann es um soziale oder individuelle Gerechtigkeit gehen. Ziele können sein, Gesetze und Politiken zu ändern, die gegen Verfassungs- und Menschenrechtsgarantien verstoßen; sicherzustellen, dass Gesetze richtig, d. h. realitätsangemessen interpretiert und vollzogen werden; oder auf Lücken im Gesetz aufmerksam zu machen. Daneben kann es um politisches Agenda-Setting oder den Aufbau eines Problembewusstseins für umfassende Neuregelungen in der Öffentlichkeit gehen. Dadurch lässt sich dann idealerweise politischer Druck für sozialen oder gesetzgeberischen Wandel erzeugen (vgl. Egenberger 2010). Der Prozessausgang ist unvorhersehbar und der Einsatz an Zeit, Geld und Exponierung (der Kläger*innen) erheblich. Auf einen gewonnenen Prozess kommen u. U. viele juristische Niederlagen.[4] Manchmal können solche Niederlagen dennoch politische Veränderungen anschieben.[5] Ob sich ein Fall für einen strategischen Prozess eignet, hängt von vielen Faktoren ab. Günstige prozessrechtliche Regeln, eine klare

---

4 Weiss (2015) spricht in diesem Zusammenhang von einem „Friedhof der Fälle". Brown vs. Board of Education 1954, der Supreme Court Fall, in welchem die Segregation in den Südstaaten für verfassungswidrig erklärt wurde (also die Trennung im öffentlichen Leben nach rassistischen Kriterien wie weiße und schwarze Menschen), steht in einer Reihe ähnlicher, aber verlorener Prozesse. Die betreffende „separate but equal"-Doktrin war aufgrund eines mit Pauken und Trompeten verlorenen strategischen Prozesses gefestigt worden, den eine Bürgerrechtsorganisation in New Orleans gegen Segregation im Eisenbahnverkehr angeschoben hatte (Plessy vs. Ferguson, 163 US 537, supreme. justia.com/cases/federal/us/163/537/, vgl. en.wikipedia.org/wiki/Plessy_v._Ferguson [zugegriffen auf beide: 30. April 2018]).

5 Für eine Diskussion zu strategischer Prozessführung im Policy-Prozess und als Partizipationsform vgl. Fuchs 2012.

Rechtslage, belastbare, persönlich exponierte Kläger*innen, Risikoabwägungen und das zuständige Gericht („venue shopping")[6] können Kriterien liefern. Ob das Recht und eine konkrete Klage als lohnenswerte Strategie angesehen wird, ist nicht nur vom materiellen und prozessualen Recht abhängig („legal opportunity structures"), sondern auch von sozialen und politischen Rahmenbedingungen, sowohl bei Kläger*innen wie bei Bewegungsorganisationen. Lisa Vanhala hat überzeugend dargelegt, dass Bewegungsidentität und kollektive Bezugsrahmen des Handelns wesentlich dafür sind, ob eine Organisation eine Prozessstrategie verwendet oder nicht (2009, S. 742–744). Nur wenn ein politisches Problem zu einem wichtigen Thema innerhalb einer Organisation wird, wird strategische Prozessführung möglich. Sie ist selten eine isolierte Aktivität, sondern empirisch in der Regel mit anderen Strategien verzahnt, sei es Rechtsalphabetisierung, Bewusstseinsbildung, Einflussnahme auf Gesetzgebung oder Lobbying.[7]

In Deutschland sind in den letzten Jahren vermehrt zivilgesellschaftliche Organisationen aktiv, deren Mission strategische Prozessführung ist, z. B. die Gesellschaft für Freiheitsrechte (freiheitsrechte.org) oder das European Centre for Constitutional and Human Rights (www.ecchr.eu). Zurzeit setzen sie sich schwerpunktmäßig für Freiheitsrechte, insbesondere gegen Eingriffe in die Privatsphäre, ein oder sind in den Bereichen Völkerstrafrecht, Menschenrechte und Wirtschaft tätig. So begleitet das ECCHR Angehörige und Überlebende eines Fabrikbrands in einer pakistanischen Textilfabrik, die gegen den Textildiscounter KIK wegen der Mitverantwortung für die desolaten Bedingungen in der Fabrik klagen; es ist der erste derartige Prozess in Deutschland.[8] Organisationen und Einzelpersonen werden bei strategischer Prozessführung von politisch engagierten Anwält*innen, sog. „cause lawyers", unterstützt, die einen Prozess aus normativen Überlegungen herausführen, manchmal auch pro bono (Überblick für die USA bei Cummings 2015). Gerade im internationalen Recht sind fachlich versierte und gut vernetzte Anwält*innen nötig. Für Deutschland ist die Studie von Ulrike Müller (2011) zu nennen, die linke Anwaltstätigkeit untersucht hat und einen Rückgang offen politischer Mandate feststellt. Dennoch zeigt sich politisches Engagement in der anwaltlichen Vertretung von Menschen mit strukturellen Benachteiligungen.

---

6   Damit ist gemeint, dass man sich instrumentell dasjenige Gericht („venue") sucht („shopping"), das am ehesten Erfolg verspricht oder die Klage zulässt.
7   Für Gelegenheiten im EU-Recht vgl. beispielhaft Cichowski 2013, für das Erwerbsleben Fuchs 2010.
8   Zu diesem Bereich vgl. www.ecchr.eu/de/unsere-themen/wirtschaft-und-menschenrechte. html (zugegriffen: 17. November 2017).

Schließlich gibt es verdeckte Formen strategischer Prozessführung. Es kann versucht werden, in konzertierter, aber nicht öffentlicher Aktion eine Gesetzesinterpretation zu eigenen Gunsten „auszuhärten".[9] Wird eine solche verdeckte Strategie aber erkannt und skandalisiert, kann eine öffentliche Gegenmobilisierung den Spieß schnell umdrehen. So kam es 2017 zu einer öffentlichen Solidaritätswelle für eine Ärztin, die auf ihrer Internetseite mitteilt, dass sie Schwangerschaftsabbrüche durchführt, und wie viele andere Ärzt*innen auch von sogenannten Lebensschützern wegen Verstoß gegen den § 219a StGB angezeigt wurde, welcher Werbung für den Abbruch der Schwangerschaft verbietet. Nach der Verurteilung durch das Amtsgericht haben die Ärztin und ihre Anwältin angekündigt, durch alle Instanzen – also strategisch – gegen den Paragraphen zu klagen.[10]

3.2 Strategische Rechtsmobilisierung im Bereich der Gleichstellung der Geschlechter

Die Durchsetzung von Grundrechten ist ein wichtiges Feld strategischer Prozessführung. Rechtsmobilisierung für Geschlechtergleichheit hat eine lange Tradition, ist häufig transnational und in breitere soziale Bewegungen und advokatorische Strategien für Gleichstellung eingebunden. Das betrifft unterschiedliche Themen wie das Erwerbsleben, Familienrecht oder reproduktive Rechte.[11] Gerade für die Anerkennung von reproduktiven Rechten (Rechte in Verbindung mit Fortpflanzung) als Menschenrechte ist die internationale Ebene essentiell, wo diese Rechte 1994 auf der UNO-Bevölkerungskonferenz erstmals offiziell anerkannt wurden. Entsprechende Klagen und Urteile (internationaler) Gerichte können nicht nur individuelle Genugtuung erbringen, sondern auch strukturellen und diskursiven Wandel sowie die Verbesserung rechtlicher Standards bewirken (Cabal und Phillips 2017; s. a. Fuchs 2013b). Das Beispiel Deutschland lehrt, wie wichtig die verfassungsmäßige Verankerung der Gleichstellung der Geschlechter ist, und dass es angesichts gesellschaftlicher Realitäten unabdingbar war und ist, mit strategischen Prozessen diesem Grundrecht zum Durchbruch zu verhelfen: Das Bundesverfassungsgericht erklärte

---

9 So dürften einige Entscheidungen des EuGH, die die Marktfreiheiten höher werten als Koalitionsfreiheit und Streikrecht, auf strategische Nutzung von Arbeitgeberseite zurückgehen, vgl. Bücker 2011.
10 Statt vieler Nachweise: www.taz.de/Archiv-Suche/!5465347/ (zugegriffen: 18. November 2017).
11 Zur Bandbreite vgl. das Schwerpunktheft „Recht als feministische Politikstrategien?" der Femina Politica – Zeitschrift für feministische Politikwissenschaft, Vol. 21(2), 2012.

1959 den Stichentscheid des Vaters in Erziehungsangelegenheiten für nichtig, das Bundesarbeitsgerichte erklärte 1955 Lohnabschlagsklauseln nach Geschlecht für verfassungswidrig und der Kampf um gleichen Lohn für Frauen und Männer wurde seit den 1970er Jahren mit vielen Vorabentscheidungsverfahren aus Deutschland vor dem Europäischen Gerichtshof ausgetragen: „Mit dem Recht gegen das Recht", wie es Konstanze Plett (2012) auf den Punkt bringt (kritisch Wilde 2001).

Gerade für kleine oder marginalisierte Minderheiten kann strategische Prozessführung ein wichtiger und wirkungsvoller Kanal zur Realisierung von Grundrechten sein, etwa für Lesben, Schwule, trans- oder intersexuelle Personen.[12] In seiner eindrucksvollen Studie „Going to Strasbourg" zeigt Paul Johnson (2016), wie britische Kläger*innen zusammen mit cause lawyers und unterstützt von Nicht-Regierungsorganisationen die Europäische Menschenrechtskonvention nutzten, um Diskriminierung aufgrund sexueller Orientierung und Identität zu bekämpfen – etwa die fehlende rechtliche Anerkennung von Transsexualität oder die Gleichstellung im Familien- , Erb- oder Mietrecht. Johnson zeigt, dass einem Erfolg in Straßburg ein oder mehrere Niederlagen vorausgingen und die Rechtsprechung wichtig für die Beseitigung direkter Diskriminierung war. Dabei nahm das Gericht häufig zuerst eine konservative (und nicht aktivistische oder dynamische) Interpretation von Rechten und Freiheiten vor.[13]

Auch für die Änderungen des deutschen Transsexuellengesetzes (TSG) von 1980 war strategische Prozessführung entscheidend. Das TSG legt die Möglichkeiten und Voraussetzungen fest, unter denen Menschen ihren Personenstand abweichend vom Geburtsgeschlecht ändern lassen können. In sieben Entscheidungen (für die Inhalte und die rechtlichen Erwägungs- und Entscheidungsgründe vgl. Adamietz 2006; Reinert 2009; Steinke 2011) fand das Bundesverfassungsgericht keine Rechtfertigungsgründe für die vielen Hürden und Beschränkungen, wie Altersgrenzen (1982, 1993), Anknüpfungen an Aufenthaltsstatus (2006), Ehelosigkeit (2008) oder den Operationszwang (2011): Für eine Personenstandsänderung ist es nun nicht mehr vorgeschrieben, dass sich die Person einer ihre äußeren Geschlechtsmerkmale

---

12 Transsexualität bedeutet, dass Menschen eine von ihrem eindeutigen körperlichen Geschlecht abweichende Geschlechtsidentität besitzen; Intersexualität bedeutet, dass Menschen genetisch oder anatomisch nicht dem weiblichen oder männlichen Geschlecht zugeordnet werden können. Beides kann irritieren, wird doch die Alltagsannahme in Frage gestellt, dass alle Menschen konstant und aus körperlichen Gründen entweder dem einen oder anderen Geschlecht angehören. Diese Zweigeschlechtlichkeit ist zusammen mit der Annahme von Heterosexualität als Norm auch im Rechtssystem verankert (Adamietz 2006, S. 370–371).

13 Das ist insofern von Interesse, weil der verpflichtende Charakter der Urteile des EGMR unter Beschuss steht, u. a. in Großbritannien, Dänemark und der Schweiz.

verändernden Operation unterzogen hat und dauerhaft fortpflanzungsunfähig ist. Das Gericht meinte, dies verstoße gegen die Grundrechte auf freie Entfaltung der Persönlichkeit und auf körperliche Unversehrtheit (Art. 2 Abs. 1 und 2 Satz 2 GG).[14] Im Oktober 2017 entschied das Bundesverfassungsgericht (1 BvR 2019/16) dann, das allgemeine Persönlichkeitsrecht (Art. 2 Abs. 1 i.V.m. Art. 1 Abs. 1 GG) schütze auch die geschlechtliche Identität von Menschen, die sich dauerhaft weder dem männlichen noch dem weiblichen Geschlecht zuordnen lassen. Auch auf sie sei das Diskriminierungsverbot (Art. 3 Abs. 3 Satz 1 GG) anwendbar. Sie werden in beiden Grundrechten verletzt, wenn das Personenstandsrecht einen Geschlechtseintrag verlangt, aber keinen anderen positiven Eintrag als weiblich oder männlich zulässt (Leitsätze).

Diese Beispiele zeigen, dass der Rechtsweg für eine kleine Minderheit essenziell war, um in den Genuss von Grundrechten zu kommen, auch weil sie zu klein und marginalisiert ist, um eine starke Lobby aufzubauen: Es war für sie leichter, rechtliches als politisches Gehör zu finden. Der Rechtsweg kann eine Alternative sein, wenn Agenda-Setting und Politikformulierung an Parlament und Regierung scheitern.

4 Wie wirkt kollektive Rechtsmobilisierung?

Will man kollektive Rechtsmobilisierung einschätzen und bewerten, so stellt sich die Frage nach den Wirkungen. Rechtsprechung wirkt über das einzelne Verfahren hinaus, für das sie eine verbindliche Entscheidung bringt (vgl. im Folgenden Höland 2009). Gerade bei neueren Rechtsregelungen sind Urteile wichtig, um die Gesetze auszulegen. Dieser juristische Klärungsprozess kann eine strategische Prozessführung gerade opportun machen. Armin Höland stellt auch eine Zunahme der Obiter Dicta fest, also von Aussagen vornehmlich oberer Instanzen, die über das für das Urteil Erforderliche hinausgehen und auf denen das Urteil dementsprechend nicht beruht, aber doch allgemeine Aussagen zum Thema sind – diese bewegen sich immer an der Grenze der Verletzung der Gewaltenteilung, wenn rechtspolitische Vorschläge gemacht werden, die den Einzelfallbezug verlassen (Höland 2009, S. 33–35). Ein Prozess bedeutet dann ein gewisses Risiko, dass sich politischer

---

14 Operative (Zwangs-)Eingriffe zur Geschlechtsangleichung oder -vereindeutigung und damit verbundene Sterilisationen werden in der öffentlichen Debatte vermehrt als Eingriffe in die körperliche Unversehrtheit, als Angriffe auf die geschlechtliche und sexuelle Identität und das Recht auf Fortpflanzungsfreiheit diskutiert, vgl. etwa Deutscher Ethikrat 2012, S. 172–178.

Handlungsspielraum auch schließen kann. Schließlich kann Rechtsprechung auf die Gerechtigkeits- und Fairnesswahrnehmung wirken:

> Zum Kernbestand dieser Forschung gehört die auch empirisch belegte Erkenntnis, dass die Fairness von Verfahren wesentlich dazu beiträgt, Ergebnisse auch dann akzeptabel zu machen, wenn sie hinter dem erwarteten Nutzen zurückbleiben oder ungünstig oder auch belastend ausfallen. (Höland 2009, S. 40 m. w. N.).

Dabei muss diese Akzeptanz immer wieder durch eine Rechtsprechung unter rechtsstaatlichen Bedingungen aktualisiert werden.

Betrachtet man Rechtsmobilisierung als Phase in einem Policy-Zyklus[15], so lassen sich aus dem hier Gesagten folgende Schlüsse ziehen: Kollektive Rechtsmobilisierung kann zum politischen Agenda-Setting beitragen, Urteile können Vorgaben für die Politikformulierung von Gesetzen und staatlichen Programmen machen. Sie eröffnet die Möglichkeit einer Gesetzeskorrektur und -kontrolle, wenn der Gesetzgebungsprozess im Sinne der Kläger*innen gescheitert ist. Eine Klagestrategie birgt auch Möglichkeiten, Vollzugsdefizite der Exekutive festzustellen und sie zu besserem und sorgfältigerem Handeln aufzufordern.

Auf einer generellen Ebene lassen sich individuelle, strukturelle und transformative Wirkungen unterscheiden (Cabal und Phillips 2017). Neben den unmittelbaren, vollziehbaren Wirkungen auf der individuellen Ebene, adressieren v. a. internationale Gerichte strukturelle Fragen und Anforderungen an eine geänderte Praxis oder rechtliche Regelung, damit das verhandelte Problem nicht mehr auftaucht. Transformativ wirken Urteile, wenn sie langfristig und vereint mit anderen Faktoren zu veränderten gesellschaftlichen Vorstellungen und Diskursen beitragen.

Das Wissen zu individueller Rechtsmobilisierung zeigt, wie wichtig Rechtsbewusstsein, Rechtswissen und der Zugang zum Recht sind, damit die Judikative ihre Kontrollfunktion gegenüber vollziehender und gesetzgeberischer Gewalt wahrnehmen kann; ohne faktische Rechtsstaatlichkeit ist dies kaum denkbar. Wirkungsforschung ist auch im Recht komplex und anspruchsvoll und bedingt ein theoretisch und empirisch abgestütztes Wirkungsmodell sowie eine gute Operationalisierung der wichtigen Variablen. Sie ist aufwändig und daher verwundert es nicht, dass hier noch viel Forschungspotenzial liegt. Der Aufschwung von kollektiver Rechtsmobilisierung in deutschsprachigen Ländern erzeugt auch

---

15 Dies ist ein heuristisches Instrument aus der Politikwissenschaft, mit dem der politische Prozess in Phasen eingeteilt wird. Er beginnt mit gesellschaftlicher Problemformulierung. Darauf folgen das Auf-die-Tagesordnung-der-Politik-setzen, die Politikformulierung (z. B. in Gesetze), die Politikumsetzung, die Politikevaluation (und allenfalls die Beendigung einer Politik).

Bedarf nach wissenschaftlicher Forschung und Reflexion zu ihren Bedingungen, Verläufen und nicht zuletzt Legitimationsmustern, denn Rechtsmobilisierung ist zuweilen genauso umstritten wie die Inhalte, die mit ihr in Frage gestellt werden.

Literatur

Adamietz, L. (2006). Transgender ante portas? Anmerkungen zur fünften Entscheidung des Bundesverfassungsgerichts zur Transsexualität (BVerfG-Beschluss vom 6.12.2005 – 1 BvL 3/03). *Kritische Justiz*, 39 (4), S. 368–380.

Albiston, C. R. (2010). *Institutional Inequality and the Mobilization of the Family and Medical Leave Act. Rights on Leave*. Cambridge: Cambridge University Press.

Baer, S. (2004). Geschlecht und Recht – zur rechtspolitischen Steuerung der Geschlechterverhältnisse. In M. Meuser & C. Neusüß (Hrsg.), *Gender Mainstreaming. Konzepte – Handlungsfelder – Instrumente* (S. 71–83). Bonn: Bundeszentrale für politische Bildung.

Blankenburg, E. (1995). *Mobilisierung des Rechts: Eine Einführung in die Rechtssoziologie*. Berlin: Springer.

Bloch, F. S. (Hrsg.). (2011). *The Global Clinical Movement. Educating Lawyers for Social Justice*. Oxford: Oxford University Press.

Borkowski, L., & Helmrich, C. (2017). Refugee Law Clinic Regensburg – Das erste Jahr. *Juristische Ausbildung*, 38 (6), S. 678–689.

Brown, W. (2000). Suffering Rights as Paradoxes. *Constellations*, 7 (2), S. 208–229.

Bücker, A., & Warneck, W. (Hrsg.). (2011). *Reconciling Fundamental Social Rights and Economic Freedoms After Viking, Laval and Rüffert*. Baden-Baden: Nomos.

Burstein, P. (1991). Legal Mobilization as a Social Movement Tactic: The Struggle for Equal Employment Opportunity. *American Journal of Sociology*, 97, S. 1201–1225.

Cabal, L., & Phillips, S. (2017). Reproductive Rights Litigation. From Recognition to Transformation. In C. A. Rodríguez Garavito, J. Rossi & M. Langford (Hrsg.), *Social Rights Judgements and the Politics of Compliance. Making It Stick* (S. 399–435). Cambridge: Cambridge University Press.

Cichowski, R. A. (2013). Legal Mobilization, Transnational Activism, and Gender Equality in the EU. *Canadian Journal of Law and Society*, 28, S. 209–227.

Cummings, S. L. (2015). Public Interest Law: The United States and Beyond. In J. D. Wright (Hrsg.), *International Encyclopedia of the Social & Behavioral Sciences, Bd. 19* (S. 555–561). Amsterdam: Elsevier.

Deutscher Ethikrat (2012). Intersexualität. Stellungnahme. Berlin. Online verfügbar unter www.ethikrat.org/publikationen/stellungnahmen/intersexualitaet. Zugegriffen: 19. April 2018.

Eckstein, N., & Rössl, I. (2017). Legal Literacy: Vorwort der Gastherausgeberinnen. *juridikum*, (2), S. 219–224.

Egenberger, V. (2010). Strategische Klagen gegen Diskriminierung – Das AGG ausloten und erweitern. In Heinrich-Böll-Stiftung (Hrsg.), *Dossier Rassismus und Diskriminierung* (S. 63–68). Berlin.

Ewick, P., & Silbey, S. S. (Hrsg.). (2008). *The Common Place of Law. Stories from Everyday Life*. 5. Aufl., Chicago: The University of Chicago Press.

Felstiner, W., Abel, R., & Sarat, A. (1981). The Emergence and Transformation of Disputes: Naming, Blaming, Claiming. *Law & Society Review*, 15, S. 631–654.

Fuchs, G. (2010). Strategische Prozessführung, Tarifverhandlungen und Antidiskriminierungsbehörden – verschiedene Wege zur Lohngleichheit? *femina politica*, 19 (2), S. 102–111.

Fuchs, G. (2012). Strategische Prozessführung als Partizipationskanal. In D. de Nève & T. Olteanu (Hrsg.), *Politische Partizipation jenseits der Konventionen* (S. 51–74). Opladen: Barbara Budrich.

Fuchs, G. (2013a): Strategic Litigation for Gender Equality in the Workplace and Legal Opportunity Structures in Four European Countries. In: *Canadian Journal of Law and Society / Revue Canadienne Droit et Societé*, 28 (2), S. 189–208.

Fuchs, G. (2013b). Using Strategic Litigation for Women's Rights: Political Restrictions in Poland and Achievements of the Women's Movement. European Journal of Women's Studies, 20 (1), S. 21–43.

Galanter, M. (1974). Why the Haves Come Out Ahead: Speculations on the Limits of Legal Change. In *Law & Society Review*, 9 (1), S. 95–160.

Gerhard, U. (2007). ‚Unrechtserfahrungen' – Über das Aussprechen einer Erfahrung mit Recht, das (bisher) keines ist. In S. Opfermann (Hrsg.), *Unrechtserfahrungen. Geschlechtergerechtigkeit in Gesellschaft, Recht und Literatur* (S. 11–30). Königstein/Taunus: Ulrike Helmer Verlag.

Helmrich, C. (Hrsg.). (2017). *Die Verfassungsbeschwerden gegen den Pflegenotstand. Dokumentation und interdisziplinäre Analysen*. Baden-Baden: Nomos.

Hilb, L., & Vom Felde, L. (2016). Refugee Law Clinics in Deutschland – ein studentisches Modell für die Veränderung der juristischen Ausbildung? *Kritische Justiz*, 49 (2), S. 220–232.

Höland, A. (2009). Wie wirkt Rechtsprechung? *Zeitschrift für Rechtssoziologie*, 30 (1), S. 23–46.

Joachim, J. M.; Locher, B. (Hg.) (2011): Transnational Activism in the UN and EU. A Comparative Study. London: Routledge.

Johnson, P. (2016). *Going to Strasbourg. An Oral History of Sexual Orientation Discrimination and the European Convention on Human Rights*. Oxford, New York: Oxford University Press.

Koch, H. (2014). Grenzüberschreitende strategische Zivilprozesse. *Kritische Justiz*, 47 (4), S. 432–449.

Lorde, A. (1984). The Master's Tools Will Never Dismantle the Master's House by Audre Lorde. Online verfügbar unter https://collectiveliberation.org/wp-content/uploads/2013/01/Lorde_The_Masters_Tools.pdf. Zugegriffen: 23. Februar 2018.

Marchiori, T. (2016). Measuring Women's and Children's Access to Justice. (Präsentation anlässlich der Konferenz Zugang zur Justiz für alle). *Schweizerisches Kompetenzzentrum für Menschenrechte*. Bern. Online verfügbar unter www.skmr.ch/cms/upload/pdf/160830_Presentation_Teresa_Marchiori.pdf. Zugegriffen: 19. April 2018.

Marshall, A. M. (2003). Injustice Frames, Legality, and the Everyday Construction of Sexual Harassment. *Law and Social Inquiry*, S. 659–689.

McCann, M. W. (1994). *Rights at Work: Pay Equity and the Politics of Legal Mobilization*. Chicago: University of Chicago Press.

Morrill, C., Feddersen, M., & Rushin, S. (2015): Law, Mobilization of. In *International Encyclopedia of the Social & Behavioral Sciences, Bd. 13*, (S. 590–597). Amsterdam: Elsevier.

Müller, U. (2011). Professionelle Direkte Aktion. Linke Anwaltstätigkeit ohne kollektive Mandantschaft. *Kritische Justiz*, 44 (4), S. 448–464.

O'Donnell, G. (2004). Why the Rule of Law Matters. *Journal of Democracy*, 15 (4), S. 32–46.

Piana, D. (2011). Rule of Law. In B. Badie, D. Berg-Schlosser, & L. Morlino (Hrsg.), *International Encyclopedia of Political Science* (S. 2336–2347). Los Angeles: Sage.

Plett, K. (2012). Jenseits von männlich und weiblich: Der Kampf um Geschlecht im Recht – mit dem Recht gegen das Recht? In G. Fuchs & S. Berghahn (Hrsg.), *femina politica*, 21 (2), S. 49–62.

Reinert, D. (2009). Rechtliche Regelungen bei Transsexualität. *Psychotherapie im Dialog*, 10 (1), S. 48–54.

Rosenberg, G. N. (1991). *The Hollow Hope: Can Courts Bring About Social Change?*. Chicago: Chicago University Press.

Sandefur, R. L. (2008). Access to Civil Justice and Race, Class, and Gender Inequality. *Annual Review of Sociology*, 34, S. 339–358.

Scheingold, S. A. (1974). *The Politics of Rights*. New Haven: Yale University Press.

Schläppi, E. (2016). *Was heisst Zugang zur Justiz?* Präsentation anlässlich der Konferenz Zugang zur Justiz für alle. *Schweizerisches Kompetenzzentrum für Menschenrechte*. Bern. www.skmr.ch/cms/upload/pdf/160830_Praesentation_Erika_Schlaeppi.pdf. Zugegriffen: 13. August 2017.

Schreier, C. (2012). Protest bis zur letzten Instanz. Massenverfassungsbeschwerden beim Bundesverfassungsgericht. In D. Neve & T. Olteanu (Hrsg.), *Politische Partizipation jenseits der Konventionen* (S. 29–50). Opladen: Barbara Budrich.

Simmons, B. A. (2009): Mobilizing for Human Rights: International Law in Domestic Politics: Cambridge University Press.

Steinke, R. (2011). Gerichte schauen nicht mehr auf Genitalien. Anmerkungen zur achten Entscheidung des Bundesverfassungsgerichts zur Transsexualität. *Kritische Justiz*, 44 (3), S. 313–320.

Tushnet, M. V. (1987). *The NAACP's Legal Strategy Against Segregated Education. 1925–1959*. Chapel Hill: Univ. of North Carolina.

Vanhala, L. (2009). Anti-discrimination Policy Actors and Their Use of Litigation Strategies: The Influence of Identity Politics. *Journal of European Public Policy*, 16 (5), S. 738–754.

Weiss, A. (2015). *What is Strategic Litigation? European Roma Rights Centre*. Online verfügbar unter www.errc.org/blog/what-is-strategic-litigation/62. Zugegriffen: 17. November 2017.

Wilde, G. (2001). *Das Geschlecht des Rechtsstaats. Herrschaftsstrukturen und Grundrechtspolitik in der deutschen Verfassungstradition*. Frankfurt a. M.: Campus.

V
Wandel

Informalisierung des Rechts

Boris Burghardt

1 Einführung

Unsere Idee von Recht – die intuitive Vorstellung, wie Recht aussieht und wie es funktioniert, von wem es gesetzt und durchgesetzt wird – wird spätestens seit dem 19. Jahrhundert stark von einem Idealtypus des formal-zwingenden Rechts geprägt: Staatliche Organe der Rechtsetzung erlassen abstrakt-generelle Regelungen, in denen Ge- und Verbote an die Rechtsunterworfenen bestimmt werden. Diese Ge- und Verbote werden durch Regelungen flankiert, die hoheitliche Verfahren zur Feststellung eines Rechtsverstoßes festlegen und die zuständigen Staatsorgane zur notfalls zwangsweisen Durchsetzung von bestimmten Rechtsfolgen verpflichten.

Dieser Idealtypus des Rechts ist als spezifische Handlungsform politischer Gemeinschaften zur Verhaltenssteuerung bis heute unverzichtbar. Selbst auf der Grundlage eines denkbar engen Rechtsverständnisses hat er aber zu keinem Zeitpunkt die Erscheinungsformen des Rechts erschöpfend beschrieben.[1] Unter dem Schlagwort der Informalisierung (oder Entformalisierung) des Rechts lassen sich verschiedene Phänomene in allen Rechtsgebieten zusammenfassen, denen gemeinsam ist, dass sie von dem skizzierten Idealtypus abweichen. Der Begriff impliziert, dass die Häufigkeit solcher Abweichungen zunimmt. Zugleich wird zum Ausdruck gebracht, dass diese Abweichungen nicht zu einem Verlust des Rechtscharakters führen.[2] Indem er die Vielgestaltigkeit des Rechts in den Mittelpunkt der Betrachtung stellt, akzentuiert der Begriff der Informalisierung überdies Zweifel, ob es überhaupt noch sinnvoll ist, weiterhin den Idealtypus des formal-zwingenden Rechts

---

1   Zu denken ist nur an rechtliche Regelungen, die Ansprüche statuieren.
2   Ein anderer Zugang zu Informalisierungsphänomenen wird daher gewählt, wo zwischen Recht (als formalisierter Handlungsform) und informalisierten Handlungsformen der politischen Gemeinschaft unterschieden wird, vgl. z. B. Morlok 2003, S. 50.

zum gedanklichen Ausgangspunkt unseres Nachdenkens über Recht zu machen. Damit öffnet er das Tor zu einem offeneren, rechtspluralistischen Verständnis von Recht (hierzu Beyer in diesem Band), das freilich seinerseits die Frage aufwirft, wie und ob überhaupt Recht noch von anderen Formen der Verhaltenssteuerung durch Regelungen unterschieden werden kann. In seiner kritischen Stoßrichtung deutet der Begriff der Informalisierung daher an, dass dem Recht mit einer zunehmenden Abweichung von dem Idealtypus auch die Rechtsförmigkeit und damit seine eigentliche Qualität verloren gehen könnte (klassisch Weber 1980, S. 503ff.).

2 Phänomene der Informalisierung

So wie der Idealtypus des formal-zwingenden Rechts verschiedene Facetten umfasst, die von dem Regelungsmodus und der Regelungsform über die für die Rechtsetzung, Rechtsanwendung und Rechtsdurchsetzung zuständigen oder daran beteiligten Akteure bis zu den dazu etablierten Verfahren reichen, kann auch die Informalisierung auf unterschiedlichen Ebenen ansetzen. Die Praxis kennt hier sehr unterschiedliche Konfigurationen, die sich – wie schon der Begriff der Informalisierung andeutet – in ihrer Vielfalt nicht lückenlos systematisieren lassen.

Zugleich zeigt sich, dass Phänomene der Informalisierung, die in bestimmten Regelungszusammenhängen neuartig und geradezu als regulatorischer Paradigmenwechsel erscheinen, in anderen Kontexten altbekannt sind. Die mit dem Begriff angedeutete Entwicklungstendenz hin zu einer zunehmenden Informalisierung ist daher auch nicht bruch- und ausnahmslos feststellbar. Auf eine Kurzformel gebracht informalisieren sich vielfach Bereiche, in denen das formal-zwingende Gesetz als regulativer Idealtypus etabliert war, während sich andererseits Bereiche formalisieren, die zuvor durch das Ideal der privatautonomen Gestaltungsfreiheit geprägt waren und daher keine oder nur wenige bindende Vorgaben des Staates an seine Bürger kannten. So dürfte die Informalisierung des Strafrechts in den letzten zwanzig Jahren auch deswegen so häufig Gegenstand kritischer Bestandsaufnahmen sein, weil es sich um ein Rechtsgebiet handelt, das etwa seit dem 19. Jahrhundert dem skizzierten Idealtypus des formal-zwingenden Rechts weitgehend zu entsprechen schien.[3] Dagegen lässt sich etwa für das Privatrecht im Hinblick auf die Vertragsgestaltung für die vergangenen Jahrzehnte tendenziell eine Zunahme zwingender Regeln – etwa unter den Stichworten des Verbraucher- und

---

3 Soweit erkennbar hat im strafrechtlichen Zusammenhang Albrecht (1990, S. 1ff.) das Stichwort der Informalisierung erstmals als kritischen Topos verwendet.

des Mieterschutzes – konstatieren, die auch als Formalisierung des Rechtsgebiets beschrieben werden kann.

Für die These, dass es sich bei der Informalisierung des Rechts nicht um eine lineare Entwicklung handelt, sondern Informalisierung und Formalisierung rechtlicher Regelungen eher in Wellenbewegungen ablaufen, lässt sich etwa auf die strafprozessualen Absprachen verweisen. Sie haben sich zunächst als Praxis jenseits des Strafprozessrechts, also völlig informell, entwickelt. Nachdem Anfang der 1980er Jahre eine wissenschaftliche und rechtspolitische Diskussion eingesetzt hatte (vgl. Deal 1982; Schmidt-Hieber 1982), erhielt die Praxis ab Mitte der 1990er Jahre durch Entscheidungen des Bundesgerichtshofs zunächst eine richterrechtliche Rahmung (vgl. insbesondere BGHSt 43, S. 195ff.; 50, S. 40ff.). Erst 2009 erfolgte eine gesetzgeberische Regelung, die letztlich auf eine weitgehende (Re)Formalisierung der einst informellen Absprachen hinauslief (Gesetz zur Regelung der Verständigung im Strafverfahren, BGBl. I 2009, S. 2353). Erste rechtstatsächliche Untersuchungen legen allerdings nahe, dass die Praxis die gesetzlich geregelte Form der Absprache, die sogenannte Verständigung gem. § 257c StPO, umgeht und sich die Aushandlungsprozesse stattdessen auf das außerhalb der Regelung liegende Vorgespräch verlagern (Altenhain et al. 2013, S. 181). Der (Re-)Formalisierung der informellen Praxis ist mithin sogleich wieder die Flucht ins Informelle gefolgt.

Auch die Zielrichtung der Informalisierung lässt sich nicht einheitlich bestimmen. Je nach Kontext kann informalisiertes Recht Ausdruck der Rücknahme oder der Erweiterung des Regulierungsanspruchs der politischen Gemeinschaft sein. Als partielle Rücknahme des hoheitlichen regulatorischen Anspruchs zugunsten eines zunehmenden Spielraums der Selbstregulierung privater Akteure erscheint die Informalisierung dort, wo sie Folge der materiellen oder funktionalen Privatisierung von Leistungen der Daseinsvorsorge ist, die zuvor durch Einrichtungen der öffentlichen Hand erbracht wurden (z. B. der Betrieb von Schwimmbädern oder Bibliotheken, die Müllentsorgung oder Abwasseraufbereitung). Statt einer formalisierten Regelung im Einzelnen beschränkt sich der Staat im Zuge der Privatisierung dann häufig auf eine informellere, lediglich rahmende Regelung und überlässt die nähere Ausgestaltung den privatwirtschaftlichen oder in Form einer Private-Public-Partnership betriebenen Unternehmen. Andererseits kann in informellen Regelungen eine Erweiterung des regulatorischen Anspruchs der politischen Gemeinschaft liegen, wenn es zuvor an jeder Form hoheitlicher Regelung fehlte. Als Beispiel können hier Regelungen zur Herstellung von Geschlechtergerechtigkeit in privaten Unternehmen genannt werden, die zugunsten weicherer Regelungsmodi (noch) auf die Festlegung von zwangsweise durchsetzbaren Pflichten und Verboten verzichten, das Feld aber überhaupt erst als Gegenstand hoheitlicher Regelung erschließen.

Im Folgenden werden beispielhaft Entwicklungen benannt, die sich dem Begriff der Informalisierung zuordnen lassen. Dabei wird zwischen der Informalisierung auf der Ebene der Rechtsetzung, des Regelungsmodus und der Rechtsdurchsetzung unterschieden, wenngleich sich diese Ebenen in der Praxis häufig überschneiden.

2.1 Informalisierung auf der Ebene der Rechtsetzung

Informalisierung auf der Ebene der Rechtsetzung meint die Durchbrechung der etablierten Formen staatlicher Rechtsetzung durch eine Flexibilisierung der beteiligten Akteure und der dafür vorgesehenen Verfahren. Ausgangspunkt ist mithin erneut ein traditioneller, staatszentrierter Begriff, der Rechtsetzung als heteronomen Regelungsakt von der privatautonomen Regelung einer Angelegenheit durch die betroffenen Parteien selbst unterscheidet.

Als Phänomene der Informalisierung erscheinen auf dieser Grundlage insbesondere solche Verfahren, an denen neben oder statt der zur Rechtsetzung berufenen staatlichen Organe andere Akteure an dem legislativen Prozess mitwirken. Ein Teilbereich der Relativierung des staatlichen Rechtsetzungsmonopols, der in seiner praktischen Relevanz kaum überschätzt werden kann, ist die Trans-, Inter- und Supranationalisierung, also die zunehmende Beteiligung von Akteuren, Institutionen und Organisationen jenseits nationalstaatlicher Grenzen an Rechtsetzungsprozessen (siehe im Einzelnen dazu Riegner in diesem Band). Als übergreifende Entwicklungstendenz ist zudem die Einbindung privater Akteure in die staatliche Normgenese zu nennen (vgl. z. B. Herdegen 2003, S. 9ff.). Sie kann bis zur Übertragung der bereichsweisen Normierungskompetenz reichen. Ein klassisches Beispiel hierfür ist die verfassungsrechtlich gewährleistete Tarifvertragsautonomie, sofern die Tarifverträge – etwa über eine gesetzliche Allgemeinverbindlichkeitserklärung – Bindungswirkung entfalten, die über die einzelnen Mitglieder der Tarifvertragsparteien hinausgeht. Zumeist erfolgt die Beteiligung privater Akteure aber in informellen Formen der Beratung, Vorbereitung und Mitarbeit an Gesetzesentwürfen. So vergeben die Bundesministerien nicht selten Aufträge zur Ausarbeitung von Gesetzesentwürfen an private Akteure, etwa Expertenkommissionen oder Wirtschaftskanzleien. Als vieldiskutiertes Beispiel für diese Praxis des „Outsourcing" der Gesetzgebungsarbeit gilt etwa die umfängliche Mitarbeit einer internationalen Wirtschaftskanzlei am Finanzmarktstabilisierungsgesetz von 2008 (vgl. dazu z. B. Brandner 2009; Kloepfer 2011; Krüper 2010). Aus jüngster Vergangenheit ist der Entwurf für ein sogenanntes Carsharing-Gesetz (BGBl. I 2017, S. 2230ff.) zu nennen, auf dessen Gestaltung Unternehmen, die solche Leistungen anbieten, einen erheblichen Einfluss ausgeübt haben. Ein anderes Beispiel ist die Ausarbeitung von Regelungen durch internationale Expertengremien, die dann wieder in den ordentlichen Gesetzgebungsprozess auf nationaler oder supranationaler Ebene eingespeist werden, etwa die weitreichenden Empfehlungen der Financial Action Task Force oder die vom Basler Ausschuss für Bankenaufsicht gestalteten Vereinbarungen zu den Eigenkapitalvorgaben für Banken (vgl. z. B. Krajewski 2017, S. 264ff.).

Wenn als Rechtsetzung überdies auch solche Prozesse der Festlegung von Regeln verstanden werden, die gänzlich unabhängig von staatlichen Institutionen erfolgen, aber dennoch über eine Form der institutionalisierten Anwendung und Durchsetzung der Regelungen verfügen, so geraten weitere Phänomene ins Blickfeld. Beispielhaft für solche privaten Rechtsregime ist das Recht der Sportverbände, das durch nationale und internationale Verbände gesetzt und von einer eigenen Gerichtsbarkeit angewendet und durchgesetzt wird (vgl. dazu Siekmann und Soek 2012).

2.2 Informalisierung im Hinblick auf den Regelungsmodus

Der idealtypische Regelungsmodus des Rechts besteht in dem Erlass von Ge- oder Verboten. Sie formulieren die Verhaltenserwartungen einer Rechtsgemeinschaft in ihrer schärfsten und eindeutigsten Form – indem Handlungs- und Unterlassungspflichten auferlegt werden.

Als Informalisierung erscheinen daher Regelungen, die Verhaltenserwartungen nicht in Ge- oder Verboten fassen, sondern weichere Formen der normativen Verhaltenssteuerung wählen. Das Recht beschränkt sich in diesen Fällen nicht mehr auf eine binäre Bewertung, die nur zwischen rechtmäßigem und rechtswidrigem Verhalten unterscheidet, sondern führt weitere Wertungsstufen im Bereich rechtmäßigen Verhaltens ein, indem es darüber hinaus angibt, welches Verhalten von der rechtsetzenden Gemeinschaft als wünschenswert oder vorzugswürdig gegenüber anderen rechtmäßigen Verhaltensalternativen erachtet wird. Besonders anschaulich macht diese Form der nicht-deontischen Regelung etwa § 1 der „Verordnung über eine allgemeine Richtgeschwindigkeit auf Autobahnen und ähnlichen Straßen", der ausdrücklich empfiehlt, auch auf Autobahnen nicht schneller als 130 km/h zu fahren, selbst wenn eine schnellere Fahrgeschwindigkeit erlaubt ist. Als klassisches Beispiel für Rechtsnormen mit einem weicheren Regelungsmodus können auch die dispositiven Normen des Zivilrechts verstanden werden.

Solche Regelungen sind zwar nicht mit Zwang durchsetzbar und entbehren daher einer Voraussetzung der klassischen Begriffsdefinition von Recht. Es ist aber offensichtlich, dass auch weichere Regelungsmodi maßstabsbildende und damit verhaltensbeeinflussende Wirkung entfalten können. Die dispositiven Regeln des Zivilrechts dienen beispielsweise nicht nur der Lückenfüllung, sondern erfüllen auch eine Orientierungsfunktion, indem sie veranschaulichen, welche Rechtsgestaltung der Gesetzgeber grundsätzlich für angemessen hält, ohne jedoch abweichende Gestaltungsmodelle zu verbieten. Wenn etwa § 1363 Abs. 1 BGB die Zugewinngemeinschaft als den gesetzlichen Güterstand zwischen Ehegatten bestimmt, so bringt der Gesetzgeber damit zum Ausdruck, dass er dies grundsätzlich für das den Interessen der Eheleute angemessene Regelungsmodell hält. Wenn nun ein Ehepartner dem anderen vorschlägt, von diesem Modell abzuweichen, wird er sich erklären müssen. Besonders deutlich wird die verhaltenssteuernde Dimension weicherer Regelungsmodi, wenn Gesetzgeber, Rechtsprechung oder auch die Rechtsunterworfenen selbst eine sekundäre Anreizstruktur schaffen, indem das gewünschte Verhalten mittelbar prämiert oder abweichendes Verhalten mittelbar mit Nachteilen verknüpft wird. Um auf das soeben angesprochene Beispiel zurückzukommen: Die erforderliche notarielle Beurkundung eines vom gesetzlichen Güterstand abweichenden Ehevertrags (vgl. § 1410 BGB) kostet Geld. Allgemein ist die Verknüpfung weicherer Regelungsmodi mit vor- oder nachteiligen Regelungen des Steuer- oder Abgabenrechts sehr verbreitet.

Ein komplexer und viel diskutierter Fall einer Regelung, die auf den deontischen Modus bewusst verzichtet, zugleich aber ausdrücklich an einem Anspruch der Verhaltenssteuerung festhält, findet sich in § 76 Abs. 4 Aktiengesetz (AktG), der durch das „Gesetz für die gleichberechtigte Teilhabe von Frauen und Männern an Führungspositionen in der Privatwirtschaft und im öffentlichen Dienst" (BGBl. I 2015, S. 642ff.) eingeführt wurde. Ziel des Gesetzes ist es, dass in den Führungsebenen von börsennotierten oder voll mitbestimmungspflichtigen Kapitalgesellschaften Frauen (ebenso wie Männer) mit einem Anteil von mindestens 30 % vertreten sind. Soweit das Unternehmen nicht § 96 AktG unterfällt, sieht § 76 Abs. 4 AktG vor, dass die Unternehmen durch den Vorstand selbst die Quote bestimmen, die innerhalb der nächsten, maximal fünf Jahre erreicht werden soll. Von Seiten des staatlichen Gesetzgebers wird also auf die verpflichtende Vorgabe einer Quote verzichtet. Die Regelung kombiniert somit die Auferlegung einer Pflicht (nämlich: zur Bestimmung einer Quote) mit einem weicheren Regelungsmodus, der es dem rechtsunterworfenen Unternehmen ermöglicht, innerhalb eines gesetzlichen Rahmens selbst zu bestimmen, *wozu* sich das Unternehmen in der Sache verpflichtet. Zugleich hat der Gesetzgeber vorerst auf flankierende Regelungen verzichtet, die eine Sanktionierung ermöglichen, wenn Unternehmen pflichtwidrig keine Selbstverpflichtung abgeben oder die selbstgesteckten Ziele verfehlen.

Auch für die Informalisierung im Hinblick auf den Regelungsmodus wächst die Zahl der Beispiele erheblich, wenn der Rechtsbegriff weiter verstanden und nicht nur auf heteronome Regelungen, sondern auch auf reine Selbstverpflichtungen erstreckt wird und überdies auch solche Regelungssysteme erfasst, an deren Setzung keine Organe öffentlicher Hoheitsgewalt beteiligt sind. Zu nennen ist hier etwa das völkerrechtliche *soft law* als nicht-deontische Form der staatlichen Selbstbindung, etwa die von zahlreichen Staaten auf der 21. UN-Klimakonferenz in Paris 2015 abgegebenen Absichtserklärungen (sog. Intended Nationally Determined Contributions, kurz INDCs), welche Maßnahmen ergriffen werden sollen, um die in dem korrespondierenden Pariser Abkommen durch 195 Staaten vereinbarten Klimaschutzziele zu erreichen (vgl. allgemein zum völkerrechtlichen *soft law* z. B. Druzin 2017; Shaffer und Pollack 2010). Verbreitet sind solche Formen der nicht zwangsweise durchsetzbaren Selbstverpflichtungen auch für Unternehmen, so etwa, wenn diese erklären, Standards der Unternehmensführung, z. B. den Deutschen Corporate Governance Codex (vgl. dazu z. B. Kirschbaum und Wittmann 2005), oder durch Branchenverbände ausgearbeitete Leitlinien einer Good oder Best Practice für einen bestimmten Tätigkeitsbereich wahren zu wollen. Ähnlich funktioniert auch die freiwillige Unterwerfung unter bestimmte Produktions- oder Herstellungsstandards, die mit der Teilnahme an der Zertifizierung von Waren- oder Dienstleistungen mit privaten oder unter Beteiligung hoheitlicher Behörden erteilten Prüf- und Gütesiegeln verbunden ist (z. B. Blauer Engel, Bio-Siegel etc.).

2.3 Informalisierung auf der Ebene der Rechtsdurchsetzung

Schließlich kann sich die Informalisierung auf die Ebene der Rechtsdurchsetzung erstrecken. Auch hier sind die Phänomene vielfältig. Sie umfassen die Flexibilisierung der an der Rechtsdurchsetzung beteiligten Akteure, die Art der zur Rechtsdurchsetzung vorgesehenen Verfahren und die Formen der Rechtsdurchsetzung.

Gerade auf dieser Ebene zeigt sich zudem, dass bestimmte Konfigurationen der Rechtsdurchsetzung in einem Rechtsgebiet als Informalisierung beschrieben werden, während sie in anderen Regelungskontexten kaum mehr als Abweichung von den traditionell etablierten Durchsetzungsformen des Rechts erscheinen. So wird im Strafrecht bereits die Möglichkeit der Strafverfolgungsorgane, aus Opportunitätsgründen statt Anklageerhebung und Durchführung einer gerichtlichen Hauptverhandlung andere Formen der Verfahrensbeendigung zu wählen oder überhaupt von einer hoheitlichen Intervention abzusehen (vgl. insbesondere §§ 153ff. StPO, §§ 45, 47 JGG, § 31a BtMG), als Zeichen für eine zunehmende Informalisierung verstanden (siehe etwa Albrecht 1990, S. 1ff.; Pott 1996). Im Bereich der Gefahrenabwehr ist es dagegen seit jeher üblich, den Behörden Eingriffs- und/ oder Auswahlermessen einzuräumen, so dass die Ablösung gesetzgeberischer Konditional- durch Zweckprogramme nur noch selten als Abweichung von einem

Standard und Problem wahrgenommen wird (klassisch zur rechtstheoretischen Einordnung Luhmann 1982, S. 31ff.).

Auffällig ist insbesondere die rechtsgebietsübergreifende Tendenz zum Ausbau von Verfahrensformaten, die eine stärkere Mitwirkung der betroffenen Parteien an der inhaltlichen Gestaltung der verfahrensbeendenden Entscheidung und ihrer Umsetzung vorsehen. Zum Teil steht dann eine aushandlungsbasierte Vereinbarung zur Beilegung des Konflikts anstelle der hoheitlich getroffenen Entscheidung einer Rechtsfrage; zum Teil wird die verfahrensbeendende Entscheidung zwar weiterhin hoheitlich getroffen, hat aber zu berücksichtigen, dass und was zwischen den Parteien ausgehandelt wurde. In zivilrechtlichen Verfahren sind beispielsweise die Verfahrensbeendigung durch Vergleich oder durch Mediationsvereinbarungen zu nennen, sei es im Rahmen eines güterichterlichen Verfahrens vor staatlichen Gerichten, vor gemeindlichen Schiedsämtern oder auch vor privaten Schiedsgerichten oder Schlichtungsstellen (vgl. zur Mediation umfassend Haft und von Schlieffen 2016). Im Verwaltungsrecht werden viele Fragen mittlerweile durch öffentlich-rechtliche Verträge statt über Verwaltungsakte geregelt. Im Strafrecht gehen die Verfahrensabsprachen und der Täter-Opfer-Ausgleich als spezifisch strafrechtliche Form der Mediation in diese Richtung (vgl. dazu z. B. Eisele 2016; Kerner 2016; siehe auch Wittig in diesem Band).

Eine noch weitergehende Einbeziehung privater Akteure in die Rechtsdurchsetzung erfolgt unter dem Stichwort der Responsibilisierung. Darunter sind Regelungen oder andere staatliche Maßnahmen zu verstehen, die private Akteure zu einem Verhalten anhalten, das Rechtsverletzungen vorbeugt oder geschehene Rechtsverletzungen beseitigt. Adressaten der Responsibilisierung können diejenigen sein, die als potentielle Urheber eines rechtswidrigen Verhaltens in der Zukunft erscheinen, diejenigen, die durch eine rechtliche Regelung geschützt werden sollen, oder auch solche gesellschaftlichen Institutionen und Akteure, deren Möglichkeiten zur Vorbeugung oder Beseitigung von Rechtsverletzungen besonders groß erscheinen. Ein besonders eindrückliches Beispiel hierfür ist das am 30. Juni 2017 vom Bundestag verabschiedete Gesetz zur Verbesserung der Rechtsdurchsetzung in sozialen Netzwerken (BGBl. I 2017, S. 3352). Es legt Betreibern sozialer Netzwerke im Internet insbesondere die bußgeldbewehrte Pflicht auf, rechtswidrige Inhalte innerhalb einer Frist von maximal sieben Tagen nach Eingang einer Beschwerde zu entfernen oder den Zugang dazu zu sperren. Zumeist nimmt die Responsibilisierung allerdings nicht die Form selbständig durchsetzbarer Rechtspflichten an, sondern erfolgt, indem ein präventives oder restituierendes Verhalten mittelbar prämiert bzw. sein Fehlen als Obliegenheitsverletzung mittelbar sanktioniert wird.

3 Begründungen

Die Begründungen, die sich für Informalisierungen des Rechts finden, sind vielfältig. Ganz allgemein lässt sich aber festhalten, dass im Mittelpunkt zumeist Zweifel an der Sachgerechtigkeit und Effizienz des idealtypischen Regelungsmodells stehen.

So wird die Internationalisierung der rechtsetzenden Akteure regelmäßig als notwendige Konsequenz der Erkenntnis begründet, dass die zu regelnden Lebenssachverhalte nicht an den Grenzen eines Staates haltmachen und daher einer international abgestimmten Antwort bedürfen. Nationale „Alleingänge" seien zum Scheitern verurteilt, weil sich die Adressaten der Regelung leicht der staatlichen Jurisdiktion entziehen könnten. Entsprechende Begründungsnarrative für die Trans-, Inter- und Supranationalisierung der rechtsetzenden Akteure finden sich beispielsweise für die rechtlichen Instrumente im Bereich der Terrorismusbekämpfung, der Finanzmarktregulierung oder des Umweltschutzes.

Zur Rechtfertigung der Einbindung und Beteiligung privater Akteure wie Wirtschaftskanzleien, Expertenkommissionen oder Branchenverbände in die Rechtsetzung wird zum Teil angeführt, dass die zu regelnde Materie spezifische Kenntnisse erfordere, die staatlichen Akteuren fehlten. Aus politikwissenschaftlicher Sicht lässt sich diese Argumentation als Teil einer *output*-orientierten Legitimationsstrategie erkennen: Die Expertise der beteiligten privaten Akteure – so die Prämisse – lässt die Gesetze „besser" werden als im Falle einer ausschließlichen Bearbeitung durch den staatlich-hoheitlichen Rechtsetzungsstab (vgl. dazu auch Vedder/Veit in diesem Band; allgemein zu der Unterscheidung von *input-*, *output-* und *throughput*-Legitimation vgl. z. B. Fischer 2007, S. 334 ff.; Pállinger 2005, S. 3 ff.).

Zumeist wird die Privatisierung in der Rechtsdurchsetzung aber als Ausdruck eines gewandelten Staatsverständnisses gedeutet, das nicht mehr auf eine einseitige hoheitliche Regelung und Durchsetzung von Recht im Über-Unterordnungsverhältnis setzt, sondern versucht, die als regelungsbedürftig identifizierten Konflikte unter Einbindung der unmittelbar betroffenen Einzelpersonen und Personengruppen zu lösen oder doch zu entschärfen. In dieser Perspektive kann die Einbeziehung privater Akteure, etwa von Nichtregierungsorganisationen, Ausdruck einer stärkeren Partizipation von gesellschaftlichen Gruppen am Rechtsetzungsprozess und mithin einer erhöhten *throughput*-Legitimation sein.

Eine weitere Begründung lässt sich gewinnen, wenn Phänomene der Informalisierung mit dem klassischen Regelungsmodell in der Dimension subjektiver Rechte verglichen werden. Weichere Regelungsmodi oder rechtliche Rahmung erlauben eine indirekte Steuerung, die einerseits weniger eingriffsintensiv ist als eine hoheitliche Regelung durch Ge- oder Verbot und andererseits nicht den vollständigen Verzicht der politischen Gemeinschaft auf ihren Regelungs- und Interventionsanspruch in einem bestimmten Bereich beinhaltet. Als Vorteil der Flexibilisierung der Regelungsmodi und der Durchsetzungsmechanismen wird überdies die größere Einzelfallgerechtigkeit geltend gemacht. Aushandlungsbasierte oder ins Ermessen der rechtsanwendenden Behörden gestellte Reaktionsformen erscheinen in dieser Perspektive als passgenauere, sachgerechtere und damit effizientere Alternative zu deontischen Regelungen mit rigiden Konditionalprogrammen, die den Eintritt (relativ) starrer Rechtsfolgen bei Vorliegen gesetzlicher Tatbestandsvoraussetzungen vorsehen (vgl. z. B. für die Informalisierungsphänomene im Bereich des Strafrechts Ludwig-Mayerhofer 1998, S. 29).

Der Gesichtspunkt der gesteigerten Effizienz lässt sich auch in anderer Form akzentuieren. Es wird dann darauf hingewiesen, dass die Einbeziehung der von einer Regelung betroffenen Akteure in die Rechtsetzung bzw. in die Rechtsdurchsetzung auch die Annahme der gefundenen Lösung erleichtert, indem Entfremdungs- und Abstoßungseffekte vermindert bzw. vermieden werden. Die Prämisse lautet hier, dass derjenige, der an der Gestaltung einer Regelung oder der Aushandlung einer Konfliktbeilegung beteiligt war, sich eher für die Befolgung und Umsetzung verantwortlich fühlt und einsetzen wird, als derjenige, dem ohne seine Mitwirkung von außen Vorgaben gemacht werden.

Schließlich erhofft man sich von informalisierten Formen der Regelung eine Beschleunigung der Verfahren, eine Schonung staatlicher Personalressourcen sowie Kostenreduzierungen, etwa wenn staatlicherseits lediglich noch eine Supervision der durch private Akteure erbrachten Leistungen der Daseinsvorsorge sowie eine punktuelle Intervention für den Fall vorgesehen ist, dass die Selbststeuerung ausnahmsweise misslingt.

4 Kritik

Die Kritik an Phänomenen der Informalisierung betont dagegen die Verluste, die mit der Abkehr von dem Idealtypus des formal-zwingenden Rechts einhergehen. Informalisierung erscheint in dieser Perspektive vor allem als Verzicht oder Schwächung des staatlichen Regelungsanspruchs, und staatliche Regelung in Form abstrakt-zwingenden Rechts zugleich als die Regelungsform, die am besten an den in der Verfassung niedergelegten Prinzipien einer gerechten gesellschaftlichen Ordnung ausgerichtet werden kann.

So geht die Informalisierung auf der Ebene der Rechtsetzung geradezu unweigerlich mit einem Bedeutungsverlust der staatlichen Legislative einher (vgl. z. B.

Morlok 2003, S. 58). Zumindest bei demokratisch verfassten Staaten ist damit ein Verlust an Input-Legitimation durch ein geringeres Maß an Rückführbarkeit der Entscheidung auf den Willen des Volkes verbunden. Offensichtlich ist dies etwa bei der zunehmenden Einbeziehung internationaler und privater Akteure in die Rechtsetzung. Beispielhaft ist insoweit die Diskussion um die Europäisierung, also den Transfer von Regelungskompetenzen auf die Ebene der Europäischen Union.

Mit der Verlagerung der Rechtsetzung auf Akteure jenseits der staatlichen Legislative ist zudem regelmäßig ein Verlust an Transparenz verbunden: Bei inter- und transnationalen Rechtsetzungsprozessen ist oft schwer durchschaubar, wer überhaupt an der Gesetzgebung beteiligt ist und in welcher Weise Einfluss genommen wird. Damit wird auch die Verantwortung für Rechtsakte und ihre Defizite gegenüber der politischen Öffentlichkeit verwischt. Eindrücklich lässt sich dieser Prozess der Externalisierung von Verantwortung für die legislative Tätigkeit beobachten, wenn sich der deutsche Gesetzgeber auf europa- oder völkerrechtliche Zwänge beruft, denen er angeblich unterliege (vgl. in diesem Sinne z. B. Singelnstein und Stolle 2012, S. 99).

Ähnliche Einwände werden auch hinsichtlich der Informalisierung der Regelungsmodi geltend gemacht. Der Verzicht auf eine konkrete Regelung von Einzelfragen zugunsten einer lediglich gerahmten Regelung lässt sich als Rückzug des Gesetzgebers „aus der vollen Verantwortung für konkrete soziale Ergebnisse zugunsten einer abstrakteren Steuerung" deuten (Teubner 1982, S. 25).

Eine analoge Kritik findet sich im Hinblick auf die Zunahme von Regelungen, in denen den vollziehenden Behörden Ermessen hinsichtlich ihres Einschreitens und der Art der Intervention eingeräumt wird. Dies gilt insbesondere für das Strafrecht, wo diese Form der Informalisierung noch recht neu ist. Die Durchbrechung und Relativierung des Legalitätsprinzips zugunsten einer Tätigkeit von Staatsanwaltschaft und Polizei nach Opportunitätsgesichtspunkten wird als „Akt legislativer Selbstentmachtung" (Albrecht 1990, S. 9) gebrandmarkt. In staatsorganisatorischer Hinsicht erscheint der Verzicht auf eine verbindliche gesetzliche Regelung des staatlichen Vorgehens zugunsten einer ins Ermessen der zuständigen Behörden gestellten Entscheidungskompetenz im Einzelfall als disproportionale Stärkung der Exekutive (vgl. z. B. Hüls 2013, S. 217).

Hinter dieser Kritik steht auch die Erkenntnis, dass die Flexibilisierung des staatlichen Vorgehens mit einer Preisgabe des Anspruchs auf gleiche Rechtsanwendung einhergeht. Damit steige ganz grundsätzlich das Risiko einer Instrumentalisierung des Rechts als selektiv eingesetztes Instrument der Beschränkung von individuellen und kollektiven Handlungsspielräumen. Die Kehrseite des Versprechens auf ein größeres Maß an Einzelfallgerechtigkeit, welches die Informalisierung auf der Ebene der Rechtsdurchsetzung befördert, ist daher das Risiko, dass das Recht nur mehr die bestehenden Machtverhältnisse bestätigt, weil von der Rechtsdurchsetzung

Abstand genommen werden kann, wenn die Mühen und Folgekosten – nicht nur in einem wirtschaftlichen Sinne – zu groß werden. In diese Richtung geht etwa die Kritik an der Möglichkeit zur Einstellung von Strafverfahren gegen Auflagen gem. § 153a StPO oder die Praxis von Absprachen zwischen den Verfahrensbeteiligten in Wirtschaftsstrafsachen, wo gelegentlich der Eindruck entsteht, Beschuldigte mit großen finanziellen Ressourcen könnten sich freikaufen. Gegen die Informalisierung werden in diesem Kontext sehr grundsätzliche Begriffe ins Feld geführt: Informalisierung unterlaufe die Rechtssicherheit und münde in eine „Auflösung der Positivität des aktuellen Rechts" (Naucke 1986, S. 201).

Bezweifelt wird zudem, dass mit der Verankerung von aushandlungsbasierten oder zumindest zustimmungsbedürftigen Entscheidungsformen tatsächlich ein Freiheitsgewinn der betroffenen Akteure einhergehe. Jedenfalls dort, wo die Verfahrenssituation von einer starken Ungleichgewichtigkeit der aushandelnden Akteure geprägt sei, degeneriere die angebliche Stärkung der Selbstbestimmung zu einer Fassade, hinter der Schutzprinzipien des formal-zwingenden Rechts relativiert und umgangen würden. So unterlaufe im Strafrecht die Möglichkeit zur Einstellung gegen Auflagen letztlich das Schuldprinzip und seine prozessuale Flankierung der Unschuldsvermutung. Die strafprozessuale Praxis von Absprachen übe mittelbaren Druck auf den Angeklagten aus, auf die Ausübung prozessualer Rechte (z. B. Schweigerecht, Beweisantragsrecht, Konfrontations- und Befragungsrecht bei Opferzeugen etc.) zu verzichten, um sich im Hinblick auf die Strafzumessung den „good will" des Gerichts zu sichern.

Überdies besteht bei aushandlungsbasierten Entscheidungen die Gefahr, dass Rechte Dritter vernachlässigt werden, die durch das Aushandlungsergebnis berührt werden, ohne aber an dem Aushandlungsprozess beteiligt zu sein. Ein Beispiel hierfür sind die bilateralen Vereinbarungen, die staatliche Hoheitsträger mit internationalen Sportverbänden wie dem IOC, der FIFA oder der Uefa treffen, um die Durchführung von sportlichen Großereignissen nach den Vorstellungen der Verbände zu gewährleisten, ohne dabei den innerstaatlichen oder sogar internationalen Standards der Ausübung von Verfassungs- oder Menschenrechten ausreichend Beachtung zu schenken.

Auch gegen weichere, nicht mit Zwang durchsetzbare Regelungsmodi werden Gerechtigkeitserwägungen geltend gemacht: Sie ermöglichen soziales „Trittbrettfahren" und Mitnahmeeffekte. Aus der Perspektive egoistischer Nutzenmaximierung belohne der Verzicht auf zwangsweise Durchsetzung Renitenz und Opportunismus der Regelungsadressaten und untergrabe damit jenes an Gemeinschaftsbelangen orientierte Verhalten, das solche Regelungen zu ihrem Funktionieren eigentlich voraussetzten und benötigten.

Phänomene der Informalisierung des Rechts lassen sich überdies als Erscheinungsformen der Gouvernementalität deuten und hinterfragen. Aus dieser Perspektive erscheint die Flexibilisierung der Regelungsmodi und der Formen der Rechtsdurchsetzung als Ausdruck einer Verbindung von Formen der heteronomen Herrschaftsausübung mit Techniken der Selbstführung (vgl. zusammenfassend z. B. Singelnstein und Stolle 2012, S. 74ff.; beispielhaft Duttweiler 2007, S. 270ff.; Pieper 2007, S. 102ff.). So wird die Ausrichtung des Jugendstrafrechts am Erziehungsgedanken und die damit einhergehende Informalisierung mit dem Argument kritisiert, bewirkt werde dadurch lediglich der Ausbau und die Verfeinerung staatlicher Kontrolle (siehe etwa Platt 1969, S. 176; Voß 1986). Im Bereich der Kriminalitätsprävention erhalten und verstärken Responsibilisierungsmaßnahmen das Bewusstsein der betroffenen Personenkreise für die Möglichkeit, Opfer von Kriminalität zu werden (vgl. z. B. Garland 1997, S. 190; Singelnstein und Stolle 2012, S. 78). Sie können daher als Baustein eines umfassenderen Narrativs der Herrschaftslegitimation gedeutet werden, die als „governing through crime" kritisiert wird (Simon 2007, vgl. dazu insbesondere Schlepper in diesem Band). Übergreifend lässt sich fragen, ob die Kehrseite der zunehmend fließenden Übergänge zwischen „den Techniken der Beherrschung anderer und den Techniken des Selbst" (vgl. Foucault 2001, S. 1604) nicht darin liegt, dass erst die klare Unterscheidung von Bereichen des Regiertwerdens und des Selbstregierens die Grundlage für eine subjektive Erfahrung der Selbstbestimmung bildet.

Schließlich können Phänomene der Informalisierung als Ausdruck einer Ökonomisierung des Rechts erscheinen, die zugunsten von angeblichen Effizienzgewinnen und Kosteneinsparungen die Abweichung von eigentlich konsentierten materiellen und prozeduralen Standards bewirkt.

5 Fazit

Unter den Begriff der Informalisierung lassen sich vielfältige Entwicklungen auf der Ebene der Rechtsetzung, des Regelungsmodus und der Rechtsdurchsetzung fassen. Dabei erweist sich „Informalisierung" als Brückenbegriff, der zwischen einem traditionellen Begriff des staatlich gesetzten, formal-zwingenden Rechts und einem offeneren, rechtspluralistischen Begriff des Rechts steht. Regelmäßig werden aber weder Ausgangs- noch Fluchtpunkt näher bestimmt, wenn Einzelphänomene unter dem Begriff der Informalisierung beschrieben werden.

Eine einheitliche rechtspolitische Bewertung der Informalisierung als Entwicklungstendenz ist nicht möglich. Zu unterschiedlich sind die Einzelphänomene, zu unterschiedlich die Regelungskontexte, in denen Informalisierung erfolgt. Festhalten lässt sich aber, dass den verschiedenen Begründungstopoi für die zunehmende

Informalisierung des Rechts ebenso wie den unterschiedlichen Kritikansätzen jeweils bestimmte Grundannahmen und Prämissen gemeinsam sind, welche die Steuerungsfähigkeit politischer Einheiten, insbesondere des Staates, und die Vorteile formal-zwingender Regelung einerseits und die selbstregulative Vernunft privater Akteure sowie die Vorzüge weicherer Regelung andererseits betreffen.

Schließlich erscheint angesichts der Tatsache, dass die Informalisierung des Rechts derzeit zweifellos Konjunktur hat, vorerst eine wissenschaftliche Betrachtung angemessen, die trotz der Unmöglichkeit einer einheitlichen rechtspolitischen Bewertung den Preis und die Schattenseiten von Informalisierungsphänomenen in den Mittelpunkt ihrer Betrachtung stellt, um so der Aufgabe kritischer Rechtsforschung gerecht zu werden.

Literatur

Albrecht, P.-A. (1990). Exekutivisches Recht – Eine Einführung in empirische Analysen zur staatsanwaltlichen Praxis. In P.-A. Albrecht (Hrsg.), *Informalisierung des Rechts. Empirische Untersuchungen zur Handhabung und zu den Grenzen der Opportunität im Jugendstrafrecht* (S. 1–44). Berlin, New York: Walter de Gruyter.

Altenhain, K., Dietmeier F., & May, M. (2013). *Die Praxis der Absprachen in Strafverfahren*. Baden-Baden: Nomos.

Brandner, T. (2009). Parlamentarische Gesetzgebung in Krisensituationen – Zum Zustandekommen des Finanzmarktstabilisierungsgesetzes. Neue Zeitschrift für Verwaltungswissenschaften, S. 211–215.

Deal, D. (1982). Der strafprozessuale Vergleich. Strafverteidiger, S. 545–552.

Druzin, B. (2017). Why does Soft Law Have any Power Anyway? Asian Journal of International Law 7, S. 317–368.

Duttweiler, M. (2007). Beratung als Ort neoliberaler Subjektivierung. In: R. Anhorn, F. Bettinger, & J. Stehr (Hrsg.), *Foucaults Machtanalytik und Soziale Arbeit. Eine kritische Einführung und Bestandsaufnahme* (S. 261–276). Wiesbaden: VS Verlag für Sozialwissenschaften.

Eisele, J. (2016). Strafrecht und Strafprozess. In: F. Haft, & M. von Schlieffen (Hrsg.), *Handbuch Mediation* (S. 1061–1095). 3. Aufl., München: C. H. Beck.

Foucault, M. (2001): Les techniques de soi. In: *Dits et écrits II, 1976–1988* (S. 1602–1632). Paris: Gallimard.

Fischer, K. H. (2007). Die Legitimation von supranationalen Organisationen. Zeitschrift für öffentliches Recht 62, S. 323–370.

Garland, D. (1997). „Governmentality" and the problem of crime: Foucault, criminology, sociology. Theoretical Criminology 1997, S. 173–214.

Haft, F., & von Schlieffen, M. (Hrsg.). (2016). *Handbuch Mediation*. 3. Aufl., München: C. H. Beck.

Herdegen, M. (2003). Informalisierung und Entparlamentarisierung politischer Entscheidungen als Gefährdungen der Verfassung? In: Veröffentlichungen der Vereinigung der Deutschen Staatsrechtslehrer, *Leistungsgrenzen der Verfassung. Öffentliche Gemeinwohlverantwortung im Wandel* (S. 9–36). Berlin, New York: Walter de Gruyter.

Hüls, S. (2013). *Polizeiliche und staatsanwaltliche Ermittlungstätigkeit: Machtzuwachs und Kontrollverlust.* Berlin: BWV.

Kirschbaum, T., & Wittmann, M. (2005). Selbstregulierung im Gesellschaftsrecht: Der Deutsche Corporate Governance Kodex. Juristische Schulung, S. 1062–1067.

Kerner, H.-J. (2016). Mediation beim Täter-Opfer-Ausgleich. In: F. Haft, & M. von Schlieffen (Hrsg.), *Handbuch Mediation* (S. 1097–1121). 3. Aufl., München: C. H. Beck.

Kloepfer, M. (2011). Gesetzgebungsoutsourcing – Die Erstellung von Gesetzentwürfen durch Rechtsanwälte. Neue Juristische Wochenschrift, S. 131–133.

Krajewski, M. (2017). *Wirtschaftsvölkerrecht.* 4. Aufl., Heidelberg: C. F. Müller.

Krüper, J. (2010). Lawfirm – legibus solutus?: Legitimität und Rationalität des Gesetzgebungsverfahrens beim „Outsourcing" von Gesetzentwürfen. Juristenzeitung, S. 655–662.

Ludwig-Mayerhofer, W. (1998). *Das Strafrecht und seine administrative Rationalisierung: Kritik der informalen Justiz.* Frankfurt a. M.: Campus.

Luhmann, N. (1982). *Rechtssystem und Rechtsdogmatik.* Stuttgart: W. Kohlhammer.

Morlok, M. (2003). Informalisierung und Entparlamentarisierung politischer Entscheidungen als Gefährdungen der Verfassung? In: Veröffentlichungen der Vereinigung der Deutschen Staatsrechtslehrer, *Leistungsgrenzen der Verfassung. Öffentliche Gemeinwohlverantwortung im Wandel* (S. 37–84). Berlin, New York: Walter de Gruyter.

Naucke, W. (1986). Versuch über den aktuellen Stil des Rechts. Kritische Vierteljahrsschrift für Gesetzgebung und Rechtswissenschaft, S. 189–210.

Pállinger, Z. (2005). *Problemlöser oder Problemerzeuger – Über die Leistungsfähigkeit politischer Systeme.* Bendern: Liechtenstein-Institut.

Pieper, M. (2007). Armutsbekämpfung als Selbsttechnologie. Konturen einer Analytik der Regierung von Armut. In: R. Anhorn, F. Bettinger, & J. Stehr (Hrsg.), *Foucaults Machtanalytik und Soziale Arbeit. Eine kritische Einführung und Bestandsaufnahme* (S. 93–108). Wiesbaden: VS Verlag für Sozialwissenschaften.

Platt, A. (1969). *The Child Savers. The Invention of Delinquency.* Chicago: University of Chicago Press.

Schmidt-Hieber, W. (1982). Vereinbarungen im Strafverfahren. Neue Juristische Wochenschrift, S. 1017–1021.

Shaffer, G., & Pollack, M. (2010). Hard vs. Soft Law: Alternatives, Complements, and Antagonists in International Governance. Minnesota Law Review 94, S. 706–799.

Siekmann, R., & Soek, J. (Hrsg.). (2012). *Lex Sportiva: What is Sports Law?* Heidelberg: Springer.

Simon, Jonathan (2007). *Governing Through Crime. How the War on Crime Transformed American Democracy and Created a Culture of Fear.* Oxford u. a.: Oxford University Press.

Singelnstein, T., & Stolle, P. (2012). *Die Sicherheitsgesellschaft. Soziale Kontrolle im 21. Jahrhundert.* 3. Aufl., Wiesbaden: VS Verlag für Sozialwissenschaften.

Teubner, G. (1982). Reflexives Recht. Archiv für Rechts- und Sozialphilosophie, S. 13–59.

Voß, M. (1986). *Jugend ohne Rechte. Die Entwicklung des Jugendstrafrechts.* Frankfurt a. M.: Campus.

Weber, M. (1980). *Wirtschaft und Gesellschaft. Grundriss der verstehenden Soziologie.* 5., revidierte Aufl., besorgt von J. Winckelmann, Tübingen: Mohr Siebeck.

Ökonomisierung des Rechts

Petra Wittig

1 Einführung

Wirtschaft und Recht können Gegenstände soziologischer Betrachtung sein (vgl. Röhl 2005, S. 3). Nach einer traditionellen Sichtweise in den Sozialwissenschaften handelt es sich jedoch um eigenständige Normordnungen mit eigenen Regeln, unterschiedlichen Institutionen und gesellschaftlichen Funktionen. Für die Systemtheorie sind Wirtschaft und Recht selbst-referentielle autopoietische Systeme (Luhmann 1994; Theile 2012, S. 285). Dem liegt die Vorstellung einer Ausdifferenzierung der Gesellschaft in verschiedene operativ geschlossene Systeme zugrunde, die unabhängig voneinander operieren und sich reproduzieren und jeweils füreinander eine innergesellschaftliche Umwelt darstellen (Theile 2012, S. 285; zur Autopoiesis siehe auch den Beitrag von Wrase in diesem Band). Methodologisch individualistische Ansätze unterscheiden Wirtschaftsakteure und Rechtssubjekte, die sich an unterschiedlichen Handlungsregeln orientieren. Die Wirtschaft hat die Funktion, die Produktion und Verteilung knapper Ressourcen zu optimieren, die Funktion des Rechts ist – stark vereinfacht – die Koordination individuellen Verhaltens zur Gewährleistung sozialer Kooperation und Ordnung. Deshalb ist es erklärungsbedürftig, wenn ausgehend von der angloamerikanischen Diskussion um „Law and Economics" auch in Deutschland nicht nur eine „Ökonomisierung der Gesellschaft" (vgl. nur Schimank und Volkmann 2017, S. 593 sowie unten 5.), sondern auch eine „Verrechtlichung der Ökonomie"[1] sowie eine „Ökonomisierung des Rechts" konstatiert wird.

---

[1] Nach dem sog. Coase-Theorem kann durch den Markt eine effiziente Allokation von Ressourcen erreicht werden, wenn Eigentumsrechte eindeutig definiert sind und es keine Transaktionskosten gibt (Coase 1960, S. 1; vgl. hierzu Mathis 2006, S. 65ff.). In der Ökonomie hat sich jedoch inzwischen die Erkenntnis durchgesetzt, dass die Koor-

2 Präzisierung der Fragestellung und Begriffsklärung

Der Begriff der Ökonomisierung des Rechts bedarf der Klärung. Die wörtliche englische Übersetzung „economization of law" wird in der anglo-amerikanischen Diskussion eher im Kontext von (neo)liberaler Privatisierung öffentlicher Aufgaben verwandt. Ökonomisierung des Rechts kann damit bedeuten, dass auch in Justiz und Verwaltung Effektivitäts- und Effizienzerwägungen („Soziokalkulation") eine zunehmende Rolle spielen (vgl. z. B. Röhl 2009), insbesondere im Hinblick auf tatsächliche oder vermeintliche Einsparungspotentiale. Ob dies der Fall ist, ist im Wesentlichen eine empirische Fragestellung, wobei sich natürlich auch die Frage stellt, inwieweit derartige fiskalische Überlegungen grundlegenden rechtsstaatlichen Prinzipien genügen (vgl. z. B. Röhl 2009 m. w. N.).

Die Ökonomisierung des Rechts hat aber noch eine andere theoretische Facette, die das Selbstverständnis der Rechtswissenschaft fundamental in Frage stellt. Seit der zweiten Hälfte des 20. Jahrhunderts werden traditionell der Soziologie, Rechtsphilosophie, Psychologie, Politik oder eben der Rechtswissenschaft zugeordnete Fragestellungen mit Hilfe von ökonomischen Denkweisen und Konzepten diskutiert. Diese Entwicklung wird in der anglo-amerikanischen Diskussion unter die weitgehend deckungsgleichen Begriffe „Law and Economics" (Recht und Ökonomie), „Economic Analysis of Law" (Ökonomische Analyse des Rechts) oder „Economic Approach to Law" (Ökonomischer Ansatz im Recht) gefasst. Dahinter steht die Überzeugung, dass sich soziales Handeln, soziale Institutionen und soziale Systeme nicht nur auch, sondern am besten mit Hilfe ökonomischer Konzepte erklären lassen. Dies soll auch auf das Recht und seine Institutionen zutreffen.[2]

Um diese Rezeption ökonomischer Theorien im Recht soll es vor allem gehen. Die spannende Frage, inwieweit die Rechtsökonomie als juristische Interpretationsmethode und Reflexionsdisziplin ihre Berechtigung hat[3] – sicherlich auch eine wichtige Facette der Ökonomisierung des Rechts – kann in diesem Beitrag zur interdisziplinären Rechtsforschung nicht weiter vertieft werden.[4]

---

dination durch den Markt nicht immer zu einer optimalen Allokation der Ressourcen führt (market failure), so dass eine rechtliche Regulierung der Wirtschaft erforderlich ist. Hierfür zeugt z. B. die Existenz eines Kartell- und Wettbewerbsrechts.

2 Allgemein zum Nutzen sozialwissenschaftlicher Theorien für das Recht Engel 1998.

3 Zur Unterscheidung zwischen juristischer Grundlagenforschung als rechtswissenschaftliche Reflexionstheorie und Interdisziplinarität Magen 2014, S. 2ff. Vgl. weiterführend zur rechtswissenschaftlichen Methodendiskussion und zur Bewältigung des gesellschaftlichen Wandels unter Einbeziehung der ökonomischen Analyse des Rechts Ladeur 2000, S. 60.

4 Wie weit dieser Anspruch geht, verdeutlicht das folgende Zitat: „Much, and perhaps most, legal scholarship has been stamp collecting. Law and economics, however, is likely

In den Vereinigten Staaten hat sich „Law and Economics" weitgehend durchgesetzt. Nach *Röhl* handelt es sich dort um die „dominierende Hintergrundtheorie der Juristen" (2005, S. 3, 13), *Wagner* spricht von „Rechtsökonomie als der neue Mainstream" (2017, S. 281). Dahinter steht die Annahme, dass das gesamte Recht (und nicht nur klassisch ökonomisch geprägte Rechtsgebiete, wie Gesellschafts-, Handels-, Wettbewerbs- oder Kartellrecht) der ökonomischen Analyse zugänglich ist (Eidenmüller 2015, S. 5). Seinen Schwerpunkt hat der ökonomische Ansatz im Recht traditionell im Zivilrecht (Cooter und Ulen 2012; Posner 2014; aus der deutschen Literatur Schäfer und Ott 2013; Wagner 2017, S. 282), gewinnt aber auch im Öffentlichen Recht an Bedeutung (Magen 2014; van Aaken 2002, S. 1; van Aaken 2003, S. 89). Für die Zivilrechtswissenschaft geht es vor allem um „neue Theorieangebote zur Deutung überkommener und wohlbekannter rechtlicher Institute (z. B. Delikts- oder Vertragsrecht)", im Öffentlichen Recht dagegen um das Verständnis von „neuen, ökonomisch inspirierten Rechtsinstituten (z. B. Lenkungssteuern oder Netzregulierung)" (Magen 2014, S. 6ff.). In der deutschen Literatur wird dieser dem deutschen dogmatischen Rechtsdenken fremde Universalitätsanspruch der Ökonomie heftig kritisiert (Canaris 1993, S. 377, 384; Fezer 1986, S. 817; Fezer 1988, S. 223, 224ff.; Singelnstein 2014, S. 321, 323).

Wenn im deutschen Sprachraum von „Ökonomisierung des Rechts" die Rede ist, ist dies weitgehend deckungsgleich mit „Law and Economics"; denn es geht meist um Folgenanalyse und effizienzorientierte Folgenbewertung in Gesetzgebung und Rechtsprechung (vgl. nur Eidenmüller 2015, S. 57; Fleischer und Zimmer 2008, S. 9f.).

3 Varianten des ökonomischen Ansatzes im Recht

3.1 Verhaltensökonomischer Ansatz

Der verhaltensökonomische Ansatz im Recht (Behavioral Law and Economics) untersucht, wie sich rechtliche Regelungen auf individuelles Entscheidungsverhalten auswirken (umfassend zum ökonomischen Verhaltensmodell Engel et al. 2007). Dem liegt die Annahme zugrunde, dass rationale Individuen anhand ihrer individuellen Präferenzordnung das Verhalten wählen, das ihren individuellen Nutzen maximiert (Rational Choice Theorie), und dass die rechtlichen Konsequenzen eines Verhaltens hierbei ein Kostenfaktor sind (Becker 1976; Kirchgässner 2013, S. 12ff.). Es geht um eine Deskription menschlichen Verhaltens auf der Grundlage des Verhaltensmo-

---

to challenge all that and, in fact has begun to do so" (Coase 1993, S. 239, 254).

dells des homo oeconomicus. Der homo oeconomicus als sozialwissenschaftlicher Idealtyp strebt bei knappen Mitteln nach individueller Nutzenmaximierung, sein Verhalten ist nicht durch überdauernde Werte und Normen geleitet, sondern situationsgerichtet (Wittig 1993, S. 60ff.). Neue empirische Theorien menschlichen Entscheidungsverhaltens deuten jedoch darauf hin, dass der Rational-Choice-Ansatz und die ihm zugrunde liegenden Verhaltensprämissen die Wirklichkeit nicht vollständig abbilden (Towfigh 2016, S. 763; Wittig 1993, S. 126ff.).

3.2 Ökonomische Rechts- und Gesellschaftstheorie

Eine Gesellschaft kann unabhängig von den in ihr verwirklichten Gerechtigkeitsvorstellungen nur dann bestehen, wenn ihre (Rechts-)Normen tatsächlich befolgt werden. Für konsequentialistische Ansätze[5] stellt sich deshalb die Frage, ob allein der durch das individuelle Eigeninteresse motivierte soziale Austausch gesellschaftliche Stabilität sichern kann oder ob ergänzend das Recht als Steuerungsinstrument eingesetzt werden muss. Dass Letzteres zutrifft, haben das (spieltheoretische) Gefangenendilemma (z. B. Cooter und Ulen 2012, S. 34ff.), das Trittbrettfahrer- (Free Rider-) Problem und die Kollektivgutlehre (grundlegend Olson 1985) eindrucksvoll vor Augen geführt (Wittig 1993, S. 41ff.). Das Gefangenendilemma illustriert, dass schon in einer (fiktiven) Zweipersonenkonstellation rational-nutzenmaximierendes Entscheidungsverhalten bei Unsicherheit über das Verhalten des Anderen zu einem Gesamtergebnis führen kann, das für jeden Akteur ungünstiger ist, als wenn er sich altruistisch verhalten hätte, und zudem auch nicht im gesellschaftlichen Interesse liegt. Die Kollektivgutlehre zeigt, dass bestimmte öffentliche Güter (wie z. B. die soziale Ordnung) trotz eines entsprechenden Interesses des Kollektivs nicht bereitgestellt werden, weil es für jedes Gruppenmitglied individuell vorteilhaft ist, nichts hierzu beizutragen, aber als Trittbrettfahrer (Free Rider) hiervon zu profitieren.

3.3 Wohlfahrtsökonomischer Ansatz

Der wohlfahrtsökonomische Ansatz (Welfare Economics) thematisiert, welche rechtlichen Maßnahmen geeignet sind, das Verhalten der Gesellschaftsmitglieder so zu steuern und zu koordinieren, dass die Wohlfahrt aller maximiert wird.

---

5   Für der idealistischen Tradition verhaftete politische Philosophen ist eine gerechte Gesellschaft auch stabil (Rawls 1979, S. 614ff.; hierzu Wittig 1995, S. 251).

Es geht um Folgenberücksichtigung, wobei zwischen Folgen*analyse* (Steuerung und Koordination) und Folgen*bewertung* (Wohlfahrtsmaximierung) zu unterscheiden ist (Ott und Schäfer 1988, S. 213, 217). Bei der Analyse der gesellschaftlichen Folgen einer Rechtsnorm handelt es sich um eine empirische Fragestellung („positive ökonomische Theorie des Rechts" siehe Petersen und Towfigh 2017, S. 4f.). Bei der Folgenbewertung ist zu ermitteln, wie das Recht gestaltet sein und welche Ziele es verfolgen sollte („normative oder präskriptive ökonomische Theorie des Rechts" siehe Petersen und Towfigh 2010, S. 5f.). In dieser Ausgestaltung ist die ökonomische Theorie auch eine der Rechtsphilosophie und Rechtspolitik nahestehende Gesellschafts- und Gerechtigkeitstheorie (Ott und Schäfer 1988, S. 213, 215).

4 Wohlfahrtsökonomie und Effizienzprinzip

4.1 Das Effizienzprinzip

Maßstab für die gesamtgesellschaftliche Wohlfahrt und damit auch für das Recht als Steuerungsinstrument soll das Effizienzkriterium sein, bei dem es im Kern um die optimale Allokation knapper Ressourcen geht (Cooter und Ulen 2012, S. 7f.; Towfigh 2017, S. 39).

Zunächst ist durch eine Folgen*analyse* festzustellen, welche Auswirkungen bestimmte Regelungen für die Gesellschaft und ihre Mitglieder haben. Bei der Folgen*bewertung* wird in der Ökonomie heute das Effizienzkriterium vorrangig durch die sogenannte Pareto-Effizienz und die sogenannte Kaldor-Hicks-Effizienz näher definiert (Überblick bei Mathis 2006, S. 43ff.; Towfigh 2017, S. 39ff.). Nach dem Pareto-Kriterium ist eine Entscheidung gerechtfertigt, wenn durch sie mindestens ein Mitglied der Gesellschaft einen Vorteil und niemand eine Nachteil hat. Nach dem Kaldor-Hicks-Kriterium ist eine Entscheidung gerechtfertigt, wenn die Begünstigten aus ihrem Vorteil die Benachteiligten entschädigen können (eine tatsächliche Entschädigung muss nicht erfolgen) und trotzdem noch einen Vorteil übrig behalten.

Ob sich inzwischen ein eigenständiger rechtlicher Effizienzbegriff etabliert hat, ist umstritten (verneinend Eidenmüller 2015, S. 55). Im Folgenden soll unter Effizienz ein normatives Kriterium verstanden werden, das die Folgen einer rechtlichen Entscheidung an deren gesamtgesellschaftlichen Kosten und Nutzen mit dem Ziel einer Wohlfahrtsmaximierung misst.

4.2 Effizienz und Effektivität

Zu differenzieren ist zwischen Effizienz und Effektivität einer Regelung (Fleischer und Zimmer 2008, S. 13). Eine Rechtsnorm ist *effektiv*[6], wenn sie faktisch geeignet ist, ein bestimmtes, wenn auch beliebiges gesellschaftliches Ziel (etwa Verringerung des Drogenkonsums, Bekämpfung des Terrorismus oder der Wirtschaftskriminalität) zu erreichen (siehe auch den Beitrag von Wrase in diesem Band). Nicht jede effektive Regelung ist jedoch *effizient*. Die Annahme z. B., dass eine Verschärfung des Betäubungsmittelstrafrechts effizienter ist als nicht-strafrechtliche Alternativen, wie Legalisierung oder Substitution, ist zumindest angreifbar (vgl. nur Cooter und Ulen 2012, S. 518ff.; Kirchgässner 2013, S. 148ff. m. w. N.). Umgekehrt aber kann eine Rechtsnorm, die nicht effektiv ist, nicht effizient sein; es handelt sich dann um symbolische Gesetzgebung (Hassemer 1989; siehe auch den Beitrag von Wrase in diesem Band). Ist eine Rechtsnorm nicht effizient, muss unter wohlfahrtsökonomischer Perspektive nach (außer-)rechtlichen Alternativen gesucht werden.

4.3 Legitimität eines ökonomischen Ansatzes

Soweit es um die Analyse der Folgen rechtlicher Regelungen geht, hat die ökonomische Analyse als Realwissenschaft ihre Berechtigung in der Rechtstatsachenforschung, bei der Abschätzung von Gesetzesfolgen und der Folgenorientierung in der Rechtsanwendung (Petersen und Towfigh 2017, S. 5). Wenn vom Gesetzgeber Effektivität im Hinblick auf gesetzgeberische Ziele gefordert wird, ist dies im Sinne einer rationalen Gesetzgebung zu begrüßen (Schreiber 1984, S. 178f.). Dies gilt auch, wenn eine gewisse Prognoseunsicherheit bleibt, denn individuelles Verhalten ist nur begrenzt voraussehbar und Gesellschaften sind komplexe Systeme. Doch: „es ist besser kurzsichtig als blind durch die Welt zu gehen" (van Aaken 2004, S. 1, 31).

Da sich *Effektivität* auf beliebige gesellschaftliche Ziele bezieht, legitimiert sie allein noch keine rechtliche Regelung. *Effizienz* ist dagegen *ein* legitimes normatives Kriterium zur Beurteilung gesetzgeberischer Maßnahmen, denn eine Verschwendung knapper Ressourcen ist gesellschaftlich nicht wünschenswert. Allokationseffizienz tritt aber in Konkurrenz zu anderen Prinzipien, wie z. B. Freiheitsverbürgungen oder Verteilungsgerechtigkeit. Dabei setzt insbesondere die Verfassung einer reinen Effizienzorientierung des Rechts Grenzen, etwa durch das Verhältnismäßigkeitsprinzip. Außerdem sind die Prinzipien der unterschiedlichen

---

6 Statt von Effektivität wird auch von „Wirtschaftlichkeit" gesprochen, vgl. Eidenmüller 2015, S. 55; Fleischer und Zimmer 2008, S. 13.

Rechtsgebiete zu beachten, wie im Strafrecht das Gesetzlichkeitsprinzip (Art. 103 Abs. 2 GG), das Schuldprinzip oder das „ultima-ratio"-Prinzip. So ist sicherlich die effektive Kriminalitätsbekämpfung unter Effizienzerwägungen ein legitimes gesetzgeberisches Ziel, denn sie senkt soziale Kosten (für den Staat und die Opfer). Dennoch darf dieses nicht um jeden Preis durchgesetzt werden (Hassemer und Neumann 2017, Rn. 58ff., 77ff.). Denn jede Verhaltenskriminalisierung schränkt Freiheitsrechte der Bürger ein und verursacht damit auch Kosten. Allein unter Effizienzgesichtspunkten könnte man vorsorglich alle potentiellen Täter sehr lange einsperren oder gar hinrichten, denn dies würde für die Zukunft zu einer (kostensparenden) niedrigeren Kriminalitätsrate führen.[7]

4.4 Effizienz und Gerechtigkeit

„Was den Juristen in erster Linie umtreibt – die ‚gerechte Verteilung' der Güter – ist für den Ökonomen völlig belanglos, soweit eine andere Güterallokation keine höhere Effizienz zur Folge hat" (Towfigh 2017, S. 40). In einer berühmt gewordenen Formulierung: „Efficiency corresponds to the 'size of the pie', while equity has to do with how it is sliced" (Polinsky 2011, S. 7). Hier muss zwar nicht, kann aber ein Zielkonflikt (trade-off) zwischen Effizienz (efficiency) und (Verteilungs-)Gerechtigkeit (equity) entstehen (Mathis 2006; Okun 1975). Dies wird insbesondere relevant bei der staatlichen Umverteilung limitierter ökonomischer Güter, z. B. durch die Steuer- und Sozialgesetzgebung. Auch Vertreter des ökonomischen Ansatzes erkennen weitgehend an, dass Allokationseffizienz nicht der alleinige normative Maßstab sein kann (Schäfer und Ott 2013, S. 6f.). Nach *Posner* soll im Zivilrecht das Effizienzkriterium, im Öffentlichen Recht das Gerechtigkeitskriterium den Vorrang haben (1993, S. 388).

5 Exkurs: Die Rezeption des ökonomischen Ansatzes in Deutschland

Der (wohlfahrts-)ökonomische Ansatz als Gerechtigkeitstheorie steht ideengeschichtlich in der Tradition des vor allem in der angloamerikanischen Ethik dominanten Utilitarismus. Diese auf *Bentham* (2007; Überblick bei Mathis 2006,

---

7 Zur Problematik einer Sicherung durch Freiheitsentzug (Incapacitation) als Strategie Kunz und Singelnstein 2016, § 21 Rn. 12ff.

S. 114ff.) zurückgehende Gesellschaftstheorie wird heute in verschiedenen zum Teil sehr elaborierten Spielarten vertreten. Ihr Gerechtigkeitskriterium ist stark vereinfacht die Maximierung des gesellschaftlichen Nutzens (principle of utility). Utilitarismus ist ein „Eckpfeiler der ökonomischen Wohlfahrtstheorie" (Eidenmüller 2015, S. 25), auch wenn sich die Konzepte nicht vollständig decken, da zwischen ökonomischem und utilitaristischem Nutzen bzw. Effizienzsteigerung und Nutzenmaximierung Unterschiede bestehen können (Eidenmüller 2015, S. 179ff.). Die „feste geistesgeschichtliche Verwurzelung" des Utilitarismus in der angloamerikanischen Ethikdiskussion und die Tradition des Rechtsrealismus (legal realism) wird neben den Unterschieden zwischen common law und civil law als ein Grund dafür gesehen, dass die ökonomische Analyse sich in den Vereinigten Staaten durchsetzen konnte (Grechenich und Gelter 2008). Es stellt sich deshalb die Frage, warum sich der (wohlfahrts-)ökonomische Ansatz im Recht auch in Deutschland mit seiner unterschiedlichen geistesgeschichtlichen Tradition zunehmend etablieren kann.

Der Siegeszug des ökonomischen Ansatzes als umfassendes sozialwissenschaftliches Programm ist möglicherweise nur eine Reaktion auf reale gesellschaftliche Entwicklungen in allen modernen Industriegesellschaften hin zu einer Ökonomisierung und Rationalisierung (in diese Richtung z. B. Beck 1986, S. 205ff.; Singelnstein und Stolle 2012, S. 16ff.). Schlagworte sind Globalisierung und Internationalisierung der Wirtschaft, das gesellschaftliche Primat der Ökonomie über andere Normensysteme wie Politik, Ethik und Recht, der Aufstieg der neoliberalen Ideologie und die Forderung nach einem „schlanken Staat". Der wohlfahrtsökonomische Ansatz verspricht darüber hinaus Rationalität staatlichen Handelns, ein Versprechen, das er jedoch im Hinblick auf die vielen mit dem Effizienzkriterium verbundenen Unklarheiten nicht ohne weiteres einlösen kann (so zum Postulat einer „rationalen Gesetzgebung im Wirtschaftsstrafrecht" auch Theile 2012, S. 285).

Auch die Privatisierung staatlicher Aufgaben (Deregulierung) und die damit verbundene Skepsis gegenüber dem traditionellen Lenkungsmodell fügen sich in diese Entwicklung ein (zur Privatisierung im Bereich der Sicherheits- und Kontrollagenturen siehe Singelnstein und Stolle 2012, S. 103ff.). Dies trifft aber nicht auf alle Rechtsgebiete gleichermaßen zu. Gerade das Strafrecht expandiert. Hier spricht einiges dafür, dass die Ökonomisierung auch auf Tendenzen eines „Governing through Crime" (Sack 2003; Simon 2009; siehe auch den Beitrag von Schlepper in diesem Band), eine Forcierung des strafrechtlichen Lenkungsdenkens sowie auf die Europäisierung und Internationalisierung des Strafrechts zurückzuführen ist (Hefendehl 2007, S. 816, 830ff.). Hinzu kommt ein durch gesellschaftliche Verunsicherungen geprägter Sicherheitsdiskurs (Singelnstein und Stolle 2012, S. 34ff.).

6 Die Ökonomisierung des Strafrechts

6.1 Vorbemerkung

Im deutschen Strafrecht hat sich die ökonomische Analyse als Forschungsrichtung stets schwer getan (Hefendehl 2007, S. 816). Bereits das ökonomische Kriminalitätsmodell ist umstritten (Kunz und Singelnstein 2016, § 12 Rn. 12ff.; Wittig 1993). Umso mehr gilt dies für eine normative ökonomische Theorie. Denn das Strafrecht ist als „ultima ratio der Sozialpolitik" nicht ein staatliches Steuerungsmittel unter vielen (Roxin 2006, § 2 Rn. 97 m. w. N.). Die Freiheitsverbürgungen des Rechtsstaats setzen dem Effizienzkalkül Grenzen[8]. Dennoch gibt es unverkennbar Tendenzen zu einer Ökonomisierung des Strafrechts und des Strafverfahrensrechts: Die Gesetzgebung im materiellen Strafrecht ist mit ihrer „Bekämpfungsrhetorik" (vgl. jüngst das Gesetz zur Bekämpfung der Korruption im Gesundheitswesen vom 04.06.2016, BGBl. I, S. 1254) und den ständigen Strafverschärfungen von Effektivierungs- und Effizienzüberlegungen geprägt (Hefendehl 2007, S. 816). Eine Ökonomisierung lässt sich auch im Strafprozessrecht beobachten.

6.2 Effektive Verhaltenssteuerung durch Strafe?

Hinter dem ökonomischen Ansatz im Strafrecht steht der Gedanke effektiver Verhaltenssteuerung durch Strafandrohung, also die Theorie der negativen Generalprävention, ganz in der Tradition der Feuerbach'schen Lehre vom psychologischen Zwang (Feuerbach 1847, S. 38ff.).[9] Abschreckung gründet auf der (angreifbaren) Verhaltensannahme, dass auch Kriminelle rational handeln (Wittig 1993, S. 75ff.). Die empirische Abschreckungsforschung ist inzwischen unübersichtlich (Überblick bei Cooter und Ulen 2012, S. 491ff.; Eisenberg und Kölbel 2017, § 41 Rn. 11ff.; Spirgath 2012). Sie ist zudem mit erheblichen methodischen Problemen konfrontiert (Bock 2013, Rn. 880f.; zum sogenannten „publication bias" Hermann 2016, S. 207). In der bundesdeutschen Abschreckungsforschung dominiert die Ansicht, dass die (wahrgenommenen) Sanktionsrisiken eher als die (wahrgenommene) Sanktionsschwere verhaltensbeeinflussend sind und zwar tendenziell eher bei Eigentums- und weniger schweren Delikten als bei schweren gewalthaltigen

---

8 Für Fezer (1986, S. 823) sind „ökonomische Rechtsanalyse und freiheitliches Rechtsdenken" sogar „unvereinbar".

9 Positive Folgen einer Sanktionierung können auch Resozialisierung und positive Generalprävention sein.

Delikten (Eisenberg und Kölbel 2017, § 41 Rn. 13; Kunz und Singelnstein 2016, § 20 Rn. 9ff. jeweils m. w. N.). Die empirische Abschreckungsforschung zieht damit die Effektivität von Strafschärfungen zur Verringerung der Kriminalität in Frage und damit auch deren Effizienz.

6.3 Alternative Strategien

Selbst wenn Sanktionsschwere oder zumindest Sanktionsrisiken verhaltensbeeinflussende Faktoren sind, ist Strafe nicht stets das gesamtgesellschaftlich effizienteste Mittel. Strafverfolgung verursacht erhebliche Kosten.[10] So gaben 2015 Bund und Länder rund 9,3 Mrd. Euro für die ordentlichen Gerichte[11] (auch die Staatsanwaltschaften) aus (Statistisches Bundesamt 2015, S. 51). Nach einer Studie zahlte Deutschland zwischen 1990 und 2003 allein für die Verfolgung von BtMG-Delikten im Zusammenhang mit Heroin 1,59 Mrd. Euro (European Monitoring Centre for Drugs and Drug Addiction 2003, S. 14).

Im Hinblick auf das Effizienzprinzip ist deshalb abzuwägen zwischen dem gesellschaftlichen Nutzen, der durch eine Verhaltenssteuerung im Sinne des gesetzgeberischen Zieles (Senkung der Kriminalität) erreicht werden kann, und den damit einhergehenden gesellschaftlichen Kosten.

Unter Effizienzgesichtspunkten lässt sich auch über alternative Politiken nachdenken. In einer Empfehlung des Europarats zum „Management of Criminal Justice" (1996, S. 12f.) werden zur Steigerung der Effektivität und Effizienz der Strafjustiz vier Strategien aufgezeigt: neue Formen der Kriminalpolitik (Entkriminalisierung, Mediation etc.), Vereinfachung des Strafverfahrens, Adaption von effektiven Managementstrategien aus dem privaten Sektor zur Verbesserung der Leistungsfähigkeit und die Bereitstellung erhöhter finanzieller Mittel. Entkriminalisierung als eine Handlungsalternative des Gesetzgebers wird derzeit aber kaum in Erwägung gezogen. Gleiches gilt für den Strafvollzug, insbesondere im Hinblick

---

10 Insofern ist die übliche Formulierung in den Gesetzesmaterialien „Kosten keine" unzutreffend.
11 Eine weitere Aufschlüsselung fehlt.

auf die Gefängnisstrafe[12], denn auch hier sind effizientere Regelungen denkbar (z. B. die Implementierung sozialer Programme).[13]

6.4 Materielles (Wirtschafts-) Strafrecht

Dass der Gesetzgeber davon ausgeht, dass Strafverschärfungen zu niedrigeren Kriminalitätsraten führen, verrät die bereits angesprochene „Bekämpfungsrhetorik" (Hefendehl 2007, S. 816, 826) der neueren Gesetzgebung. Umgesetzt wird dies durch bestimmte Regelungstechniken, etwa abstrakte Gefährdungs- und Blanketttatbestände.

Am Wirtschaftstrafrecht lässt sich dies gut verdeutlichen. Denn immerhin geht es um rechtliche Rahmenbedingungen für die Wirtschaft; zudem gelten Wirtschaftskriminelle eher als andere Täter als rational. Ein Beispiel: Anders als der Betrug gemäß § 263 StGB erfordert der Subventionsbetrug gemäß § 264 StGB nur eine Täuschung und stellt sogar die leichtfertige Begehung unter Strafe. Die Vorschrift soll den Subventionsmissbrauch effektiver bekämpfen (BT-Drs. 7/529, S. 1, 3ff.), somit zu einer gesamtgesellschaftlich erwünschten Verhaltensänderung und zur Einsparung staatlicher Mittel führen. Ob dies tatsächlich erreicht wird, ist wegen fehlender empirischer Daten umstritten (Überblick bei Saliger 2016, Rn. 3). Die Polizeiliche Kriminalstatistik (PKS) 2015 weist für das Berichtsjahr nur 462 Fälle aus. Soweit es zu (oft langen) Strafverfahren wegen Subventionsbetrugs kommt, entstehen aber auch (mangels empirischer Daten nicht bezifferbare) Kosten. Selbst wenn § 264 StGB die Subventionskriminalität effektiv bekämpfte, lässt sich somit keine gesicherte Aussage über dessen Effizienz treffen.

Aber auch wenn Verschärfungen des Strafrechts effektiv und effizient sind, ergeben sich Zielkonflikte mit grundlegenden Prinzipien des materiellen Strafrechts. Der Zielkonflikt zugespitzt zwischen Freiheit und Effizienz muss unter Berücksichtigung der normativen (insbesondere verfassungsrechtlichen) Vorgaben gelöst werden.

---

12 Nach Angaben des Statistischen Bundesamtes (2015, S. 55) wandten die Länder 2011 2,7 Mrd. Euro für den laufenden Betrieb der Justizvollzugsanstalten auf. Dabei konnten die Justizvollzugsanstalten in demselben Jahr Einnahmen in Höhe von 153 Mio. Euro erzielen (z. B. durch Verkauf von dort hergestellten Produkten). Zu Fragen eines effizienten Strafvollzugs vgl. auch Cooter und Ulen 2012, S. 501ff. m. w. N.

13 Zutreffend konstatiert Fruhner (2008, S. 357), dass die Ökonomisierung auch den Vollzug erfasst.

6.5 Strafprozessrecht

Auch im Strafprozessrecht zeigen sich Ökonomisierungstendenzen und damit einhergehende Zielkonflikte. Im Entwurf eines Gesetzes der Bundesregierung zur effektiveren und praxistauglicheren Ausgestaltung des Strafverfahrens vom 22.02.2017 (BT-Drs. 18/11277, S. 1), heißt es anschaulich: „Zentrales Anliegen des Strafprozesses ist die Ermittlung des wahren Sachverhaltes, ohne den sich das materielle Schuldprinzip nicht verwirklichen lässt". Da der Staat von Verfassungs wegen gehalten sei, „eine funktionsfähige Strafrechtspflege zu gewährleisten, ohne die der Gerechtigkeit nicht zum Durchbruch verholfen werden" könne, sei es erforderlich, „die strafprozessualen Vorschriften laufend auf ihre Tauglichkeit, Zeitgemäßheit und Effektivität hin zu überprüfen und das bestehende Regelungsgefüge unter Wahrung der genannten Ziele des Strafverfahrens an die sich ändernden Rahmenbedingungen anzupassen".

Das Gebot der Wirtschaftlichkeit (dazu eingehend Kühne 2015, § 14) findet sich zwar nicht in der StPO, aber in der RiStBV (vgl. Nr. 5a RiStBV). Die Verankerung in der RiStBV verdeutlicht die besondere *faktische* Bedeutung dieses Grundsatzes, ohne dass ihm für das Strafverfahren *rechtlich* eine große Bedeutung zukommt (Kühne 2015, § 14 Rn. 285; Nestler 2012, S. 88, 95).

Die Entwicklung des Strafprozesses geht hin zu einer zunehmenden Flexibilisierung und Informalisierung (ferner „Verfahrensbeschleunigung und Justizentlastung", dazu Rieß 2009, S. 466, 477; siehe auch den Beitrag von Burghardt in diesem Band). Ein besonders markantes Beispiel hierfür sind die verfahrensbeendenden Absprachen gem. § 257c StPO (Roxin und Schünemann 2014, § 17, § 44 Rn. 59ff. m. w. N.), insbesondere in den oft aufwändigen Wirtschafts-[14] und Betäubungsmittelstrafverfahren. Diese „deals" führen in der Regel zu einer Verkürzung der Verfahren (zur überlangen Verfahrensdauer siehe Krehl und Eidam 2006, S. 1), zu einer Entlastung der Justiz und damit zu einer Reduktion der Kosten der Strafverfolgung (vgl. Altenhain et al. 2013; Jahn und Kudlich 2016, Rn. 5f. m. w. N.). Hier zeigt sich ein Zielkonflikt[15]: Das Effizienzprinzip kann bei dieser Form der

---

14 Schünemann (2015, S. 161) spricht von einer „Überforderung der juristischen Akteure durch die Komplexität der in Wirtschaftsstrafverfahren zu erfassenden Wirklichkeit".

15 Hierzu Roxin und Schünemann 2014, § 17, § 44 Rn. 73ff. Vgl. auch Landau (2014, S. 425, 431) aus Anlass der Entscheidung des BVerfG vom 19.03.2013 (BVerfGE 133, 168) verbunden mit der Hoffnung, „dass der Zielkonflikt zwischen höchsten idealistischen Ansprüchen an den deutschen Strafprozess einerseits und andererseits den praktischen Notwendigkeiten, Verfahren zeitgerecht abzuschließen, für die Gerichte nicht zum Weg zwischen Skylla und Charybdis wird – und wenn doch, so doch wenigstens glücklich endet wie in der Odyssee: mit der Heimkehr des Helden".

Verfahrenserledigung Grundprinzipien des Strafprozessrechts zuwider laufen, nämlich dem Grundsatz der materiellen Wahrheit, der Schuldangemessenheit der Strafe, dem Fair-Trial-Prinzip sowie dem Legalitätsprinzip.

7 Fazit

Ökonomisierung des Rechts ist ein schillernder Begriff. Nach der hiesigen Ansicht sollte sich eine Auseinandersetzung hiermit nicht darauf beschränken, die oft rechtsstaatlich bedenklichen Konsequenzen einer neoliberalen Rechtspolitik und das damit einhergehende Kostendiktat zu kritisieren. Ökonomisierung ist im Zusammenhang mit der Diskussion um „Law and Economics" und speziell um die Wohlfahrtsökonomie zu sehen. Hier steht nicht Kostenersparnis, sondern Effektivität und Effizienz im Vordergrund. Effektivitäts- und Effizienzerwägungen sind im Bereich einer rationalen Gesetzgebung legitim, finden aber ihre Grenzen, wenn sie in einen Zielkonflikt mit grundlegenden, zum Teil verfassungsrechtlich verbürgten Rechtsprinzipien treten. Verengt man den Blickwinkel auf Kostenreduzierung, verliert man schnell außer Augen, dass möglicherweise andere Handlungsoptionen bestehen, die unter Effizienzgesichtspunkten vorzugswürdig sind. Im Strafrecht, das derzeit durch eine Ausdehnung der Strafbarkeit und Strafverschärfungen gekennzeichnet ist, könnten Entkriminalisierungsstrategien effizienter sein. Auch im Strafprozessrecht sollte im Sinne einer effizienten Gesetzgebung nicht nur über Einsparungen, sondern auch über gesetzgeberische Alternativen nachgedacht werden.

Literatur

Altenhain, K., Dietmeier, F., & May, M. (2013). *Die Praxis der Absprachen im Strafverfahren*. Baden-Baden: Nomos.
Beck, U. (1986). *Risikogesellschaft. Auf dem Weg in eine andere Moderne*. Frankfurt a. M.: Suhrkamp.
Becker, G. S. (1976). *The Economic Approach to Human Behavior*. Chicago: University of Chicago Press.
Bentham, J. (2007). *An Introduction to the Principles of Moral and Legislation*. Mineola, New York: Dover Publications.
Bock, M. (2013). *Kriminologie*. 4. Aufl., München: Franz Vahlen.
Canaris, C.-W. (1993). Funktion, Struktur und Falsifikation juristischer Theorien. *Juristenzeitung*, 48(8), S. 377–391.

Coase, R. H. (1960). The Problem of Social Cost. *Journal of Law & Economics*, 3, S. 1–44.
Coase, R. H. (1993). Law and Economics at Chicago. *Journal of Law & Economics*, 36(1), S. 239–254.
Cooter, R., & Ulen, T. (2012). *Law and Economics*. 6. Aufl., Boston: Addison-Wesley (Pearson Education).
Council of Europe (1996). *The Management of Criminal Justice. Recommendation No. R (95) 12 and report*. Strasbourg.
Eidenmüller, H. (2015). *Effizienz als Rechtsprinzip: Möglichkeiten und Grenzen der ökonomischen Analyse des Rechts*. 4. Aufl., Tübingen: Mohr Siebeck.
Eisenberg, U., & Kölbel, R. (2017). *Kriminologie*. 7. Aufl., Tübingen: Mohr Siebeck.
Engel, C. (1998). Rechtswissenschaft als angewandte Sozialwissenschaft. Die Aufgabe der Rechtswissenschaft nach der Öffnung der Rechtsordnung für sozialwissenschaftliche Theorie. *Gemeinschaftsgüter: Recht, Politik und Ökonomie. Preprints aus der Max-Planck-Projektgruppe Recht der Gemeinschaftsgüter*, 1, S. 1–28.
European Monitoring Centre for Drugs and Drug Addiction (2003). *Public Spending on Drugs in the European Union During the 1990s*. Lissabon.
Engel, C., Englerth, M., Lüdemann, J., & Spiecker gen. Döhmann, I. (Hrsg.). (2007). *Recht und Verhalten. Beiträge zu Behavioral Law and Economics*. Tübingen: Mohr Siebeck.
Fezer, K.-H. (1986). Aspekte einer Rechtskritik an der Economic Analysis of Law und am Property Rights Approach. *Juristenzeitung*, 41(18), S. 817–824.
Fezer, K.-H. (1988). Nochmals: Kritik an der ökonomischen Analyse des Rechts. *Juristenzeitung*, 43(5), S. 223–227.
Fleischer, H., & Zimmer, D. (Hrsg.). (2008). Effizienz als Regelungsziel im Handels- und Wirtschaftsrecht. Effizienzorientierung im Handels- und Wirtschaftsrecht – Einführung und Überblick. *Beihefte der Zeitschrift für das gesamte Handelsrecht und Wirtschaftsrecht*, 74, S. 9–42.
Feuerbach, P. J. A. Ritter von (1847). *Lehrbuch des gemeinen in Deutschland gültigen peinlichen Rechts*. 12. Aufl., Gießen: Heyer.
Fruhner, F.-M. (2008). Strafvollzug im Umbruch – Stand und Perspektiven der Reformgesetzgebung zum Strafvollzug. *Landes- und Kommunalverwaltung*, 18(8), S. 357–359.
Grechenich, K., & Gelter, M. (2008). Divergente Evolution des Rechtsdenkens – Von amerikanischer Rechtsökonomie und deutscher Dogmatik. *Rabels Zeitschrift für ausländisches und internationales Privatrecht*, 72(3), S. 513–561.
Hassemer, W. (1989). Symbolisches Strafrecht und Rechtsgüterschutz. *Neue Zeitschrift für Strafrecht*, 9(12), S. 553–559.
Hassemer, W., & Neumann, U. (2017). Vorbemerkung zu § 1 StGB. In U. Kindhäuser, U. Neumann & H.-U. Paeffgen (Hrsg.), *Nomos Kommentar Strafgesetzbuch*. 5. Aufl., Baden-Baden: Nomos.
Hefendehl, R. (2008). Außerstrafrechtliche und strafrechtliche Instrumentarien zur Eindämmung der Wirtschaftskriminalität. *Zeitschrift für die gesamte Strafrechtswissenschaft*, 119(4), S. 816–847.
Hermann, D. (2016). Der Publication Bias in der Abschreckungsforschung – Eine Krise der Kriminologie und Ökonomie?. In F. Neubacher & N. Bögelein (Hrsg.), *Krise – Kriminalität – Kriminologie* (S. 207–220). Mönchengladbach: Forum Verlag Godesberg.
Jahn, M., & Kudlich, H. (2016). Kommentierung zu § 257c StPO. In C. Knauer, H. Kudlich & H. Schneider (Hrsg.), *Münchener Kommentar zur StPO*. München: C. H. Beck.
Kirchgässner, G. (2013). *Homo Oeconomicus*. 4. Aufl., Tübingen: Mohr Siebeck.

Krehl, C., & Eidam, L. (2006). Die überlange Dauer von Strafverfahren. *Neue Zeitschrift für Strafrecht,* 26(1), S. 1–10.

Kunz, K.-L., & Singelnstein, T. (2016). *Kriminologie.* 7. Aufl., Stuttgart: UTB Verlag.

Kühne, H.-H. (2015). *Strafprozessrecht. Eine systematische Darstellung des deutschen und europäischen Strafverfahrensrechts.* 9. Aufl., Heidelberg: Müller.

Ladeur, K.-H. (2000). Die rechtswissenschaftliche Methodendiskussion und die Bewältigung des gesellschaftlichen Wandels. Zugleich ein Beitrag zur Bedeutung der ökonomischen Analyse des Rechts. *Rabels Zeitschrift für ausländisches und internationales Privatrecht,* 64(1), S. 60–103.

Landau, H. (2008). Das Urteil des Zweiten Senats des BVerfG zu den Absprachen im Strafprozess vom 19. März 2013. *Neue Zeitschrift für Strafrecht,* 34(8), S. 425–431.

Luhmann, N. (1994). *Soziale Systeme: Grundriss einer allgemeinen Theorie.* 5. Aufl., Frankfurt a. M.: Suhrkamp.

Magen, S. (2014). Konjunkturen der Rechtsökonomie als öffentlich-rechtlicher Grundlagenforschung. *Gemeinschaftsgüter: Recht, Politik und Ökonomie. Preprints aus der Max-Planck-Projektgruppe Recht der Gemeinschaftsgüter,* 20, S. 1–15.

Mathis, K. (2006). *Effizienz statt Gerechtigkeit? Auf der Suche nach den philosophischen Grundlagen der Ökonomischen Analyse des Rechts.* 2. Aufl., Berlin: Duncker & Humblot.

Nestler, N. (2012). Strafverfahren zwischen Wirtschaftlichkeit und Legalitätsprinzip. *Juristische Arbeitsblätter,* 34(2), S. 88–95.

Okun, A. M. (1975). *Equality and Efficiency. The Big Tradeoff.* Washington, DC: Brookings Institution.

Olson, M. (1985). *Die Logik des kollektiven Handelns: Kollektivgüter und die Theorie der Gruppen.* Tübingen: Mohr Siebeck.

Ott, C., & Schäfer, H.-B. (1988). Die ökonomische Analyse des Rechts – Irrweg oder Chance wissenschaftlicher Rechtserkenntnis? *Juristenzeitung,* 43(5), S. 213–223.

Petersen, N., & Towfigh, E. V. (2017). Ökonomik in der Rechtswissenschaft. In N. Petersen & E. V. Towfigh (Hrsg.), Ökonomische Methoden im Recht. 2. Aufl., Tübingen: Mohr Siebeck.

Polinsky, A. M. (2011). *An Introduction to Law and Economics.* 4. Aufl., New York: Wolters Kluwer Law & Business.

Posner, R. A. (1993). *The Problems of Jurisprudence.* Cambridge: Harvard University Press.

Posner, R. A. (2014). *Economic Analysis of Law.* 9. Aufl., New York: Wolters Kluwer Law & Business.

Rawls, J. (1979). *Eine Theorie der Gerechtigkeit.* Frankfurt a. M.: Suhrkamp.

Rieß, P. (2009). Entwicklungstendenzen in der deutschen Strafprozessgesetzgebung seit 1950. *Zeitschrift für Internationale Strafrechtsdogmatik,* 4(10), S. 466–482.

Roxin, C. (2006). *Strafrecht. Allgemeiner Teil. Band I: Grundlagen. Der Aufbau der Verbrechenslehre.* 4. Aufl., München: C. H. Beck.

Roxin, C., & Schünemann, B. (2014). *Strafverfahrensrecht.* 28. Aufl., München: C. H. Beck.

Röhl, K. F. (2005). Recht und Wirtschaft als Thema der Rechtssoziologie. *Zeitschrift für Rechtssoziologie,* 26(1), S. 3–34.

Röhl, K. F. (2009). Ökonomisierung der Justiz und richterliche Unabhängigkeit. In Sächsisches Staatsministerium der Justiz und für Europa (Hrsg.), *Impulse für eine moderne und leistungsstarke Justiz. Dokumentation Symposium Justizlehre Dresden 2009.* Stuttgart: Boorberg.

Sack, F. (2003). Governing Through Crime? In F. W. Busch & H.-J. Wätjen (Hrsg.), *Oldenburger Universitätsreden. Vorträge – Ansprachen – Aufsätze.* http://oops.uni-oldenburg.de/1336/1/ur147.pdf. Zugegriffen: 23. Oktober 2017.

Saliger, F. (2016). Kommentierung zu § 264 StGB. In H. Satzger, W. Schluckebier & G. Widmaier (Hrsg.), *StGB. Strafgesetzbuch. Kommentar.* 3. Aufl., Köln: Carl Heymanns.
Schäfer, H.-B., & Ott, C. (2013). *Lehrbuch der ökonomischen Analyse des Zivilrechts.* 5. Aufl., Berlin: Springer Gabler.
Schimank, U., & Volkmann, U. (2017). Ökonomisierung der Gesellschaft. In A. Maurer (Hrsg.), *Handbuch der Wirtschaftssoziologie.* 2. Aufl., Wiesbaden: Springer VS.
Schreiber, H.-L. (1984). Ist eine Effektivitätskontrolle von Strafgesetzen möglich? In H. Schäffer & O. Triffterer (Hrsg.), *Rationalisierung der Gesetzgebung: Jürgen-Rödig-Gedächtnissymposium, 28.-30. Okt. 1982, Salzburg, Residenz* (S. 178–186). Baden-Baden: Nomos.
Schünemann, B. (2015). Überfordert die Komplexität der Wirklichkeit die Juristen? *Zeitschrift für Wirtschafts- und Steuerstrafrecht,* 34(5), S. 161–166.
Simon, J. (2009). *Governing Through Crime. How the War on Crime Transformed American Democracy and Created a Culture of Fear.* Oxford: Oxford University Press.
Singelnstein, T. (2014). Sieben Thesen zu Entwicklung und Gestalt des Strafrechts. *Zeitschrift für Rechtssoziologie,* 34(1/2), S. 321–329.
Singelnstein, T., & Stolle, P. (2012). *Die Sicherheitsgesellschaft: Soziale Kontrolle im 21. Jahrhundert.* 3. Aufl., Wiesbaden: Springer VS.
Spirgath, T. (2012). Zur Abschreckungswirkung des Strafrechts – Eine Metaanalyse kriminalistischer Untersuchungen. In H. Schöch, D. Dölling, B.-D. Meier & T. Verrel (Hrsg.), *Kriminalwissenschaftliche Schriften, Band 39.* Berlin: LIT Verlag Dr. W. Hopf.
Statistisches Bundesamt (2015). *Justiz auf einen Blick.* http://t1p.de/xzns. Zugegriffen: 23. Oktober 2017.
Theile, H. (2012). Rationale Gesetzgebung im Wirtschaftsstrafrecht. *Zeitschrift für Wirtschafts- und Steuerstrafrecht,* 31(8), S. 285–291.
Towfigh, E. V. (2016). Rational Choice and Its Limits. *German Law Journal,* 17(5), S. 763–778.
Towfigh, E. V. (2017). Das ökonomische Paradigma. In N. Petersen & E. V. Towfigh (Hrsg.), *Ökonomische Methoden im Recht.* 2. Aufl., Tübingen: Mohr Siebeck.
Van Aaken, A. (2002). Konsens als Grundnorm? Chancen und Grenzen der Ordnungsökonomik in der normativen Theorie des Rechts. *Archiv für Rechts- und Sozialphilosophie,* 88(1), S. 28–50.
Van Aaken, A. (2003). Normative Grundlagen der ökonomischen Theorie im öffentlichen Recht. In A. van Aaken & S. Schmid-Lübbert (Hrsg.), *Beiträge zur ökonomischen Theorie im öffentlichen Recht* (S. 89–118). Wiesbaden: Deutscher Universitätsverlag.
Van Aaken, A. (2004). Vom Nutzen der ökonomischen Theorie im öffentlichen Recht: Methode und Anwendungsmöglichkeiten. In M. Bungenberg, S. Dank, H. Heinrich, O. Hünemörder, C. Schmidt, R. Schroeder, A. Sickert & F. Unkroth (Hrsg.), *Recht und Ökonomik. 44. Assistententagung Öffentliches Recht Jena 2004.* München: C. H. Beck.
Wagner, G. (2017). Privatrechtsdogmatik und ökonomische Analyse. In M. Auer, H. C. Grigoleit, J. Hager, C. Herresthal, F. Hey, I. Koller, K. Langenbucher, J. Neuner, J. Petersen, T. Riehm & R. Singer (Hrsg.), *Privatrechtsdogmatik im 21. Jahrhundert: Festschrift für Claus-Wilhelm Canaris zum 80. Geburtstag* (S. 281–318). Berlin: Walter de Gruyter.
Wittig, P. (1993). *Der rationale Verbrecher: Der ökonomische Ansatz zur Erklärung kriminellen Verhaltens.* Berlin: Duncker & Humblot.
Wittig, P. (1995). Die Aufrechterhaltung gesellschaftlicher Stabilität bei John Rawls. *Zeitschrift für die gesamte Strafrechtswissenschaft,* 107(2), S. 251–284.

Interdisziplinäre Forschung zur Globalisierung und Europäisierung des Rechts
Das Beispiel der Meinungsfreiheit im Internet

Michael Riegner

1 Einleitung: Ein Selfie mit Folgen

Anfang 2017 trafen zwei Parteien vor dem Landgericht Würzburg aufeinander, die ungleicher nicht sein könnten: Auf Klägerseite stand der 19-jährige syrische Flüchtling Anas M., auf Beklagtenseite der Weltkonzern Facebook. Gegenstand des Rechtsstreits war ein „Selfie", das M. mit Bundeskanzlerin Angela Merkel gemacht hatte, als diese im September 2015 ein Flüchtlingsheim in Berlin besuchte. Das Foto wurde auf Facebook verbreitet und von mutmaßlich rechtsextremen Nutzern missbraucht, um den Flüchtling als Terroristen und Kriminellen darzustellen: „Obdachloser angezündet. Merkel machte 2015 Selfie mit dem Täter", lautete eine verleumderische Bildüberschrift, die im Dezember 2016 hundertfach geteilt wurde. Nachdem Facebook lediglich die fremdenfeindlichen Originalbeiträge gesperrt hatte, verklagte M. das Unternehmen nun darauf, auch deren Weiterverbreitung durch andere Nutzer zu unterbinden und alle geteilten Posts zu löschen (vgl. LG Würzburg, Urteil vom 07.03.2017 – 11 O 2338/16 UVR).

Dass das Landgericht die Klage letztlich abwies, hat nicht nur mit der schwierigen Abwägung von Meinungsfreiheit und Persönlichkeitsrechten im Internet zu tun, sondern auch mit dem Einfluss der Europäisierung und Globalisierung auf das deutsche Recht. Ja mehr noch: Der Fall steht exemplarisch für die zahlreichen Rechtsprobleme, die sich nur dann angemessen verstehen und lösen lassen, wenn Rechtsforschung nicht nur nationale, sondern auch disziplinäre Grenzen überschreitet. Wie eine solche interdisziplinäre Rechtsforschung jenseits des deutschen Rechts vorgehen kann, ist Thema dieses Beitrags. Er skizziert globale Forschungsperspektiven, die das Völker- und Europarecht, das transnationale Recht und die Rechtsvergleichung interdisziplinär zu erfassen suchen. Die Interdisziplinarität dieser Rechtsforschung bezieht sich dabei primär – wie im gesamten Band – auf die sozialwissenschaftlichen Nachbardisziplinen. Der thematische

Fokus liegt auf der Menschenrechtsforschung, die von Natur aus international und interdisziplinär sein muss, um Aussagen jenseits des positiven Rechts einzelner Staaten zu treffen. Dies illustriert das Beispiel der Meinungsfreiheit im Internet, wie anhand des Eingangsfalles zu zeigen sein wird. Der folgende zweite Teil gibt zunächst einen Überblick über Dimensionen rechtlicher Globalisierung und fragt danach, welche Chancen und Herausforderungen dieser grundlegende Wandel für die interdisziplinäre Rechtsforschung mit sich bringt. Der dritte Teil zeichnet soziologische Traditionslinien der Rechtsforschung jenseits des Staates nach und skizziert anschließend neuere sozialwissenschaftliche und kritische Forschungsansätze. Der Beitrag schließt mit Überlegungen zu Funktionen und Problemen von Interdisziplinarität im globalen Kontext.

2 Wandel des Forschungsgegenstandes: Globalisierung des Rechts

Die Globalisierung bringt auch einen tiefgreifenden Wandel des Forschungsgegenstands der Rechtswissenschaft mit sich. Zunehmende wirtschaftliche, technologische und kulturelle Vernetzung und Interdependenz führt zur Entgrenzung rechtlich geregelter Sachverhalte. Dies illustriert das Beispiel des Internets und transnationaler Konzerne: Facebook beispielsweise wurde in den USA nach kalifornischem Recht gegründet, bietet seine Dienste aber grenzüberschreitend an. In weltweiten sozialen Netzwerken globalisiert sich auch die Ausübung der Meinungsfreiheit (Garton Ash 2016). Auch rechtliche Normen selbst globalisieren sich in drei Wandlungsprozessen: Europäisierung, Transnationalisierung und Internationalisierung.

Das Recht der Europäischen Union beeinflusst Gesetzgebung und Rechtsanwendung und schafft einen europaweiten Binnenmarkt auch im digitalen Raum. Dies ermöglichte es der US-amerikanischen Konzernmutter Facebook Inc. mit Sitz im kalifornischen Menlo Park, eine europäische Tochtergesellschaft in Dublin nach irischem Recht zu gründen, die europaweit operieren kann und auch vor dem Landgericht Würzburg von einem harmonisierten europäischen Rechtsrahmen profitiert. Insoweit ist nicht nur der Schutz der digitalen Privatsphäre in der EU-Datenschutzgrundverordnung (VO 2016/679) vereinheitlicht; die E-Commerce-Richtlinie (RL 2000/31) etabliert auch ein unionsweites Haftungsprivileg für sogenannte Hosting Provider: Speichern Internetplattformen wie Facebook lediglich von Nutzern eingestellte Daten, sind sie für rechtswidrige Inhalte nicht verantwortlich, solange sie von diesen keine Kenntnis haben (Art. 14 RL). Dieses Haftungsprivileg hat der deutsche Gesetzgeber in § 10 des Telemediengesetzes umgesetzt, den das Landgericht Würzburg im eingangs geschilderten Fall anzuwenden hatte.

Danach war Facebook nur verpflichtet, diejenigen verleumderischen Postings zu sperren, die der Betroffene oder andere Nutzer an das Netzwerk gemeldet hatten, nicht aber, proaktiv nach weiteren rechtsverletzenden Posts zu suchen. Da der Betroffene aber das ganze soziale Netzwerk nicht überblicken kann, hatte der Bundesgerichtshof die Haftungsprivilegierung zunächst einschränkend ausgelegt (BGHZ 158, 236): Sie sollte nur für die Schadensersatzhaftung gelten, nicht aber für netzwerkweite Unterlassungsansprüche, wie sie der klagende Flüchtling im Eingangsfall geltend machte. Doch wird auch die deutsche Rechtsanwendung insofern vom Unionsrecht überlagert: Der Europäische Gerichtshof korrigierte den BGH und erstrecke die Privilegierung auf alle Arten von Ansprüchen (EuGH, GRUR 2012, S. 265, 267ff.). Nach dem Maßstab des EuGH war die Klage gegen Facebook abzuweisen, weil der Kläger die hundertfach geteilten, verleumderischen Postings nicht in jedem Einzelfall an Facebook gemeldet hatte.

Das Beispiel des Haftungsprivilegs verweist auch auf eine zweite Dimension der Globalisierung, nämlich die Transnationalisierung und wechselseitige Beeinflussung von Rechtsordnungen. Nicht nur Facebook, sondern auch das Haftungsprivileg stammen aus dem Ursprungsland des Internets, den USA. Der US-Gesetzgeber privilegiert Internetplattformen seit jeher, um der Zensur durch Dienstanbieter vorzubeugen und die Meinungsfreiheit der Internetnutzer zu schützen (Klonick 2018). Auch die sogenannten Gemeinschaftsstandards, auf die Facebook seine 2,2 Milliarden Nutzer weltweit mittels Allgemeiner Geschäftsbedingungen verpflichtet, stellen liberale Regeln für Meinungsäußerungen auf; gegen Verstöße geht das Unternehmen erst vor, wenn sich andere Nutzer beschweren (sogenanntes noticeand-take-down-Verfahren). Gesetzliche Modellwirkung und private Marktmacht führen dazu, dass US-amerikanische Rechtsvorstellungen weltweit relevant werden. Umgekehrt nutzt auch die EU ihr volkswirtschaftliches Gewicht, um ihre Handelspartner extraterritorial an europäische Datenschutzstandards zu binden (Birnhack 2008; Bradford 2015). Dies erhöht den Druck, weltweite Regeln für das Internet zu finden.

Dies verweist auf einen dritten Wandlungsprozess, die Internationalisierung des Rechts. Die Globalisierung bedingt einen Bedeutungsgewinn und einen Strukturwandel des Völkerrechts (Megret 2009; Petersen 2011). Seit den 1990er Jahren beschleunigt sich die Verrechtlichung internationaler Beziehungen: Völkerrechtliche Normsetzung nimmt exponentiell zu, Streitbeilegung wird zunehmend internationalen Gerichten und Schiedsgerichten anvertraut, und internationale Institutionen entfalten verstärkt autonome Rechtsetzungs- und Verwaltungstätigkeit. Kooperationsvölkerrechtliche Strukturen überlagern koexistenz- und koordinationsrechtliche Schichten. Zugleich wächst die Sorge über eine Fragmentierung und Entformalisierung des Völkerrechts. Sektorale Regime entwickeln sich auseinander, Staatlichkeit wird disaggregiert und in transnationalen Expertennetzwerken neu organisiert, die Grenze zwischen Recht und informeller Beeinflussung durch „soft law", Information und Expertise verschwimmt (Koskenniemi 2006; Slaughter 2004).

Neue völkerrechtliche Akteure treten neben die Staaten: Transnationale Unternehmen erhalten eigene Rechte in Investitionsschutzverträgen und zivilgesellschaftliche Organisationen etwa aus der Menschenrechtsbewegung drängen auf Beteiligung an Rechtsetzungs- und Verwaltungsverfahren internationaler Institutionen. Multistakeholderprozesse involvieren zahlreiche staatliche wie nichtstaatliche Akteure beispielsweise in Global Governance des Internets (Kettemann 2013).

Strukturwandelnd wirkt sich vor allem aus, dass Individuen mit überstaatlichen Rechten und völkerstrafrechtlichen Pflichten ausgestattet werden. Seit der Allgemeinen Erklärung der Menschenrechte von 1948 haben sich menschenrechtliche Übereinkommen, Berichtsverfahren und Rechtsschutzinstanzen vervielfacht. Dies hat zur Entstehung eines menschenrechtlichen Mehrebenensystems geführt, das auch die Auslegung der Meinungsfreiheit im Internet beeinflusst. Die Meinungsfreiheit ist im UN-Pakt über bürgerliche und politische Rechte (1966), in der Europäischen Menschenrechtskonvention (1950) und in der EU-Grundrechtecharta (seit 2009) geschützt. Der Europäische Gerichtshof für Menschenrechte erlaubt in seiner Rechtsprechung allerdings die Einschränkung von „hate speech", insbesondere wenn sie menschenrechtlich verbotene Diskriminierungen beinhaltet (Buyse 2014).

Insoweit verpflichtet der älteste UN-Menschenrechtsvertrag, die Anti-Rassismus-Konvention von 1965, die Vertragsstaaten sogar dazu, die Verbreitung rassistischer Äußerungen zu kriminalisieren. Der Konventionsausschuss hat 2013 „Allgemeine Empfehlungen", eine Form des soft law, zur Bekämpfung von rassistischer Hassrede verabschiedet und Deutschland im Rahmen des Staatenberichtsverfahrens 2015 aufgefordert, wirksamer gegen die Verbreitung rassistischer Inhalte im Internet vorzugehen (CERD 2015, para. 9 c). Die Europäische Kommission hat 2016 ebenfalls einen unverbindlichen Code of Conduct gegen hate speech im Internet mit Facebook, Microsoft, Twitter und Youtube vereinbart. Der europäische Gerichtshof hatte bereits 2008 entschieden, dass schon diskriminierende Äußerungen in der Öffentlichkeit gegen europäisches Antidiskriminierungsrecht verstoßen können (Belavusau 2012).

Die beschriebenen Globalisierungstendenzen stellen nicht nur die Rechtspraxis, sondern auch die Rechtswissenschaft vor besondere Herausforderungen. Bei deren Bewältigung spielt die positivistische, dogmatische Rechtsforschung nach wie vor eine wichtige, aber relativierte Rolle. Eine verbreitete Forschungsstrategie besteht darin, rechtsdogmatische und -theoretische Kategorien aus dem staatlichen Bezugsrahmen für die überstaatliche Ebene zu adaptieren, wie es Forschungsansätze zur Konstitutionalisierung des Völkerrechts (Kleinlein 2012), zur internationalen Hoheitsgewalt (Goldmann 2015) oder zum internationalen Verwaltungsrecht (Möllers et al. 2007) tun. Alternative Ansätze sehen den Pluralismus als neues Paradigma einer zunehmend multipolaren Weltordnung. Auch die Rechtsvergleichung verlässt ihre europäisch-nordamerikanische Komfortzone und bezieht zunehmend bedeutsame postkoloniale und rechtspluralistische Rechtsordnungen des Globalen Südens ein.

Spätestens hier zeigt sich, dass die Globalisierung nicht nur Gegenstand und Kontext der Rechtswissenschaft transformiert, sondern auch am Selbstverständnis einer Disziplin rüttelt, deren Grundbegriffe, Methoden und Leistungsprofil auf den europäischen Nationalstaat ausgerichtet sind. Ein globaler Bezugsrahmen stellt herrschende Annahmen über Recht, Rechtsentstehung und Rechtsverwirklichung in Frage und die Rechtswissenschaft vor eine identitätswandelnde Herausforderung (Bogdandy 2015a; Duve 2015). Schon die grundlegende Frage, was „Recht" ist, lässt sich jenseits des Staates und europäisch geprägter Staatlichkeit mit positivistischen Methoden nicht abschließend beantworten (Möllers 2001). Auch wie dieses Recht wirkt und wo es wirkt, also die Frage nach seiner Wirksamkeit und seiner (Extra-)Territorialität, lässt sich im globalen Maßstab nicht allein dogmatisch klären. Insofern befördert die Globalisierung eine Selbstreflexion und Pluralisierung der Rechtswissenschaft. Dies bietet Chancen für die interdisziplinäre Rechtsforschung, die seit jeher mit offeneren Begriffen und pluraleren Methoden arbeitet (Arnauld 2015; Dedek et al. 2018; Wissenschaftsrat 2012).

3 Interdisziplinäre Methoden globalisierter Rechtsforschung

Die globalisierte Rechtsforschung pflegt unterschiedliche Formen der Interdisziplinarität und knüpft an verschiedene Nachbarwissenschaften an. Im nationalen Wissenschaftsvergleich gibt es dabei unterschiedliche Schwerpunkte, die eine gegenseitige Befruchtung im internationalen Austausch nahelegen. So werden in der Forschung zum transnationalen Recht und in der Rechtsvergleichung Traditionslinien der deutschsprachigen Rechtssoziologie fortgeschrieben (3.1.). In der neueren sozialwissenschaftlichen Forschung erfasst eine Welle empirischer Forschung aus dem englischsprachigen Raum auch die deutschsprachige Völker- und Europarechtswissenschaft (3.2.). Rechtskritische Forschung vollzieht sich seit jeher im internationalen Dialog (3.3.). In allen Bereichen macht die Digitalisierung die nachbarwissenschaftliche Auseinandersetzung mit der Informatik und den Medienwissenschaften erforderlich.

3.1 Rechtssoziologische Traditionslinien

Für die deutschsprachige Rechtssoziologie war der Nationalstaat nie alleiniger Bezugsrahmen. Bereits Eugen Ehrlichs disziplinprägende Beobachtungen zur Rechtswirklichkeit standen im imperialen, rechtspluralistischen Kontext des multinationalen Österreich-Ungarns (Ehrlich 1913, W. Fuchs in diesem Band). Max Weber definierte die bürokratisch-rationale Eigenart modernen Rechts nicht zuletzt in vergleichender Abgrenzung zu außereuropäischen Rechtskulturen (Weber 1921, S. 475, W. Fuchs in diesem Band). Auch die deutschsprachige Völkerrechtswissenschaft blickt mit Max Huber auf eine soziologische Traditionslinie zurück (Carty 2008). Es verwundert daher nicht, dass diese Traditionslinien unter den gegenwärtigen Bedingungen rechtlicher Globalisierung international fortgeschrieben werden.

Eine erste Entwicklungslinie in die Gegenwart ist die Forschung zum transnationalen Recht (Überblick bei Calliess 2014; Hanschmann 2006). Englischsprachige Ansätze beobachten transnationale Rechtsprozesse mikrosoziologisch in grenzüberschreitenden Vertragsbeziehungen und internationalen Anwaltskanzleien (Dezalay und Garth 1996; Jessup 1956). Ein in Deutschland verbreiteter Ansatz knüpft an Ehrlichs Forschung zum nichtstaatlichen Recht an und verbindet diese mit systemtheoretischen Annahmen einer funktional differenzierten Weltgesellschaft (Teubner 1996; siehe auch W. Fuchs in diesem Band). In dieser Perspektive treten transnationale Normen, die von privaten Normakteuren erzeugt und durchgesetzt werden, in den Vordergrund. Prototypischer Fall ist die *lex mercatoria* im transnationalen Wirtschaftsrecht, die in unternehmerischen Transaktionen entsteht und in nichtstaatlichen Schiedsgerichten judiziert wird (Renner 2011).

Ein neueres Beispiel ist die *lex digitalis* des Internets, die von privatrechtlichen Organisationen wie ICANN, Wirtschaftsverbänden und zivilgesellschaftlichen Akteuren ebenso geprägt wird wie von staatlichen und überstaatlichen Aufsichtsbehörden (Fischer-Lescano 2014). In dieser Forschungsperspektive ließe sich fragen, inwieweit Facebooks Regelwerk Teil einer solchen hybriden, transnationalen Rechtsordnung ist – oder gar eine eigene *lex facebook* mit eigener Normenhierarchie und Durchsetzungsarchitektur darstellt (vgl. Bygrave 2015, S. 85ff.; Klonick 2018). Noch weiter geht die wissenschaftliche These, dass sich private Normsetzung und hybride Codes of Conduct, wie sie die Europäische Kommission initiiert hat, zu gesellschaftlichen Teilverfassungen verdichten (vgl. Teubner 2012). Diese sektoralen Zivilverfassungen bleiben jedenfalls fragmentiert und kollidieren mit anderen funktional differenzierten Regimes, z. B. mit dem System des Menschenrechtsschutzes (Fischer-Lescano und Teubner 2006). Dies macht die Entwicklung eines entsprechenden Kollisionsrechts zur Aufgabe soziologischer Rechtsforschung (Viellechner 2012). Globale Ordnung ergibt sich danach bestenfalls aus dem kollisionsrechtlich geordneten Zusammenspiel wirtschaftlicher, gesellschaftlicher und politischer Teilverfassungen.

Eine zweite Entwicklungslinie, in der Max Webers Rechtsverständnis fortwirkt, ist die rechtsvergleichende Auseinandersetzung mit rechtlichen Modernisierungsprozessen. In Weberscher Tradition wird die grenzüberschreitende Rezeption formal-rationalen Rechts als ebenso möglicher wie wünschenswerter Prozess der Rechtsmodernisierung gesehen (Thomas 2006). Diese Sichtweise lag der US-amerikanischen „Law and Development"-Bewegung der 1960er Jahre zugrunde. Seit den 1990er Jahren inspiriert sie erneut bilaterale und multilaterale Geberorganisationen, die den Rechtstransfer gezielt durch Rechtsreformberatung und finanzielle Anreize fördern (Kroncke 2012; Riegner und Wischmeyer 2011; Trubek und Galanter 1974). Exportschlager aus deutscher Sicht ist das Verhältnismäßigkeitsprinzip, das die Grund- und Menschenrechtsdogmatik weltweit geprägt hat und insofern einen globalisierten Maßstab für den Ausgleich von Meinungsfreiheit und Persönlichkeitsrechten im Internet darstellen könnte (Klatt und Meister 2012; Möller 2012, S. 99ff.; Saurer 2012).

Dass dies nicht notwendig zu konvergierenden Lösungen führt (vgl. Showalter 2016), indiziert die rechtsvergleichende Debatte um „Legal Transplants" (begriffsprägend Watson 1974/1993) bzw. „IKEA-Konstitutionalismus" (Frankenberg 2011). Werden Rechtsinstitute in andere Rechtsordnungen verpflanzt, nehmen sie im Kontext des Rezeptionsstaates andere Bedeutung und Wirkung an als in der Heimatrechtsordnung: keine Transplantation ohne Transformation (Legrand 1997; Schacherreiter 2014). In der Transferdebatte spiegeln sich zentrale methodische Differenzen der Rechtsvergleichung wieder (Cottier in diesem Band). Funktionalistische Methoden gehen – insofern von Weber und Durkheim beeinflusst – davon aus, dass Rechtsinstitute soziale Funktionen erfüllen, die sich rechtsordnungsübergreifend ähneln und daher als *tertium comparationis* dienen können (Michaels 2006). Dagegen betonen kontextualistische Methoden die variable Bedeutung und Wirkung von Rechtsnormen in verschiedenen kulturellen, sozioökonomischen und politischen Kontexten (Häberle und Kotzur 2016; Nelken 2009). Ähnlich argumentiert die Law-and-Society-Forschung, soweit sie ihren US-amerikanischen Bezugsrahmen verlässt (Clark 2012; Darian-Smith 2013).

Wendet man diese Perspektiven auf den Eingangsfall an, so mag das Haftungsprivileg für Internetplattformen hier wie da die soziale Funktion haben, der Zensur durch private Anbieter vorzubeugen. Doch schlagen rechtskulturelle

Unterschiede bei der Auslegung durch: In Verfassungsrecht und -kultur der USA genießen Meinungsäußerungen in politischen Auseinandersetzungen nahezu absoluten Schutz, während die Einschränkung pornographischer Inhalte eher gerechtfertigt wird. Daher löscht auch Facebook (vermeintlich) pornographische Bilder – und seien es antike Statuen – vergleichsweise schnell, während Hassrede („hate speech") weitgehender toleriert wird (Klonick 2018). Dagegen tendiert die deutsche Rechtsordnung zu einer höheren Gewichtung von Persönlichkeitsrechten. Dies mag ein Grund dafür sein, dass der Bundesgerichtshof das Haftungsprivileg zunächst nicht auf Unterlassungsansprüche anwenden wollte, bevor er vom EuGH korrigiert wurde. Dass auch der deutsche Gesetzgeber der Meinungsfreiheit einen geringeren Stellenwert einräumt, indiziert das 2017 verabschiedete Netzwerkdurchsetzungsgesetz (NetzDG): Es erlegt großen sozialen Netzwerken verschärfte Löschpflichten auf, bewehrt aber nur das „Zuwenig-Löschen" (von rechtswidrigen Beiträgen) mit Bußgeld, während das „Zuviel-Löschen" (von rechtmäßigen Beiträgen) sanktionslos bleibt (Hong 2018).

3.2 Neuere sozialwissenschaftliche Forschung

In der neueren sozialwissenschaftlichen Rechtsforschung kommen wesentliche Impulse aus dem englischsprachigen Raum (Überblick bei Bianchi 2016). Die US-amerikanische Völkerrechtswissenschaft, vom Rechtsrealismus und der Policy-orientierten New Haven School geprägt, zeigt sich traditionell offener gegenüber den Politik- und Wirtschaftswissenschaften, den Internationalen Beziehungen und anderen Nachbarwissenschaften. Seit der Jahrtausendwende ist eine erneute empirische Wende zu verzeichnen, die nach den tatsächlichen Entstehungs-, Anwendungs- und Wirkungsbedingungen völkerrechtlicher Normen fragt (Shaffer und Ginsburg 2012). Auch die englischsprachige Rechtsvergleichung hat sich sozialwissenschaftlichen und quantitativen Vergleichsmethoden zugewandt (Hirschl 2014; Spamann 2015). Das erweiterte Methodenspektrum kommt auch der interdisziplinären Menschenrechtsforschung zugute (vgl. Andreassen et al. 2017; An-Na'im 2012; Korhonen 2017).

Diese empirischen Ansätze werden in der deutschsprachigen Rechtsforschung zunehmend rezipiert. Die deutsche Völkerrechtswissenschaft, die von Haus aus eher an die politische Theorie anschließt, intensiviert den Dialog mit der politikwissenschaftlichen Global Governance-Forschung, in der internationale Normen eine wichtige Rolle spielen (Kreide und Niederberger 2015; Volk 2015; Zürn 2018). Die neue Empirie beeinflusst auch das Verständnis von Interdisziplinarität in der deutschsprachigen Menschenrechtsforschung, die jedenfalls in einschlägigen Handbüchern eher um theoretische Begründungen und ideengeschichtliche Grundlagen kreist (Pollmann und Lohmann 2012; krit. Hoffmann 2012). Mit den Europawissenschaften hat sich eine genuin interdisziplinäre Wissenschaft etabliert, die der Rolle des supranationalen Rechts im Integrationsprozess besondere Aufmerksamkeit schenkt (Cryer et al. 2011; Schuppert et al. 2005). Dass sich normative und empirische Fragen dabei nie ganz trennen lassen, illustriert das europawissenschaftliche „Problem der abhängigen Variablen" (Rosamond 2000, S. 11f.): Muss man definieren, wie der Endpunkt der Integration aussieht, um den Integrationsstand als abhängige Variable messen zu können?

Die interdisziplinäre Forschung zum Völker- und Europarecht speist sich einerseits aus Methoden, andererseits aus Theorien der Nachbarwissenschaften. Methodisch geht es primär um empirische Datenerhebung, die dabei hilft, generalisierbare Aussagen und theoretische Hypothesen über Verrechtlichungsprozesse zu entwickeln und zu testen. Qualitative Erhebungsmethoden reichen von der Auswertung von Rechtstexten über die Prozessanalyse diplomatischer Verhandlungen bis hin zu ethnografischer Beobachtung lokaler Menschenrechtskämpfe (Andreassen et al. 2017; Cane und Kritzer 2010). Auch experimentelle Forschungsdesigns werden entwickelt, mit denen sich beispielsweise Informationszugangsverfahren praktisch testen lassen (Dunoff und Pollack 2017; Riegner 2017b). Ein Hauptproblem qualitativer Methoden ist die Auswahl repräsentativer Länder- und Fallstudien (Hirschl 2014, S. 192ff.; Linos 2015). Derartigen Problemen begegnen quantitative Methoden mit großen Fallzahlen, die statistisch erfasst werden. Die Quantifizierung rechtlicher Phänomene, die etwa den Menschenrechtsindikatoren des UN-Systems zugrunde liegt, birgt aber eigene Validitäts- und Reliabilitätsprobleme (Riegner 2017a, S. 48ff.). Einen Ausweg könnten neuere Big-Data Techniken bieten, die große Mengen an Rohdaten auswerten. Solche Datenmengen werden etwa von Facebook in seinen Beschwerdeverfahren gesammelt und bereits in der Evaluation des europäischen Code of Conduct gegen hate speech verwendet (European Commission 2018).

Bei der Theoriebildung greift die interdisziplinäre Rechtsforschung auf theoretische Annahmen der Internationalen Beziehungen, der vergleichenden Politikwissenschaft oder der Rechtsökonomik zurück. Eine erste, zentrale Fragestellung ist dabei, wie die Verrechtlichung internationaler Beziehungen zu erklären ist (Abbott et al. 2000; Cali und Meckled-García 2006). Realistische und ökonomische Theorien erklären Normgenese und -befolgung mit interessengeleitetem Verhalten von Staaten, die als rationale, nutzenmaximierende Akteure mit stabilen Präferenzen modelliert werden (vgl. Menzel 2011). Dass Staaten sich namentlich Menschenrechtsverträgen unterwerfen, lässt sich mit diesen Annahmen am besten erklären, solange die Nichtbefolgung geringe Kosten verursacht. Neuere Ansätze entwickeln anspruchsvollere verhaltensökonomische Erklärungsmodelle (van Aaken 2014;

Eger et al. 2014). Mit anderen Annahmen operieren institutionalistische und konstruktivistische Theorien: Sie erklären internationale Verrechtlichungsprozesse mit der treibenden Rolle internationaler Institutionen und Gerichte, transnationaler NGO-Netzwerke und zivilgesellschaftlicher Bewegungen. Durch internationale Sozialisierungsprozesse wandeln sich auch die Präferenzen und Selbstverständnisse (inner)staatlicher Akteure und erlauben so die Diffusion menschenrechtlicher Normen (Dunoff und Pollack 2013; Goodman und Jinks 2013; Risse et al. 2013b). Ähnliche Debatten werden im Hinblick auf das Europarecht geführt (Augenstein 2012; Wiener und Diez 2009).

Ein weiterer sozialwissenschaftlicher Forschungsstrang widmet sich der Rechtsanwendung durch internationale Gerichte, Bürokratien und NGOs. Dabei geht es etwa darum, die Unabhängigkeit, Einflussfaktoren und Begründungsmuster richterlicher Entscheidungen empirisch zu messen (Blauberger und Schmidt 2017; Šadl und Olsen 2017; Shani 2014; von Steinsdorff in diesem Band). Wie wirkt sich z. B. die persönliche und kulturelle Sozialisation internationaler Juristinnen und Juristen auf ihre Entscheidungen aus (vgl. Schulz und Böhning in diesem Band)? Entsprechende Forschung zum UN-Menschenrechtsausschuss deutet darauf hin, dass das Entscheidungsverhalten einzelner Ausschussmitglieder weniger kulturellen als geopolitischen Mustern folgt, dies jedoch in der Summe nicht auf die Entscheidungspraxis des Gesamtorgans durchschlägt (Shikhelman 2017). Die Bürokratieforschung zu internationalen Institutionen zeigt, dass die jeweilige Organisationskultur die administrative Rechtsanwendung stark prägt (vgl. zur EU Bach 2018; Vauchez 2015). So erklärt sich, dass Menschenrechte in der Weltbank marginal bleiben (Sarfaty 2009), während sich in Teilen der UN eine menschenrechtliche Verwaltungskultur, ja sogar ein Typus der Menschenrechtsverwaltung herausgebildet hat (Jean-Klein und Riles 2005; Niezen und Sapignoli 2017). Derartige Forschungsansätze ließen sich auch auf private Beschwerdeverfahren erstrecken, wie sie Facebook eingerichtet hat: Welche sozio- und organisationskulturellen Faktoren und technologischen Rahmenbedingungen prägen das Entscheidungsverhalten der Facebook-„Moderatoren" in den globalen Löschzentren in Berlin, Dublin, Hyderabad und Menlo Park (vgl. Klonick 2018)?

Die NGO- und Bewegungsforschung beschreibt aktivistische Praktiken wie politische Mobilisierung, öffentlichkeitswirksames Anprangern von Verletzungen („naming and shaming") oder strategische Prozessführung (Barberm 2012; Tsutsui et al. 2012; Fuchs in diesem Band). Einen – durchaus ambivalenten – Fall des anwaltlichen Aktivismus („cause lawyering") kann man auch im eingangs beschriebenen Gerichtsverfahren gegen Facebook erblicken: Ein Würzburger Rechtsanwalt hatte sich zunächst aus eigener Initiative an den späteren Kläger gewandt; im weiteren

Prozessverlauf versuchte er die Medienöffentlichkeit gegen Facebooks allgemeine Praktiken zu mobilisieren (LG Würzburg 2017).

Die sozialwissenschaftliche Gretchenfrage internationaler Rechtsforschung ist die Wirksamkeit völkerrechtlicher Normen (vgl. Wrase in diesem Band): Befolgen Staaten das Völkerrecht? Verbessern Menschenrechtsverträge die Menschenrechtslage? Erste quantitative Wirkungsforschung kam hier zu kontraintuitiven Ergebnissen: Die Ratifikation internationaler Menschenrechtskonventionen schien die innerstaatliche Menschenrechtslage nicht nur nicht zu verbessern, sondern sogar zu verschlechtern (Hathaway 2002). Folgeforschung hat diesen Ergebnissen widersprochen (Goodman und Jinks 2003) und positive Effekte festgestellt, die u. a. von innerstaatlicher gerichtlicher Durchsetzung und zivilgesellschaftlicher Mobilisierung abhängen (Moyn 2012; Risse et al. 2013a; Simmons 2009). Aktuell reicht das Spektrum der Antworten auf die Gretchenfrage von statistikgesättigter Skepsis (Posner 2014) bis zu evidenzbasierter Hoffnung (Sikkink 2017).

Angesichts dieser Unsicherheit erscheint es am sinnvollsten, zunächst nach den Bedingungen zu fragen, die die Rechtsverwirklichung bereichsspezifisch begünstigen oder behindern (vgl. Reinold und Heupel 2016). So geht die quantitative Verfassungsvergleichung vor und kommt zu intuitiv plausiblen Ergebnissen: „Organisationsrechte" wie die Parteien- und Koalitionsfreiheit, die *de jure* gesellschaftlich einflussreiche Gruppen begünstigen, sind im globalen Vergleich *de facto* besser verwirklicht als Individualgrundrechte wie die Meinungsfreiheit, die nicht notwendig auf kollektive Durchsetzung angelegt sind (Chilton und Versteeg 2016). Die Wirkungsforschung zum Europarecht schreibt dem EuGH generell beträchtlichen Einfluss auf Integrationsfortschritt und mitgliedstaatliche Implementierungspraxis zu, der allerdings ebenfalls bereichsspezifisch variiert. So weist der unionsrechtliche Rahmen gegen die Diskriminierung von Roma größere Vollzugsdefizite auf als die Niederlassungsfreiheit für Unternehmen (Kelemen und Schmidt 2012; Open Society Foundation 2017; Schmidt 2018). Dass die Rechtsprechung des EuGH nationalen Rechtsanwendern durchaus Spielräume belässt, exemplifiziert wiederum das Würzburger Facebook-Verfahren: Obwohl der EuGH das Haftungsprivileg im Interesse der Meinungsfreiheit zugunsten der Hosting-Provider ausgelegt hatte, suchte und fand das Landgericht einen weiteren Ansatzpunkt für den Persönlichkeitsschutz: Jedenfalls nach Kenntniserlangung über massive Persönlichkeitsverletzungen könne Facebook dazu verpflichtet sein, sein Netzwerk auch proaktiv darauf zu überprüfen, ob das Selfie noch an anderer Stelle hochgeladen oder geteilt worden sei. Dass die Klage dennoch abgewiesen wurde, lag lediglich daran, dass der Kläger Facebooks Behauptung nicht widerlegen konnte, das Bild sei nirgendwo mehr vorhanden.

Noch näher am konkreten Fall arbeitet die rechtsanthropologische Forschung zur Lokalisierung globaler Normen. Mit dichter Beschreibung konkreter Konflikte spürt sie dem Wechselspiel internationalen, staatlichen und nichtstaatlichen Rechts in ruralen Landkonflikten, globalisierten Städten und internationalen Konferenzsälen nach (Eckert 2014; Eslava 2015; Goodale 2017; Randeria 2003). Translokale Ethnografien der Menschenrechte zeigen, dass Menschenrechtsnormen einen Prozess der „Vernakularisierung" und Hybridisierung durchlaufen, in dessen Verlauf sie Rechtsbewusstsein und Identitäten von Individuen und Gruppen prägen (Feyter et al. 2017; Goodale 2009; Merry und Goodale 2007).

In diesem Sinne ließe sich fragen, ob im Rechtsstreit um das Merkel-Selfie ein solcher Lokalisierungsprozess zu beobachten ist. Zwar geht es in der („emischen") Binnensicht der Prozessbeteiligten vordergründig um deutsches Telemedienrecht. Doch gibt es aus der externen („etischen") Beobachterperspektive durchaus Anhaltspunkte dafür, dass in der Sache menschenrechtliche Normen der Meinungsfreiheit und des Diskriminierungsschutzes vernakularisiert werden. Deutet der Umstand, dass ein syrischer Flüchtling den Weltkonzern Facebook – für beide Seiten erstmalig – vor ein deutsches Gericht bringt, auf ein verstärktes transnationales Bewusstsein für Menschenrechte im virtuellen Raum hin (Dempsey und Meier 2017)? Sicher ist, dass der UN-Sonderberichterstatter für Meinungsfreiheit und die transnationale NGO Human Rights Watch jedenfalls das deutsche NetzDG öffentlich als Verletzung des Menschenrechts auf Meinungsfreiheit gewertet haben (Human Rights Watch 2018; UN 2017).

So differenziert die rechtsanthropologischen Beobachtungen über die partikulare Wirkung internationaler Normen sind, so sehr werfen sie Probleme der Verallgemeinerbarkeit auf (vgl. Lund 2014). Dies zeigt sich am Konzept des Rechtspluralismus: Ursprünglich auf traditionelles Recht abzielend, wird der Begriff nun allgemeiner auf hybride Formen des Rechts im Kontext des transnationalen Rechtspluralismus angewandt (Benda-Beckmann et al. 2009; Seinecke 2015). Eine Reihe rechtswissenschaftlicher Ansätze geht noch weiter und sieht im Rechtspluralismus gar ein Paradigma globaler Ordnung (Krisch 2015; Zumbansen 2014; zur EU Walker 2002). Ein gangbarer Mittelweg zwischen empirischem Partikularismus und normativer Universalisierung ist eine „glokale" Perspektive, die lokal geprägte Rechtsfragen stets in den Kontext globaler Interdependenzen stellt (vgl. Eberhard 2009; Twining 2009a). Der sozial- und kulturwissenschaftliche Begriff der „Glokalisierung" geht davon aus, dass die binäre Unterscheidung zwischen dem Globalen und Lokalen an Erklärungskraft verloren hat, und beschreibt Prozesse der Interpenetration von Globalem und Lokalem, die zu unikalen, hybriden Ergebnissen an unterschiedlichen Orten führen (Robertson 1995).

In dieser Perspektive lässt sich zunächst fragen, ob das Wechselspiel staatlicher, überstaatlicher und nichtstaatlicher Normen im Facebook-Fall eine Form des glokalen Rechtspluralismus ist. Insoweit ist jedenfalls zu bedenken, dass der deutsche

Gesetzgeber Facebooks eigenes Beschwerdemanagement im NetzDG grundsätzlich als legitim anerkannt hat. Wirtschaftliche Interdependenzen in der Netzwirtschaft erklären und verstärken diesen Anerkennungseffekt (deutsche Nutzer sind auf Facebook angewiesen und umgekehrt). Schließlich rückt eine glokale Perspektive auch den Migrationshintergrund des Falles in den Vordergrund: Welche Erfahrungen machen Migranten vor deutschen Gerichten und Behörden (vgl. Vetters 2017)? Wie geht das Recht zunehmend heterogener Einwanderungsgesellschaften mit Diversitätskonflikten und Diskriminierungen um?

3.3 Rechtskritik und Auswege

Traditionell interdisziplinär ist die kritische Rechtstheorie, muss sie doch einen rechtsexternen Maßstab für Kritik positiven Rechts gewinnen. Dass dies auch in der internationalen Rechtsforschung gilt, zeigen kritische Ansätze in Völkerrecht, Europarecht und Rechtsvergleichung, die sprach- und herrschaftskritische, materialistische, postkoloniale oder feministische Theorien rezipieren (Überblick bei Bianchi 2016; Frankenberg 2010).

Sprachkritische und poststrukturalistische Ansätze heben die Unbestimmtheit völkerrechtlicher Normen hervor, die politische Machtungleichgewichte kaschiert und Herrschaft entpolitisiert (Hoffmann 2016; Koskenniemi 1989/2005). Die feministische Kritik bestreitet insbesondere die Geschlechtsneutralität formaler Regeln und hat auch in der deutschen Völker- und Europarechtswissenschaft starken Widerhall gefunden (Baer 2010; Charlesworth et al. 1991; Lembke 2014; Mangold 2018). Materialistische Ansätze kritisieren die distributiven Effekte vermeintlich neutraler völkerrechtlicher Regeln und subjektiver Rechte (Feichtner 2015; Marks 2008; Menke 2015). Die Frage, welche Akteure von subjektiven Rechten profitieren, stellt auch die Europarechtskritik nicht nur mit Blick auf die wirtschaftlichen Grundfreiheiten (Cryer et al. 2011, S. 42ff.; Fligstein 2008). Die völkerrechtliche Kritik zielt auch auf die Menschenrechte, deren emanzipatorisches Potential durch Unbestimmtheit, Abwägbarkeit und Expertifizierung gehemmt wird. Für manche Völkerrechtskritiker erweisen sich Menschenrechte gar als Teil des Problems, soweit sie die Selbstermächtigung internationaler Institutionen legitimieren, die Souveränität schwächerer Staaten relativieren und Interventionen westlicher Staaten autorisieren (Golder 2014; Koskenniemi 2010).

Hegemoniekritik ist ein zentrales Anliegen der „Third World Approaches to International Law" und postkolonialer Rechtstheorie (Gathii 2011). Diese Ansätze legen nicht nur die eurozentrischen Wurzeln des Völkerrechts und der Menschenrechte offen, sondern pluralisieren auch völker- und menschenrechtliche Diskurse in konstruktiver Weise (Anghie 2005; Barreto 2013; Samour 2012). Die gegenwartsbezogene Kritik wendet sich gegen neokoloniale Strukturen im Wirtschaftsvölkerrecht und warnt westliche Menschenrechtsaktivisten davor, sich selbst als metaphorische „Retter" zu inszenieren, im Globalen Süden aber nur „Wilde" oder „Opfer" zu sehen (Mutua 2001; Pahuja 2011). Auf den Eingangsfall gewendet und zugespitzt formuliert universalisieren sich mit der Meinungsfreiheit im Internet partikulare Wertvorstellungen eines hegemonialen US-amerikanischen Rechts, während die EU ihrerseits das Netz mit europäischen Vorstellungen von Privatheits- und Datenschutz kolonisiert. Trotz derartiger Kritik wird dem Völkerrecht letztlich ein emanzipatorisches Potential zugeschrieben, bei dessen Verwirklichung soziale Bewegungen, lokale Gemeinschaften und alternative Entwicklungsmodelle eine hervorgehobene Rolle spielen (Eslava und Pahuja 2012; Rajagopal 2003).

In der deutschen Rechtswissenschaft werden postkoloniale Theorien erst in jüngerer Zeit vermehrt rezipiert (vgl. Bernstorff 2014; Dann und Hanschmann 2012; Riegner 2012). Nicht nur das deutsche Migrations- und Antidiskriminierungsrecht, sondern auch die Debatte um hate speech im Internet rezipiert Erkenntnisse der „critical race theory" und der feministischen Kritik, die WissenschaftlerInnen aus Nord und Süd zu verdanken sind (Elósegui und Hermida 2017; Liebscher et al. 2012; Matsuda 1993; Riedel et al. 2018).

Die unterschiedlichen kritischen Ansätze spiegeln sich auch in der deutschen Rechtsvergleichung wieder (Bönnemann und Jung 2017; Schacherreiter 2016). Eine zentrale methodische Forderung ist die nach der Selbstreflektion der Position der Vergleicherin, der eigenen Vorurteile und der Beziehung zum „Anderen" (Baer 2004; Frankenberg 1985). Auch der weitgehende Ausschluss des Globalen Südens aus dem Rechtsvergleichungsdiskurs wird als Problem erkannt und angegangen (Bonilla Maldonado 2013; Oklopcic 2016; Twining 2009b). Dass dabei der europäische Rechtsraum nicht ohne weiteres als Folie für globale Rechtsvergleichung dienen kann, zeigt die Debatte um die mögliche Entstehung eines grund- und menschenrechtlichen Mehrebenensystems in Lateinamerika (Bogdandy 2015b; Rodiles 2018; s. a. Costa und Leite Gonçalves 2016). Ein globaler Vergleichshorizont geht über die prototypischen Grund- und Menschenrechte hinaus, die den Digitalisierungsdiskurs in den USA und Europa tendenziell prägen: Neben Meinungsfreiheit und Privatsphäre kommt dann namentlich die Informationszugangsfreiheit in den Blick, die seit den 1990er Jahren im Völker- und Verfassungsrecht weltweit rasant an Bedeutung gewonnen hat – gerade auch wegen ihrer Verbreitung im globalen Süden (Riegner 2017b).

Die interdisziplinäre Rechtsforschung der Gegenwart ist geprägt von der Suche nach Antworten auf diese geballte Kritik. Ein erster Ausweg wird in einer historischen Wende gesucht, die die Völkerrechtsgeschichte im Sinne der Globalgeschichte neu schreibt und pluralisiert (Becker Lorca 2014; Duve 2016; Eslava et al. 2017; Fassbender et al. 2012; Koskenniemi 2001, 2011; zur EU Nicola und Davies 2017). Auch an die Tradition des vergleichenden Völkerrechts, die mit dem sozialistischen Block eingeschlafen war, wird wieder angeknüpft, Perspektiven aufstrebender Staaten des Globalen Südens rezipiert und auch die deutsche Völkerrechtstradition global kontextualisiert (Mattei und Mamyluck 2011; Roberts et al. 2018). Die Rechtsdogmatik bedient sich der nachbarwissenschaftlichen Erkenntnisse und Kritik für kontextsensible Untersuchungen, die Dogmatik im Kontext sozialer Ungleichheit, nachhaltiger Entwicklung und globaler Gerechtigkeit reflektieren (Bernstorff 2015; Dann 2012; Feichtner 2016).

Ein zunehmend gemeinsames Thema für RechtsforscherInnen verschiedenster Provenienz sind die disparaten Folgen wirtschaftlicher Integration und globalisierter Märkte. Mit der Eurokrise sind Aspekte des Europarechts hervorgetreten, die im globalen Süden seit langem diskutiert werden: Hierarchien zwischen Zentrum und Peripherie, Konditionalitäten im Staatsschuldenrecht, Privatisierung öffentlicher Aufgaben u. a. m. (Krajewski 2014; Kukovec 2015; Sousa Santos 2017). Die völkerrechtliche Debatte, ob von den Menschenrechten eine Zähmung globaler Marktkräfte zu erwarten ist, fokussiert sich insbesondere auf die Frage nach menschenrechtlichen Pflichten transnationaler Unternehmen in globalen Lieferketten und Konzernstrukturen (Baxi 2016; Deva und Bilchitz 2017; Krajewski und Kocher 2013). Insoweit wirft auch der Facebook-Fall vor dem Landgericht Würzburg weitere Fragen für die künftige interdisziplinäre Rechtsforschung in globaler Perspektive auf: Inwieweit lassen sich die Erwägungen zur menschenrechtlichen Verantwortlichkeit von transnationalen Rohstoff-, Industrie- und Textilunternehmen auf die globale Datenwirtschaft übertragen? Unterliegt Facebook bei der Abwägung von Meinungsfreiheit und Diskriminierungsschutz in seinen Entscheidungsverfahren menschenrechtlichen Pflichten? Führen interne Beschwerdeverfahren, wie sie das NetzDG vorschreibt, zu einer problematischen Privatisierung von Rechtsschutzmöglichkeiten oder erweitern und effektuieren sie diese vielmehr?

4 Schluss: Probleme und Funktionen der Interdisziplinarität

Die Vielzahl angesprochener Fragestellungen macht deutlich, dass die Globalisierung des Rechts nach einer pluralisierten Rechtsforschung verlangt, in der unterschiedliche Methoden je nach Erkenntnisinteresse und Forschungsfrage kombiniert werden. Von der Dogmatik verlangt eine international und interdisziplinär orientierte

Rechtsforschung nicht notwendig die Aufgabe, aber die kritische Reflektion und die Relativierung rechtstheoretischer Kategorien und dogmatischer Grundbegriffe des nationalen Rechts. Von der nicht-dogmatischen Rechtsforschung fordert sie eine noch konsequentere Globalisierung ihres Bezugsrahmens.

Dass all dies nicht einfach ist, illustrieren bekannte Probleme der Interdisziplinarität. Auch die internationale Rechtsforschung ist nicht davor gefeit, nachbarwissenschaftliche Methoden und Wissensbestände selektiv zu rezipieren. Bei der Selektion besteht die Gefahr, Interdisziplinarität vor allem zur Bestätigung eigener Prämissen heranzuziehen. Zudem spielt als Selektionskriterium die Rezeptionsgeeignetheit für den rechtsinternen Diskurs häufig eine größere Rolle als der nachbarwissenschaftliche Forschungsstand. Beispielsweise verwendet die Rechtsforschung weiterhin „global" und „lokal" als – zumindest heuristische – Kategorien, während viele Anthropologen diese binäre Unterscheidung längst aufgegeben haben und stattdessen soziale Konstruktionen von Skalen („constructions of scale") untersuchen (Halme-Tuomisaari 2016). Umgekehrt fällt es den Nachbarwissenschaften gerade im internationalen Recht schwer, Normativität als eigenlogische Praxis jenseits von Kausalität und Moral zu erfassen (Völkerrechtsblog 2015).

Um derartige Probleme abzumildern, bieten sich methodische und forschungsorganisatorische Wege an. Selbstbestätigungstendenzen lässt sich mit einer *kontradisziplinären* Methode beggnen, die bewusst nachbarwissenschaftliche Erkenntnisse rezipiert, die Vorannahmen des juristischen Diskurses hinterfragt. Denn die Rechtswissenschaft kann mit unhinterfragten Annahmen, die sich bei nachbarwissenschaftlicher Untersuchung bestätigen, leben; das größere epistemische Risiko sind Prämissen, die nachbarwissenschaftlich unplausibel oder gar widerlegt sind. Ein Beispiel ist die frühe empirische Forschung zur Wirkung von Menschenrechtsverträgen, die der Ratifikation solcher Verträge eine negative Wirkung auf die Menschenrechtslage bescheinigte. Auch wenn die Folgeforschung dieses kontraintuitive Ergebnis bestritten hat, war die breite Anschlussdiskussion für alle beteiligten Disziplinen doch produktiver als manches andere Forschungsergebnis, das intuitiv plausibel erscheint und bei Juristen nur ein schulterzuckendes „so what?" auslöst. Die kontradisziplinäre Funktion von Interdisziplinarität ist gerade dann gefragt, wenn der nachbarwissenschaftliche Erkenntnisstand besonders dynamisch ist. Das ist namentlich in der Digitalisierungsforschung der Fall: Insoweit tut die interdisziplinäre Rechtsforschung gut daran, die heutigen Annahmen über die technischen Voraussetzungen rechtlicher Regulierung schon morgen wieder zu hinterfragen (vgl. Brownsword et al. 2017).

Forschungsorganisatorisch lässt sich Rechtsforschung, die international wie interdisziplinär jeweils aktuelle Forschungsstände abbildet, kaum im Alleingang bewältigen. Realistischerweise bedarf sie der Kollaboration mehrerer WissenschaftlerInnen mit unterschiedlichem Hintergrund (Riles 2015). Ansätze dazu gibt es in Deutschland z. B. im Berliner Programm „Recht im Kontext" und Law and Society Institute, im Frankfurter Exzellenzcluster „Normative Ordnungen" und im Bonner Käte Hamburger Kolleg „Recht als Kultur". Schwierigkeiten bereitet gleichwohl, dass im Grunde eine doppelte Arbeitsteilung erforderlich ist: einerseits mit ausländischen RechtswissenschaftlerInnen, andererseits mit VertreterInnen der Nachbarwissenschaften. Will man beides kombinieren, können Forschungsprojekte schnell überkomplex werden. Am nachhaltigsten dürfte die langfristige Netzwerkbildung sein, die einen schrittweisen Austausch ermöglicht und bewusst langsam köcheln darf, also „slow comparison" (vgl. Dann et al. 2018) mit „slow interdisciplinarity" verbindet. Denn genießbare interdisziplinäre Rechtsforschung in globaler Perspektive braucht vor allem eines: Zeit.

Literatur

Abbott, K., Keohane, R., Moravcsik, A., Slaughter, A.-M., & Snidal, D. (2000). The Concept of Legalization. *Human Organization*, 54 (3), S. 401–419.

Andreassen, B. A., Sano, H.-O., & McInerney-Lankford, S. (Hrsg.). (2017). *Research Methods in Human Rights. A Handbook*. Cheltenham (UK), Northampton (MA): Edward Elgar Publication.

Anghie, A. (2005). *Imperialism, Sovereignty, and the Making of International Law*. Cambridge, New York: Cambridge University Press.

An-Na'im, A. (2012). The Interdisciplinarity of Human Rights. In C. Gearty & C. Douzinas (Hrsg.), The Cambridge Companion to Human Rights Law (S. 97–113). Cambridge: Cambridge University Press.

Arnauld, A. v. (2015). Die Öffnung der öffentlich-rechtlichen Methode durch Internationalität und Interdisziplinarität: Erscheinungsformen, Chancen, Grenzen. *Veröffentlichungen der Vereinigung der Deutschen Staatsrechtslehrer*, 74, S. 7–37.

Augenstein, D. (Hrsg.). (2012). *'Integration Through Law' Revisited. The Making of the European Polity*. Farnham (Surrey): Ashgate.

Bach, M. (2018). Bürokratie und Bürokratisierung. In M. Bach (Hrsg.), *Handbuch Europasoziologie* (S. 82–91). Baden-Baden: Nomos.

Baer, S. (2004). Verfassungsvergleichung und reflexive Methode: Interkulturelle und intersubjektive Kompetenz. *Zeitschrift für ausländisches öffentliches Recht und Völkerrecht*, 64, S. 735–758.

Baer, S. (2010). A Closer Look at Law: Human Rights as Multi-Level Sites of Struggles over Multi-Dimensional Equality. *Utrecht Law Review*, 6 (2), 56–76.

Barberm, C. (2012). Tackling the Evaluation Challenge in Human Rights: Assessing the Impact of Strategic Litigation Organisations. *International Journal of Human Rights*, 16 (3), S. 411–435.

Barreto, J.-M. (Hrsg.). (2013). *Human Rights from a Third World Perspective. Critique, History and International Law*. Newcastle upon Tyne: Cambridge Scholars.

Baxi, U. (2016). Human Rights Responsibility of Multinational Corporations, Political Ecology of Injustice. Learning from Bhopal Thirty Plus? *Business and Human Rights Journal*, 1 (1), S. 21–40. doi: 10.1017/bhj.2015.7.

Becker Lorca, A. (2014). *Mestizo International Law. A Global Intellectual History 1842–1933*. Cambridge: Cambridge University Press.

Belavusau, U. (2012). Fighting Hate Speech Through EU Law. *Amsterdam Law Forum*, 4 (1), S. 20–34.

Benda-Beckmann, F. v., Benda-Beckmann, K. v., & Griffiths, A. M. O. (2009). *The Power of Law in a Transnational World. Anthropological Enquiries*. New York: Berghahn Books.

Bernstorff, J. v. (2014). Die deutsche Völkerrechtswissenschaft und der „postcolonial turn". *Völkerrechtsblog*. http://voelkerrechtsblog.org/die-deutsche-volkerrechtswissenschaft-und-der-postcolonial-turn/. Zugegriffen: 16. April 2018.

Bernstorff, J. v. (2015). International Law and Global Justice. On Recent Inquiries into the Dark Side of Economic Globalization. *European Journal of International Law*, 26 (1), S. 279–293. doi: 10.1093/ejil/chv012.

Bianchi, A. (2016). *International Law Theories. An Inquiry into Different Ways of Thinking*. Oxford, New York: Oxford University Press.

Birnhack, M. D. (2008). The EU Data Protection Directive. An Engine of a Global Regime. *Computer Law & Security Review*, 24 (6), S. 508–520. doi: 10.1016/j.clsr.2008.09.001.

Blauberger, M., & Schmidt, S. (2017). The European Court of Justice and Its Political Impact. *West European Politics*, 40 (4), S. 907–918. doi: 10.1080/01402382.2017.1281652.

Bogdandy, A. v. (2015a). Internationalisierung der deutschen Rechtswissenschaft. In E. Hilgendorf & H. Schulze-Fielitz (Hrsg.), *Selbstreflexion der Rechtswissenschaft* (S. 133–148). Tübingen: Mohr Siebeck.

Bogdandy, A. v. (2015b). Ius Constitutionale Commune en América Latina. Beobachtungen zu einem transformatorischen Ansatz demokratischer Verfassungsstaatlichkeit. *Zeitschrift für ausländisches öffentliches Recht und Völkerrecht*, 75 (2), S. 345–381.

Bonilla Maldonado, D. (Hrsg.). (2013). *Constitutionalism of the Global South. The Activist Tribunals of India, South Africa, and Colombia*. Cambridge: Cambridge UniversityPress.

Bönnemann, M., & Jung, L. (2017). Critical Legal Studies and Comparative Constitutional Law. In R. Wolfrum (Hrsg.), *Max Planck Encyclopedia of Comparative Constitutional Law*. Oxford: Oxford University Press.

Bradford, A. (2015). Exporting Standards. The Externalization of the EU's Regulatory Power via Markets. *International Review of Law and Economics*, 42, S. 158–173. doi: 10.1016/j.irle.2014.09.004.

Brownsword, R., Scotford, E., & Yeung, K. (2017). *The Oxford Handbook of Law, Regulation and Technology*. New York: Oxford University Press.

Buyse, A. (2014). Dangerous Expressions: The ECHR, Violence and Free Speech. *The International & Comparative Law Quarterly*, 63 (02), S. 491–503. doi: 10.1017/S0020589314000104.

Bygrave, L. A. (2015). *Internet Governance by Contract*. Oxford: Oxford University Press.

Cali, B., & Meckled-García, S. (2006). *The Legalization of Human Rights. Multidisciplinary Perspectives on Human Rights and Human Rights Law*. London, New York: Routledge.

Calliess, G.-P. (Hrsg.). (2014). *Transnationales Recht. Stand und Perspektiven*. Tübingen: Mohr Siebeck.

Cane, P., & Kritzer, H. M. (Hrsg.). (2010). *The Oxford Handbook of Empirical Legal Research*. Oxford: Oxford University Press.

Carty, A. (2008). Sociological Theories of International Law. In R. Wolfrum (Hrsg.), *Max Planck Encyclopedia of Public International Law*, (www.mpepil.com).

CERD (2015). *Concluding Observations on the Combined Nineteenth to Twenty-second Periodic Reports of Germany*. CERD/C/DEU/CO/19-22.

Charlesworth, H., Chinkin, C., & Wright, S. (1991). Feminist Approaches to International Law. *American Journal of International Law*, 85 (4), S. 613-645.

Chilton, A., & Versteeg, M. (2016). Do Constitutional Rights Make a Difference? *American Journal of Political Science*, 60 (3), S. 575-589. doi: 10.7910/DVN/NC06GQ.

Clark, D. (Hrsg.). (2012). *Comparative Law and Society*. Cheltenham (UK), Northampton (MA): Edward Elgar.

Costa, S., & Leite Gonçalves, G. (2016). The Global Constitutionalization of Human Rights. Overcoming Contemporary Injustices or Juridifying Old Asymmetries? *Current Sociology*, 64 (2), S. 311-331. doi: 10.1177/0011392115614791.

Cryer, R., Hervey, T., & Sokhi-Bulley, B. (2011). *Research Methodologies in EU and International Law*. Unter Mitarbeit von A. Bohm. Oxford: Hart publishing.

Dann, P. (2012). *Entwicklungsverwaltungsrecht. Theorie und Dogmatik des Rechts der Entwicklungszusammenarbeit, untersucht am Beispiel der Weltbank, der EU und der Bundesrepublik Deutschland*. Tübingen: Mohr Siebeck.

Dann, P., & Hanschmann, F. (2012). Post-colonial Theories and Law. *Zeitschrift Verfassung und Recht in Übersee*, 45 (2), S. 123-127.

Dann, P., et al. (Hrsg.). (2018). *Democracy in Diversity. Comparing India and the EU*. In Vorbereitung.

Darian-Smith, E. (2013). *Law and Societies in Global Contexts. Contemporary Approaches*. New York: Cambridge University Press.

Dedek, H., Günther, K., Kemmerer, A., & Randeria, S. (2018). „Recht, Kultur und Gesellschaft" revisited. Ein Gespräch über die Internationalisierung der Rechtswissenschaft. In T. Duve & S. Ruppert (Hrsg.), *Rechtswissenschaft in der Berliner Republik* (S. 726-761). Berlin: Suhrkamp.

Dempsey, R., & Meier, N. (2017). Framing the Position of Social Media in the Local Institutionalization of International Human Rights Norms. In T. Bonacker, J. v. Heusinger & K. Zimmer (Hrsg.), *Localization in Development Aid. How Global Institutions Enter Local Lifeworlds*. London: Routledge, im Erscheinen.

Deva, S., & Bilchitz, D. (2017). *Building a Treaty on Business and Human Rights. Context and Contours*. Cambridge: Cambridge University Press.

Dezalay, Y., & Garth, B. G. (1996). *Dealing in Virtue. International Commercial Arbitration and the Construction of a Transnational Legal Order*. Chicago: University of Chicago Press.

Dunoff, J. L., & Pollack, M. A. (2013). *Interdisciplinary Perspectives on International Law and International Relations. The State of the Art*. Cambridge: Cambridge University Press.

Dunoff, J. L., & Pollack, M. A. (2017). Experimenting with International Law. *European Journal of International Law*, 28 (4), S. 1317-1340. doi: 10.1093/ejil/chx076.

Duve, T. (2015). Internationalisierung und Transnationalisierung der Rechtswissenschaft. In D. Grimm, A. Kemmerer & C. Möllers (Hrsg.), *Rechtswege. Kontextsensible Rechtswissenschaft vor der transnationalen Herausforderung* (S. 167-195). Baden-Baden: Nomos.

Duve, T. (2016). Global Legal History – A Methodological Approach. *Max Planck Institute for European Legal History Research Paper Series*, 04.

Eberhard, C. (2009). Law and Anthropology in a 'Glocal' World: The Challenge of Dialogue. In M. D. A. Freeman & A. D. Napier (Hrsg.), *Law and Anthropology*, (S. 67–88). Oxford, New York: Oxford University Press,.
Eckert, J. (Hrsg.). (2014). *Law Against the State. Ethnographic Forays into Law's Transformations*. Cambridge: Cambridge University Press.
Eger, T., Oeter, S., & Voigt, S. (2014). *Economic Analysis of International Law*. Tübingen: Mohr Siebeck.
Ehrlich, E. (1913). *Grundlegung der Soziologie des Rechts*. München: Duncker & Humblot.
Elósegui, M., & Hermida, C. (Hrsg.). (2017). *Racial Justice, Policies and Courts' Legal Reasoning in Europe*. Cham: Springer.
Eslava, L. (2015). *Local Space, Global Life. The Everyday Operation of International Law and Development*. Cambridge: Cambridge University Press.
Eslava, L., & Pahuja, S. (2012). Beyond the (Post)colonial. TWAIL and the everyday life of international law. *Zeitschrift Verfassung und Recht in Übersee*, 45 (2), S. 195–221.
Eslava, L., Fakhri, M., & Nesiah, V. (Hrsg.). (2017). *Bandung, Global History and International Law*. Cambridge: Cambridge University Press.
European Commission (2018). *Code of Conduct onCcountering Illegal Hate Speech Online. Results of the 3rd Monitoring Exercise*. Brüssel.
Fassbender, B., Peters, A., Peter, S., & Högger, D. (Hrsg.). (2012). *The Oxford Handbook of the History of International Law*. Oxford: Oxford University Press.
Feichtner, I. (2015). Verteilung in Völkerrecht und Völkerrechtswissenschaft. In S. Boysen, A.-B. Kaiser & F. Meinel (Hrsg.), *Verfassung und Verteilung. Beiträge zu einer Grundfrage des Verfassungsverständnisses* (S. 93–120). Tübingen: Mohr Siebeck.
Feichtner, I. (2016). Critical Scholarship and Responsible Practice of International Law. How Can the Two be Reconciled? *Leiden Journal of International Law*, 29 (04), S. 979–1000. doi: 10.1017/S0922156516000467.
Feyter, K. de, et al. (2017). The Right to Water and Sanitation for the Urban Poor in Delhi. Universität Antwerpen (*Localizing Human Rights Working Paper Series*, 4).
Fischer-Lescano, A. (2014). Der Kampf um die Internetverfassung. *Juristenzeitung*, 69, S. 965–974.
Fischer-Lescano, A., & Teubner, G. (2006). *Regime-Kollisionen. Zur Fragmentierung des globalen Rechts*. Frankfurt a. M.: Suhrkamp.
Fligstein, N. (2008). *Euroclash. The EU, European Identity, and the Future of Europe*. Oxford, New York: Oxford University Press. Online verfügbar unter http://site.ebrary.com/lib/alltitles/docDetail.action?docID=10237120.
Frankenberg, G. (1985). Critical Comparisons: Rethinking Comparative Law. *Harvard International Law Journal*, 26 (2), S. 411–456. Online verfügbar unter http://iglp.law.harvard.edu/wp-content/uploads/2014/10/Frankenberg-Critical-Comparassons-excerpt.pdf. Zugegriffen: 16. April 2018.
Frankenberg, G. (2010). Critical Theory. In R. Wolfrum (Hrsg.), *Max Planck Encyclopedia of Public International Law*, (www.mpepil.com).
Frankenberg, G. (2011). Constitutional Transfer: The IKEA Theory Revisited. *ICON* 8 (3), S. 563–579. doi: 10.1093/icon/moq023.
Garton Ash, T. (2016). *Free Speech. Ten Principles for a Connected World*. London: Atlantic Books.
Gathii, J. (2011). TWAIL: A Brief History of Its Origins, Its Decentralized Network, and a Tentative Bibliography. *Trade, Law and Development*, 3, S. 26–64.

Golder, B. (2014). Beyond Redemption? Problematising the Critique of Human Rights in Contemporary International Legal Thought. *London Review of International Law, 2* (1), S. 77–114. doi: 10.1093/lril/lru001.
Goldmann, M. (2015). *Internationale Öffentliche Gewalt.* Tübingen: Mohr Siebeck.
Goodale, M. (2009). *Human Rights. An Anthropological Reader.* Malden: Wiley-Blackwell.
Goodale, M. (2017). *Anthropology and Law. A Critical Introduction.* New York: NYU Press.
Goodman, R., & Jinks, D. (2003). Measuring the Effects of Human Rights Treaties. *European Journal of International Law,* 14 (1), S. 171–183. doi: 10.1093/ejil/14.1.171.
Goodman, R., & Jinks, D. (2013). *Socializing States. Promoting Human Rights Through International Law.* Oxford: Oxford University Press.
Häberle, P., & Kotzur, M. (2016). *Europäische Verfassungslehre.* 8. Aufl., Baden-Baden [u. a.]: Nomos, Dike.
Halme-Tuomisaari, M. (2016). Toward a Lasting Anthropology of International Law/Governance. *European Journal of International Law,* 27 (1), S. 235–243. doi: 10.1093/ejil/chw010.
Hanschmann, F. (2006). Theorie transnationaler Rechtsprozesse. In S. Buckel, R. Christensen & A. Fischer-Lescano (Hrsg.), *Neue Theorien des Rechts* (S. 347–369). Stuttgart: Lucius & Lucius.
Hathaway, O. (2002). Do Human Rights Treaties Make a Difference? *Yale Law Journal,* 112, S. 1935–2007.
Hirschl, R. (2014). *Comparative Matters. The Renaissance of Comparative Constitutional Law.* Oxford: Oxford University Press.
Hoffmann, F. (2012). Foundations Beyond Law. In C. Gearty & C. Douzinas (Hrsg.), *The Cambridge Companion to Human Rights Law* (S. 81–96). Cambridge: Cambridge University Press.
Hoffmann, F. (2016). International Legalism and International Politics. In A. Orford & F. Hoffmann (Hrsg.), *Oxford Handbook of the Theory of International Law* (S. 954–984). Oxford: Oxford University Press.
Hong, M. (2018). Das NetzDG und die Vermutung für die Freiheit der Rede, Verfassungsblog, 9.1.2018, https://verfassungsblog.de/das-netzdg-und-die-vermutung-fuer-die-freiheit-der-rede/, DOI: https://dx.doi.org/10.17176/20180109-111851.
Human Rights Watch (2018). *Germany: Flawed Social Media Law NetzDG is Wrong Response to Online Abuse.* Online verfügbar unter https://www.hrw.org/news/2018/02/14/germany-flawed-social-media-law. Zugegriffen: 16. April 2018.
Jean-Klein, I., & Riles, A. (2005). Introducing Discipline: Anthropology and Human Rights Administrations. *Political and Legal Anthropology Review,* 28 (2), S. 173–202.
Jessup, P. C. (1956). *Transnational Law.* New Haven Conn.: Yale University Press.
Kaye, D. (2017). *Mandate of the Special Rapporteur on the Promotion and Protection of the Right to Freedom of Opinion and Expression.* OL DEU 1/2017. Online verfügbar unter http://www.ohchr.org/Documents/Issues/Opinion/Legislation/OL-DEU-1-2017.pdf. Zugegriffen: 16. April 2018.
Kelemen, R. D., & Schmidt, S. K. (2012). Introduction – the European Court of Justice and Legal Integration. Perpetual Momentum? *Journal of European Public Policy,* 19 (1), S. 1–7. doi: 10.1080/13501763.2012.632419.
Kettemann, M. C. (2013). *The Future of Individuals in International Law: Lessons from International Internet Law.* Den Haag: Eleven International Pub.
Klatt, M., & Meister, M. (2012). Die Verhältnismäßigkeit als universelles Verfassungsprinzip. *Der Staat,* 51 (2), S. 159–188. doi: 10.3790/staa.51.2.159.

Kleinlein, T. (2012). *Konstitutionalisierung im Völkerrecht.* Heidelberg, Frankfurt a.M.: Springer.
Klonick, K. (2018). The New Governors: The People, Rules, and Processes Governing Online Speech. *Harvard Law Review,* 131, i.E.
Korhonen, O. (2017). Within and Beyond Interdisciplinarity in International Law and Human Rights. *European Journal of International Law,* 28 (2), S. 625–648. doi: 10.1093/ejil/chx040.
Koskenniemi, M. (1989/2005). *From Apology to Utopia. The Structure of International Legal Argument. Reissue with a New Epilogue.* Cambridge, New York: Cambridge University Press.
Koskenniemi, M. (2001). *The Gentle Civilizer of Nations. The Rise and Fall of Modern International Law, 1870–1960.* New York: Cambridge University Press.
Koskenniemi, M. (2006). Constitutionalism as Mindset: Reflections on Kantian Themes About International Law and Globalization. *Theoretical Inquiries in Law,* 8 (1), S. 9–36.
Koskenniemi, M. (2010). Human Rights Mainstreaming as a Strategy for Institutional Power. *Humanity,* 1 (1), S. 47–58.
Koskenniemi, M. (2011). Histories of International law: Dealing with Eurocentrism. Rechtsgeschichte 19, S. 152–176.
Krajewski, M. (2014). Human Rights and Austerity Programmes. In T. Cottier et al. (Hrsg.), *The Rule of Law in Monetary Affairs* (S. 490–518). Cambridge: Cambridge University Press.
Krajewski, M., & Kocher, E. (2013). Schwerpunkt: Wirtschaftsunternehmen und Menschenrechte. *Kritische Justiz,* S. 2–6.
Kreide, R., & Niederberger, A. (Hrsg.). (2015). *Internationale Politische Theorie.* Stuttgart: Metzler.
Krisch, N. (2015). Pluralism in International Law and Beyond. In J. d'Aspremont & S. Singh (Hrsg*.), Fundamental Concepts for International Law: The Construction of a Discipline.* Cheltenham: Edward Elgar.
Kroncke, J. (2012). Law and Development as Anti-Comparative Law. *Vanderbilt Journal of Transnational Law,* 45, S. 477–555.
Kukovec, D. (2015). Law and the Periphery. *European Law Journal,* 21 (3), S. 406–428. doi: 10.1111/eulj.12113.
Legrand, P. (1997). The Impossibility of Legal Transplants. *Maastricht Journal of European and Comparative Law,* 4 (4), S. 111–124.
Lembke, U. (Hrsg.). (2014). *Menschenrechte und Geschlecht.* Baden-Baden: Nomos.
Liebscher, D., Naguib, T., Plümecke, T., & Remus, J. (2012). Wege aus der Essentialismusfalle: Überlegungen zu einem postkategorialen Antidiskriminierungsrecht. *Kritische Justiz,* S. 204–218.
Linos, K. (2015). How to Select and Develop International Law Case Studies. Lessons from Comparative Law and Comparative Politics. *American Journal of International Law,* 109 (3), S. 475–485. doi: 10.5305/amerjintelaw.109.3.0475.
Lund, C. (2014). Of What is This a Case? Analytical Movements in Qualitative Social Science Research. *Human Organization,* 73 (3), S. 224–234. doi: 10.17730/humo.73.3.e35q482014x033l4.
Mangold, A. K. (2018). Vielfältige Berliner Republik. Die Entwicklung von Antidiskriminierungsrecht als eigenständigem Rechtsgebiet. In T. Duve & S. Ruppert (Hrsg.), *Rechtswissenschaft in der Berliner Republik* (S. 461–503). Berlin: Suhrkamp.
Marks, S. (Hrsg.). (2008). *International Law on the Left. Re-examining Marxist Legacies.* Cambridge: Cambridge University Press. doi: 10.1017/CBO9780511493720.

Matsuda, M. J. (1993). *Words That Wound. Critical Race Theory, Assaultive Speech, and the First Amendment*. Boulder, Colorado: Westview Press.
Mattei, U., & Mamyluck, B. (2011). Comparative International Law. *Brooklyn Journal of International Law*, 36 (2), S. 386–452. doi: 10.1017/S0020589310000679.
Megret, F. (2009). Globalization. In R. Wolfrum (Hrsg.), *Max Planck Encyclopedia of Public International Law* (www.mpepil.com).
Menke, C. (2015). *Kritik der Rechte*. Berlin: Suhrkamp.
Menzel, U. (2011). *Zwischen Idealismus und Realismus. Die Lehre von den internationalen Beziehungen*. 5. Aufl., Frankfurt a. M.: Suhrkamp.
Merry, S. E., & Goodale, M. (2007). *The Practice of Human Rights. Tracking Law Between the Global and the Local*. Cambridge, New York: Cambridge University Press.
Michaels, R. (2006). The Functional Method of Comparative Law. In R. Zimmermann & M. Reimann (Hrsg.), *The Oxford Handbook of Comparative Law* (S. 340–382). Oxford: Oxford University Press.
Möller, K. (2012). *The Global Model of Constitutional Rights*. Oxford: Oxford University Press.
Möllers, C. (2001). Globalisierte Jurisprudenz. *Archiv für Rechts- und Sozialphilosophie Beiheft*, 79, S. 41–60.
Möllers, C., Voßkuhle, A., & Walter, C. (Hrsg.). (2007). *Internationales Verwaltungsrecht. Eine Analyse anhand von Referenzgebieten*. Tübingen: Mohr Siebeck.
Moyn, S. (2012). Do Human Rights Treaties Make Enough of a Difference? In C. Gearty & C. Douzinas (Hrsg.), *The Cambridge Companion to Human Rights Law* (S. 329–346). Cambridge: Cambridge University Press.
Mutua, M. (2001). Savages, Victims and Saviors: The Metaphor of Human Rights. *Harvard International Law Journal*, 42 (1), S. 201–245.
Nelken, D. (2009). *Beyond Law in Context. Developing a Sociological Understanding of Law*. Aldershot, Hants.: Ashgate Pub. Co.
Nicola, F.; Davies, B. (Hrsg.). (2017). *EU Law Stories. Contextual and Critical Histories of European Jurisprudence*. New York: Cambridge University Press.
Niezen, R., & Sapignoli, M. (2017). *Palaces of Hope. The Anthropology of Global Organizations*. New York: Cambridge University Press.
Oklopcic, Z. (2016). The South of Western Constitutionalism. A Map Ahead of a Journey. *Third World Quarterly*, 37 (11), S. 2080–2097. doi: 10.1080/01436597.2016.1205441.
Open Society Foundation (2017). *Revisiting the EU Roma Framework*. Brüssel.
Pahuja, S. (2011). *Decolonising International Law. Development, Economic Growth and the Politics of Universality*. Cambridge: Cambridge University Press.
Petersen, N. (2011). Globalisierungsforschung in Kultur- und Sozialwissenschaften: Rechtswissenschaft. In A. Niederberger (Hrsg.), *Globalisierung. Ein interdisziplinäres Handbuch* (S. 122–131). Stuttgart [u. a.]: Metzler.
Pollmann, A., & Lohmann, G. (2012). *Menschenrechte. Ein interdisziplinäres Handbuch*. Stuttgart: J. B. Metzler'sche Verlagsbuchhandlung und Carl Ernst Poeschel Verlag GmbH.
Posner, E. (2014). *The Twilight of Human Rights Law*. Oxford: Oxford University Press.
Rajagopal, B. (2003). *International Law from Below. Development, Social Movements, and Third World Resistance*. Cambridge: Cambridge University Press.
Randeria, S. (2003). Glocalization of Law. Environmental Justice, World Bank, NGOs and the Cunning State in India. *Current Sociology*, 51 (3–4), S. 305–328. doi: 10.1177/0011392103051003009.

Reinold, T., & Heupel, M. (Hrsg.). (2016). *The Rule of Law in Global Governance*. London: Palgrave Macmilla.
Renner, M. (2011). *Zwingendes transnationales Recht. Zur Struktur der Wirtschaftsverfassung jenseits des Staates*. Baden-Baden: Nomos.
Riedel, M., Schmalz, D., & Suhr, V. (2018). We need to talk about 'race'. Symposium: Critical Race Perspectives on International Law. *Völkerrechtsblog*. doi: 10.17176/20180212-090424.
Riegner, M. (2012). How Universal are International Law and Development? Engaging with Postcolonial and Third World Scholarship from the Perspective of Its Other. *Verfassung und Recht in Übersee*, 45 (2), S. 232–248.
Riegner, M. (2017a). *Informationsverwaltungsrecht internationaler Institutionen. Dargestellt am Entwicklungsverwaltungsrecht der Weltbank und Vereinten Nationen*. Tübingen: Mohr Siebeck.
Riegner, M. (2017b). The Fourth Wave of Rights? Access to Information as a Human Right and Constitutional Guarantee. *Verfassung und Recht in Übersee*, 50 (4), i. E.
Riegner, M., & Wischmeyer, T. (2011). „Rechtliche Zusammenarbeit" mit Transformations- und Entwicklungsländern als Gegenstand öffentlich-rechtlicher Forschung. *Der Staat*, 50 (3), S. 436–467.
Riles, A. (2015). From Comparison to Collaboration: Experiments with a New Scholarly and Political Form. *Law and Contemporary Problems*, 78 (1&2), S. 147–183.
Risse, T.; Ropp, S. C., & Sikkink, K. (2013a). *The Persistent Power of Human Rights. From Commitment to Compliance*. Cambridge: Cambridge University Press.
Risse, T., Simmons, B., & Carlsnaes, W. (Hrsg.). (2013b). *Handbook of International Relations*. London, Thousand Oaks (CA): SAGE Publications.
Roberts, A., Stephan, P., Verdier, P.-H., & Versteeg, M. (Hrsg.). (2018). *Comparative International Law*. Oxford: Oxford University Press.
Robertson, R. (1995). Glocalization: Time-Space and Homogeneity-Heterogeneity. In M. Featherstone, S. Lash & R. Robertson (Hrsg.), *Global Modernities* (S. 25–44). London: SAGE.
Rodiles, A. (2018). The Great Promise of Comparative Public Law for Latin America: Towards Ius Commune Americanum? In A. Roberts, P. Stephan, P.-H. Verdier & M. Versteeg (Hrsg*.), Comparative International Law*. Oxford: Oxford University Press, i. E.
Rosamond, B. (2000). *Theories of European Integration*. Basingstoke: Palgrave.
Šadl, U., & Olsen, H. (2017). Can Quantitative Methods Complement Doctrinal Legal Studies? Using Citation Network and Corpus Linguistic Analysis to Understand International Courts. *Leiden Journal of International Law*, 30 (2), S. 327–349.
Samour, N. (2012). Modernized Islamic International Law Concepts as a Third World Approach to International Law. *Zeitschrift für ausländisches öffentliches Recht und Völkerrecht*, 72, S. 543–577.
Sarfaty, G. (2009). Why Culture Matters in International Institutions: The Marginality of Human Rights at the World Bank. *American Journal of International Law*, 103 (4), S. 647–683.
Saurer, J. (2012). Die Globalisierung des Verhältnismäßigkeitsgrundsatzes. *Der Staat*, 51 (1), S. 3–33.
Schacherreiter, J. (2014). *Das Landeigentum als Legal Transplant in Mexiko. Rechtsvergleichende Analysen unter Einbezug postkolonialer Perspektiven*. Tübingen: Mohr Siebeck.
Schacherreiter, J. (2016). Postcolonial Theory and Comparative Law. On the Methodological and Epistemological Benefits to Comparative Law Through Postcolonial Theory. *Verfassung und Recht in Übersee*, 49 (3), S. 291–312. doi: 10.5771/0506-7286-2016-3-291.

Schmidt, S. (2018). *The European Court of Justice and the Policy Process. The Shadow of Case Law.* Oxford: Oxford University Press.
Schuppert, G. F., Pernice, I., Haltern, U. R., & Bach, M. (2005). *Europawissenschaft.* Baden-Baden: Nomos.
Seinecke, R. (2015). *Das Recht des Rechtspluralismus.* Tübingen: Mohr Siebeck.
Shaffer, G., & Ginsburg, T. (2012). The Empirical Turn in International Legal Scholarship. *American Journal of International Law,* 106 (1), S. 1–46. doi: 10.5305/amerjintelaw.106.1.0001.
Shani, Y. (2014). *Assessing the Effectiveness of International Courts.* Oxford: Oxford University Press.
Shikhelman, V. (2017). Geography, Politics and Culture in the United Nations Human Rights Committee. *European Journal of International Law,* 28 (3), S. 845–869. doi: 10.1093/ejil/chx056.
Showalter, A. (2016). Resolving the Tension Between Free Speech and Hate Speech: Assessing the Global Convergence Hypothesis. *Duke Journal of Comparative & International Law,* 26, S. 377–415.
Sikkink, K. (2017). *Evidence for Hope. Making Human Rights Work in the 21st Century.* Princeton: Princeton University Press.
Simmons, B. A. (2009). *Mobilizing for Human Rights. International Law in Domestic Politics.* Cambridge, New York: Cambridge University Press.
Slaughter, A.-M. (2004). *A New World Order.* Princeton: Princeton University Press.
Sousa Santos, B. de (2017). A New Vision of Europe: Learning from the South. In G. K. Bhambra & J. Narayan (Hrsg.), *European Cosmopolitanism. Colonial Histories and Postcolonial Societies* (S. 173–184). London, New York: Routledge.
Spamann, H. (2015). Empirical Comparative Law. *Annual Review of Law and Social Science,* 11 (1), S. 131–153. doi: 10.1146/annurev-lawsocsci-110413-030807.
Teubner, G. (1996). Globale Bukowina. Zur Emergenz eines transnationalen Rechtspluralismus. *Rechtshistorisches Journal,* 15, S. 255–290.
Teubner, G. (2012). *Verfassungsfragmente. Gesellschaftlicher Konstitutionalismus in der Globalisierung.* Berlin: Suhrkamp.
Thomas, C. (2006). Thomas, Max Weber, Talcott Parsons and the Sociology of Legal Reform: A Reassessment with Implications for Law and Development. *Minnesota Journal of International Law,* 15, S. 383–424.
Trubek, D., & Galanter, M. (1974). Scholars in Self-estrangement: Some Reflections on the Crisis in Law and Development Studies in the United States. *Wisconsin Law Review,* S. 1062–1102.
Tsutsui, K., Whitlinger, C., & Lim, A. (2012). International Human Rights Law and Social Movements. States' Resistance and Civil Society's Insistence. *Annual Review of Law and Social Science,* 8 (1), S. 367–396. doi: 10.1146/annurev-lawsocsci-102811-173849.
Twining, W. (2009a). *General Jurisprudence. Understanding Law from a Global Perspective.* Cambridge, New York: Cambridge University Press.
Twining, W. (Hrsg.). (2009b). Human Rights, Southern Voices. Francis Deng, Abdullahi An-Na'im, Yash Ghai and Upendra Baxi. Cambridge, New York: Cambridge University Press.
van Aaken, A. (2014). Behavioral International Law and Economics. *Harvard International Law Journal,* 55 (2), S. 421–481.
Vauchez, A. (2015). *Brokering Europe. Euro-lawyers and the Making of a Transnational Polity.* Cambridge: Cambridge University Press.

Vetters, L. (2017). Der andere Blick auf das Recht: ethnographische Annäherungen an die Implementierung, Mobilisierung und Manipulation von Migrationsrecht. *Zeitschrift für Ausländerrecht und Ausländerpolitik*, 37 (2), S. 86–90.

Viellechner, L. (2012). Responsiver Rechtspluralismus. Zur Entwicklung eines transnationalen Kollisionsrechts. *Der Staat,* 51 (4), S. 559–580. doi: 10.3790/staa.51.4.559.

Volk, C. (2015). Konzeptualisierungen der Weltordnung. Eine Literaturschau im Bereich der Internationalen Politischen Theorie. *Neue Politische Literatur,* 60 (2), S. 255–292.

Völkerrechtsblog (2015). Die Möglichkeit der Normen – Ein Buch-Symposium. *Völkerrechtsblog.* doi: 10.17176/20171004-100558.

Walker, N. (2002). The Idea of Constitutional Pluralism. *Modern Law Review,* 65 (3), S. 317–359. doi: 10.1111/1468-2230.00383.

Watson, A. (1974/1993). *Legal Transplants. An Approach to Comparative Law.* 2. Aufl., Athens: University of Georgia Press.

Weber, M. (1921). *Wirtschaft und Gesellschaft.* 1. Aufl., Tübingen: Mohr Siebeck.

Wiener, A., & Diez, T. (Hrsg.). (2009). *European Integration Theory.* 2. Aufl., Oxford: Oxford University Press.

Wissenschaftsrat (2012). *Perspektiven der Rechtswissenschaft in Deutschland.* Drs. 2558-12.

Zumbansen, P. (2014). Transnational Legal Pluralism. *Transntl. Legal Theory,* 1 (2), S. 141–189. doi: 10.1080/20414005.2010.11424506.

Zürn, M. (2018). *A Theory of Global Governance. Authority, Legitimacy, and Contestation.* Oxford: Oxford University Press.

Druck:
Canon Deutschland Business Services GmbH
im Auftrag der KNV-Gruppe
Ferdinand-Jühlke-Str. 7
99095 Erfurt